国家卫生健康委员会“十三五”规划教材
全国高等学校教材
供本科应用心理学及相关专业用

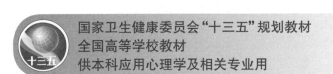

U0627047

心理学基础

Fundamentals of Psychology

第3版

主　编　杜文东

副主编　吕　航　杨世昌　李　秀

编　者（以姓氏笔画为序）

吕　航（南京中医药大学）
吕璐莎（福建中医药大学）
乔正学（哈尔滨医科大学）
孙丽君（新乡医学院）
杜文东（南京中医药大学）
李　秀（皖南医学院）
李成冲（齐齐哈尔医学院）
杨世昌（新乡医学院）
何志芳（江西中医药大学）
张丽军（哈尔滨医科大学）
陈庆荣（南京师范大学）
侯日霞（济宁医学院）
高　岩（天津医科大学）
龚　茜（赣南医学院）
覃玉宇（广西医科大学）
潘　玲（河南中医药大学）

人民卫生出版社

图书在版编目（CIP）数据

心理学基础 / 杜文东主编. -- 3 版. -- 北京 : 人民卫生出版社, 2018
全国高等学校应用心理学专业第三轮规划教材
ISBN 978-7-117-27242-1

Ⅰ. ①心… Ⅱ. ①杜… Ⅲ. ①心理学－高等学校－教材 Ⅳ. ①B84

中国版本图书馆 CIP 数据核字（2018）第 224956 号

人卫智网	**www.ipmph.com**	**医学教育、学术、考试、健康，购书智慧智能综合服务平台**
人卫官网	**www.pmph.com**	**人卫官方资讯发布平台**

心理学基础
第 3 版

主　　编：杜文东
出版发行：人民卫生出版社（中继线 010-59780011）
地　　址：北京市朝阳区潘家园南里 19 号
邮　　编：100021
E - mail：pmph @ pmph.com
购书热线：010-59787592　010-59787584　010-65264830
印　　刷：北京铭成印刷有限公司
经　　销：新华书店
开　　本：850 × 1168　1/16　　**印张：**20　　**插页：**8
字　　数：537 千字
版　　次：2007 年 7 月第 1 版　2018 年 11 月第 3 版
2025 年 1 月第 3 版第 6 次印刷（总第 15 次印刷）
标准书号：ISBN 978-7-117-27242-1
定　　价：68.00 元
打击盗版举报电话：010-59787491　E-mail：WQ @ pmph.com
（凡属印装质量问题请与本社市场营销中心联系退换）

全国高等学校应用心理学专业第三轮规划教材

修订说明

全国高等学校本科应用心理学专业第一轮规划教材于2007年出版，共19个品种，经过几年的教学实践，得到广大师生的普遍好评，填补了应用心理学专业教材出版的空白。2013年修订出版第二轮教材共25种。这两套教材的出版标志着我国应用心理学专业教学开始规范化和系统化，对我国应用心理学专业学科体系逐渐形成和发展起到促进作用，推动了我国高等院校应用心理学教育的发展。2016年经过两次教材评审委员会研讨，并委托齐齐哈尔医学院对全国应用心理学专业教学情况及教材使用情况做了深入调研，启动第三轮教材修订工作。根据本专业培养目标和教育部对本专业必修课的要求及调研结果，本轮教材将心理学实验教程和认知心理学去掉，增加情绪心理学共24种。

为了适应新的教学目标及与国际心理学发展接轨，教材建设应不断推陈出新，及时更新教学理念，进一步完善教学内容和课程体系建设。本轮教材的编写原则与特色如下：

1. 坚持本科教材的编写原则　教材编写遵循“三基”“五性”“三特定”的编写要求。

2. 坚持必须够用的原则　满足培养能够掌握扎实的心理学基本理论和心理技术，能够具有较强的技术应用能力和实践动手能力，能够具有技术创新和独立解决实际问题的能力，能够不断成长为某一领域的高级应用心理学专门人才的需要。

3. 坚持整体优化的原则　对各门课程内容的边界进行清晰界定，避免遗落和不必要的重复，如果必须重复的内容应注意知识点的一致性，尤其对同一定义尽量使用标准的释义，力争做到统一。同时要注意编写风格接近，体现整套教材的系统性。

4. 坚持教材数字化发展方向　在纸质教材的基础上，编写制作融合教材，其中具有丰富数字化教学内容，帮助学生提高自主学习能力。学生扫描教材二维码即可随时学习数字内容，提升学习兴趣和学习效果。

第三轮规划教材全套共24种，适用于本科应用心理学专业及其他相关专业使用，也可作为心理咨询师及心理治疗师培训教材，将于2018年秋季出版使用。希望全国广大院校在使用过程中提供宝贵意见，为完善教材体系、提高教材质量及第四轮规划教材的修订工作建言献策。

第三届全国高等学校应用心理学专业教材评审委员会

教材目录

序号	书名	主编	副主编
1	心理学基础(第3版)	杜文东	吕　航　杨世昌　李　秀
2	生理心理学(第3版)	杨艳杰	朱熊兆　汪萌芽　廖美玲
3	西方心理学史(第3版)	郭本禹	崔光辉　郑文清　曲海英
4	实验心理学(第3版)	郭秀艳	周　楚　申寻兵　孙红梅
5	心理统计学(第3版)	姚应水	隋　虹　林爱华　宿　庄
6	心理评估(第3版)	姚树桥	刘　畅　李晓敏　邓　伟　许明智
7	心理科学研究方法(第3版)	李功迎	关晓光　唐　宏　赵行宇
8	发展心理学(第3版)	马　莹	刘爱书　杨美荣　吴寒斌
9	变态心理学(第3版)	刘新民　杨甫德	朱金富　张　宁　赵静波
10	行为医学(第3版)	白　波	张作记　唐峥华　杨秀贤
11	心身医学(第3版)	潘　芳　吉　峰	方力群　张　俐　田旭升
12	心理治疗(第3版)	胡佩诚　赵旭东	郭　丽　李　英　李占江
13	咨询心理学(第3版)	杨凤池	张曼华　刘传新　王绍礼
14	健康心理学(第3版)	钱　明	张　颖　赵阿勐　蒋春雷
15	心理健康教育学(第3版)	孙宏伟　冯正直	齐金玲　张丽芳　杜玉凤
16	人格心理学(第3版)	王　伟	方建群　阴山燕　杭荣华
17	社会心理学(第3版)	苑　杰	杨小丽　梁立夫　曹建琴
18	中医心理学(第3版)	庄田畋　王玉花	张丽萍　安春平　席　斌
19	神经心理学(第2版)	何金彩　朱雨岚	谢　鹏　刘破资　吴大兴
20	管理心理学(第2版)	崔光成	庞　宇　张殿君　许传志　付　伟
21	教育心理学(第2版)	乔建中	魏　玲
22	性心理学(第2版)	李荐中	许华山　曾　勇
23	心理援助教程(第2版)	洪　炜	傅文青　牛振海　林贤浩
24	情绪心理学	王福顺	张艳萍　成　敬　姜长青

配套教材目录

序号	书名	主编
1	心理学基础学习指导与习题集(第2版)	杨世昌　吕　航
2	生理心理学学习指导与习题集(第2版)	杨艳杰
3	心理评估学习指导与习题集(第2版)	刘　畅
4	心理学研究方法实践指导与习题集(第2版)	赵静波　李功迎
5	发展心理学学习指导与习题集(第2版)	马　莹
6	变态心理学学习指导与习题集(第2版)	刘新民
7	行为医学学习指导与习题集(第2版)	张作记
8	心身医学学习指导与习题集(第2版)	吉　峰　潘　芳
9	心理治疗学习指导与习题集(第2版)	郭　丽
10	咨询心理学学习指导与习题集(第2版)	高新义　刘传新
11	管理心理学学习指导与习题集(第2版)	付　伟
12	性心理学学习指导与习题集(第2版)	许华山
13	西方心理学史学习指导与习题集	郭本禹

主编简介

杜文东，南京中医药大学心理学院教授，博士生导师，国家级注册心理咨询师。学术兼职：曾任国家科学技术进步奖评委（中医药学组，2004 年）；中国高等教育学会医学心理分会前任会长；中国中医药高等教育学会中医心理学教学研究会理事长；中国心理学会医学心理专业委员会副主任委员；中国性学会性心理专业委员会副主任委员；中国心理卫生协会大学生心理咨询专业委员会常务理事；国家卫生健康委员会考试中心医学人文委员会委员。

从事教学工作 40 年。承担本校本科专业与研究生"心理学导论""心理学基础""临床心理测量""心身医学""医学心理学""中医心理学""性心理学"等课程的教学。其中"医学心理学"获"江苏省精品课程"。2007 年创办国内高等医学院校第一所心理学院。共培养 10 名博士、25 名硕士研究生。在科学研究中较擅长的专业研究方向有：心理治疗与心理咨询、心身疾病、心理测量、大学生心理健康教育等。

获省级以上教学科研成果二等奖两项。主编教材、专著、译著 28 部；发表独自完成或第一作者论文 40 余篇。2007 年，受原卫生部教材规划办委托任"全国高等医学院校应用心理学专业教材第一届评审委员会"副主任委员。2012 年任第二届评审委员会主任委员，2013 年出版教材 25 部（人民卫生出版社出版）。主编的《心理学基础》（第 1 版）被评为"普通高等教育'十一五'国家级规划教材"（原卫生部、教育部双规划教材）；该教材同时获"江苏省精品教材"。荣誉称号：全国大学生心理健康教育工作先进个人（2007 年）；全国优秀教师（2009 年）；全国大学生心理健康教育工作突出贡献奖（2010 年）。

副主编简介

吕航，南京中医药大学心理学院副院长，副教授，心理学博士，硕士生导师。学术兼职：《中华行为医学与脑科学杂志》第五届编辑委员会特约编委；《中国健康心理学杂志》编委；江苏省心理学会理事。江苏省“青蓝工程”优秀青年骨干教师培养对象。

至今从事教学工作 15 年。承担本校本科生、研究生“心理学专业导论”“心理学基础”“管理心理学”“人事心理测评”“职业生涯辅导”“人际交往心理学”等课程的教学。共培养 7 名硕士研究生。在科学研究中较擅长的专业研究方向有：心理学基础、人力资源与管理、心身疾病的心理行为致病因素研究等。发表独自完成或第一作者论文 30 篇。

担任原卫生部“十二五”规划教材《心理学基础》副主编。出版专著《人力资源测评方法与技术》《激励与约束——对我国高校业绩津贴分配制度的实证研究》。主译 M.D Mumford 著 *Leadership*（《领导力》人民卫生出版社 2014 年出版）。

副主编简介

杨世昌，医学博士，教授，主任医师，硕士生导师。新世纪百千万人才工程省级人选入选者，河南省卫生计生科技创新领军人才，河南省高等学校青年骨干教师资助计划资助对象，新乡医学院教学名师。参与美国中华医学基金会（CMB）课题 2 项，主持河南省科技厅课题 1 项，原省卫生计生委课题 2 项，省教育厅课题 5 项。中国睡眠研究会睡眠与心理卫生专业委员会常务委员，河南省心理学教学研究会副会长。河南省精品课程"精神病学"主讲教师之一，河南省重点学科"应用心理学"及"精神病学"学科核心成员。

原国家卫生和计划生育委员会"十三五"规划教材《精神疾病临床案例解析》主编；原卫生部"十二五"规划教材《心理学基础》（第 2 版）（人民卫生出版社）副主编；原卫生部"十一五"规划教材《精神医学临床实践》副主编（人民卫生出版社）；主持省级及厅级教学改革立项 5 项，获教育部科学技术进步二等奖 1 项，河南省省级教学成果一等奖 1 项。以第一作者或通讯作者发表中英文论文 100 余篇，其中 CSSCI 收录 19 篇，CSCD 收录 10 篇。

李秀，皖南医学院心理学教研室主任，人文与管理学院心理实验中心主任，皖南医学院应用心理学重点学科团队带头人，博士，副教授，硕士生导师。学术兼职：中国心理学会医学心理专业委员会委员、中国高等教育学会医学心理分会理事。

至今教学实践 23 年。承担本校本科生、研究生"心理学基础""变态心理学""发展心理学""医学心理学""护理心理学""团体心理辅导""心理治疗"等课程的教学，主编或参编教材与专著 8 部；主持或参与省级以上教学研究 6 项，发表第一作者教学论文 10 余篇。在科学研究中较擅长的专业研究方向有：心理学基础、心理治疗、临床心理学、大学生心理健康教育等。发表学术论文 20 余篇。

前　言

人民卫生出版社组织出版的"全国高等院校应用心理学本科专业'十一五'规划教材"2007年第1轮(18部),"'十二五'规划教材"2013年第2轮(25部),使用至今得到了广大师生的一致好评。时光荏苒,即将出版的已是"'十三五'规划教材"第3轮(24部)。十年来,中国高等教育学会医学心理分会通过教材合作,见证了人民卫生出版社经历体制改革,社会效益、经济效益得到提升的巨变,人民卫生出版社进入了新的发展时期,成就令人鼓舞。人民卫生出版社对高校教材建设给予了更大的投入,团结了一批本领域的专家,为全国高等院校应用心理学本科专业教学与教改作出了贡献;同时也赢得了应用心理学本科一线教师的敬佩与感谢。人民卫生出版社适时启动了本套教材第3轮的工作,在第三届"全国高等院校本科应用心理学专业教材评审委员会"主任委员杨艳杰教授的主导下,2016年9月在南京中医药大学召开第3轮教材编写研讨会;12月在皖南医学院召开人民卫生出版社有关领导与"全国高等院校本科应用心理学专业教材评审委员会"联席会,就第3轮规划教材的编写具体事宜进行讨论,确定了编写书目与编者遴选方案等重要事宜。2017年4月在哈尔滨医科大学召开主编人会议;5月在杭州市召开全体编委会议,落实了详尽的编写工作计划与规范内容。此次再版的内容与时俱进,有了新的变化。纸质版教材与数字教材融合的编撰形式,为提高学生的学习兴趣与扩大专业知识面及可读性作出了创新,可谓相得益彰。

《心理学基础》按照要求进行了教材再版的组织与编写工作,经过各位编者的辛勤劳动,如期完成了撰写任务。2017年12月在海口市召开了定稿会,对教材内容作了最后的统一与认定。至此,为第三版修订画上了圆满的句号。

本次修订涉及教材内容与编写队伍的变动。我们针对第2版教材在使用中的反馈意见,对教材内容作了较大的增删。章目仍为十六章,增加了近年来心理学发展的新素材。该教材是为夯实应用心理学专业学生的心理学基础知识而编写的。在本书的编写过程中,我们严格按照应用心理学专业培养目标和课程计划所规定的要求组织编写内容。在"三基五性三特定"规范要求下,一是按照心理学"入门课程"的要求来设定总体编写思路;二是根据心理活动的逻辑安排编写内容;三是在心理学的基本内容及其基本观点中展现科学研究的新成果。

本版教材由13所高校的16位教师参加编写。具体的编写分工如下:第一章:杜文东;第二章:杨世昌;第三章:何志芳;第四章:李秀;第五章:李成冲;第六章:侯日霞;第七章:乔正学;第八章:张丽军;第九章:潘玲;第十章:陈庆荣;第十一章:覃玉宇;第十二章:龚茜;第十三章:吕璐莎;第十四章:高岩;第十五章:孙丽君;第十六章:吕航。

在编写过程中,各位编者态度认真、细致,通力合作;采取了编委间相互审阅稿件、主编副主编负责各章审阅的合作形式,并时常相互沟通,体现出了高度的责任感。全书由吕航、杨世昌、李秀三位副主编进行统稿；杨世昌副主编承担了配套数字材料的编撰；乔正学老师作为本教材的秘书作了大量的协调与文字工作。这是一本凝聚着大家心血的教材，再版后的教材按要求更新了内容，增加了心理学的现代进展材料，同时注重了细节之处的增删，达到了预期的目标。我们期望本教材能得到同行认可，得到学生的好评。我们期待着一线教师实践教学中的反馈意见，以便为本教材的更趋完善做准备。

杜文东

2018 年 5 月

目　录

第一章　绪　论

本章要点

心理现象

　心理现象的含义

　心理现象的结构

心理的实质

　心理与脑

　心理与客观现实

　心理与主观状态

心理学的学科特点

　心理学的性质

　心理学的任务

　心理学的分支

心理学的研究方法

　心理学研究的基本原则

　心理学研究的常用方法

现代心理学的发展

　现代心理学的起源

　心理学的流派和主要观点

关键词

心理；心理现象；心理与脑；基础研究学科；应用研究学科；研究方法

人的心理(mind)活动是一种非常复杂的现象，兼有自然属性和社会属性，人类对其心理活动本质的认识及作出科学解释尚任重道远。现代心理科学用辩证唯物主义的观点来解释人的心理现象，认为人的心理是人脑的功能及其对客观现实的主观反映；并以此作出相应反应调节行为。因此，人的心理活动是反映机能和反应机能的统一体，其功能在于对周围环境进行适应与创新。

第一节　心 理 现 象

一、心理现象的含义

所谓心理现象，就是心理活动在发生、发展、变化过程中所表现出来的形态、特征与联

01章

笔记

系，简称心理。

心理现象的形态是多样的。一个正常人，只要他处于清醒状态，就总要看东西、听声音（感知觉）、记事情（记忆）、做计划（想象）、想问题（思维）；对人、对事、对物总有自己的好恶或褒贬，态度或评价，或者喜欢、热爱，或者讨厌、痛恨（情绪）；在工作、学习中总是会表现出自觉或被动，果断或犹豫，坚毅或动摇（意志）；有这样或那样的兴趣和能力，有这种或那种脾气和性格（个性）等等。所有这些，都是人的心理现象。

心理现象的特征是复杂的。有的具有鲜明的动态特性，有的则具有明显的静态特性；有的具有生动的外部表现，有的则只存在于主观体验之中；有的能被人清晰地意识到，有的则常常不为他人所觉察；有的主要受生物因素影响，有的则更多受社会因素制约；有的稍纵即逝，有的则相对持久；有的不断变化、发展，有的则相对稳定、恒常。

心理现象之间的联系是广泛的。人的心理现象尽管形态、特征各异，但是彼此间是一个相互联系的统一整体。在心理活动的发生上，它们互为基础或互为因果，具有协同性；任何一个心理现象的产生，都同时引发或伴随其他心理现象的活动；在心理活动的进行中，它们反映的内容虽然各有其侧重，所起的作用虽然各有所不同，但是它们同时以反馈的方式相互影响或循环往复地相互作用，彼此间相互加强或减弱、相互补充或改变。

心理现象一般是在活动中表现出来的，心理活动导致行为的产生。这些行为有些是外显的，可以直接观察到；有些是内隐的，不能直接观察到，但可以通过间接的方式或方法来观察。

至此，可以概括心理学的定义：心理学（psychology）是研究心理现象及其活动规律的科学。

二、心理现象的结构

心理学为了具体研究的需要，通常将人的心理现象分为心理过程和个性两大方面（图 1-1）。

- **人的心理现象**
  - **心理过程**
    - **认知过程** 感觉、知觉、记忆、想象、思维
    - **情绪过程**
    - **意志过程**
  - **个性**
    - **个性倾向性** 需要、动机、兴趣、信念等
    - **个性心理特征** 能力、气质、性格

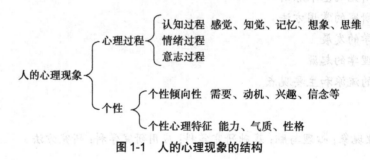

图 1-1 人的心理现象的结构

（一）心理过程

人在认识和对待事物时产生的心理现象，具有鲜明的动态特性，其活动呈一个明显的发生、发展或变化以至结束的过程。因此，心理学上将这类心理现象统称为心理过程。其具体包括认知过程、情绪过程和意志过程三个部分。

1. **认知过程** 认知（cognition）过程是指人反映事物本身特性的心理过程，包括感知、记忆、想象与思维。通过认知过程，人可以了解事物的外部特征和内在本质，可以获得与把握事物之间的规律性联系，可以积累以往的经验和教训，还可以对未来作出预期和计划。

2. **情绪过程** 情绪（emotion）过程是人反映事物与自身需要之间关系的心理过程。凡是与人的需要有关的事物，由于对人有着一定利害关系和主观意义，必然使人对其产生相应如肯定或否定的情绪反应，并以带有某种特殊色调的主观体验或内心感受的形式表现出

笔记

来。如有些事物使人喜悦、快乐，有些事物使人忧愁、悲伤等。情绪过程反映了事物对人所具有的主观意义，它在认知的基础上产生，又反过来影响认知。

3. **意志过程** 意志（will）过程是人在活动中自觉确定目标并规划行动、克服困难，以达到目的的心理过程。人在认识和对待事物的活动中，总会遇到这样或那样的困难和问题，需要依靠意志的力量加以克服，以保证活动的持久与深入，最终实现既定目标。离开了意志的支持，人就可能在困难面前退缩、动摇，使活动半途而废。人有意识地调节意志过程体现了人的能动性，即人不仅能认识客观世界，而且能在此基础上自觉地、有目标地改造世界。

（二）个性

个性（individuality）指人的稳定而独特的整体心理面貌。个性是在心理过程的基础上形成和发展的，由人在认知、情绪和意志活动中的那些稳定的心理倾向和心理特征所构成。个性表现出个体的差异性与独特性，即“千人千面”。个性包括个性倾向性和个性心理特征两个部分。

1. **个性倾向性** 个性倾向性是反映人对事物的稳定的心理倾向和行为趋向的个性成分，包括需要、动机、兴趣、价值观等。人在与周围事物的相互作用中，选择与舍弃什么、看重与轻视什么、趋向与回避什么、接受与拒绝什么等等，都由个性倾向性所决定。个性倾向性是人的心理和行为的积极性的源泉，它可以促使人朝着一定的方向，追求一定的目标，以行动求得心理上的满足。

2. **个性心理特征** 个性心理特征是人在心理活动过程中经常表现出现的稳定的心理特点，包括能力、气质与性格。

（1）能力（ability）：直接决定人的活动能否顺利进行的那些最必需的个性心理特征。人要进行某种活动或完成某种任务，必须具有相应的能力，否则，即使有满腔的热情和崇高的愿望，也将一事无成。因此，尽管人的活动会受多种因素影响，但能力是决定活动能否顺利进行的必需条件。同时，人的能力水平高低，也直接影响活动的效率。

（2）气质（temperament）：反映人的心理活动动力特征的个性心理特征。所谓心理活动动力特征，具体指心理活动的速度（如知觉的快慢）、强度（如情绪体验的强弱）、稳定性（如注意的持续程度）和灵活性（如思维的敏锐与刻板）。这些心理活动动力特征的组合，便构成了个体的气质。气质可分为不同的类型从而使人的心理活动带有明显的个体风格，使人在不同场合、不同活动中表现出相对统一的心理活动动力特征。

（3）性格（character）：反映人对现实的稳定态度和与之相应的习惯化了的行为方式的个性心理特征，是个体个性结构中的核心成分。具体来说，性格反映了人对待社会、集体、他人、工作、学习和自己的稳定态度，以及在认知、情绪、意志活动中的相应行为方式。性格具有很强的社会制约性，主要是在社会环境的影响下形成和变化的。

应该强调的是，心理现象的各个方面并不是孤立的，而是彼此互相联系的。不仅在个性心理和心理过程之间，而且在认知、情绪、意志过程之间，也都有密切联系。没有心理过程，个性心理特征就无从形成。同时，已经形成的个性心理又制约着心理过程，并在心理过程中表现出来。例如，一个人的音乐能力就是在对音乐的学习、对音乐的热爱、对在学习时遇到的各种困难的克服过程中发展起来的；反过来，当一个人有了对音乐的欣赏和表现能力之后，他对一首乐曲或一首歌的评价与体验也会与他人不同。

事实上，既没有不带个性特征的心理过程，也没有不表现在心理过程中的个性特征，二者是同一现象的两个不同方面。为了某种研究的需要，我们可以对这两个方面分别加以考察，但是要深入了解人的心理现象，特别是要把握一个人的心理全貌时，就必须将两方面结合起来进行整体地考察。

笔记

第二节　心理的实质

心理现象虽为人们所熟悉，但要对其本质作出科学的解释并非易事。历史上就曾出现种种唯心主义的和庸俗唯物主义的心理观。现代心理科学用辩证唯物主义的观点来解释人的心理现象，认为人的心理是人脑对客观现实的主观反映。下面，我们从三个方面具体论述人的心理的实质。

一、心理与脑

心理这个词汇，本身是一个历史的误会。因为在很长一段历史时期内，古人都把心脏看作心理活动的器官。孔子云：心之官则思。中国2000多年前的思想家都认为心理活动是由心脏所产生的，因此称之为“心理”。这一历史的痕迹，至今在现代汉语中还有广泛的体现，例如，很多表述人的心理活动的词汇，都带有“心”字底或竖“心”偏旁，如感、恋、想、惧、恨、情等等。后来，我们的前人又将心理的器官推广到心脏周围的一些内脏器官，如肝、胆、脾等，认为这些内脏器官也会产生心理，以致有诸如“肝火旺”“胆子小”“脾气大”等形容心理现象的说法。

直到19世纪，中外科学家才开始真正认识到心理现象的产生与脑之间的关系。清代医学家王清任在《医林改错》(1830)中对心脑关系提出了“灵机、记性在脑而不在心”的认识。许多西方国家的医生发现，当患者的脑部受到损伤后，其心理活动会出现一定的障碍或异常。例如，1861年法国医生布洛卡(P Broca)发现大脑左半球额下回受损伤后，会使人失去说话的能力；1870年德国精神病学家威尔尼克(C Wemicke)发现大脑颞叶的颞上回后部受损伤后，患者就无法辨别声音的含意，不能回答别人提出的问题。诸如此类的发现，促使科学家系统研究心理现象与脑之间的关系。从19世纪末到20世纪初，许多生理学家和心理学家通过对脑损伤患者及对动物脑的实验研究，得出结论：心理是脑的机能，脑是产生心理的器官。

现代科学研究进一步表明，人脑是一个纵横交织的巨大神经网络，它在多层面、多水平上进行着信息的加工；人的心理现象就是在人脑对内外信息的不断接收、加工、储存和提取的过程中，发生、发展和变化的。人脑的发育、发展水平，直接制约人的心理活动的水平；人脑的某一部位受到损伤或发生病变，会使人丧失相应心理活动。

现代科学研究还表明，脑产生心理现象的方式是反射。所谓反射，是有机体借助神经系统对内外刺激的有规律的反应。其具体包括三个环节：

(1) 开始环节：内外刺激作用于感觉器官，引起神经兴奋，并经过传入神经向脑中枢传导。

(2) 中间环节：脑中枢对传入信息进行加工处理，其神经过程在脑中产生的对刺激的反映，表现为相应的心理现象，如认识、情绪、意志。

(3) 终末环节：对刺激的反映信息，从脑中枢沿着传出神经传导到效应器官，引发或调节自身的动作、语言等行为，以对内外刺激作出反应。在通常情况下，反射的终末环节并不意味着反射活动的完结，因为反应活动本身又会成为某种新的刺激，引起新一轮的反射。这一过程称为反馈。反馈使人的心理活动成为一个完整、连续的过程，从而保证人能够对内外刺激产生完善的反映，并据此调节自己的行为以对内外刺激进行有效地适应。

从反射的结构可知，尽管心理现象产生在反射活动的中间环节，但是它由开始环节的刺激输入所引起，是对内外刺激的反映，同时它又对终末环节的行为反应具有调节作用，以保证人对内外刺激的有效适应。因此，人的心理活动是反映机能和反应机能的统一体，其

笔记

功能或价值在于通过对内外刺激的反映来调节自己的行为，以更好地适应周围环境。

同样，从反射的结构可知，心理现象与行为密不可分：其一，心理是支配行为的内因，即行为并非刺激或外因直接引发，而是要经过心理的中介，有什么样的心理活动，就会有与之相应的行为；其二，行为是心理的外在表现，具体实现心理的适应功能，并以反馈的方式对心理产生影响。科学认识心理与行为的关系，是心理学研究的目的。由于心理是发生在人脑内部的现象，难以直接观察到，也难以直接加以测量，但是心理活动必然通过行为表现出来，而且心理的变化必然导致行为的相应改变，因而我们通过研究能够直接观察、测量到的行为，可以间接地去研究心理现象及其活动规律。心理学也正是通过人的行为来研究心理的。

专栏 1-1

脑成像技术

人们一直迫切希望找到一种方法，能够“看见”整个大脑在一个人作出反应、进行思考或想象时的活动情况。今天，计算机辅助脑成像技术使这一梦想得到实现。下面就简要介绍目前常见的几种脑成像技术。

计算机断层扫描（CT）：计算机辅助的X射线扫描在对大脑疾病和损伤的诊断中起着革命性的作用。传统的X光检查最多只能产生一幅大脑阴影的图像，这样的影像分辨力不高。为了解决这个问题，研究者设计了计算机断层扫描（computed tomography，简称CT）。CT是以X射线从多个方向沿着头部某一选定断层层面进行照射，测定透过的X射线量，数字化后经过计算机算出该层面组织各个单位容积的吸收系数，然后重建图像的一种技术。这是一种图质好、诊断价值高而又无创伤、无痛苦、无危险的诊断方法。它使我们能够在任何深度或任何角度重建脑的各种层面结构。CT能够显示出脑创伤后遗症、损伤、脑瘤和其他大脑病灶的位置，这样，也就可以通过CT来诊断一个人行为变化在脑水平上的病因。目前，广泛应用在科研和临床领域多为多层螺旋CT。它具有较传统CT扫描范围大、图像质量好、成像速度快等优点。据专家称，由美国通用公司生产的全世界最先进、运行速度最快的64排螺旋CT能10秒快速完成全身扫描，5秒无创完成心脏检查，1秒能精确立体完成单器官检查。CT的出现无疑是技术上的一大进步。之后，其他新的脑成像技术也相继出现。

磁共振成像（MRI）：是运用磁场原理来产生体内活动的图像。在MRI扫描中，由一个探测器负责记录身体内氢原子对强磁场的反应，之后，通过计算机程序产生一个三维的大脑或躯体的图像。体内任何一个两维平面的物体都能在计算机对MRI数据的选择中被找到并形成一个图像，然后在屏幕上显示出来。这样，研究者就仿佛在一个透明的三维空间中观察大脑的内部状态。

功能磁共振成像（functional magnetic resonance imaging，简称fMRI）是MRI的一种运用和深入发展，主要是用MRI的方法研究人脑和神经系统的功能，通过磁共振信号的测定来反映血氧饱和度及血流量，间接反映脑的能量消耗，在一定程度上能够反映神经元的活动，间接达到功能成像的目的。在心理学研究中，fMRI广泛被应用于探测认知功能的源定位，如感觉、知觉、运动、记忆、语言、思维、决策以及儿童大脑发育等研究。这种技术的显著优点是：信号直接来自脑组织功能性的变化，无须注入造影剂、同位素或者其他物质，是无创伤的方法；实验准备时间短，同一被试可以反复参加实验；可以进行单被试分析；可以同时提供结构像和功能像；空间分辨率非常高，可以达到1立方毫米。但是，fMRI最大的局限性在于时间分辨率较低。原因在于认知过程所引起的血流量变化通常需要数秒后才能达到高峰，而认知过程往往能够非常迅速完成。

正电子成像（PET）：PET也许是目前脑成像技术中应用最多的方法之一。当含有微量

笔记

的放射性同位素葡萄糖溶液进入血液被大脑吸收后，PET能检测到这种溶液发射的正电子。大脑工作时必须消耗能量，这样，PET扫描就能显示大脑中的哪个区域在消耗更多的葡萄糖。能量消耗越多的地方，也是大脑活动越多的地方。研究者把正电子探测器放置在头部周围，探测到的数据被送入计算机，这样就能够生成一个正在变化的、彩色的大脑活动图像。PET自20世纪70年代面世以来，已广泛地应用在临床和基础研究上。临床上主要用于诊断神经类疾病、心脏疾病、癌症等，也可辅助设计治疗方案和评估药物疗效，并可用于探寻一些神经类疾病的发病机制。由于PET能定量无损地测量血流、物质代谢、配基结合位点等，给认知神经科学提供了观测手段，被越来越多地应用于研究人类的学习、思维、记忆等生理机制。

脑电图(EEG)：EEG测量方法是将许多平头的金属电极放置在头皮上的各个部位，电极把探测到的脑电活动送入脑电图仪，脑电图仪会将这些微弱的脑波信号放大并记录在一张纸上。脑电图的价值是使我们能够清晰地看到大脑总体活动水平的升降状况。脑电图可以揭示脑瘤、癫痫和其他疾病，也可以揭示在睡眠、做白日梦和其他意识状态下的脑活动情况。

心理活动扫描技术(MANSCAN)：MANSCAN是EEG的改进装置，一般的EEG只能够记录16点或30点EEG数据的软头盔，而MANSCAN却有一个能够记录124点EEG数据的软头盔，计算机在对脑波活动进行追踪的同时，其数据就并入一个MRI扫描成三维脑成像。

最近又有一项新技术，叫脑磁图扫描(MEG)，它能通过外部电子装置测出神经元放电时所产生的微弱磁场，从而描绘出目前最清晰的大脑活动图像。随着新技术的不断发展，人类大脑机制的神秘面纱也将一层一层被揭开，一大批科学家正昂首阔步地向人类精神世界的谜底迈进。

二、心理与客观现实

人脑作为心理的器官，仅是一个产生心理的“工厂”，如果没有原材料，它本身还无法产生出任何“产品”。从前述反射的产生过程中，我们可以清楚地了解这一点，即只有当客观现实中的事物作用于人的感觉器官时，人脑才能在此基础上产生出相应的心理活动。现代心理科学的研究证实，无论是简单的还是复杂的心理现象，都是客观现实在人脑中的反映；即使是人脑中出现的那些超现实的事物，诸如神话和科幻故事中的事物，其构成的原始材料也是源于客观现实。总之，人的心理的源泉是客观现实，离开了客观现实的刺激作用，人脑自身是不能单独产生心理活动的。

所谓客观现实，是指不依赖心理主体而存在的一切事物，包括自然现实和社会现实。其中，社会现实对人的心理具有决定性的制约作用。心理学研究表明，人有心理活动是因为生活在社会环境之中；如果脱离了人类的社会生活，即使有健全的人脑，也不可能产生人的心理活动。

三、心理与主观状态

人的心理现象都发生在每一个具体的人身上，因此，每个人自身的主观状态必然对其心理产生这样或那样的影响。具体来说，这种影响主要表现在以下两个方面：

1. **折射性**　所谓折射性，是指人对客观现实的反映要通过自身主观状态的中介。人对客观现实的反映总是在具体的人的头脑中形成的，因而人已有的知识经验、个性特征及当时心理状态等主观因素必然会介入其对客观现实的反映，如影响或制约其对事物特性的认识程度，影响或制约其对事物与自身关系的情绪反应等。换句话说，人的主观状态就像一

笔记

个"三棱镜"，人对客观现实的反映要经过它的"折射"，才能确定具体内容。所以，不同的人，会对同一客观事物产生不同的反映；并且同一个人，在不同的时间、环境、心境下，对同一个事物的反映也会有所不同。因此，人的心理中所反映的事物，虽然来源于客观现实，但是并不等同于客观现实，即人的心理现象的内容中，既有客观现实的成分，又有其自身主观状态的成分。

2. **能动性**　所谓能动性，是指人对客观现实的反映不是消极、被动的，而是积极、主动的。在现实生活中，人不是完全像镜子那样被动地反映客观现实，相反，人总是依据自己的需要、兴趣、爱好等去主动地选择乃至搜寻客观现实中的某些事物或事物的某些特征，以完成自己的反映，而对同时存在的其他事物或事物的其他特征则予以忽视甚至视而不见。

人对客观现实的反映是在实践活动过程中发生的，它不仅受到客观事物的影响，而且还积极能动地反作用于客观现实，即主动地把外界事物转化为主观的内容，又通过实践活动使主观作用于客观。随着实践活动的不断深入和发展，人的心理活动日益丰富深化，从对客观事物的表面认识发展到对客观事物的本质认识，并表现出克服困难，达到预定目标的意志行动，从而改造、丰富、发展了自己的心理活动，形成了自己独特的个性心理。这说明了人的整个反映过程都是一种积极能动的过程。人的实践活动是心理产生和发展的基础，同时，人的心理活动又受到实践活动的检验，人在反映客观现实的活动中不断以实践验证客观事物的真伪、对错从而相应调整着自己的行动，使反映活动符合客观事物发展的必然规律。

综上所述，可以帮助我们理解心理是人脑对客观现实的主观反映。

第三节　心理学的学科特点

一、心理学的性质

一门科学的性质应由它的研究对象的特殊性来决定。心理学作为一门研究人的心理现象的科学，其性质是由心理现象的特殊性所决定的。

人的心理是一种非常复杂的现象，它兼有自然属性和社会属性。从自然属性上来看，人的心理的产生和发展受自身生理条件的制约。不仅人脑的结构和功能直接制约人的心理的产生和发展，而且人的其他生理器官(特别是感觉器官和运动器官)的结构和功能也直接制约人的心理的产生和发展。例如，视网膜脱落、耳膜破裂，都会对人的心理产生直接的影响。从社会属性上来看，人的心理的产生和发展受社会生活条件和人与人之间的社会关系制约。人是社会的人，人的心理产生和发展于一定的社会生活条件和社会关系之中，因此人的心理活动的具体内容总是受制于其所处的社会环境，人的心理活动的表现方式总是受制于其所处的社会地位，人的心理活动的发展水平总是受制于其所处的历史时期。总之，人的心理既受自然规律制约，又受社会规律制约。

人的心理兼有自然和社会双重属性，因而心理学不仅要研究心理现象产生和发展的生理基础，而且要研究心理现象产生和发展的社会基础，方能把握心理活动的规律性。因此，心理学是一门介于自然科学和社会科学之间的交叉学科。

在心理学的不同分支中，有的侧重于研究人的心理的自然属性，因而带有明显的自然科学倾向，如神经心理学、实验心理学等；有的侧重于研究人的心理的社会属性，因而带有明显的社会科学倾向，如管理心理学、教育心理学等。

笔记

二、心理学的任务

（一）探究和揭示心理规律

心理现象的发生不是任意的，也不是主观自觉的，而是在一定内外因素的影响下产生的，并受一定的因果规律支配。因此，心理学研究的重要任务就是探究心理现象产生或变化的原因，揭示其规律并加以科学的解释。具体来说，其研究主要涉及三个方面：第一，影响因素研究，即研究影响心理的各种因素（一般包括环境、生理和心理三类），以及它们在导致某一心理现象产生或变化中的相互关系、相对重要性等；第二，因果关系研究，即研究诸影响因素与心理现象产生或变化之间的因果关系，以确定当某种内外因素对人产生影响时，特定的心理现象必然发生或变化；第三，脑机制研究，即研究大脑及相关神经系统在心理现象发生中的物质基础。心理现象产生或发生变化时，大脑及相关神经系统的作用机制。

（二）描述和测量心理现象

心理现象虽纷繁复杂，但都有其质和量的特点。因此，心理学研究最基本的任务就是从质和量上描述和测量心理现象的具体事实。例如，在研究人的智力时，首先就要描述智力的含义、结构、类型、作用等，以把握其质上的特点；同时要用实证方法测量智力的水平、变化、发展及其人际差异等，以把握其量上的特点。只有先从现象上把握了心理活动的质和量的特点，才有可能进而理解心理现象的实质和揭示心理活动的规律。

（三）预测和控制心理活动

心理学研究的最终目的在于应用，即解决现实中所存在的各种心理问题，以提高人的学习、工作、生活的质量，促进人的心理健康发展。因此对人的心理活动进行科学的预测是心理学研究的基本目标之一。所谓预测，就是根据心理现象产生和变化的规律性，对人的心理活动的产生和变化趋势进行推测。例如，了解了某个人的性格特征，我们就能够较准确地预测其在特定情境中会做什么以及怎么做。在正确预测心理活动的基础上，我们就能够对人的心理与行为进行控制。所谓控制，就是根据影响因素与心理活动之间的因果制约性，采用提供或消除某些影响因素的方式，促使或防止某一心理活动的产生或使之按设定的目标方向变化。例如，根据行为结果与行为习惯之间的因果制约性，运用适当的奖惩手段，可以促使良好行为的产生或不良行为的改善。在实际应用过程中，预测和控制是相互关联的，控制必须建立在预测准确的基础上。

（四）发展和完善心理科学

在研究和应用的过程中，心理学还要不断发展和完善自身的理论体系及其科学水平。将现实中的各种心理现象和心理事实梳理成为彼此有机联系的思想体系，并用简洁的方式加以表述，这是心理科学致力追求的目标。但是，由于心理现象本身的错综复杂以及研究方法上的特殊困难，心理科学的现状距离这一目标还相差很远。例如，在许多基本理论问题上还缺乏统一的认识，对许多心理现象的研究还缺乏实证的手段，在诸多理论体系的构建上还缺乏有机的联系，对诸多现实心理问题的解决还缺乏有效的方法。然而，随着社会的发展，人类了解自己的需要越来越强烈，心理科学在人类生活中的重要性越来越受到重视；这也促使心理科学的研究成果与应用越来越丰富和广泛。为此，科学家预言，心理科学是21世纪最前沿的学科；心理学研究与应用的进展，将给人类社会带来巨大的变化与难以估量的贡献。

三、心理学的分支

现代心理科学是由基础研究和应用研究相互联系而构成的一个整体，因而心理学的分支侧重于基础研究学科和应用研究学科两个方面。其中，基础研究学科为应用研究学科提

笔记

供理论基础和方法指导，而应用研究学科又为促进基础研究学科的发展提供方向。

（一）基础研究学科

心理学的基础研究学科主要从事基础理论研究，其目的在于发现心理规律，建立系统理论。属于基础研究的心理学学科主要有：

1. **普通心理学**　普通心理学是研究正常成人心理现象及其一般规律的心理学学科。普通心理学是心理学体系中最具有基础理论性质的心理学学科，也是构成其他心理学学科或分支的理论“主干”。因此，它涉及心理过程发生、发展和个性心理形成及变化的最一般原理和规律，以及心理学研究的基本原则和常用方法。本教材就是按照普通心理学的框架结构编写的。

2. **实验心理学**　实验心理学是研究如何运用科学实验的方法来研究人的心理现象及其发生、发展规律的心理学学科。其主要涉及心理学实验研究的原理、设计、方法、仪器、技术和资料数据处理等问题。

3. **认知心理学**　认知心理学是研究人获取和使用知识的过程及其规律的心理学学科，它力求通过探究人获得、储存、转换和使用知识的机制，来揭示人类认识活动的规律，进而开发和利用人工智能。

4. **神经心理学**　神经心理学研究人的高级神经系统功能和心理行为之间的相互关系和相互作用，即研究脑与行为的学科。它的任务在于确定心理活动的大脑物质基础以及研究脑的功能。神经心理学可分为实验神经心理学和临床神经两部分。前者主要通过实验的方法研究心理行为的脑机制；后者则侧重应用临床心理学的方法对脑损伤的患者进行心理学的诊断与治疗。实验神经心理学被认为是21世纪的前沿学科之一。

5. **心理测量学**　心理测量学是研究以某种技术与方法编制与使用心理测验与相关工具，对人的心理特征、类型及其差异进行有效测量与评估的心理学学科。心理测量学在教育评价、临床诊断、人才选拔和职业指导中有着广泛的应用。

（二）应用研究学科

心理学的应用研究学科着重对社会实践中存在的心理问题进行探讨，以寻求解决问题的有效方法和途径。属于应用研究的心理学学科非常广泛，涉及教育、管理、医学、工业、商业、军事、司法、体育、艺术等众多社会生活领域，举例如下。

1. **教育心理学**　教育心理学是研究在学校教育情境中学与教的心理过程及其规律，以及教育教学与心理发展的相互关系的心理学学科，包括教学心理学、学习心理学、德育心理学、教师心理学等。

2. **社会心理学**　社会心理学是研究社会生活和社会交往条件下人的心理发生、发展的过程及其规律的心理学学科。其主要研究领域涉及个体社会化、态度的形成与转变、人际交往与人际关系、群体互动与团体心理等。

3. **管理心理学**　管理心理学是研究管理工作中管理者和被管理者的心理活动及其规律的心理学学科，其目的是最大限度地提高管理水平和工作效率。管理心理学可以根据管理领域的不同，分为行政管理心理学、企业管理心理学、学校管理心理学等。

4. **医学心理学**　医学心理学是研究人在疾病的发生、发展、转归、康复以及疾病的诊断、治疗、护理和预防中的心理活动及其规律的心理学学科，包括心理咨询学、心理治疗学、心身疾病、护理心理学、药物心理学等。

5. **健康心理学**　健康心理学是研究维护和促进心理健康，预防精神疾病、神经症、病态人格和适应不良等。健康心理学关注不同年龄阶段的心理健康特点与问题。它涉及良好的心理状态的保持和心理疾病的预防等问题，主张采用心理学的方法和手段改变或矫正有碍于人们身心健康的行为方式和生活习惯。

笔记

第四节　心理学的研究方法

一、心理学研究的基本原则

（一）客观性原则

客观性原则是指研究者要尊重客观事实，按照事物的本来面貌来反映事物。对心理学研究来说，就是要从心理活动产生所依存的客观条件，以及人与客观事物相互作用的关系上来揭示心理活动发生、发展的规律性；要在对研究所得的全部事实材料和数据，甚至包括相互矛盾的事实进行全面分析的基础上，得出应有的结论。具体来说，为了更好地贯彻客观性原则，研究者应着重注意以下几点：第一，在搜集资料时，必须如实、详尽地记录作用于个体的外部刺激和相应的行为反应，切不可用自己的主观体验、主观感受来代替观察到的客观事实，更不能将自己的主观倾向或臆测附加在客观事实之中；第二，在资料的处理、结果的分析整理时，应尽可能运用某种既定的客观尺度来加以评定，防止主观偏见的影响；第三，在做结论时，要严格依据所得的客观事实，实事求是地描述。

（二）系统性原则

系统性原则是指研究者要用系统论的方法，把人的心理作为一个整体的、有序的、开放的系统来加以考察。对心理学研究来说，贯彻系统性原则应着重注意以下几点：第一，人的心理现象是一个相互联系的统一整体，尽管各种心理现象在形态特征、反映内容和现实作用等方面有所不同，但是它们彼此间互为基础或互为因果，并且循环往复地相互作用；第二，人的心理现象是一个有组织结构的系统，具有多方面的层次性或多等级的子系统，因此在把握心理现象的相互关系时，既要注意它们之间的横向联系，又要注意其纵向联系；第三，人的心理现象是一个开放的系统，始终与外部环境系统、行为系统以及生理系统相互联系，相互作用；既受其他系统的影响，又对其他系统具有能动的反作用。因此要从反映机能和调节机能相互统一的角度去把握心理现象的本质。

（三）发展性原则

发展性原则是指研究者要将人的心理活动看作一个动态的变化发展过程来加以考察。人的心理作为人脑对客观事物的反映活动，不是静止的、固定的，而是处于不断的动态和变化发展之中。与之相应，在心理学研究中，一方面要从质量互变的角度把握心理发展的一般规律，即人的心理的变化和发展是一个由量变到质变进而呈现出不同阶段的过程，不同阶段的心理特点或心理特征的形成，具体表现为新的心理结构取代旧的心理结构；另一方面要从矛盾运动的角度把握心理发展的基本动力，即人的心理的变化和发展是新的社会要求与人已有的心理水平之间矛盾运动的结果，反映了人不断适应新的社会要求以使自己不断社会化的心理历程。

二、心理学研究的常用方法

（一）观察法

观察法是指在自然情境中或预先设置的情境中对人的行为进行观察记录，以了解其心理活动及其变化、发展规律的研究方法。观察有多种形式。从观察者和被观察者之间的关系来看，观察可分为参与观察和非参与观察两种形式。参与观察是指观察者作为被观察者活动中的一个正式成员，在其双重身份不为其他参与者知晓情况下进行观察；非参与观察则是观察者不参与被观察者的活动，单纯地进行观察。从观察的时间特点来看，观察又可分为长期观察和定期观察两种形式。长期观察是指在相当长的时期内有计划地进行系统性观察；定期观察是指在某一特定的时间或期限里进行观察。

笔记

（二）调查法

调查法是指以“问 - 答”的方式考查被调查者的心理倾向或心理特征的研究方法。调查法分为书面调查法和口头调查法两种。

1. **书面调查法** 书面调查法也称问卷法，是研究者根据研究课题的需要，预先拟定出书面问题（问卷），让被调查者按一定要求用书面形式回答，以收集研究资料和数据的调查方法。问卷法的调查效果，在很大程度上取决于问卷的内容设计。

2. **口头调查法** 口头调查法也称访谈法，是研究者根据研究课题的需要和预先拟定好的问题，逐一向被调查者进行询问，并记录其回答的调查方法。访谈法虽然易于施行，但是其调查效果在一定程度上取决于访谈主持者的个人素质。如能否很快营造出坦率和信任的访谈气氛，使被访谈者知无不言；能否有效把握访谈进程，在既定时间内完成访谈任务；能否始终保持客观的访谈态度，以免对被访谈者产生暗示性影响。

（三）实验法

实验法是在人为控制的情境下，有目的地操纵某种刺激变量，以引起被试的某种特定反应，进而从中探查相应心理现象的成因与规律的研究方法。

实验法的运用涉及三种变量：①自变量——由实验者操纵、控制并实施的实验条件称为自变量，又称独立变量；②因变量——由刺激的作用所导致被试作出反应的变量称为因变量，又称依从变量，它是实验者预定要观察、测量与记录并加以研究的对象；③控制变量——与实验目的无关但可能会对实验结果产生影响，因而需要加以排除或控制的条件称为控制变量（通常采用设立实验组和对照组，并使两个组在主体变量方面大致相同的方法，达到控制无关变量的效果）。由此也可知，采用实验法进行心理学研究的目的，是在人为控制的情境下，探究自变量与因变量之间的内在关系。

实验法可分为自然实验法和实验室实验法。自然实验法是指在实际生活情境中，对实验条件作适当控制以进行实验的方法。例如，在学校的某自然班（作为实验组）中，采用某种新的教学方法进行教学实验，经过一定时间后将该班学生的学习表现与学习结果，与仍然采用原有教学方法的某一平行班（作为对照组）进行比较，可以得出关于新的教学方法与学生学习心理、学习方式及学习成绩之间的内在关系的研究结果。实验室实验法是指在严格控制实验条件的情境下，借助于专门的实验仪器以进行实验的方法。与自然实验法相比较，实验室实验法具有自变量的操纵较为精确、因变量的记录较为准确、控制变量较为严格等优越性，但也存在被试容易因实验室情境而感到不适或紧张，并可能因此影响实验结果等局限。

（四）测验法

测验法是指用标准化的量表对被试的心理特征或心理倾向进行测量的研究方法。测验法通常可以用于确定被试的某些心理特征或心理倾向的性质与水平，可以用于了解被试群体在某些心理特征或心理倾向上存在的个别差异，也可以用于研究被试的两种（或多种）心理特征或心理倾向之间的相互关系。当然，测验法的使用也有一些注意事项：①选用的量表必须适合于研究目的和研究对象；②严格按量表使用手册上规定的程序实施测验；③严格按量表使用手册上规定的方法统计结果；④对测验结果的解释应有一定的科学依据。

（五）个案法

个案法是缘起医疗实践，通过详细问诊了解患者病情的一种方法。个案法对某一个体进行深入而详细地了解与研究，经过分析、归纳，发现影响个体某种行为与心理现象的原因。个案研究能够从个体经历与成长的角度，持续关注个体的发展，从而揭示个体某些心理与行为产生与发展变化的过程与结果，有助于研究者验证某种假设。这种方法很有实用价值，但由于只针对个体情况，应注意其缺乏概括性的一面。

笔记

第五节 现代心理学的发展

一、现代心理学的起源

20世纪初，德国心理学家艾宾浩斯(H Ebbinghaus)曾指出，“心理学有一个漫长的过去，但仅有一段短暂的历史”。所谓“漫长的过去”是就心理学的哲学渊源而言，其历史源头可以追溯到2000多年前的古希腊，甚至比那更早的所谓古希腊前哲学时期，那时哲学就对宇宙以及人自身的本质进行了思考。所谓“短暂的历史”是指心理学作为一门独立科学的历史并不长。到了19世纪后期，受自然科学发展的影响，特别是受生物学发展的影响，心理学家才开始系统地应用实验法来了解人及其行为，心理学遂脱离哲学，逐渐成为一门独立的科学。因此，有人曾比喻：科学心理学的发展中，哲学是父亲，生理学是母亲，而生物学是媒人。以生物学为媒介，哲学与生理学结合而生育的新生儿，就是以后脱离传统哲学范畴，独立门户的科学心理学。因此，探讨现代心理学的起源也必须从其在哲学内的起源和在科学内的起源两个方面来进行。

1. 西方心理学的哲学起源 有文字记载的心理学起于何时已很难考证，现在公认的说法是人类心理学思想的萌芽发于原始社会末期万物有灵论的观点：原始社会末期，脱离动物界的原始人在狩猎和劳动的过程中，思维水平有了较大的发展，凭借直观的感受、想象、推测和梦境来理解和描述自身的结构和功能，来寻找自然界的主宰者。但由于当时人们知识贫乏、生产力水平低下，抗争自然的力量薄弱，只能以古老宗教神话的形式对灵魂的起源作出解释，万物有灵论的观点便出现了。这种对灵魂本质的朴素解释，成为后来古希腊诸多哲学心理学思想产生和争论的前提。

公元前6世纪左右，以泰勒斯(Thales，公元前624—547)为代表的西方哲学史上第一代哲学家开始了对灵魂的系统研究，以哲学的观点和思辨的方法来研究和解释人的心理现象的哲学心理学思想也随之形成。自此时期到19世纪中叶，哲学家在构建其哲学理论的过程中阐发了许多心理学的思想观点，这些观点涉及面广，内容丰富。为现代心理学的诞生奠定了坚实的基础，但是却没有形成系统的心理学理论。综观这一历史可以把心理学思想的发展分为三个时期。

(1)古希腊罗马时期：时间跨度大致是公元前6世纪至公元5世纪。在这一阶段里，原始社会末期所产生的万物有灵论的观念主要沿着三条思想线索进行发展：其一是原子论的心理学思想，它以古希腊德谟克利特为创始者，以伊壁鸠鲁、卢克莱修为系统化者，经历了萌芽、奠基、形成和发展四个时期。原子论认为世界只是原子和虚空，原子是永远存在、永远运动的、无数的原子在无限的空间朝一切方向运动，因接触而生成世界万物。人是宇宙的一部分，因此人也是由原子构成的，包括身体原子和灵魂原子。灵魂原子是极端流动、遍布全身的，在与构成身体的其他原子之间来往穿梭。身体内的灵魂原子与直接来自外物的原子团相接触，从而产生人的感觉和认识活动等。其二是理念论的心理学思想，它是古希腊唯心主义心理学思想的研究取向，最远可追溯到毕达哥拉斯的对数思考，但集大成者却为柏拉图。其三是生机论的心理学思想，它是西方古代心理学思想的总汇和最高成果。对后来欧洲中世纪和近代心理学思想的发展有重要的影响，其代表人物是亚里士多德(Aristotle，公元前384—前322)。

(2)中世纪的心理学思想：5～16世纪是欧洲的封建社会。这个时期，欧洲社会的特点是封建王朝和宗教教会长期统治着社会的一切。在经济上，教会拥有天主教世界地产的整整三分之一，还向所有教徒征收“什一税”，是欧洲最大的封建主。在政治上，教会是一种超

笔记

国家的庞大势力。在思想上，基督教神学是占统治地位的意识形态和精神支柱，一切科学和哲学都成了宗教的附庸和工具。因此，这个时期的心理学思想几乎没有什么太大的进展，而且还染上了宗教神学的色彩。以神化的神经官能心理学思想和反教会的感觉经验论心理学思想为主要内容。其代表人物是罗马学者奥古斯汀和阿奎那。

(3)文艺复兴时期与近代的哲学心理学思想：欧洲的文艺复兴大约始于15世纪中叶，终于17世纪初。当时成长中的资产阶级还无力与封建势力抗衡，所以采取复兴古代希腊文化的形式向封建势力作斗争，掀起了反宗教、反神学的人文主义运动。文艺复兴时期取得很多重要的科学成就，如欧洲印刷术的发明、哥伦布的探险航行、哥白尼日心说的提出、伽利略天文学的发现。这一切成就都是用经验方法的这一转变促进哲学中唯物主义认识论和科学方法论的形成，心理学也自然受其影响，要求用经验的方法研究人的现实心理现象。达·芬奇、倍尔那狄诺·特勒肖、路易斯·斐微斯等人对心身问题、感知觉问题的探索开始从思辨性的灵魂官能心理学向感觉经验的心理学方向转化，为近代英、法经验心理学的迅速崛起作了铺垫。到了17世纪40年代，首先在英国爆发的资产阶级革命，标志着欧洲从古代社会进入近代社会，从封建制度进入资本主义制度。资产阶级革命后，在政治上建立了资产阶级共和国；在经济上确立了资本主义生产方式；在科学上自然科学有了长足的进步；在社会意识形态和哲学思想上，力图把科学和哲学从宗教神学和经院哲学的束缚中解放出来，向自然和理性回归。西方近代的哲学心理思想，也相应地从古代讲述世界的本原是什么的本体论问题转到近代讨论知识经验是怎样产生的认识论。但是由于近代欧洲各国资产阶级革命存在时间上的差异，各国政治、经济和文化发展上的不平衡，使各国心理学产生了不同的理论和派别，心理学思想也具有不一样的特点，概括起来经验主义和理性主义两种心理学思想最具代表性。经验主义心理学思想重视感官经验的作用，探讨人的心理如何获取知识，最初产生于英国，后来发展于英国和法国。英、法两国的经验主义心理学思想来源于笛卡儿和洛克，以经验论为主要理论特征。以机械决定论为主要思维模式，主要研究心身问题、经验论、先验论等，形成了近代欧洲哲学心理学思想的一个重要组成部分，也是科学心理学的一个思想来源。

2. 西方心理学的科学起源　西方心理学一方面起源于哲学，另一方面又源于科学。其哲学起源可追溯至古希腊罗马时期。医学在古希腊之前就已出现，到了公元前6世纪的古希腊时期，医学已有相当大的进展，成为哲学和自然科学的一个部分，也出现了身兼哲学家和医学家双重身份的智者。他们从医学实践中总结出一些有益的心理学知识，促进了人类对自身的认识，但是只有到了19世纪，一些自然科学如天文学、解剖学、生理学和物理学等学科开始采用系统的观察法和实验法，使学科获得巨大发展，才使得一些哲学家和科学家意识到，若要使心理学摆脱哲学的束缚而成为一门独立的学科，则必须把观察和实验的方法引入心理学，把心理学建成一门实验的科学。随着科学技术的迅猛发展，科学的思想观念渗透到社会的方方面面，心理学也不例外。对心理学影响较大的是天文学、生理学和物理学等。

(1)心理学与天文学：在天文学中，德国天文学家贝赛尔根据人们观察天象时产生的时间上的个别差异计算"人差方程式"，以便能消除天文工作者在天文计算中的人为差异。人差方程式的发现激发人们对反应时间的研究兴趣，也给早期的实验心理学提供了直接的研究课题。"玛特复合钟"实验以及荷兰生理学家弗兰斯克丝·唐德斯的反应时"减除法"实验都是借助人差方程式的灵感引发而来的。

(2)心理学与生理学：到了19世纪30年代，生理学已经发展成为一门独立而成熟的科学，其研究领域得到很大扩展。一些生理学家采用科学的实验方法来研究心理过程的生理机制，取得了大批科学成果，形成了介于生理学和心理学之间的生理心理学。19世纪生理学的发展对心理学的促进作用主要体现在两大领域：一个是脑机能的研究方面，另一个是

笔记

神经生理学和感觉生理学的研究。

(3) 心理学与物理学：在心理学诞生的历程中，物理学也起着不可忽视的作用。物理学对心理学的影响有直接和间接两个层面。在间接方面，由于物理学从哲学中分化出来较早，其所采用的实验方法被运用于生理学，促进了生理学的独立和发展；同时物理学中如电学、光学和声学等成果促进了生理学对神经生理学和感官生理学的研究，这些都为实验心理学的产生起到推动作用。在直接影响方面，物理学与心理学直接结合，形成心理物理学，为心理学实验和量化研究提供了新方法。在此基础上，德国学者冯特（W. Wundt）于1879年在莱比锡大学建立实验心理学研究室，被认为是心理学进入科学殿堂的标志。

二、心理学的流派和主要观点

1. 构造主义心理学 构造主义心理学认为，心理学的任务是分析和说明心理过程构成的元素以及它们相互结合的方式和规律。冯特的英国学生铁钦纳（E. B Titchener）在美国把这个学派的思想发扬光大，1898年被定名为构造主义心理学。

2. 机能主义心理学 这个学派产生于美国，代表了美国当时的心理学发展的方向。其主要代表人物是詹姆斯（W James）、杜威（J Dewey）、安吉尔（J Angell）。他们以心理活动与心理机能为研究对象，重视心理学在事件领域的应用，强调对心理活动在适应环境中的机能与意识的探究。他们认为，意识是个体的、变化着的、连续的、具有选择性的。意识的作用就是使个体适应环境。1898年该学派被定名为机能主义心理学。

3. 精神分析学派 精神分析是西方现代心理学思想中的一个主要派别。这是一个研究心理学的独特学派，它产生于医疗活动并在实践中不断得到完善，成为一个影响很多人对人性看法的，在学院派之外影响最大的心理学派。这个学派1895年产生于奥地利，创始人弗洛伊德（S Freud）是一位杰出的精神病医生和思想家。该学派既是一种神经症的治疗理论和方法，又是一种潜意识心理学体系。就它在心理治疗领域的地位来看，它既是系统的疗法，也是整个现代心理治疗的基石。

新精神分析学派是在传统的精神分析学派的基础上发展而成的，他们吸收了精神分析学派的精髓，同时修正了弗洛伊德等人的一些极端论点，更多地关注社会活动在人类心理形成和发展中的作用。其主要代表人物有霍尼（K D Homey）、克莱因（M klein）等。

4. 行为主义心理学 它是20世纪初，在美国机能主义基础之上产生的极具美国特色的心理学派。这个学派的产生代表着心理学发展的方向，并在很短的时间内对整个世界的心理学格局产生了重大的影响。创始人华生（J Watson）是一个具有创造性的心理学家，他的革命性的学说在美国赢得了广泛的声誉。其产生的标志是1913年华生发表的著名的论述行为主义的文章。该学派把心理学看成一门纯粹的自然科学，反对用内省法研究内部的意识活动，主张用客观实证的方法去考查外显行为、试图用“刺激 - 反应（S-R）”公式来解释行为，并达到预测、控制人行为的目的。

从20世纪30年代开始，行为主义开始发展到新行为主义阶段。这些新行为主义学者仍然坚持华生的行为主义立场，同时对比较激进和极端的观点与认识做了一些修订，新学派的产生可以看出各学派之间开始出现一些融合的趋势。其主要代表人物有托尔曼（E C Tolman）、赫尔（C Hull）、斯金纳（B F Skinner）和班杜拉（A Bandura）等。

5. 格式塔心理学 格式塔心理学又称为完形心理学，它产生于德国，发展于美国；是由韦特海默（M Wertheimer）、苛勒（W Kohler）和考夫卡（K Koffka）等心理学家共同创立的心理学派。这个学派注重知觉原理的研究，强调经验和行为的整体性，主张以整体的动力结构来研究心理现象，它是一种反对元素分析而注重整体组织在认识活动中作用的心理学理论体系。1912年这个学派正式定名。

笔记

6. **皮亚杰学派**　这个学派由瑞士心理学家皮亚杰(J Piaget)在日内瓦创立,又称为日内瓦学派。该学派通过对儿童心理的研究,把生物学与认识论和逻辑学相沟通,以揭示认识增长的机制,从而把传统的认识论改造成为一门实证的经验科学。这个学派把结构概念加以全新改造,提出认知结构的构造理论,强调主体认知在认识形成中的重要作用。

7. **人本主义心理学**　人本主义心理学是二十世纪五六十年代在美国产生和发展起来的心理学派。这个学派的代表人物有美国心理学家马斯洛(A Maslow)、罗杰斯(C Rogers)等。他们更多地从哲学和人文的角度强调人的本性的价值、人的尊严,主张心理学的研究要从正常人的角度出发,更多地尊重每个人的特点,而不是仅从方法的角度认识心理。人本主义心理学强调人的整体性,独特性和自主性;强调人的潜能在人格发展中的作用;强调把自我实现、自我选择和健康人格作为人生追求的目标;强调实施心理治疗和社会改造等。人本主义心理学在当代影响巨大,被称为精神分析学派、行为主义学派之外的第三势力。

8. **认知心理学**　认知心理学是现代心理学的主要范式之一。这是20世纪60年代兴起于美国的一个心理学思潮,关注人是如何获取知识与应用知识的过程。认知心理学主要研究深层次的思维策略与初级信息加工的关系,学者们使用计算机对人的认知活动进行模拟,用信息加工的观点分析人的认知过程;他们认为人的认知过程是一个主动地寻找信息、接受信息,并在一定的结构中进行加工的过程。1967年,美国心理学家奈瑟(U Neisser)的著作《认知心理学》面世,标志着该学派的诞生。这个学派的兴起被看成是心理学中的一场革命,对整个心理学的研究,特别对心理学的研究方法的发展都有重大的影响。

专栏 1-2

在心理学的当代演变和演进中,涌现出了一系列重要的思想潮流。这些心理学思潮对心理学的现代发展和当代演进产生了十分重要的和不容忽视的影响和引导。如果从独特性、分立性、时代性、影响性、冲击性、关联性等等方面,可以将心理学的一系列演变定位为七大心理学思潮。

一、后现代主义心理学思潮

现代科学兴起之后,便建立了自己的一套理性的真理判据或科学的游戏规则,并将其当作唯一的合理性标准,把不符合这一标准的实践知识和文化传述都看作原始和落后的东西,是应该为实证科学所铲除的垃圾。有研究者指出,"现代的"西方心理学显然具有以"现代性"为特征的问题,这包括如下几方面:首先是以实证主义为基础的研究思路;其次是以机械论、还原论和自然论为基础的"人性假设";再次是以价值无涉为基础的心理学研究的价值中立观点。其实,后现代主要不是指时代性意义上的一个历史时期,而是指一种思维方式。这种思维方式以强调否定性、非中心化、不确定性、非连续性以及多元性为特征,大胆的标新立异和彻底的反传统、反权威精神是这种思维方式的灵魂。后现代心理学的观点和主张包括,批评和放弃心理学的普适性和唯一性,承认和接受心理学的历史性和具体性,提倡和坚持心理学的多元性和差异性,追求和促进心理学的跨界性和中间性。这些研究者主张用整体论、建构论、或然论、去客观化和定性研究,来取代心理学研究中因袭已久的原子论、还原论、客观论、决定论和定量分析等。这在某种或特定的程度上开启了心理学研究多元化、系统化的局面,为心理科学在后现代境遇中真切、多样和系统地研究人的心理与行为提供了可能。

二、多元文化论心理学思潮

心理学的发展和研究都与文化有着十分密切的关系。所谓心理学与文化的关系是指心理学在自身的研究、发展和演变的过程中,与文化的背景、文化的历史、文化的根基、文化的条件以及文化的现实等所产生的关联。心理学与文化的关系不仅有着特定的内涵,而且

笔记

也经历了历史的演变。这包括经历了文化的剥离、文化的转向、文化的回归与文化的定位。心理学与文化的关系性质涉及文化心理学、跨文化心理学、心理学与后现代心理学等等。心理学与文化的关系界定涉及心理学的单一文化背景和心理学的多元文化发展。心理学与文化的关系意义则涉及心理学的新视野、新领域、新理论、新方法、新技术和新发展。有研究者还从历史与理论的视角分析了文化与心理学的交汇。跨文化心理学、文化心理学和本土心理学被看成是涉及心理学与文化关系的三种不同的心理学研究，是有关文化与心理学关系的三种主要研究模式。文化心理学的兴起是与主流心理学的困境相关联的。心理学的研究应该同多元文化的现实结合起来。心理学的多元文化论运动是继行为主义、精神分析和人本主义心理学之后，心理学中的“第四力量”。

三、社会建构论心理学思潮

社会建构论是西方心理学中后现代取向的主要代表，其基本特征如下：一是反基础主义，认为心理学的概念并没有一个客观存在的“精神实在”作为其基础。二是反本质主义，认为人并不存在一个固定不变的本质，所谓人的本质是社会建构出来的。三是反个体主义，认为个体并不是脱离社会的存在。四是反科学主义，认为科学主义对客观性的追求是脱离了现实存在的。研究者探讨了社会建构论及其心理学的方法论蕴含，指出了依据于社会建构论的观点，实在是社会建构的产物。实在的知识并非是“发现”，而是“发明”，是特定社会和历史中的人互动和对话的结果。这种观点认为，心理不是一种“精神实在”，而是一种话语建构，服务于一定的社会目的。这一观点颠覆了传统心理学的本体论基础，对心理学的认识论和方法论产生了深远的影响。社会建构论心理学具有4个核心理念，每个理念都代表一个重要的思想层面，并以此构造出社会建构论心理学的体系。这4个理念分别是：一为批判，心理不是对客观现实的“反映”；二为建构，心理是社会建构的产物；三为话语，话语是社会实现建构的重要媒介；四为互动，社会互动应取代个体内在心理结构和心理过程而成为心理学研究的重心。

四、女权主义心理学思潮

女权主义心理学是在20世纪60年代末至70年代初的西方女权主义运动中形成和发展起来的一个心理学分支。女权主义心理学是以女权主义的立场和态度重新解读和审视主流心理学的科学观与方法论，着重批判了父权制或男权制社会体系下主流心理学中所表现出来的男权中心主义的价值标准，深刻揭示了主流心理学的研究对女性经验和女性心理的排斥、贬低和歪曲。女权主义心理学基于女性主义经验论，主要批判心理学研究中性别不平等现象以及揭示心理学理论与实践中所包含的男性中心主义的偏见。20世纪80年代，由于女权主义立场认识论的影响，女权主义心理学开始从“性别中立、平等基础上的”心理学发展为“以女性为中心的”心理学。女性主义心理学希望通过方法论的变革，创建一个关于女性、回归女性自己以及为女性说话的全新的心理科学。

五、进化取向的心理学思潮

进化心理学是对主流心理学的反思和批判，并成为21世纪心理学研究的新方向。进化心理学认为，人的生理和心理机制都受进化规律的制约，心理是人类在解决生存和繁殖问题的过程中演化形成的，科学的进化论应该成为对人类心理起源和本质研究的一个重要理论依据。进化心理学者普遍认同以下基本观点：一是，心理机制是进化的结果，“过去”是理解心理机制的关键。要充分理解人的心理现象，就必须了解这些心理现象的起源和适应功能，即心理机制的产生及其作用。“过去”不只是指个体的成长发展经历，更是指人类的种系进化史。二是，生存与繁衍是人类进化过程中的主要问题。三是，心理进化源自适应压力，功能分析有助于理解心理机制是人的心理适应的产物，某种心理之所以存在，是因为它能解决适应问题。四是，心理机制是由特定功能的“达尔文模块”构成的“瑞士军刀”结构。

笔记

五是，心理机制是在解决适应问题的过程中演化形成的。六是，人的行为是心理机制和环境互动的结果。进化心理学者反对外源决定论，但他们并不认为自己是内源决定论或遗传决定论者。动态进化心理学的产生，一方面源自传统进化心理学的缺陷，另一方面则得益于动态系统理论提供的新视角。

六、积极取向的心理学思潮

积极心理学目前在西方心理学界引起了普遍的兴趣和关注。积极心理学关注人性中力量和美德的积极方面，致力于使生活更加富有意义。早在20世纪50年代初，一些心理学研究者就开始探索和研究人的积极层面，大大地推动了积极心理学的发展。特别是马斯洛和罗杰斯等人所倡导的人本主义心理学思潮及其所激发的人类潜能运动，对现代心理学理论产生了深远影响，引起了心理学家对人类心理积极层面的重视，现代积极心理学的崛起奠定了理念基础，形成了心理学研究的新思潮。目前，关于积极心理学的研究主要集中在积极的情绪和体验、积极的个性特征、积极的情绪对生理健康的影响以及培养天才等方面。当前，关于积极情绪的研究有很多，主观幸福感、快乐、爱等都成了心理学研究的新热点。积极心理学是20世纪末兴起于美国的一股重要的心理学力量，也是当今心理学舞台上比较活跃的一个领域。对于积极心理学的出现，有人认为这是一场心理学革命或心理学研究范式的转变。积极心理学研究范式的出现不仅是对前消极心理学的反动，也是对消极心理学的一种发展和超越，在一定意义上体现了当代心理学研究的核心价值。从某种程度上说，积极心理学只是对传统主流心理学的一种修正或是一种完善式发展。

七、本土取向的心理学思潮

心理学本土化的热点与难题包括科学观的问题、本土契合问题、文化基础问题、文化转向问题、多元文化问题、方法论问题、全球化问题以及原始创新问题。心理学本土化的演变与趋势涉及不同文化中的本土心理学、本土心理学的隔绝与交流、心理学的文化与社会资源、心理学发展的传统与更新以及心理学演变的分裂与融合等方面。中国心理学的科学化与本土化是其新世纪的主题。心理学本土化的出路与结局，就在于将其定位为文化的心理学、历史的心理学、生活的心理学、创新的心理学、未来的心理学。

复习思考题

1. 解释概念　心理学，心理现象，心理过程，认识过程，情绪过程，意志过程，个性，个性倾向性，个性心理特征，反射，反馈，客观现实，观察法，调查法，实验法，测验法，自变量，因变量，控制变量。
2. 试述心理现象的结构。
3. 举例说明人的心理的实质。
4. 心理与行为有何关系？
5. 为什么说心理现象是反映机能与反应机能的统一？
6. 简述心理学的主要流派。
7. 人的主观状态对心理活动的影响主要表现在哪些方面？
8. 举例说明心理学的研究任务。
9. 试述心理学研究的基本原则。
10. 心理学研究涉及哪些基本环节？
11. 结合自己的经历与体会，谈谈心理学在工作、学习及社会生活中的作用。

参考文献

1. 彭聃龄. 普通心理学[M]. 北京：北京师范大学出版社，2001.

笔记

2. 黄希庭. 心理学导论[M]. 北京：人民教育出版社，1991.
3. 梁宁建. 心理学导论[M]. 上海：上海教育出版社，2011.

推荐读物

1. 崔丽娟. 心理学是什么[M]. 北京：北京大学出版社，2002.
2. 理查德·格里格，菲利普·津巴多. 心理学与生活[M]. 王垒，王甦，等译. 北京：人民邮电出版社，2011.

考研要点

心理现象的结构

心理学的研究对象

心理学的研究方法

心理学的流派

（杜文东）

笔记

第二章　心理的生物与社会基础

本章要点

神经元与神经系统

神经元

　神经元的基本结构与功能

　神经纤维的功能及其分类

　神经元间的联系方式

　神经元之间的信息传递

　神经递质与受体

神经系统

　中枢神经系统

　周围神经系统

大脑皮质及其机能

　大脑皮质感觉区及其机能

　大脑皮质运动区及其机能

　大脑皮质语言区及其机能

　大脑两半球单侧化优势

脑功能学说

　定位说

　整体说

　机能系统说

　模块说

内分泌系统

　内分泌腺

　内分泌系统

心理的社会基础

　环境对人的心理的影响

　团体中的人际关系

　个体的社会化

关键词

脑；神经系统；突触；生物基础；社会基础

笔记

生物演化具有一定神经组织时才开始出现心理现象。神经系统为心理产生和发展准备了物质基础，机体的大脑是生命物质发展的最高阶段，是心理产生的主要物质基础。心理是对客观现实的主观的、能动的反映。除神经系统外，内分泌系统也是保证机体和环境协调统一的调节机制，通过神经 - 体液调节的方式影响各种效应器官的活动。社会因素对人的心理形成有重要的影响。因而，生物和社会因素是心理形成的重要基础。

第一节 神经元与神经系统

一、神经元

神经元（neuron）即神经细胞（nerve cell），是神经系统结构和功能的基本单位。人类的中枢神经系统由 10^{11} 个神经元和数量 10～50 倍于神经元的神经胶质细胞（neuroglial cell）构成。神经胶质细胞具有支持、保护和营养神经元的功能。

（一）神经元的基本结构与功能分类

典型的神经元由胞体和突起两部分组成，突起又分为树突和轴突。胞体是神经元的核心部分，主要功能是接受、整合和传递信息；树突较短，可有一至数个，呈树状分支，主要功能是接受传入的信息；轴突一般较长，主要功能是传出信息。轴突和感觉神经元的长树突统称为轴索，轴索外包有髓鞘或神经膜，即称为神经纤维（nerve fiber）。

神经元可根据突起的数目，分为假单极神经元、双极神经元和多极神经元；根据其功能和传导方向，可分为感觉神经元、运动神经元和联络神经元；根据其对下一级神经元的作用，又可分为兴奋性神经元和抑制性神经元。此外，有些神经元还能分泌化学物质兼有内分泌功能，称之为神经内分泌细胞。根据神经元合成、分泌的化学物质的性质，又可将神经元分为胆碱能神经元、氨基酸能神经元、单胺能神经元和肽能神经元等。

神经元轴突离开胞体一段距离后有的获得髓鞘，称为有髓神经纤维（medullated fibers），没有获得髓鞘的称为无髓神经纤维（unmedullated fibers），神经纤维末端称为神经末梢（nerve terminal）（图 2-1）。按神经纤维传导兴奋的方向不同，分为传入纤维和传出纤维。Erlanger 和 Gasser 根据神经纤维的传导速度将哺乳动物的周围神经分为 A、B、C 三类。A 类指有髓鞘的躯体传入与躯体传出纤维，根据其传导的平均速度又进一步分为 α、β、γ 和 δ 四类；B 类指有髓鞘的自主神经节前纤维；C 类指无髓鞘的自主神经节后纤维和躯体传入纤维。Lloyd 和 Hunt 在研究感觉神经时，根据神经纤维的直径大小和来源又将神经纤维分为 Ⅰ、Ⅱ、Ⅲ、Ⅳ 四类，Ⅰ 类又分为 Ⅰa 和 Ⅰb 两类。两种分类法并不完全一致，在实际应用时也常有重叠，目前，传出纤维常采用前一种分类法，传入纤维常采用后一种分类法。

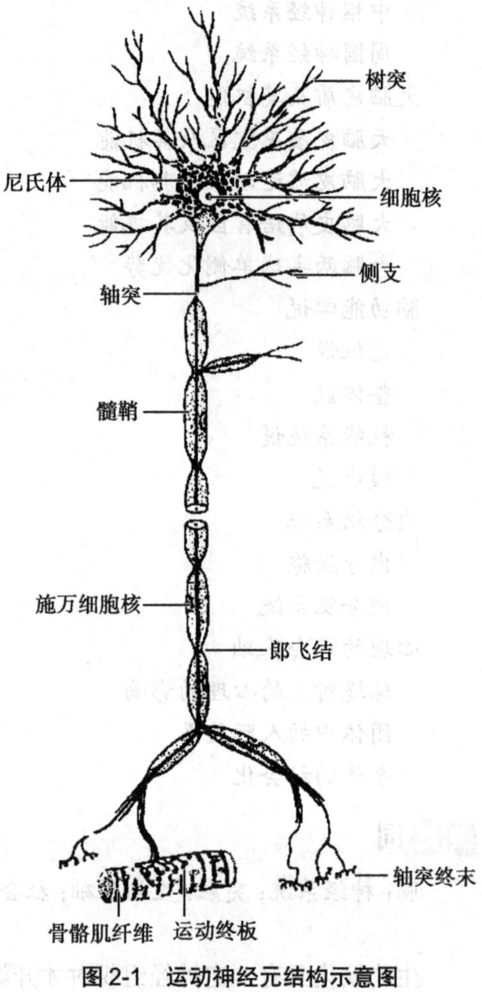

图 2-1 运动神经元结构示意图

笔记

专栏 2-1

神经胶质细胞

神经胶质细胞广泛分布于中枢和周围神经系统中。在人类的中枢神经系统中，胶质细胞主要有星形胶质细胞、少突胶质细胞和小胶质细胞三类，其总数达（1～5）×10^{12}个，为神经元的10～50倍。在周围神经系统中，胶质细胞主要有形成髓鞘的施万细胞（Schwnn cell）和位于神经节内的卫星细胞等。

1. 胶质细胞的特征　与神经元相比，胶质细胞在形态和功能上有很大差异。胶质细胞虽也有突起，但无树突和轴突之分；细胞之间不形成化学性突触，但普遍存在缝隙连接。它们也有随细胞外K^+浓度改变而改变的膜电位，但不能产生动作电位。在星形胶质细胞膜上还存在多种神经递质的受体。此外，胶质细胞终身具有分裂增殖能力。

2. 胶质细胞的功能　目前对胶质细胞的功能还很少了解，主要有以下几方面的推测。

（1）支持和引导神经元迁移：中枢内除神经元和血管外，其余空间主要由星形胶质细胞充填，它们以其长突起在脑和脊髓内交织成网，形成支持神经元胞体和纤维的支架。此外还观察到，在人和猴的大脑和小脑皮质发育过程中，发育中的神经元沿胶质细胞突起的方向迁移到它们最终的定居部位。

（2）修复和再生作用：当脑和脊髓受损而变性时，小胶质细胞能转变成巨噬细胞，加上来自血中的单核细胞和血管壁上的巨噬细胞，共同清除变性的神经组织碎片。碎片清除后留下的缺损，则主要依靠星形胶质细胞的增生来充填，但增生过强则可形成脑瘤。在周围神经再生过程中，轴突沿施万细胞所构成的索道生长。

（3）免疫应答作用：星形胶质细胞是中枢内的抗原呈递细胞，其质膜上存在特异性主要组织相容性复合分子Ⅱ，后者能与经处理过的外来抗原结合，将其呈递给T淋巴细胞。

（4）形成髓鞘和屏障的作用：少突胶质细胞和施万细胞可分别在中枢和外周形成神经纤维髓鞘。髓鞘的主要作用可能在于提高传导速度，而绝缘作用则较为次要。中枢神经系统内存在血-脑屏障、血-脑脊液屏障和脑-脑脊液屏障。星形胶质细胞的血管周足是构成血-脑屏障的重要组成部分，构成血-脑脊液屏障和脑-脑脊液屏障的脉络丛上皮细胞和室管膜细胞也属于胶质细胞。

（5）物质代谢和营养作用：星形胶质细胞一方面通过血管周足和突起连接毛细血管与神经元，对神经元起运输营养物质和排除代谢产物的作用；另一方面还能产生神经营养因子，以维持神经元的生长、发育和功能的完整性。

（6）稳定细胞外的K^+浓度：星形胶质细胞膜上的钠泵活动可将细胞外过多的K^+泵入胞内，并通过缝隙连接将其分散到其他胶质细胞，以维持细胞外合适的K^+浓度，有助于神经元电活动的正常进行。当增生的胶质细胞发生瘢痕变化时，其泵K^+的能力减弱，可导致细胞外高K^+，使神经元的兴奋性增高，从而形成局部癫痫病灶。

（7）参与某些活性物质的代谢：星形胶质细胞能摄取神经元释放的某些递质，如谷氨酸和γ-氨基丁酸，再转变为谷氨酰胺而转运到神经元内，从而消除这类递质对神经元的持续作用，同时也为氨基酸类递质的合成提供前体物质。此外，星形胶质细胞还能合成和分泌多种生物活性物质，如血管紧张素原、前列腺素、白细胞介素，以及多种神经营养因子等。

（二）神经纤维的功能

1. 神经纤维的传导功能　神经纤维的主要功能是传导兴奋，在神经纤维上传导兴奋的动作电位称为神经冲动（nervous impulse）。

（1）影响神经纤维传导速度的因素：用电生理方法记录神经纤维的动作电位，可以精确

笔记

地测定各类神经纤维的传导速度，不同种类的神经纤维具有不同的传导速度。①通常神经纤维的直径越大，传导速度越快。这是由于神经纤维的直径越大，其内阻越小，局部电流的强度和空间跨度也越大；还与轴索和总直径的比值有关，其比值为0.6时为最适比例，传导速度最快。②有髓神经纤维的兴奋以跳跃式传导，故比无髓神经纤维传导快。③在一定范围内，温度升高传导速度加速。测定神经纤维的传导速度，可以评定周围神经的传导功能及纤维病变的程度。

（2）神经纤维传导兴奋的特征：①生理完整性。神经纤维传导兴奋要求其结构和生理功能都完整。神经纤维的损伤、断裂、局部麻醉等均会影响或阻滞兴奋的传导。②绝缘性。一根神经干内含有许多神经纤维，每根神经纤维传导兴奋时互不干扰，表现为神经纤维传导兴奋时相互隔绝的特性。③双向性。离体神经纤维如果给予足够强大的刺激，兴奋可以沿着神经纤维向两端同时传播。但在整体内，神经纤维传导兴奋表现为单向传导。④相对不疲劳性。实验证明，如果连续给予神经纤维数小时乃至十数小时的有效刺激，神经纤维可以持续传导兴奋，表现为不易疲劳的特性。

2. 神经纤维的轴浆运输功能 神经纤维内的轴浆是经常流动的，进行着物质运输与交换，称为轴浆运输（axoplasmic transport）。轴浆运输是双向的，由胞体向轴突末梢的流动称为顺向运输（anterograde transport），由轴突末梢向胞体的流动称为逆向运输（retrograde transport），两者以顺向运输为主。

根据轴浆运输的速度，顺向运输又可分为快速轴浆运输和慢速轴浆运输两类。快速轴浆运输主要运输的是具有膜结构的细胞器，如滑面内质网、囊泡、神经分泌颗粒、线粒体等，其速度15～500mm/d。慢速轴浆运输指轴浆内可溶性成分随着微管、微丝结构不断向前延伸而发生的移动，其速度1～8mm/d。神经元胞体内具有高速合成蛋白质的结构，其合成的物质借轴浆流向轴突末梢。神经元胞体与轴突间经常进行物质交换和运输。

逆向运输主要运输一些可被轴突末梢摄取的物质，如神经营养因子、某些蛋白质、溶酶体等，可能起着控制神经元胞体合成蛋白质的作用。某些病毒可借此向中枢转运，如破伤风病毒、狂犬病病毒等由外周向中枢神经系统的转运，可能是逆向轴浆流动。辣根过氧化物酶可以被轴突末梢摄取进行逆向运输，因而可以在神经科学研究中作为示踪剂。

3. 神经纤维的营养功能 神经纤维通过轴浆流动其末梢能经常释放某些物质，持续调节被支配组织的内在代谢活动，影响其结构和功能，这一作用与神经冲动无关，称为营养作用（trophic action）。神经的营养作用在正常情况下不易察觉出来，但如果神经被切断后，其作用就明显地表现出来，如肌肉内糖原合成减慢，蛋白质分解加速，肌肉逐渐萎缩等。在脊髓灰质炎患者，如果累及的前角运动神经元一旦丧失功能，则所支配的肌肉将发生明显萎缩。

（三）神经元间的联系方式

中枢神经元间的联系方式多种多样，归纳起来主要有以下几种：

1. 辐散式联系（divergent connection） 即一个神经元的轴突分支与多个神经元发生联系。可将一个神经元的兴奋或抑制同时传递给其他许多神经元。多见于传入通路。

2. 聚合式联系（convergence connection） 即多个神经元与少数或一个神经元发生联系。可使来源不同的多个神经元的兴奋或抑制能在一个神经元上整合、集中，使后一个神经元发生兴奋或抑制。多见于传出通路。

3. 链状联系（chain connection） 指一个神经元的轴突分支与多个神经元联系。通过链状联系可扩大神经元在空间上的作用范围，中间神经元多以此方式联系。

笔记

4. **环状联系**(circuit connection) 即神经元间构成环路。环路联系中神经元的性质、种类不同而表现出不同的效应。如果环路中神经元的生理效应一致，兴奋通过环路传递将加强和延续，因此它是正反馈和后发放的结构基础；如果环路中有些神经元是抑制性的，则兴奋通过环路后活动将减弱或终止，因而它也是负反馈的结构基础(图 2-2)。

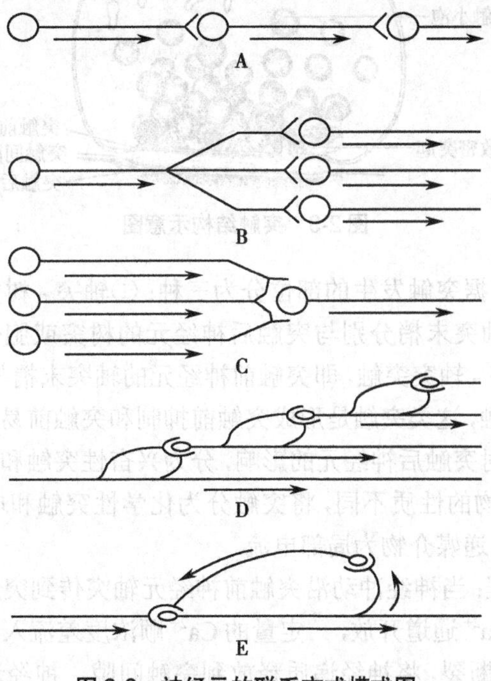

图 2-2 神经元的联系方式模式图

A. 单线式联系；B. 辐散式联系；C. 聚合式联系；D. 链状联系；E. 环状联系

(四) 神经元之间的信息传递

当神经元受到刺激时产生兴奋，通过接收和传递神经冲动来进行信息传递。冲动性是神经和其他兴奋组织(如腺体，肌肉)的重要特性，当任何一种无论是物理性的，还是化学性的刺激作用于神经元时，神经元就会从静息状态转化为活动状态，这就是神经冲动。中枢神经系统内有大量形态及功能各异的神经元，通常将神经元间相互接触并传递信息的部位称为突触(synapse)。神经元与神经元之间通过突触建立的联系，构成了极其复杂的信息传递与加工的神经回路(nerve circuit)。最简单的一种神经回路是反射弧(reflex arc)，反射弧一般由感受器、传入神经、神经系统的中枢部位、传出神经和效应器五个基本的部分组成。当一定的刺激作用于相应的感应器时，感受器产生兴奋(即神经冲动)，经传入神经传向中枢，经中枢的加工，沿着传出神经达到效应器，支配效应器产生活动。在整个信息交流的过程中，突触传递是非常重要的信息交流方式。

1. 化学性突触及突触传递

(1) 突触的结构：在突触结构中，通常将传递信息的神经元称为突触前神经元；接受信息的神经元称为突触后神经元。突触前神经元的轴突可有多个分支，其末梢膨大呈杯状或球状，称为突触小体(synaptic knob)。其中含有较多的线粒体和大量囊泡，后者称为突触小泡，其直径为 20～80nm。突触小泡内含有高浓度的化学物质，称为神经递质。这些突触小体可以与一个或多个神经元的胞体或突起相接触，形成突触。从电子显微镜下观察可以看到，突触由突触前膜、突触间隙和突触后膜三部分构成。突触前膜即突触前神经元的轴突末梢膜，突触后膜是与之相对应的突触后神经元胞体或突起膜，二者之间是突触间隙，约 20nm(图 2-3)。

笔记

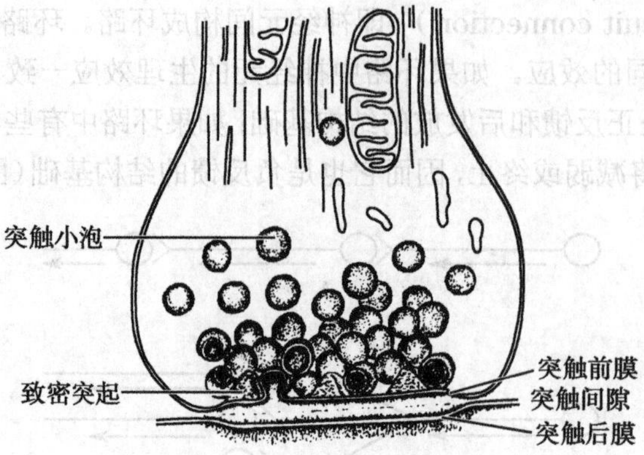

图 2-3　突触结构示意图

（2）突触的分类：根据突触发生的部位分为三种：①轴突 - 树突突触；②轴突 - 胞体突触，即突触前神经元的轴突末梢分别与突触后神经元的树突或胞体相接触形成突触，这 2 类突触比较常见；③轴突 - 轴突突触，即突触前神经元的轴突末梢与突触后神经元的轴丘或轴突末梢相接触形成突触，这类突触是形成突触前抑制和突触前易化的基础。

根据突触前神经元对突触后神经元的影响，分为兴奋性突触和抑制性突触两类。

根据突触传递媒介物的性质不同，将突触分为化学性突触和电突触，前者的传递媒介物是神经递质，后者的传递媒介物为局部电流。

（3）突触传递的过程：当神经冲动沿突触前神经元轴突传到突触前膜时，突触前膜发生去极化，触发前膜中的 Ca^{2+} 通道开放，一定量的 Ca^{2+} 顺浓度差流入突触小体，促使突触小泡向前膜移靠，两膜融合、断裂，将神经递质释放到突触间隙。神经递质扩散到突触后膜，与后膜上的相应受体结合，改变后膜对 Na^+、K^+、Cl^- 的通透性，使突触后膜发生一次短暂的电位变化，此电位变化称为突触后电位（postsynaptic potential）。

如果是兴奋性突触，突触前膜释放兴奋性神经递质，与突触后膜上的相应受体结合后，提高了后膜对 Na^+、K^+ 等离子的通透性，其中以 Na^+ 内流为主，从而导致后膜膜内电位升高，发生去极化，产生兴奋性突触后电位（excitatory postsynaptic potential，EPSP）。当 EPSP 增大到一定值时，便可使突触后神经元兴奋。

如果是抑制性突触，突触前膜释放抑制性神经递质，并与突触后膜上的相应受体结合后，将提高后膜对 K^+、Cl^- 等离子的通透性，其中以 Cl^- 内流为主，导致后膜膜内电位降低，发生超极化，产生抑制性突触后电位（inhibitory postsynaptic potential，IPSP）。IPSP 可使突触后神经元的兴奋性降低，表现为抑制。

（4）影响突触传递的因素

1）递质释放的量：递质释放的多少取决于进入突触前膜的 Ca^{2+} 量，因此凡是影响突触前膜 Ca^{2+} 内流的因素均可影响突触传递。如到达突触前膜的动作电位的幅度和频率增加、细胞外液中 Ca^{2+} 浓度增大和（或）Mg^{2+} 浓度降低，都可以促进 Ca^{2+} 内流，使递质的释放量增加，反之则减少。

2）递质的再摄取与代谢：已释放的神经递质通常是被突触前神经末梢再摄取或被相应的酶分解代谢而消除作用，因而凡是能影响突触前神经末梢再摄取及酶分解代谢的因素，都可以影响突触的传递。如抗抑郁药氟西汀（fluoxetine）、帕罗西汀（paroxetine）等，能够抑制突触前神经元对 5- 羟色胺（5-HT）的再摄取，使 5- 羟色胺持续发挥抗抑郁作用；有机磷农药能够抑制胆碱酯酶的活性，使乙酰胆碱水解速度减慢而长时间发挥作用，严重时导致有机磷农药中毒。

3）影响受体的因素：在不同生理或病理情况下，受体的数量及其与神经递质的亲和力

笔记

可发生改变。当递质分泌不足时，受体的数量会增加，亲和力将逐渐增加，称为递质的上调(up regulation)；反之，称为受体的下调(down regulation)。

突触前受体激活后通常可以抑制递质的释放，如去甲肾上腺素释放后反过来作用于突触前 α_2 受体，抑制其自身的进一步释放。有时突触前受体也能易化递质的释放，如交感神经末梢的突触前血管紧张素受体激活后，可促进突触前膜释放去甲肾上腺素。

(5)突触的可塑性：突触的可塑性(plasticity)是指突触的传递功能可发生较长进程的增强或减弱。这一现象普遍存在于中枢神经系统内，尤其是脑内与学习和记忆相关的部位，因而被认为是学习与记忆产生机制的生理学基础。突触的可塑性主要有以下几种形式：

1）强直后增强：突触前神经元轴突末梢在接受一短串高频刺激后，突触后电位持续增大的现象，称为强直后增强(posttetanic potentiation)。强直后增强可以持续数分钟至一小时以上。其产生机制为突触前神经元轴突末梢接受高频刺激后，使 Ca^{2+} 大量进入突触前膜，导致其中的 Ca^{2+} 结合位点全部被占据，轴浆内 Ca^{2+} 暂时过剩，对 Ca^{2+} 敏感的酶被激活，致使突触前膜持续大量释放神经递质，导致突触后电位持续增大。

2）习惯化和敏感化：当一种较温和的刺激重复作用时，突触对刺激的反应逐渐减弱甚至消失的现象，称为习惯化(habituation)。当重复刺激(尤其是伤害性刺激)持续作用时，突触对原来的刺激反应增强或传出效应增强的现象，称为敏感化(sensitization)。

习惯化是由于刺激重复作用，使 Ca^{2+} 通道逐渐失活，Ca^{2+} 内流减少，致使突触前膜释放神经递质减少，导致突触后电位逐渐减弱。敏感化是由于激活了腺苷酸环化酶，轴浆内环一磷酸腺苷增多，Ca^{2+} 内流增加，使突触前膜释放神经递质增多所致。

3）长时程增强和长时程抑制：长时程增强(long-term potentiation，LTP)是指突触前神经元在短时间内受到重复高频刺激后，突触后神经元快速产生的持续时间较长的突触后电位增强的现象，表现为潜伏期缩短，幅度增大。与强直后增强相比，LTP 持续的时间更长，可达数天之久。其产生原因是突触后神经元轴浆内 Ca^{2+} 增加，而不是突触前神经元轴浆内 Ca^{2+} 增多引起。LTP 可见于神经系统的许多部位，但研究较深入的是在海马等与学习和记忆有关的部位，有人认为是学习和记忆的生理基础。长时程抑制(Long-term depression，LTD)，与 LTP 相反，是指突触后神经元产生的突触后电位较长时间持续减弱的现象。LTD 也广泛存在于中枢神经系统，是由于突触前神经元较长时间接受低频刺激，导致突触后神经元轴浆内 Ca^{2+} 量增加所致。在不同部位 LTD 产生的机制不同。

(6)突触传递的特征

1）单向传递：突触的单向传递，使得中枢神经系统内冲动的传递有一定的方向，即由传入神经元传向中间神经元，再传向传出神经元，从而使整个神经系统的活动能够有规律地进行。

2）突触延搁：冲动在神经纤维上的传导速度比较恒定，但在通过化学突触时通常较慢，称为突触延搁。一般兴奋通过一个化学性突触需 0.3～0.5 毫秒。从刺激作用于感受器到效应器开始产生变化所经历的时间，称为反射时(reflex time)。测定反射时的长短可以了解一个反射的简单或复杂程度。

3）总和：突触后电位在突触后膜的总和包括时间性总和与空间性总和。如果在前一次冲动引起的突触后电位消失之前紧接着传来第二次或多次冲动，那么新产生的突触后电位可与前者相加，使突触后电位增加。这种由时间先后产生的电位增加的现象，称为时间总和(temporal summation)；如果一个突触后神经元同时或几乎同时接受到不同轴突末梢传来的冲动，那么每个在突触后膜上产生的突触后电位也可以相加。这种由不同部位产生的突触后电位相加的现象，称为空间总和(spatial summation)。EPSP 和 IPSP 都可以发生时间总和与空间总和。

笔记

4）兴奋节律的改变：指在同一反射活动中传入神经与传出神经发放的冲动频率往往不一致。这是由于突触后神经元常常同时接受多个突触的传递，传出神经元的放电频率不仅取决于传入冲动的频率，还与其自身的状态及中间神经元的功能状态有关。突触后神经元的最后传出频率是各种因素的综合效应。

5）后放：指在反射活动中，当刺激停止后，传出神经在一定时间内仍发放冲动的现象。神经元的环状联系是产生后放的原因之一，也见于各种神经反馈活动。例如，随意运动发生后，中枢会不断接收到肌梭发回的有关肌肉运动的信息，来纠正和维持原来的反射活动。

6）对内环境变化敏感和易疲劳：突触的前、后膜是两个神经膜特化的部分，突触间隙与细胞外液相通，因此，内环境中的理化组成和性质的改变，如缺氧、酸中毒、麻醉及应用某些药物等，均可使突触的兴奋性发生改变。另外，如果用高频电脉冲连续刺激突触前神经元，突触后神经元的放电频率逐渐减少，这种现象称为突触的疲劳现象。疲劳现象的产生可能与神经递质的耗竭有关。

2. 非突触性传递

（1）非突触性化学传递：在交感神经节肾上腺素能神经元、5-HT 能神经纤维和多巴胺能神经纤维等神经元中，发现其轴突末梢分支上有大量的结节状曲张体（varicosity），曲张体内含有大量的储有神经递质的小泡。曲张体类似于突触小体，但它不与效应器细胞形成经典的突触，而是处于效应器附近。当神经冲动抵达曲张体时，递质从曲张体释放出来，通过弥散作用到达效应细胞的受体，使效应细胞发生反应。由于这种化学传递不是通过经典的突触进行的，因此称为非突触性化学传递（non-synaptic chemical transmission）。在中枢神经系统内，也存在这种传递方式。例如，在大脑皮质内的去甲肾上腺素能纤维，纤维分支上具有许多曲张体，能释放去甲肾上腺素递质；在黑质中，多巴胺能纤维也有许多曲张体，且绝大多数也进行非突触性化学传递。此外，中枢内 5- 羟色胺能纤维也能进行非突触性化学传递（图 2-4）。

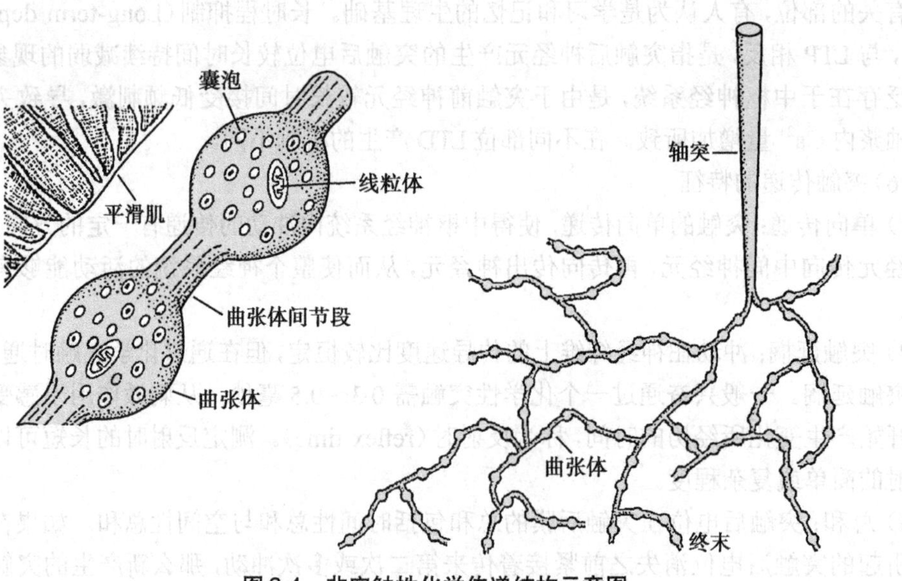

图 2-4　非突触性化学传递结构示意图

（2）电突触传递：电突触传递的结构基础是缝隙连接（gap junction）。其结构特征是突触间隙极窄，只有 2～3nm，连接处神经膜不增厚，轴浆内没有突触小体。神经冲动的传导和离子交换可以直接通过此间隙进行，是一种电传递形式。电突触传递发生在同类神经元之间，可能有助于不同神经元产生同步性放电。

笔记

（五）神经递质与受体

如前所述，化学性突触传递和非突触性化学传递均以递质作为传递信息的媒介物质，因此神经递质是神经元间传递信息的重要物质。神经递质只有与相应的受体结合后才能发挥作用，若受体减少或被阻滞，递质的作用将减弱或消失。

1. **神经递质与调质**

（1）神经递质：神经递质（neurotransmitter）是指由神经元合成的参与信息传递的化学物质。

现在已知的神经递质达 100 余种，根据其化学结构分为胆碱类、单胺类、肽类、氨基酸类、嘌呤类、气体类递质等；根据它们存在的部位不同，又分为中枢神经递质和外周神经递质。

在中枢神经系统内神经元释放的递质，称为中枢神经递质。目前发现的中枢神经递质较多且复杂，主要有胆碱类、单胺类、肽类、氨基酸类、嘌呤类、气体类递质等。由传出神经末梢释放的递质，称为外周神经递质。主要的外周神经递质有胆碱类和单胺类递质（表 2-1）。

表 2-1 哺乳动物神经递质的分类

分类	主要成员
胆碱类	乙酰胆碱
胺类	多巴胺、去甲肾上腺素、肾上腺素、5- 羟色胺、组胺
氨基酸类	谷氨酸、门冬氨酸、甘氨酸、γ- 氨基丁酸
肽类	P 物质和其他速激肽*、阿片肽*、下丘脑调节肽*、血管升压素、催产素、脑 - 肠肽*、心房钠尿肽、降钙素基因相关肽、神经肽 Y 等
嘌呤类	腺苷、ATP
气体类	一氧化氮、一氧化碳
脂类	花生四烯酸及其衍生物（前列腺素等）*、神经活性类固醇

*为一类物质的总称

以乙酰胆碱为递质的神经元称为胆碱能神经元（cholinergic neuron），其神经纤维称为胆碱能纤维（cholinergic fiber）。包括交感和副交感神经的节前纤维、副交感神经的节后纤维、部分交感神经的节后纤维（如支配汗腺和骨骼肌的交感舒血管纤维是胆碱能纤维）和躯体运动纤维等。以去甲肾上腺素作为递质的神经元称为去甲肾上腺素能神经元（norepinephrine neuron）。释放去甲肾上腺素作为递质的神经纤维，称为肾上腺素能纤维（adrenergic fiber），包括大多数交感神经节后纤维。以肽类物质作为递质的神经元，称为肽能神经元（peptidergic neuron），其神经纤维称为肽能纤维（peptidergic fiber）。在外周，肽能纤维主要分布在消化道中。

（2）神经调质：神经调质（neuromodulator）是神经元合成和释放的一类化学物质，这些化学物质不在神经元间直接传递信息，但能增强或减弱递质的信息传递效应。通常将这类能调节递质作用效应的物质称为神经调质。神经调质的作用称为调制作用（modulating action）。需要说明的是，有时递质也发挥调质的作用，而调质有时也发挥递质的作用，因此，二者没有明显的界限。

2. **受体** 受体（receptor）是指存在于细胞膜或细胞内能与某些化学物质（递质、调质、激素等）发生特异性结合并引发特定生理效应的生物活性分子。能与受体结合产生相应生理效应的化学物质，称为受体激动剂（agonist）；占据受体，阻断受体激动剂产生效应的化学

笔记

物质，称为受体阻断剂（blocker）或受体拮抗剂（antagonist）。受体激动剂和阻断剂统称为配体（ligand），但通常情况下主要指受体激动剂。

受体的分类　根据受体所在的部位，分布在细胞膜上的受体称为膜受体；分布在细胞内的受体，分别称为胞浆受体和核受体。根据受体结合的配体种类分为胆碱受体、肾上腺素受体、多巴胺受体等。

（1）胆碱能受体：能与 ACh 发生特异性结合产生生理效应的受体，称为胆碱能受体（acetylcholine receptor）。胆碱能受体分为毒蕈碱受体（muscarinic receptor），（简称 M 受体，分 M_1～M_5 五个亚型）和烟碱受体（nicotinic receptor）（简称 N 受体，分为 N_1、N_2 两个亚型）。M 受体分布在大多数副交感神经节后纤维（除少部分释放嘌呤和肽类递质的纤维外）和少部分交感节后纤维（包括支配汗腺和骨骼肌血管的纤维）所支配的效应器细胞膜上。当 M 受体被激活时，产生的作用统称为毒蕈碱样作用，简称 M 样作用；阿托品为 M 受体阻断剂。烟碱型受体（N 受体），N_1 位于神经节突触后膜上，可引起自主神经节的节后神经元兴奋；N_2 受体位于骨骼肌终板膜上，可引起运动终板电位，导致骨骼肌兴奋收缩。这些作用统称为烟碱样作用，简称 N 样作用。六烃季胺主要阻断 N_1 受体功能，十烃季铵主要阻断 N_2 受体功能，筒箭毒碱既能阻断 N_1 受体也能阻断 N_2 受体的功能。

（2）肾上腺素能受体：能与肾上腺素（epinephrine，E 或 adrenaline）和去甲肾上腺素（norepinephrine，NE 或 noradrenaline，NA）特异性结合产生相应生理效应的受体，称为肾上腺素能受体（adrenergic receptor）。主要分为 α 和 β 受体两种类型，α 受体又分 α_1 和 α_2 两种亚型，β 受体又分 β_1、β_2 和 β_3 三种亚型。肾上腺素能受体分布于大多数交感神经节后纤维支配的效应器细胞膜上（除支配汗腺和骨骼肌血管的交感纤维），但两种受体的分布并不同等，如心肌主要有 β_1 受体，血管平滑肌上有 α 和 β_2 两种受体，皮肤、肾脏、胃肠平滑肌上以 α 受体为主，肝脏和骨骼肌血管平滑肌上以 β_2 受体为主等。E 对 α 和 β 受体的作用都较强，NE 对 α 受体的作用较强，对 β 受体的作用较弱。一般来说，与 α 受体结合（除小肠平滑肌外）产生的效应主要是兴奋性的，表现为平滑肌收缩；与 β 受体结合（除心肌外）产生的效应主要是抑制性的，表现为平滑肌舒张。β_3 受体主要分布于脂肪组织，与脂肪的分解有关（表 2-2）。

表 2-2　自主神经系统胆碱能和肾上腺素能受体的分布及其主要生理功能

器官系统	胆碱能		肾上腺素能	
	受体	效应	受体	效应
神经节	N_1	节前一节后神经元兴奋传递		
眼				
虹膜环行肌	M	收缩（缩瞳）		
虹膜辐射状肌			α_1	收缩（扩瞳）
睫状体肌	M	收缩（视近物）	β_2	舒张（视远物）
心脏				
窦房结	M	心率减慢	β_1	心率加快
心肌	M	收缩力减弱	β_1	收缩力增强
血管				
冠状血管	M	舒张	α_1	收缩
			β_2	舒张（为主）

笔记

续表

器官系统	胆碱能		肾上腺素能	
	受体	效应	受体	效应
皮肤黏膜血管	M	舒张	α_1	收缩
骨骼肌血管	M	舒张	α_1	收缩
		舒张	β_2	舒张（为主）
腹腔内脏血管			α_1	收缩（为主）
			β_2	舒张
脑血管	M	舒张	α_1	收缩
支气管				
平滑肌	M	收缩	β_2	舒张
腺体	M	促进分泌	α_1	抑制分泌
			β_2	促进分泌
消化道				
胃平滑肌	M	收缩	β_2	舒张
小肠平滑肌	M	收缩	α_2	舒张
			β_2	舒张
括约肌	M	舒张	α_1	收缩
腺体	M	促进分泌	α_2	抑制分泌
胆囊	M	收缩	β_2	舒张
膀胱				
逼尿肌	M	收缩	β_2	舒张
括约肌	M	舒张	α_1	收缩
输尿管平滑肌	M	收缩	α_1	收缩
子宫平滑肌	M	依身体状况可变	α_1	收缩（有孕）
			β_2	舒张（无孕）
皮肤				
汗腺	M	促进温热性发汗	α_1	促进精神性发汗
竖毛肌			α_1	收缩
代谢				
糖酵解			β_2	增强
脂肪分解			β_3	增强

酚妥拉明是 α 受体的阻断剂，包括 α_1 和 α_2 受体，但以 α_1 为主；哌唑嗪可选择性阻断 α_1 受体，育亨宾可选择性阻断 α_2 受体。普萘洛尔（心得安）为 β 受体的阻断剂，对 β_1、β_2 无选择性；阿替洛尔主要阻断 β_1 受体；丁氧胺可主要阻断 β_2 受体。

（3）多巴胺受体：多巴胺（dopamine，DA）系统主要存在于中枢神经系统内，现已克隆到 D_1～D_5 五种受体，主要参与垂体内分泌、精神情绪活动、躯体运动及心血管活动的调节等。

（4）5- 羟色胺受体：5- 羟色胺（5-hydroxytryptamine，5-HT）受体多而复杂，已克隆到 5-HT 受体 7 种，并有多种亚型。5-HT 主要参与痛觉与镇痛、精神情绪、睡眠、体温、性行

笔记

为、垂体内分泌、心血管活动、躯体运动等功能的调节。

(5)其他受体系统：兴奋性氨基酸受体分为N-甲基-D-天冬氨酸（NMDA）受体、海人藻酸（KA）受体和使君子氨酸受体（Quisqualic Acid，QA）三种类型；抑制性氨基酸受体包括甘氨酸受体和 γ-氨基丁酸受体（分为A、B、C三种受体亚型）。嘌呤受体分为腺苷受体（P_1）和嘌呤核苷酸受体（P_2）两种。P_1受体在中枢和外周都有分布，并有A_1、A_2、A_3三种亚型，腺苷为其自然配体；P_2受体主要分布在外周神经系统，有P_{2Y}、P_{2U}、P_{2X}、P_{2Z}四种亚型，以ATP为自然配体。嘌呤能受体也见于神经胶质细胞。已知中枢和外周存在H_1、H_2、H_3三种组胺受体。已确定的阿片受体有μ、κ、δ三种亚型。NO、CO等气体分子可直接进入细胞，激活鸟苷酸环化酶而发挥作用。

每一种神经递质都有数个受体亚型，可以使一个特定的递质选择性地与更多的效应器细胞结合，发挥多样化的生理效应。

二、神经系统

神经系统（nervous system）是由脑和脊髓及与之相连的周围神经构成的复杂的功能系统，在各系统间及各器官、组织、细胞的功能调节中占主导地位。由于人脑的高度发达和完善，是人的情感、语言、学习、记忆、思维等高级神经活动的物质基础。

神经系统一般分为中枢神经系统（central nervous system）和周围神经系统（peripheral nervous system）两部分，前者指脑和脊髓，后者指与脑和脊髓相连的脑神经、脊神经和内脏神经。

（一）中枢神经系统

1. 脊髓 脊髓由灰质和白质组成。灰质（gray matter）在中枢部，指神经元及其树突的集聚部位，因富含血管在新鲜标本中色泽灰暗，称为灰质；白质（white matter）是指神经纤维在中枢部集聚的部位，因髓鞘含有类脂质，色泽白亮，称为白质。在脊髓的横切面上，可见脊髓以前后两条纵沟分为左右对称的两部分，中央有一个细小的孔，称为中央管（central canal），围绕中央管周围的是“H”形的灰质，灰质外面是白质。每侧灰质前部扩大为前角（anterior horn），后部狭细为后角（posterior horn），在胸部和上部腰髓（$L_{1\sim3}$），前后角直接有向外伸出的侧角（lateral horn），前后角之间的区域为中间带（intermediate zone）（图2-5）。

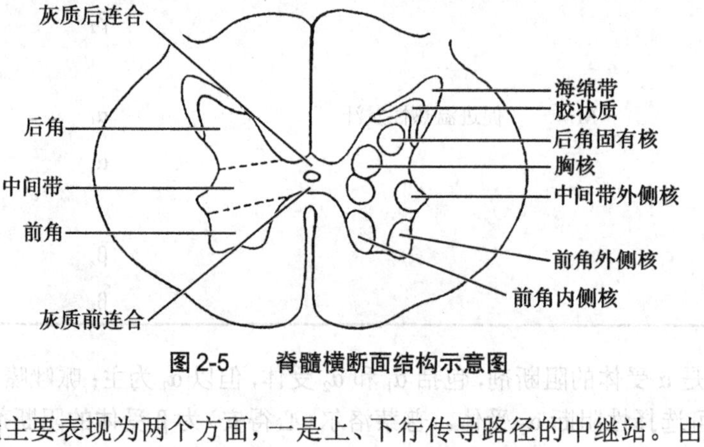

图2-5 脊髓横断面结构示意图

脊髓的功能主要表现为两个方面，一是上、下行传导路径的中继站。由躯干和四肢传入的冲动都经脊髓后根传入脊髓，由脊髓再向高级中枢传导引起相应的感觉。后根外侧部的细纤维主要传导痛觉、温度觉和内脏感觉；内侧部的粗纤维主要传导本体感觉和精细触压觉。起自脑的不同部位的运动传导束，直接或间接的止于脊髓前角或侧角，再发出神经纤维管理骨骼肌的活动。二是反射中枢。脊髓能完成一些简单的反射，包括躯体反射（即骨骼肌的反射活动，如牵张反射、屈曲反射、浅反射等）和内脏反射（如竖毛反射、膀胱排尿

笔记

反射、直肠排便反射等)。

2. **脑** 脑可分为四个部分,即脑干(延髓、脑桥、中脑)、间脑、小脑和端脑(图 2-6)。

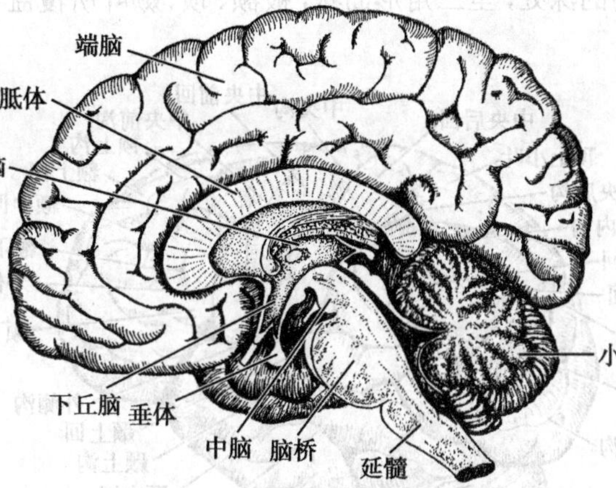

图 2-6 脑的分部示意图

(1) 脑干:脑干(brain stem)下与脊髓相连,上和间脑相接,后方连于小脑。自下而上包括延髓、脑桥和中脑三部分,第Ⅱ~Ⅻ对脑神经均出入脑干。

脑干的功能主要有:①传导功能:大脑皮质与脊髓、小脑相互联系的上行及下行纤维束都经过脑干;②低级反射中枢:脑干内有多个反射的低级中枢,如延髓内有心血管活动和呼吸运动的基本中枢,故又称“生命中枢”;脑桥内有角膜反射中枢;中脑内有瞳孔的对光反射中枢等;③脑干网状结构有维持大脑皮质觉醒、引起睡眠、调节骨骼肌张力和内脏活动等功能。

(2) 间脑:间脑(diencephalon)位于脑干和端脑之间,连接大脑半球和中脑,其两侧和背面被大脑半球掩盖,仅部分腹侧部露于脑底,分为背侧丘脑、后丘脑、上丘脑、底丘脑和下丘脑 5 个部分。间脑体积不到中枢神经系统的 2%,但结构和功能十分复杂,是仅次于端脑的中枢高级部位。①背侧丘脑主要接受嗅脑、特异性上行传导系统、脑干网状结构的传入纤维的投射,与下丘脑和纹状体之间有往返联系。具有产生特异性感觉、激发躯体运动、维持机体觉醒状态的作用。②后丘脑包括内侧膝状体和外侧膝状体,分别接受听觉传导通路和视束的传入纤维,发出纤维至听觉中枢和视觉中枢。③上丘脑包括松果体、缰三角、缰连合、丘脑髓纹和后连合。松果体产生褪黑激素,具有调节生物钟等作用。16 岁以后,松果体钙化,可作为 X 线诊断颅内占位病变的定位标志。缰三角中的缰核被认为是边缘系统与中脑间的中继站。④底丘脑参与锥体外系的功能。人类一侧底丘脑受损,可产生对侧肢体,特别是上肢的较为显著的、不自主的舞蹈样动作,称为半身舞蹈病。⑤下丘脑与边缘系统、脑干和脊髓、背侧丘脑及垂体之间有复杂的纤维联系,其功能亦广泛而复杂。下丘脑是皮质下自主神经活动的高级中枢,调节内脏活动并对机体体温、摄食、生殖、水盐平衡和内分泌等活动进行广泛的调节;通过与边缘系统的密切联系,参与情绪行为(如发怒、防御反应等)的调节;下丘脑的视交叉上核与人类的昼夜节律有关,具有调节机体昼夜节律的功能。

(3) 小脑:小脑(cerebellum)位于颅后窝。根据传入联系的不同来源,将小脑皮质及其相关的小脑核分为三个功能区,即脊髓小脑、大脑小脑和前庭小脑。小脑有维持身体平衡,调节肌紧张,协调随意运动等重要功能。如小脑损伤可出现平衡失调、站立不稳,肌张力下降,腱反射减弱和共济运动失调等。

(4) 端脑:端脑(telencephalon)也称大脑,是高级神经中枢部位。端脑由左、右大脑半球构成,二者借胼胝体相连接,遮盖着间脑和中脑,并把小脑推向后方。大脑表面凹凸不

笔记

平，布满深浅不同的凹凸，凹陷处称为脑沟，隆起处称为脑回。半球内有3条恒定的沟（即外侧沟、中央沟和顶枕沟），将每侧大脑半球分为5叶，即额、顶、枕、颞和岛叶（图2-7）。其中，岛叶埋藏在外侧沟的深处，呈三角形岛状，被额、顶、颞叶所覆盖（图2-8）。

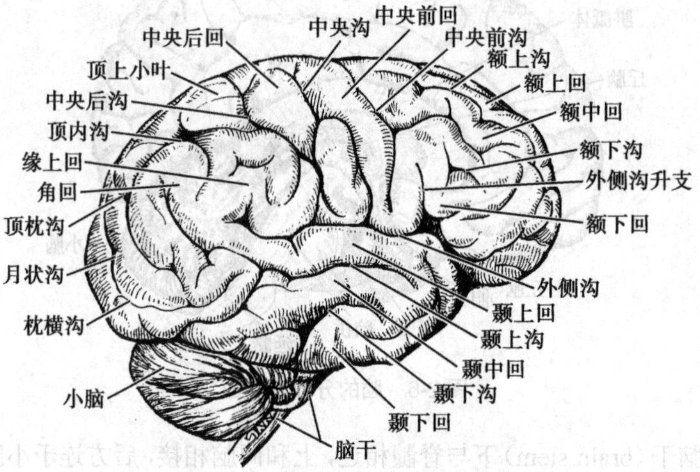

图2-7 大脑半球的上外侧面示意图

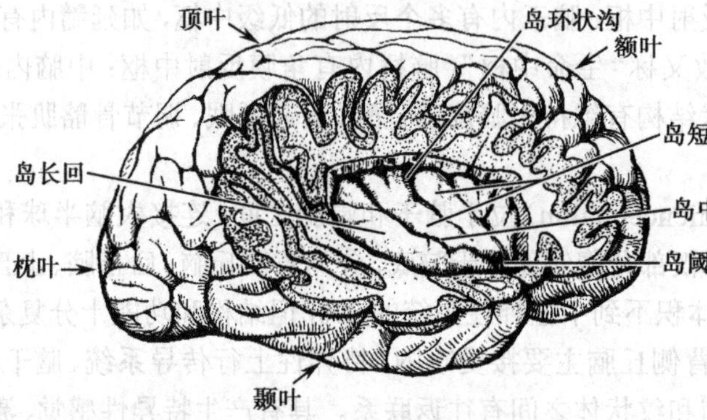

图2-8 大脑岛叶示意图

围绕在胼胝体周围的扣带回、海马旁回和沟延续成环形，总称边缘叶（limbic lobe）。边缘叶连同与其密切相关的岛叶、颞极、眶回等皮质，以及杏仁核、隔区、下丘脑、丘脑前核等皮质下结构统称为边缘系统（limbic system）。边缘叶的功能与情绪、行为和内脏活动等有关。

（二）周围神经系统

周围神经系统一端与中枢神经系统的脑或脊髓相连，另一端借其末梢装置与身体的各器官、系统相连。其中与脑相连的神经，称为脑神经；与脊髓相连的神经，称为脊神经；内脏神经是指分布在内脏、心血管和腺体的神经，通过脑神经和脊神经附于脑和脊髓。

1. **脑神经**（cranial nerves） 共12对，其顺序一般以罗马数字表示，其名称为：Ⅰ嗅神经、Ⅱ视神经、Ⅲ动眼神经、Ⅳ滑车神经、Ⅴ三叉神经、Ⅵ展神经、Ⅶ面神经、Ⅷ前庭蜗神经、Ⅸ舌咽神经、Ⅸ迷走神经、Ⅺ副神经、Ⅻ舌下神经。各对脑神经中所含的纤维成分不尽相同，可分为以下四种：①躯体感觉纤维，指将头面部感受器感受到的刺激传到脑内躯体感觉核，引起相应感觉的纤维；②躯体运动纤维，指位于脑干躯体运动核的神经元支配头颈部多数横纹肌活动的传出纤维；③内脏感觉纤维，指将内脏感受器感受到的刺激传入脑内内脏感觉核的纤维；④内脏运动纤维，指脑神经中的内脏传出纤维，神经元胞体位于脑干副交感

笔记

核，其纤维支配平滑肌、心肌和腺体。简单的脑神经仅含一种纤维成分，复杂的脑神经可含 4 种纤维。按照脑神经所含纤维的性质，又将脑神经分为：①感觉性脑神经，仅含感觉性纤维，包括Ⅰ、Ⅱ、Ⅷ对脑神经；②运动性脑神经，仅含运动性纤维，包括Ⅲ、Ⅳ、Ⅵ、Ⅺ、Ⅻ对脑神经；③混合性脑神经，含有感觉和运动两种性质的纤维，包括Ⅴ、Ⅶ、Ⅸ、Ⅹ对脑神经。

2. **脊神经**(spinal nerves) 共 31 对，由前、后根在椎间孔处汇合，包括颈神经 8 对，胸神经 12 对，腰神经 5 对，骶神经 5 对和尾神经 1 对。

脊神经都是混合性神经，前根为运动性，后根为感觉性神经。脊神经后根上有一个椭圆形膨大，称为脊神经节。脊神经出椎间孔后分为前、后两支，后支细小，分布于躯干背侧的深层肌和皮肤；前支粗大，分支到头颈、躯干前外侧、上肢和下肢。

脊神经中含有 4 种纤维成分：①躯体感觉纤维：分布于皮肤、骨骼肌、肌腱和关节，将皮肤浅感觉（痛、温、触觉）和肌、腱、关节的深感觉（运动觉、位置觉等）冲动传入中枢；②内脏感觉纤维：分布于内脏、心血管和腺体，将这些结构的感觉冲动传入中枢；③躯体运动纤维：分布于骨骼肌，支配其随意运动；④内脏运动纤维：分布于内脏、心血管、腺体，支配平滑肌、心肌的运动，调节腺体的分泌。

3. **内脏神经**(visceral nervous system) 是指主要分布于内脏、心血管和腺体的外周神经。按纤维的性质，内脏神经可分为感觉神经和运动神经。内脏感觉神经的初级神经元位于脑神经节和脊神经节内，周围支分布于内脏、心血管等处，将其感受到的刺激传至各级中枢及大脑皮质；内脏运动神经调节内脏、心血管的运动和腺体的分泌，通常不受人的意识控制，因而称之为自主神经系统(autonomic nervous system)；由于它主要调节动、植物共有的物质代谢活动，又称为植物神经系统(vegetative nervous system)。内脏运动神经包括交感和副交感两种神经纤维，体内多数内脏器官同时接受这两种纤维的双重支配，在双重支配的器官中，交感和副交感神经的作用往往是相互拮抗的，如迷走神经对心脏的活动有抑制作用，而交感神经则对心脏有兴奋作用（表 2-3）。

表 2-3 自主神经系统的主要功能

器官系统	交感神经	副交感神经
循环器官	心率加快，心肌收缩力增强 腹腔内脏血管、皮肤血管以及分布于唾液腺与外生殖器官的血管均收缩；肌肉血管收缩（肾上腺素能）或舒张（胆碱能）	心率减慢，心肌收缩力减弱 部分血管（如软脑膜动脉与分布于外生殖器的血管等）舒张
呼吸器官	支气管平滑肌舒张	支气管平滑肌收缩，促进黏液腺体分泌
消化器官	抑制胃肠运动，促进括约肌收缩，抑制胆囊活动，促进唾液腺分泌黏稠唾液	促进胃肠运动，促进括约肌舒张，促进胃液、胰液分泌，促进胆囊收缩，促进唾液腺分泌稀薄唾液
泌尿生殖器官	逼尿肌舒张，括约肌收缩；已孕子宫收缩，未孕子宫舒张	逼尿肌收缩，括约肌舒张
眼	瞳孔扩大	瞳孔缩小
皮肤	竖毛肌收缩，汗腺分泌	
代谢	促进糖原分解，促进肾上腺髓质激素分泌	促进胰岛素分泌

交感神经分布广泛，几乎全身所有的内脏器官都有其支配，故交感神经常以整个系统参加机体反应。当环境急剧变化时，如剧烈运动、剧痛、失血、寒冷等情况下，交感神经系统的活动明显加强，同时伴随有肾上腺髓质激素分泌增多，表现为：心跳加快，血液循环加速，

笔记

血压升高；内脏血管收缩，骨骼肌血管舒张，血流重新分配；呼吸加深加快，肺通气量增大；代谢活动增强等。即交感-肾上腺髓质系统作为一个整体参加反应，这一反应称为应急反应。其生理意义在于动员机体的储备能量，适应环境的急剧变化。

副交感神经分布比较局限，其活动也比较局限，在安静状态时活动较强，并常伴随有胰岛素的分泌，故称之为迷走-胰岛素系统。其生理意义在于促进消化，积蓄能量，加强排泄和生殖等。

第二节　大脑皮质及其机能

在大脑皮质，除了一些具有特定功能的中枢外，还存在广泛的脑区，它们不局限于某种功能，而是对某些信息进行加工、整合，与大脑皮质共同完成神经、精神活动。

一、大脑皮质感觉区及其机能

大脑皮质是感觉产生的最高级中枢。不同性质的感觉投射到大脑皮质的不同区域。

（一）体表感觉区

全身体表感觉的投射区域在顶叶的中央后回和中央旁小叶后部，亦称第一体感区。其投射特点为：①左右交叉投射，即躯体两侧的传入冲动均向对侧皮质投射，但头面部的感觉是双侧投射；②上下倒置投射，即投射区域内的总体空间定位是倒置的，但头面部代表区内部的安排是正立的；③投射区域的大小与感觉的精细分辨程度呈正相关，即感觉越精细的部位代表区的面积越大（图2-9）。在中央前回和岛叶之间还存在着第二体感区，其感觉投射特点为双侧、正立投射，定位较差，与内脏感觉和痛觉有关。

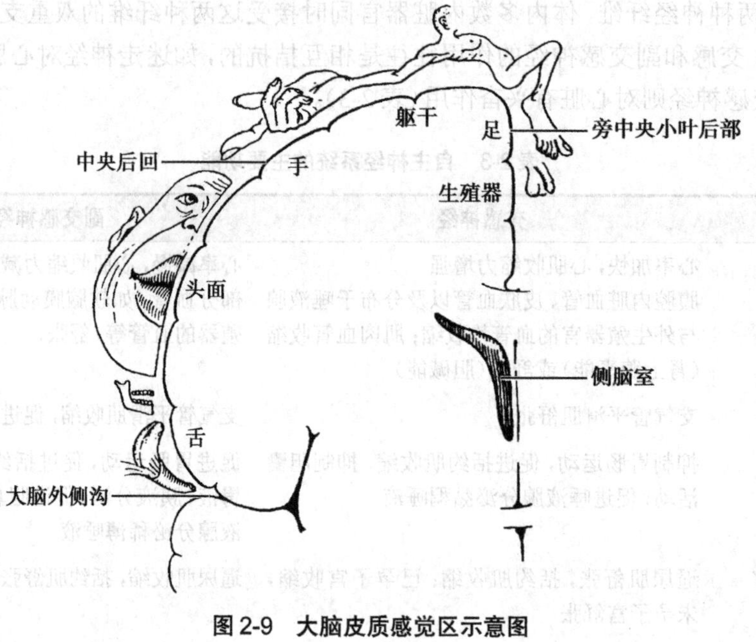

图2-9　大脑皮质感觉区示意图

（二）内脏感觉区和本体感觉区

内脏感觉区混杂在第一体表感觉区内，人脑的第二感觉区和运动辅助区也与内脏感觉有关，边缘系统皮质也接受内脏感觉的投射。

本体感觉指肌肉、关节等的运动觉，其投射区域主要在中央前回。另外，电刺激动物的新皮质除能引起躯体运动外，也能引起内脏活动的改变。电刺激人类大脑皮质也能见到类似的结果。

笔记

（三）视觉区和听觉区

初级视觉投射区位于枕叶皮质内侧面距状沟的上、下缘。

初级听觉区位于颞叶上部，在人脑初级听觉区位于颞横回和颞上回。听觉区的各个神经元能对听觉刺激的激发、持续时间、重复频率的诸参数，特别是声源方向作出反应。

（四）嗅觉区和味觉区

嗅觉皮质随进化逐渐趋于缩小，在高等动物仅存在于边缘叶前底部。此外，通过与杏仁、海马的纤维联系可引起嗅觉记忆和情绪活动。

味皮质位于中央后回底部，其中有些神经元仅对单一味觉发生反应，有些还对其他味觉或其他刺激发生反应，表现为一定程度的信息整合。

二、大脑皮质运动区及其机能

人和灵长类动物的大脑皮质运动区包括中央前回、运动前区、运动辅助区和后顶叶皮质等区域。中央前回和运动前区是控制躯体运动最重要的区域，它们接受本体感觉冲动、感受躯体的姿势以及躯体各部分在空间的位置及运动状态，从而调整和控制全身的运动。

中央前回对躯体运动的调控有以下特点：①交叉性支配，即一侧皮质运动区支配对侧躯体的骨骼肌，而头面部肌肉的支配大多是双侧性的；②上下倒置支配，即下肢的代表区在皮质顶部，而头面部肌肉的代表区在底部，并且头面部内部运动区的支配是正立的；③运动代表区的大小与运动的精细复杂程度呈正相关，即运动越精细、越复杂的部位，在皮质代表区所占的范围越大（图 2-10）。

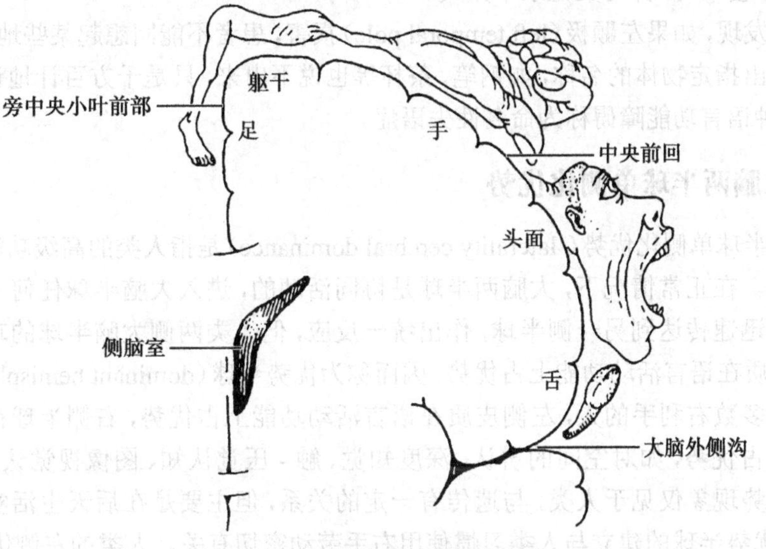

图 2-10　大脑皮质运动区示意图

运动辅助区（supplementary motor area）位于两半球内侧面，电刺激该区引起的肢体运动一般为双侧性的，该区受损可使双手协调性动作完成困难，复杂动作变得笨拙。

三、大脑皮质语言区及其机能

与语言相关的听、说、读、写功能的皮质中枢位于大脑侧沟附近（图 2-11）。

语言感觉中枢（听话中枢）在颞上回后部的韦尼克（Wernicke）区。韦尼克区受损导致流畅失语症（fluent aphasia），即患者说话流畅，也能很好理解别人的说话，但对部分语词不能很好组织或想不起来，出现语言错乱或字词的创新，这种失语症称为传导失语症（conduction aphasia）；另一种是感觉失语症（sensory aphasia ），即患者可以讲话、书写，也能看懂文字，能听到别人的发声，但听不懂别人谈话的含义。

笔记

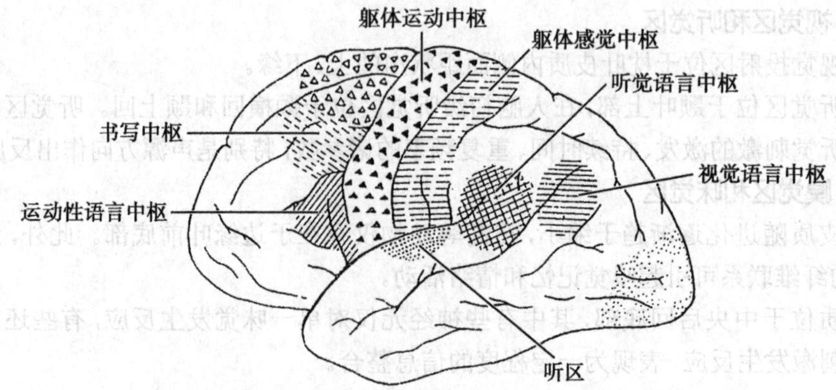

图 2-11　人类大脑皮质语言功能区域示意图（大脑上外侧面皮质的功能区）

语言运动中枢（说话中枢）位于额下回后部，又称布洛卡（Broca）区。布洛卡区受损引起运动失语症（motor aphasia），即患者能看懂文字，也能听懂别人的谈话，与发音有关的肌肉不麻痹，但患者自己不能用语言表达自己的思想。

阅读中枢位于顶下小叶的角回（angular gyrus）；角回受损造成失读症（alexia），即患者视觉和其他语言功能（包括书写、说话和听懂别人谈话等）均正常，但看不懂文字的含义。

书写中枢（写字中枢）位于额中回后部，接近中央前回的手部代表区。此区损伤导致失写症（agraphia），即患者可以看懂文字，听懂别人说话，自己说话正常，手部的其他运动不受影响，只是不会书写，并与文化水平无关。

此外还发现，如果左颞极（left temporal pole）损害，患者不能回想起某些地名和人名，如果让患者说出指定物体的名称，如钢笔、茶杯等也说不出来，只是千方百计地说明这些物品的用途，这种语言功能障碍称为命名性失语症。

四、大脑两半球单侧化优势

大脑两半球单侧化优势（ laterality cerebral dominance）是指人类的高级功能向一侧半球集中的现象。在正常情况下，大脑两半球是协同活动的，进入大脑半球任何一侧的信息会通过胼胝体迅速传达到另一侧半球，作出统一反应，但人类两侧大脑半球的功能是不对等的。左侧皮质在语言活动功能上占优势，因而称为优势半球（dominant hemisphere）。

对于大多数右利手的人，左侧皮质在语言活动功能上占优势，右侧半球在非语词性的认知功能上占优势，如对空间的辨认、深度知觉、触 - 压觉认知、图像视觉认知、音乐欣赏等。一侧优势现象仅见于人类，与遗传有一定的关系，但主要是在后天生活实践中逐步形成的，左侧优势半球的建立与人类习惯使用右手劳动密切有关。人类的左侧优势自 10～12 岁起逐步建立起来，若在成年后左侧半球受损，就很难在右侧皮质再建立语言中枢。

语言优势是相对的，左侧半球也有一定的非语词性认知功能，右侧半球也有一定的语词活动功能。许多研究发现，在加工复杂程度不同的句子时，在右半球上与左半球经典语言区对应的部位也被激活，只是激活的强度低于左半球。

第三节　脑功能学说

心理是脑的功能，人们一直探索着心理的脑机制，自20世纪以来，形成了几个重要的学说。

一、定位说

脑功能的定位说（localization theory）是德国神经解剖学家加尔（F.J Gall，1758—

笔记

1828）和他的学生斯柏兹姆（J.C Spurzheim，1776—1832）于19世纪初提出的"颅相说"。他们认为头骨的外形和大脑皮质的轮廓一致，因此从头骨某一部位外形的特点即可断定该部皮质发展的情况，并可判断个体在某一方面的能力如何。颅相说是不科学的。因为，颅骨的某些外部特征与皮质的发育程度并无关联，因而不能用颅骨的外部特征来推测脑的发育程度，更不能以此来反映人的能力状况。

真正的脑功能定位说开始于对失语症患者的临床研究。1825年波伊劳德（J.B Bouillaud，1796—1881）提出语言定位于大脑额叶；根据大多数人用右手完成诸多活动，波伊劳德认为控制这些行为的可能是左半球。1861年法国神经病临床医生布罗卡（P Broca，1842—1880）发现了语言运动中枢部位，此后这一区域被称为布洛卡（Broca）区；1874年韦尼克（C Wernicke，1833—1892）描述了脑颞叶损伤的患者，出现流畅失语症的特点。这些发现都使人们相信，语言功能是大脑特定区域的功能。

现在神经解剖学家、神经生理学家和神经病理都承认皮质功能定位，但与最初加尔提出的功能定位已截然不同。现在科学家们肯定中央前回、中央后回、颞横回、枕极和内侧的矩状裂周围的皮质及占皮质最大部分的联合区和边缘系统等是它们所控制的相应活动的神经中枢，即它们接受多种渠道传入的信息，经过综合分析、整合后，控制和调整不同的心理过程和心理状态（如感知觉的加工、学习记忆和情绪情感等），这些心理过程并非彼此独立进行，而是相互联系，共同发挥作用的。

二、整体说

整体说的基本原理包括两个方面：①均势原理（equipotentiality principle），即大脑皮质的各个部位几乎是以均等的程度对学习发生作用；②总体作用原理（mass action principle），即大脑是以总体发生作用的，学习活动的效率与大脑受损的面积大小成反比，而与受损伤的部位无关。

19世纪中叶，弗洛伦斯（P Flourens，1794—1867）用鸡和鸽子等动物采用局部毁损法进行了一系列实验。发现在切除小块皮质后，动物开始很少活动，但随着时间的推移，动物能恢复到接近正常的情况。弗洛伦斯进行了许多实验，结果大多相似。因此他认为，皮质功能的丧失与皮质切除的大小有关，而与特定的部位无关；如果所有的皮质都被切除，则各种智力功能都会丧失；如果有足够的组织保留下来，所有的功能都可以康复。弗洛伦斯强调脑功能的整体性，但他所用的实验动物都没有新皮质，因此他所说的动物智能和加尔所指的人的智能是完全不一样的。

20世纪初，拉什利（K.S Lashley，1890—1958）采取白鼠脑损毁技术进行了一系列走迷宫的实验。发现在大脑损伤后，动物的习惯形成出现了很大障碍，这种障碍与脑损伤的部位无关，而与损伤面积的大小有密切关系。由此，拉什利引申出了两条重要的原理，即均势原理和总体作用原理。

三、机能系统说

前苏联神经心理学家鲁利亚（A.P Luriya，1902—1977）等认为，脑是一个动态的结构，是一个复杂的动态机能系统，人的各种行为的心理活动是三个机能系统相互作用、协同活动的结果，其中每个机能系统又各自起不同的作用。

鲁利亚把脑分为三个相互联系的机能系统：第一机能系统也称动力系统，由脑干网状结构和边缘系统等组成。它的基本功能是维持和改变大脑皮质的兴奋性，保持觉醒状态，并实现对行为的自我调节。当这个系统受到损伤时，大脑皮质的兴奋性降低，并影响对外界信息的加工和行为的调节。第二机能系统包括皮质的枕叶、颞叶和顶叶以及相应的皮质

笔记

下组织。它的基本作用是接受来自体内、外的各种刺激（包括听觉、视觉、一般躯体感觉），实现对信息的空间和时间整合，并把它们保存下来。第三机能系统也称行为调节系统，包括额叶的广大脑区。它的基本作用是产生活动意图，形成行为程序，实现对复杂行为形式的调节与控制。如果这些脑区受到损坏，患者将产生不同形式的行为障碍。

鲁利亚的研究丰富和发展了脑功能的理论，引起各国心理学家和生物学家的普遍重视。

四、模块说

模块说（module theory）认为，人脑在结构和功能上是由高度专门化并相对独立的模块（module）组成的，这些模块复杂而巧妙的结合，是实现复杂而精细的认知功能的基础。例如，在视觉研究的领域发现，猴子的视觉与 31 个脑区有关；颜色、运动和形状知觉是两个大的功能模块，它们之间的精细分工和合作，是视觉的神经基础。认知神经科学的许多研究支持模块学说。

第四节　内分泌系统

一、内分泌腺

机体的腺体分两类，一种是有管腺或称外分泌腺，它通过导管将分泌物流入某种管道或者体外，例如胃部的腺体和汗腺。另一种是无管腺体或内分泌腺（endocrine gland），该种腺体细胞直接将分泌物渗入血液系统或淋巴系统，影响和调节着机体的其他细胞或组织的功能。

内分泌腺对人类的心理和行为有重要的影响，包括：①身体的发育；②维持新陈代谢；③促进心理发生和发展；④第二性征的发生和维持；⑤情绪行为；⑥有机体的化学合成。

二、内分泌系统

内分泌系统（endocrine system）由内分泌腺和分布于其他器官的内分泌细胞组成，该系统是一种整合性的调节机制，与神经系统相辅相成，通过机体的内分泌腺体或细胞分泌特殊的化学物质来实现对机体的控制与调节，共同调节机体的生长发育和各种代谢，维持内环境的稳定，并影响心理行为和控制生殖等。

人体主要的内分泌腺有：甲状腺、甲状旁腺、肾上腺、垂体、性腺等。研究进一步发现，机体内存在弥散神经内分泌系统。

（一）甲状腺

甲状腺（thyroid gland）位于气管上端的两侧，呈蝴蝶形。分左右两叶，中间以峡部相连，峡部横跨第二、三气管软骨的前方，正常人在吞咽时甲状腺随喉上下移动。甲状腺分泌的激素为甲状腺素。该激素主要促进机体的新陈代谢和生长发育。

1. 在代谢方面的影响　①产热效应：甲状腺激素可提高大多数组织的耗氧率，增加产热效应。甲状腺功能亢进患者的基础代谢率可增高 35% 左右；而甲状腺功能低下患者的基础代谢率可降低 15% 左右。②对蛋白质、糖类及脂肪等营养物质代谢的作用：正常情况下甲状腺激素主要是促进蛋白质合成，使骨、骨骼肌、肝等蛋白质合成明显增加。甲状腺激素分泌过多，反而使蛋白质，特别是骨骼肌的蛋白质大量分解，因而机体变得消瘦无力。在糖代谢方面，甲状腺激素有促进糖的吸收，肝糖原分解的作用。同时它还能促进外周组织对糖的利用。它加速糖和脂肪代谢，促进多种组织对糖、脂肪及蛋白质的分解和氧化过程，从而增加机体的耗氧量和产热量。

笔记

2. **生长发育方面** 促进新陈代谢过程，使得人体正常生长和发育，尤其对骨骼和神经系统的发育有明显的促进作用。如儿童在生长时期甲状腺功能减退则会出现个体生长发育不全，智力低下，身体矮小，称为"呆小症"。

3. **提高神经系统的兴奋性** 甲状腺素有提高神经系统兴奋性的作用，特别是对交感神经系统的兴奋作用较为明显，甲状腺激素可直接作用于心肌，使心肌收缩力增强，心率加快。甲状腺功能亢进的患者常表现为易激惹、失眠、心动过速和多汗，基础代谢率增加。

（二）甲状旁腺

甲状旁腺（para thyroid gland）是内分泌腺之一，呈扁卵圆形小体，位于甲状腺侧叶的后面，左右各两个，有时藏于甲状腺实质内，长3～8mm、宽2～5mm、厚0.5～2mm，总重量为100～120mg。

甲状旁腺分泌的激素为甲状旁腺素。主要的生理功能是起调节机体钙磷代谢的作用，它一方面抑制肾小管对磷的重吸收，促进肾小管对钙的重吸收，另一方面促进骨细胞释放磷和钙进入血液，提高血液中钙的含量。机体在甲状旁腺激素和降钙素（正常情况由甲状腺C细胞分泌）的共同调节下，使血液中钙与磷保持适宜的比例，维持着血钙的稳定。若甲状旁腺分泌功能低下，血钙浓度降低，出现手足抽搐症；如果功能亢进，则引起骨质过度吸收，容易发生骨折。甲状旁腺功能失调会引起血中钙与磷的比例失常。

（三）脑垂体

脑垂体（pituitary gland）位于脑底部的中央的颅底垂体窝内，借垂体柄与下丘脑相连，其上方有视神经经过，两侧被海绵静脉窦（cavernous sinus）所包围。垂体大小约1.3cm×0.9cm×0.6cm，重量约0.6g。分为腺垂体、神经垂体，其中前叶约80%，后叶约20%。脑垂体是人体重要的内分泌腺之一，是利用激素调节身体健康平衡的总开关，控制多种对代谢、生长、发育和生殖等有重要作用激素的分泌。

脑垂体分泌多种激素：①生长激素：生长激素与骨的生长有关，如幼年时期缺乏，则使长骨的生长中断，形成"侏儒症"；如过剩，则使全身长骨骼发育过盛，形成"巨人症"。②催乳素：催乳素可以催进乳腺增殖和乳汁生成及分泌。③促性腺激素：促性腺激素包括卵泡刺激素和黄体生成素，可促进雄、雌激素的分泌，卵泡和精子的成熟，促使第二性征的出现和维持。④促肾上腺皮质激素：促肾上腺皮质激素主要作用于肾上腺皮质的束、网状带，促使肾上腺皮质激素的正常分泌。⑤促甲状腺激素：促甲状腺激素作用于甲状腺，使甲状腺增大，甲状腺素的生成与分泌增多。该激素缺乏，将引起甲状腺功能低下症状。⑥抗利尿激素：抗利尿激素是下丘脑某些神经细胞产生，并运输贮藏在垂体的一种激素。它作用于肾脏，促进水的重吸收，调节水的代谢。缺乏该激素时，发生多尿，称为"尿崩症"。在大剂量时，它能使血管收缩，血压升高，所以又称血管升压素。⑦催产素：催产素与抗利尿激素相似，也由下丘脑某些神经细胞产生。它能刺激子宫收缩，并促进乳汁排出。⑧其他：除上述激素外，垂体还分泌促甲状旁腺激素，促黑激素等等。

（四）肾上腺

腺上腺（adrenal gland）位于肾脏上方，左右各一。肾上腺分为两部分：外周部分为皮质；中心部为髓质。肾上腺皮质是腺垂体的一个靶腺，而髓质则受交感神经节前纤维直接支配。

与心理行为存在密切关系的是肾上腺皮质。肾上腺皮质的组织可以分为球状带、束状带和网状带三层。球状带腺细胞主要分泌盐皮质激素。束状带与网状带分泌糖皮质激素，网状带还分泌少量性激素。

1. **肾上腺盐皮质激素** 主要作用调节水、盐代谢。在这类激素中以醛固酮作用最强，去氧皮质酮次之。一方面作用于肾脏，促进肾小管对钠和水的重吸收并促进钾的排泄，另

笔记

一方面影响组织细胞的通透性，促使细胞内的钠和水向细胞外转移，并促进细胞外液中的钾向细胞内移动。因此，在皮质机能不足的时候，血钠、血浆量和细胞外液都减少。而血钾、细胞内钾和细胞内液量都增加。由于血浆减少，因而血压下降，严重时可引起循环衰竭，使机体意识模糊。

2. **肾上腺糖皮质激素** 肾上腺糖皮质激素对糖代谢一方面促进蛋白质分解，使氨基酸在肝中转变为糖原；另一方面又有对抗胰岛素的作用，抑制外周组织对葡萄糖的利用，使血糖升高。糖皮质激素对四肢脂肪组织分解增加，使腹、面、两肩及背部脂肪合成增加。因此，肾上腺皮质功能亢进或服用过量的糖皮质激素可呈现满月脸、水牛背等“向心性肥胖”等体形特征。过量的糖皮质激素促使蛋白质分解，使蛋白质的分解更新不能平衡，分解多于合成，造成肌肉无力。同时可伴随心理及行为方面的异常，如情绪不稳，抑郁、焦虑、紧张恐惧、易激惹。严重抑郁者可能伴随自杀观念、甚至发生自杀行为。

另外，糖皮质激素提高血管平滑肌对去甲肾上腺素的敏感性，另外还有降低毛细血管的通透性的作用。当机体遇到创伤、感染、中毒等有害刺激时，糖皮质激素还具备增强机体的应激能力的作用。

3. **性激素** 肾上腺皮质分泌的性激素是雄激素为主，可促进性成熟。少量的雄性激素对女性的性心理及性行为甚为重要。雄性激素分泌过量时可使女性男性化。因此，该部分激素对机体的第二性征的维持有重要的作用。

（五）性腺

性腺（sex gland）主要指男性的睾丸，女性的卵巢。睾丸可分泌男性激素睾丸酮（睾酮），其主要功能是促进性腺及其附属结构的发育以及第二性征的出现，还有促进蛋白质合成的作用。卵巢可分泌卵泡素、孕酮、松弛素和女性激素。其功能分别是：①刺激子宫内膜增生，促使子宫增厚、乳腺变大和出现女第二性征等；②促进子宫上皮和子宫腺的增生，保持体内水、钠、钙的含量，并能降血糖，升高体温；③促进宫颈和耻骨联合韧带松弛，有利于分娩；④促使女性出现男性化的特征等。

（六）弥散神经内分泌系统

机体许多其他器官还存在大量散在的内分泌细胞，这些细胞分泌的多种激素样物质在调节机体生理心理活动中起十分重要的作用。皮尔斯（Pearse，1966）根据这些内分泌细胞都能合成和分泌胺（amine），而且细胞是通过摄取胺前体（氨基酸）经脱羧后产生胺的，故将这些细胞统称为摄取胺前体脱羧细胞（amine precursor uptake and decarboxylation cell，APUD 细胞）。

研究发现，许多 APUD 细胞不仅产生胺，而且还产生肽，有的细胞则只产生肽；并且随着 APUD 细胞类型和分布的不断扩展，发现神经系统内的许多神经元也合成和分泌与 APUD 细胞相同的胺和（或）肽类物质。因此学者们将这些具有分泌功能的神经元（分泌性神经元，secretory neuron）和 APUD 细胞统称为弥散神经内分泌系统（diffuse neuroendocrine system，DNES）。DNES 是在 APUD 基础上的进一步发展和扩充，它把神经系统和内分泌系统两大调节系统统一起来构成一个整体，共同完成调节的和控制机体生理心理活动的动态平衡。

第五节　心理的社会基础

个体心理的形成及发展与其所生存的自然环境和社会环境有着极其密切的关系。

一、环境对人的心理的影响

笔记

环境（environment）是指个体生存空间中所有可能影响个体的因素，一般分为自然环境和社会环境。俗话说:"一方水土养一方人",这充分说明了在人与自然环境的适应与相互作用过程中,不同地域的人由于自然环境的不同,形成了不同的生活行为方式和人际交往模式。随着心理学的发展,人们认识到了在个体的心理发展过程中,社会环境是决定人类的心理与行为的重要因素之一。

(一)文化因素

每个人都处在一定的社会文化环境中,文化在人类心理的发展过程中起着非常重要的作用,其对人类心理的影响主要有以下两个方面:第一,文化是人类心理产生的决定性条件,并使人类心理的发展得以延续。人类创造了自己的文化,又把自己置身于一定类型的文化环境中。每个时代的人都不可避免地继承、扬弃、发展着前人遗留的文化体系,并在此基础上,形成自己独特的心理特质、心理结构、心理内容以及心理互动方式。社会文化就是历代人类活动和思想不断外化的结果,人类心理也正是在把握历史文化的过程中不断得到发展,使人类的心理和行为具有共通性。第二,文化使人类心理的发展变得多样化。不同文化背景中的人们具有各自不同的生活观念、价值体系和行为标准,社会个体通过日常的交往活动和特定的精神修养来掌握本土的心理学传统,并依此来理解、解释和构筑自己的心理生活,人类心理的发展由此变得多样化起来。

(二)家庭环境

家庭是一个人生活最长久的环境和场所,家庭环境在人的心理发展方向和发展水平中有巨大的影响作用,特别是早期家庭环境的影响,甚至起着决定性的作用。

父母是孩子的第一任老师。儿童时期孩子对父母和家庭的依赖性最大,父母的理想、情操、文化素养、教养方式、家庭关系以及家庭的社会地位、父母间的冲突等诸多因素都在潜移默化地影响着孩子的心理发展。在孩子的成长过程中,孩子们往往面临着两种家庭影响:一是在家庭中所有儿童共同面对的环境,如父母的文化素养、社会阶层、教育水平等;二是家庭内部父母对不同孩子的区别对待方式。即使在同一个家庭中成长的孩子,由于父母对待他们的方式不同,使得他们的人格发展与其他孩子不一样。"一母生九子,九子各不同",说的就是这个道理。因此在家庭内部,对孩子心理和行为发展影响最大的是孩子所面临的特殊环境而不是一般性的家庭因素。

(三)学校环境

学校是儿童从家庭走向社会的第一座桥梁。学生在学校期间也正是其心理发展及其人生观、价值观形成的关键时期。由于学生在学校的活动大多是当着老师或同学的面进行的,老师或学生的态度、评议及学校树立典型的榜样作用直接或间接地对个体的自我发展和人格发展产生着潜移默化的作用。

(四)同辈群体

一个人在与同辈群体交往的过程中,由于同辈成员的年龄、兴趣、爱好相近,地位平等,有共同语言,并且每个成员在群体中可以充分地表现自己,从而在心理上得到极大的满足。同时,同辈群体成员间在互相交往过程中,个体可以参照他人的行为和思想,不断修正自己的行为和观点,从而使自己的心理不断成长。

(五)大众传播媒介

广播、电视、电影、杂志、报纸、图书等是现代社会传递社会信息的主要载体,在现代社会生活中大众传媒对个体心理发展中起着越来越重要的作用。不仅丰富了人们的生活、开阔了视野、愉悦了身心,同时也传播了知识、规范、引导了人们的思想观和价值观。

二、团体中的人际关系

团体(group)又称社会群体,是由两个或两个以上的相互交往的人在共同目标指引和共

笔记

同规范的约束下，彼此影响，相互作用，共同活动的集合体。偶尔聚集到一起的人群，如电影院中的观众、同车的乘客、在广场散步的人群，到商店买东西的顾客等，不能称之为团体。

在心理学中，团体是指由相互依赖、相互影响的人组成的集合体，团体的成员间通常有面对面的接触或互动的可能性。社会中的团体很多，其中夫妻是最小的团体。

所谓人际关系是人们为了满足某种需要，通过交往形成的比较稳定的心理关系。满足需要是形成人际关系的基本动因，因此人际关系的紧张与和谐，反映了人们在相互交往中需要是否得到满足的状态。如果在交往过程中，双方的需要得到满足或一定程度的满足，就会产生喜欢、亲近的心理反应；反之就会产生厌恶、疏远的反应。

团体中的人际关系不仅反映团体成员之间的感情疏密，而且反映团体、组织的凝聚力的程度，是团体与组织行为有效性的指标。

（一）不同团体中成员间的人际关系

根据活动的目的和性质等不同，团体可分为正式团体（formal group）和非正式团体（informal group）。正式团体指有规定的正式结构，有特定的组织目标，有特定的定员编制，成员的角色有明确的定义，根据正式文件和章程而建立的群体。正式团体的成员之间有明确的权利和义务规范，并扮演着安排好了的角色行动。如企业的业务部门、学生班组、各级党、政组织等。非正式团体指自发形成的、没有正式规定，成员之间以兴趣、需要、爱好等一致为基础形成的团体。非正式团体成员间常带有明显的感情色彩，有较强的内聚力和对成员的吸引力。非正式团体可以是合法的，也可以是非法的，如黑社会团体、流氓团体等。非正式团体普遍存在于正式团体中，对正式团体的工作效率既有积极作用也有消极作用。当非正式团体的目标与正式团体保持一致时，就会促进正式团体的发展；反之，两种团体就会发生冲突。

按照群体的规模，群体又可分为大型团体（large groups）和小型团体（small group）。凡是群体成员能够面对面地联系和接触，即处于直接沟通的情境中，这个团体就是小型团体。反之，如果群体成员能知觉到其他成员的存在，但不能与大部分成员直接地面对面沟通，只能靠间接的方式，如打电话、组织各层次间的书面通讯等进行沟通，这类群体就称为大型团体。

一般来说，团体中的人数越多，成员间平均参与团体活动的机会越少；成员间的彼此差异越大，人际关系越难以协调，团体的效能越难以发挥。小型团体成员间的关系比较紧密，交往比较频繁，心理感受也比较明显。团体中成员的多少以及人际关系的变化，可以直接影响到团体凝聚力的变化。实际上我们每天都在小型团体中花费大量的时间和精力与他人进行着交往。社会心理学对小型团体的研究成果比较丰富。

随着互联网通讯技术的发展，人们交往的形式和范围越来越大，按照研究需要又可将团体分为实际团体（actual group）和虚拟团体（virtual groups）。实际团体，又称现实团体，是指在一定时期内实际存在的、成员间有直接或间接实际关系的、有目的、有任务的联合体。如学生班级，是在学生上学期间实际存在的团体。现实中的大多数团体是实际团体。所谓虚拟团体，是指团体成员之间可以在不同的地方，通过互联网通讯技术，跨时间、跨地域、跨越组织甚至国家界限进行沟通而形成的团体形式。这种团体的成员，可以不分年龄、性别，只要兴趣、爱好相似，语言相投即可形成团体。团体成员间在交流过程中表现出来的相互信任的态度，是该团体能否长期存在的基础。

（二）团体中的心理效应

在团体成员间的人际交往过程中，成员间相互作用、相互影响，就形成了某种心理氛围，产生某种心理效应。概括起来主要有以下几种效应：

1. 满足心理需要 在团体中有利于满足成员的一些重要的心理和社会需要，主要包括：安全的需要、归属的需要、尊重的需要、社交和自我实现的需要等。

笔记

2. **产生团体认同感** 认同感(identity)是指同一团体的成员在对重大事件和原则问题的认知和评价上倾向于与团体保持一致的情感。特别是当个人对外界情况不明,又无其他必要信息时,团体中其他成员对他的影响就更大,这种认同就会发生很大的影响作用,个体与团体的认同就更加容易。

3. **社会助长与社会惰化作用** 社会助长(social facilitation)作用是指他人在场或与他人一起活动时使个体的行为效率提高。比如在篮球比赛时,啦啦队的势力越大,球员的竞技水平发挥得越好。产生这种现象的原因是由于个体的团体归属感和认同感使之无形中得到了一种支持和鼓励,当他的行为、表现符合团体的规范和期待时,他人给予的鼓励与赞许(可以是一个动作,一个眼神,一种表情,甚至仅仅是同伴在场)进一步强化了他的行为,唤醒了个体的内在潜力,从而发挥得更为出色。

社会惰化(social loafing)作用是指在团体中,个体的行为效率不如单独行动时高。产生这种现象的原因是由于个体的成绩没有被单独加以评价,而是被看作一个总体,使个体的成绩淹没其中,从而引发个体的努力水平下降;另外一种原因是由于他人的存在和由他人引起的干扰,使个体的注意力被分散或激发了过高的焦虑水平,使正常的思维活动受到干扰所致。

4. **去个性化** 去个性化(deindividualization)现象即团体中的人们似乎感到自己被淹没在群体之中,并丧失了他们的个人身份而表现出无自知性、行为与内在标准不一致、自制力低,甚至做出一些平常自己不会做出的反社会行为等。生活中去个性化现象并不多,但它的危害却十分严重。例如有些球迷因为自己的球队输球,而殴打裁判、砸伤对方队员等平时想都不敢想的事情。匿名性、个体自我意识功能的下降和责任分散是产生去个性化的主要原因。

5. **从众** 个体在社会群体的无形压力下,不知不觉或不由自主地与多数人保持一致行为的心理现象,称为从众(conformity)。日常生活中,人们常说的"随波逐流""人云亦云"就是从众现象的描述。

人为什么会从众呢?在社会生活中,人们往往认为众人提供的信息更为全面可靠,从而不自觉地产生相信他人、依赖他人的心理。同时,人们一般都不想被别人看成是越轨者、另类,不愿和群体作对,不愿触犯众怒,因此,在非重大问题上往往比较容易采取随波逐流,委曲求全的做法,进而做出从众的行为。

(三)团体中的领导功能

在团体中居于核心地位、指导和控制团体活动的成员,常被称之为领导(leadership or leader)。现代社会心理学对领导的界定为(管健,2011):领导被看作是群体或组织中特定的人在一定的环境条件下,为实现既定目标,对所在群体或组织和所属成员进行引导和施加影响的行为过程。所谓领导功能(function of leader)是指身为领导者,领导团体成员时在其角色上应该发挥的基本功能。主要包括以下几个方面:

1. **激励功能(incentive function)** 即激发、调动和鼓励团体成员接受和执行目标的自觉程度和实现目标的热情,从而提高团体成员的工作效率。激励功能是领导的主要功能。

2. **组织功能(organization function)** 是指领导者根据团体内外环境的变化、需要和可能,制订团体的目标与决策,合理配置人力、物力、财力,建立科学的管理系统,引导团体成员实现目标的功能。组织功能贯穿领导活动的始终。

3. **创新功能(innovation function)** 即领导者通过领导方式的创新和引导团体成员的创新活动,适应外部环境的变化,使团体获得生存和发展机遇的功能。

4. **沟通协调功能(communication function)** 即了解成员意愿,满足成员需求,调节人际纠纷,维系团体成员间的和谐关系的功能。

笔记

我国的社会心理学界和管理学界一致认为领导应具有以下五项功能（管健，2011）：①制订目标计划；②选人用人；③监督和控制；④激励作用；⑤善于创设有利于提高行为效率的心理气氛和群体环境，促使成员为实现组织目标做出最大的努力。

三、个体的社会化

个体的社会化（socialization）是个体通过有意（受教育）、无意（潜移默化）的社会学习，了解角色行为的社会期待和行为规范，并“内化”为自身行为的过程（杜文东等，2002）。

（一）社会化的基本途径

1. **社会教化**（socialization） 指通过社会化的机构及其执行者所实施的社会化过程。社会教化的机构主要包括家庭、学校、社会组织、团体、大众传媒以及司法机构等。社会化执行者指社会化机构的组织者及其成员。社会教化过程可以通过如学校对学生正规的、系统的实施教育；也可以通过非正规的，诸如社会风俗、传播媒介等教育途径对人实施影响。

2. **个体内化**（individual internalization） 指个体经过一定方式的社会学习，接受社会教化，将社会规范、价值观和行为方式等转化为自身稳定的人格特征和行为反应模式的过程。个体可以通过观察学习各种社会行为；通过角色扮演形成与期望相一致的行为模式；通过对认知的加工将外部世界的观念内化；通过自我强化使自己的行为与社会规范更加一致。因此，个体内化是其心理结构与社会文化环境相互作用并与之主动适应和选择的过程。

（二）社会化的内容

社会化的过程贯穿人的意识，包括社会生活所必需的基本知识、生活习惯、行为方式和思想观念等，其中主要包括道德社会化、政治社会化、法律社会化、性别角色社会化等内容。

1. **道德社会化**（moral socialization） 道德是指社会调整人与人之间以及个人与社会之间相互关系的行为规范的总和。道德社会化是将道德准则和道德规范逐渐内化的过程。道德社会化的主要目标是通过树立道德榜样，经过社会教化作用，引导未成年人将社会主流的价值观、社会规范和行为方式等内化为自身较为稳定的道德人格特质和行为反应模式的过程。道德认知和道德情感都具有强烈的实践性。道德情感社会化是道德社会化的一个重要方面。未成年人的道德实践主要是通过学习活动、社会接触和日常生活，将社会主流的价值观和高尚的道德品质传递给他们；同时，未成年人在这些社会实践活动中，不断增强自身的社会责任感，勇于创新，改造已有的、陈旧的或过时的生活态度和行为取向，引导新的时代潮流，为全社会的思想道德观念现代化注入新的活力和内容。

2. **政治社会化**（political socialization） 是指个体逐步接受被现有政治制度所肯定和实行的政治信念和规范，形成特定的政治态度和行为的过程。政治社会化是政治文化形成、维持和变迁的过程，是一般社会化的核心。它关系到整个社会或政府的稳定、巩固和发展。政治社会化的目的是将个人培养成为遵守政府规定、服从国家法律、行使正当权利、承担应尽义务、促进社会政治稳定的合格公民。

政治社会化的过程是双向的。个体在政治社会化的过程中接受社会的政治改造，完善政治人格；通过自己的主观能动性，整合社会的各种政治观点，形成个人的政治思想和政治价值观；同时反作用于社会政治，以自己的政治观念和行为成为影响他人的政治社会化的主体。

3. **法律社会化**（legal socialization） 指个体形成某一特定社会要求的法律观念和遵守法律行为的过程。法律社会化是促使个体具有法律观念，自觉按照社会规范和制度来约束自己的行为。美国学者塔尔布（Tarbu，1974，1976）对丹麦、希腊、意大利、印度、日本和美国等6个国家的4、6、8年级的5000名学生进行了研究，发现学生对法律推理有高、中、低

笔记

三个水平；后来又扩展到成年人和学前期幼儿，研究结果显示，这6个国家的成人和儿童，绝大多数只达到中等水平，能达到高水平者极少（张春兴，1998）。

4. **性别角色社会化（gender socialization）** 指个人学习自己所属文化，形成社会对不同性别的期望、规范和与之相符的行为的过程。社会、民族、文化、风俗不同，对男女两性的期望和规范不同。性别角色社会化的结果是使人们按照社会上规定的男女性别角色的要求来支配自己的行为。

（三）社会化的结果

经过社会化的过程，个体的人格和自我意识形成，社会角色被承担和扮演。包括学会维持和谋求生存的本领；传递社会文化；完善自我观念和培养社会角色等。

1. **促进个体人格的形成和发展** 人格，也称个性，是一个人比较稳定的整体心理特征的总和。在人的社会化过程中，通过文化、学校、团体及大众传媒等教育不仅使生活在同一民族、同一时代的人的个性中包含了民族性、时代性等共性的特征，也培养了人的个性，即人在兴趣、需要、价值观、人生观、能力、气质、性格、自我意识等方面的不同。然而其共同特点是：它们都是符合社会价值标准的个性。

2. **掌握生活技能，完善社会角色** 社会角色是由一定社会地位决定的符合社会期望的行为模式。它是有着特定权利、义务、行为规范和行为期待的人。如教师要为人师表，医生要救死扶伤等。社会角色是人的社会属性和社会关系的反映，一个社会中的人是多种社会角色的总和。如一个男医生，要承担儿子、兄弟、丈夫、父亲、朋友、同事、医生甚至顾客、领导、法人等等多种角色，社会化的过程就是角色学习和完善的过程。在角色学习和完善的过程中，尤其是在科学技术快速发展的现代社会，必须掌握基本的生活技能和某些专业技能，培养良好的心理素质，才能较好地扮演社会角色，否则将会导致角色失调甚至角色失败。

3. **内化价值观念，传承和发展社会文化** 社会化研究的文化模式认为，社会化是社会文化的传递过程。在个体社会化的过程中，社会价值观念和社会规范是个体社会学习的重要内容。个体通过社会化过程将社会价值观念内化，学习和掌握社会规范，事实上就是对社会文化的传承；加之在与环境的共同作用下，个体的价值观念不断调整，适应新的社会变化，推动社会文化的发展。

复习思考题

1. 名词解释：社会化、突触、递质、受体、团体。
2. 神经系统分为哪两大系统？二者的关系是怎样的？
3. 神经纤维传导兴奋的特征有哪些？
4. 突触传递有哪些特征？影响突触传递的因素有哪些？
5. 脑功能有哪些学说？其主要含义是什么？
6. 影响心理发展的社会基础包括哪些方面？
7. 团体中的领导有哪些功能？
8. 社会化的内容和基本途径有哪些？

拓展学习

瑞典皇家科学院2012年10月10日宣布，美国杜克大学教授罗伯特·莱夫科维茨（R. J Lefkowitz）和斯坦福大学教授、清华大学医学院客座教授布赖恩·科比尔卡（B K. Kobilka）因在G蛋白偶联受体（G Protein Coupled Receptors）研究方面的卓越成就获得2012年度诺贝尔化学奖。

笔记

罗伯特·莱夫科维茨，1943年出生于美国纽约，美国公民。1966年在纽约哥伦比亚大学获得医学博士学位，美国霍华德·休斯医学研究所研究员，美国杜克大学医学中心医学教授、生物化学教授。

布赖恩·科比尔卡，1955年生于美国明尼苏达州，斯坦福大学医学院教授，美国国家科学院院士。2012年4月16日受聘为清华大学客座教授，在医学院建有实验室并指导博士生和博士后。

每个人的身体就是一个数十亿细胞相互作用的精确校准系统。每个细胞都含有微小的受体，可让细胞感知周围环境以适应新状态。罗伯特·莱夫科维茨和布莱恩·克比尔卡因为突破性地揭示G蛋白偶联受体这一重要受体家族的内在工作机制而获得2012年诺贝尔化学奖。

长期以来，细胞如何感知周围环境一直是一个未解之谜。科学家已经弄清像肾上腺素这样的激素所具有的强大效果：提高血压、让心跳加速。他们猜测，细胞表面可能存在某些激素受体。但在20世纪大部分时期里，这些激素受体的实际成分及其工作原理却一直是未知数。

莱夫科维茨自1968年开始利用放射学来追踪细胞受体。他将碘同位素附着到各种激素上，借助放射学，成功找到数种受体，其中一种便是β-肾上腺素受体。他的研究小组将这种受体从细胞壁的隐蔽处抽出并对其工作原理有了初步认识。在20世纪80年代，当研究人员分析该基因时，发现该受体与眼中捕获光的受体相似。这使他们认识到，细胞上存在着一个看起来相似的受体家族，并且发挥作用的方式也一样。

今天这一家族被称作“G蛋白偶联受体”。大约一千个基因编码这类受体，适用于光、味道、气味、肾上腺素、组胺、多巴胺以及复合胺等。大约一半的药物通过G蛋白偶联受体起作用。

莱夫科维茨和克比尔卡的研究对于理解G蛋白偶联受体如何起作用至关重要。此外，在2011年，克比尔卡还取得了另一项突破：他和研究团队在一个精确的时刻——β-肾上腺素受体被激素激活并向细胞发送信号——获得了β-肾上腺素受体图像。这一图像是一个分子杰作，可谓几十年辛苦研究的成果。

GPCR（G蛋白偶联受体，G-protein coupled receptors，即GPCR）是人类基因组编码的最大类别膜蛋白超家族，有800多个家族成员，在人体生理代谢的各个方面几乎都有密切关联。它们的构象高度灵活，调控非常复杂，起初非常难以研究。罗伯特·莱夫科维茨做了非常多的开创性的工作和贡献。20世纪60年代末到70年代初，他用同位素标记配体的方法证明了GPCR受体的存在，并第一个把它部分纯化出来。之后他用同位素配体结合的办法提出了配体-受体-效应器结合的三级复合物模型。80年代中期当时在实验室做博士后的布莱恩·科比尔卡首先克隆了人β_2肾上腺素受体的DNA序列，并发现已被测出序列的视杆色素（Rhodopsin）也是GPCR。

布赖恩·科比尔卡博士首创了利用T4溶菌酶融合蛋白方法解析GPCR晶体结构的方法，成为之后GPCR结构生物学研究的最常规方法。2007年，利用这种方法，他与结构生物学家合作解析了人β_2肾上腺素受体的晶体结构，之后四年其论文即被引用逾千次。与此同时，他还独立地通过抗体片段介导法解析了人β_2肾上腺素受体的结构，这些成果被评为当年的科学十大进展。2011年，布赖恩·科比尔卡研究组又解析了结合激动剂的处于活性状态的人β_2肾上腺素受体的结构。最重要的是，他于2011年成功解析$G\alpha\beta\gamma$-β_2肾上腺素受体复合物的结构，从而能够完整解释GPCR如何被配体激活以及再激活下游G蛋白从而传递信号的过程。

GPCR广泛参与感知、生殖、发育、生长、神经和精神等多种生命活动以及内分泌和

笔记

代谢等多种生理过程，与糖尿病、心脏病、肿瘤、免疫和感染性疾病、神经与精神疾病等的发生、发展及治疗密切相关。超过50%的临床用药物以及正在研发中的药物都作用于GPCR，全球20种最畅销的药物中的12种药物都是以GPCR作用靶标，每年的销售总额高达2000亿美元。

参考文献

1. 朱大年. 生理学[M].7版. 北京：人民卫生出版社，2008.
2. 朱文玉. 生理学[M].2版. 北京：北京大学医学出版社，2009.
3. 张洁，冯伟强，李云峰. 心理学[M]. 北京：北京师范大学出版社，2011.
4. 苑杰. 社会心理学[M]. 北京：人民卫生出版社，2013.
5. 姚本先. 心理学[M].3版. 北京：高等教育出版社，2009.
6. 管健. 社会心理学[M]. 天津：南开大学出版社，2011.
7. 柏树令. 系统解剖学[M].7版. 北京：人民卫生出版社，2008.
8. 杨世昌，王国强. 精神疾病案例诊疗思路[M]. 3版. 北京：人民卫生出版社，2017.

推荐读物

1. 姜乾金. 医学心理学——理论、方法与临床[M]. 北京：人民卫生出版社，2012：265-270.
2. 彭聃玲. 普通心理学[M]. 修订版. 北京：北京师范大学出版集团，2009.

考研要点

神经元
突触
周围神经系统和中枢神经系统
大脑皮质感觉区及其机能
大脑皮质运动区及其机能
大脑皮质语言区及其机能
大脑两半球单侧化优势
脑机能学说

（杨世昌）

笔记

第三章　意　识

本章要点

意识概述
　意识的概念
　无意识
　生物节律的周期性与意识状态
意识状态
　睡眠与梦
　催眠

关键词

意识；无意识；生物节律；睡眠；梦；催眠

人们对意识问题的探讨众说纷纭，唯一在与意识相关的一个问题上达成共识，即意识是整个心理学领域中最难研究的问题之一。在心理学发展的历史中，一些心理学家曾经认为心理学的目的是研究心理结构、心理意识内容的元素，并把各元素组合为意识内容的基本规则。20世纪初，行为主义强调心理学研究的客观性，把意识完全排除在心理学研究的范围之外，以人们可观察的外部行为作为研究对象。20世纪中叶，随着认知心理学的兴起，心理学家重新把人的内部心理过程作为研究对象，开始研究意识在心理学中的地位。此外，其他研究也推动了意识研究的发展。1929年，汉斯·伯格（H Berger）发明了脑电图仪，为意识的研究提供了新的手段和工具。20世纪60年代，美国心理生物学家斯佩里（R.W Sperry，1913—1994）关于裂脑人的研究成果也极大促进了对意识的研究和发展。以马斯洛和罗杰斯为代表的人本主义心理学充分肯定了个体的潜能和价值，认为个体可以通过意识执行达到其愿望，意识经验因而受到特别重视。认知神经科学则把人的认知过程、神经机制以及病理学的临床发现结合起来，进一步推动了意识研究的发展。

第一节　意识概述

一、意识的概念

（一）意识的定义

意识是人特有的心理反应形式，是指人以感觉、知觉、记忆、思维等心理活动过程为基础，对自己身心状态与外界环境变化的觉知和认识。人能够觉知和认识到自身的存在、周围世界的存在，以及自己和环境之间的复杂关系。具体来说，意识是人对环境刺激信息感

笔记

知、自身感受、记忆和思维的觉知以及对自身行为和认知活动产生、维持及终止的调节与控制。意识存在广义和狭义之分，广义的意识是指机体的整体意识，狭义的意识指的是平时我们能够感觉到的意识。

意识主要包含两方面的内容：一是人对客观事物与周围环境的意识。它既包括对自然环境中发生的现象的意识，如感受到季节交替、昼夜更换，也包括对社会活动中发生的事件和某些现象的意识，如社会、政治、经济、文化发展以及和平或战争等问题，同时还包括对社会活动中人际关系的意识，如群体与群体之间的冲突或和谐人际关系的意识，男性与女性关系的意识等。二是人对自己身心状态的意识。它也包括两方面：第一，对自己身体内部活动状态的意识，比如感觉疲劳、焦虑、舒服或饥饿等；第二，对自己心理活动的意识，即觉知到自己的各种主观体验，即自我意识。自我意识是指人对自身心理活动总体状态的觉知与认识，包括对自己的感知、思考、体验、愿望、动机以及与自己利益相关的事或人的认识。

意识是人的心理活动最重要的组成部分，也是人的心理发展的最高级阶段。从种系发展来看，低等动物没有意识，高等动物，如灵长类动物，也只是随着神经系统的演进才出现意识的萌芽。只有当出现人脑这一高度组织的物质形态之后，才有人类特有的意识。从个体发展来看，刚出生的婴儿还不具备真正意义上人的意识。意识出现的标志是具有自我意识，当婴幼儿能够把“自我”与“非我”、“主体”与“客体”区分开来时，才说明其具有自我意识。

（二）意识的层次

精神分析学派认为，机体的整体意识层次包括意识、前意识和无意识（潜意识）三个层次，犹如深浅不同的地壳层次而存在，亦称之为精神层次。

（1）表层的意识（consciousness），指同外界接触所能直接觉察到的心理的表面部分。在精神分析学派创始人弗洛伊德看来，人们所熟悉的意识，只是整个意识结构中的一小部分。他把整个意识比作大海中的一座冰山，而意识仿佛是冰山的尖端，即露出水面的那一小部分。

（2）中层的前意识（preconsciousness），指调节意识和无意识的中介机制。前意识是一种可以被回忆起来的、能被召唤到清醒意识中的潜在的意识，因此，它既联系着意识，又联系着潜意识，使潜意识向意识转化成为可能。但是，它的作用更体现在阻止潜意识进入意识，它起着“检查”作用，绝大部分充满本能冲动的潜意识被它控制，不可能变成前意识，更不可能进入意识。

（3）深层的无意识（unconsciousness），亦称潜意识（Subconsciousness），是相对意识而言的，指被压抑的、无从知觉的本能和欲望。弗洛伊德对潜意识进行了系统和深入的研究，他认为某些意识经验，如本能欲望、创伤经历等威胁心理的内容过程被排除在意识之外。但是，那些原始的、不被现实和良心接受的欲念、动机、情绪等内容与经验则被压抑在潜意识之中。尽管潜意识中的欲望、情绪等被压抑，但它们并没有真正泯灭。那些本能欲望、情绪和观念会不由自主地活动，在某种状态下通过转换、象征方式在意识中呈现。无意识是相对于意识而言的，鉴于平素个体不曾觉察到无意识的心理活动及其作用过程，但其仍直接或间接地影响人的心理和行为，故将单独阐述“无意识”。

弗洛伊德提出了著名的“冰山理论”，解释了意识、前意识、无意识的关系：“在我们的内心隐藏着一个深不可测的巨大空间，意识犹如浮在表面的冰山一角，隐没在水下的那片庞然大物就是无意识，而连接意识和无意识的层面就是前意识。”

另外，根据事物对象被觉知到的水平不同，意识还可分为：

（1）焦点意识（focal conscious）：是指个体全神贯注于某些刺激得到的清楚明确的意识经验，例如，在考试时面对并集中注意于试卷所获得的意识。比如我们在敲钉子的时候，我

笔记

们的焦点意识是集中于敲这颗钉子上。

(2) 边缘意识(marginal conscious): 是指对注意范围边缘刺激物获得的模糊不清的意识。凡是刺激强度微弱、个体似知未知情形下获得的意识，都属于边缘意识。一个意识中心或焦点发生的时候，边缘意识也在同时发生或进行。但有时候中心或焦点意识不存在了，边缘意识还在进行。

(三) 意识的功能

(1) 觉知功能: 意识的觉知功能是指人对周围环境刺激信息和自身内部心理状态的了解，表现为人不仅能意识到客观事物的存在，包括自然界中的各种现象，以及人类社会生活中的复杂现象，也能够意识到自身存在，自己心理活动与行为表现和谐与否，以及自身与客观事物之间的内在关系等。

人的心理过程与意识活动紧密相连，只有意识到的感觉，才能了解到客观事物的属性。若没有意识参与到思维、情绪和意志的时候，人就不会产生思维、情绪和意志。通过意识，人才能觉知自我，不仅能觉知到自己的容貌、身高、体重等身体特征，还能够觉知到自己当前的心理活动。另外，通过意识，人还能够知道自己的人格特征，如自己的能力和性格特征等。

(2) 计划功能: 意识的计划功能表明，人的心理与行为是有目的性和计划性的。人从事社会实践活动总是具有某种目的和动机，这种目的和动机以观念形式存在于人脑之中。在实践活动之前，知道自己的行为具有什么样的社会意义与人生价值，通过行为希望实现的目标，并根据目的和意义，制定达到目的、实现期望的行动计划、活动策略、行动方案、步骤安排和采取一定的程序。在实践活动过程中还会根据具体的活动进程，对原有计划作出必要的调整，使之达到预期的目标。

动物不具有人类意识的目的性和计划性功能。马克思曾经说过:“蜘蛛的活动与织工的活动相似，蜜蜂建筑蜂房的本领使人间的许多建筑师感到惭愧。但是，最蹩脚的建筑师从一开始就比最灵巧的蜜蜂高明的地方，是他在用蜂蜡建筑蜂房以前，已经在自己的头脑中把它建成了。”

(3) 选择与监控功能: 意识具有选择与监控的功能。意识的选择功能使人能够在环境中接受最适宜和最有效的刺激信息，限制并过滤与目标和目的无关的信息，能够有选择地存储与自己需要相关的信息。

意识的监控功能包括两个方面: 一是可以监视自己内部心理活动和外部环境的刺激信息；二是可以调节和控制自身状态与周围环境之间的相互关系。意识不仅能够监控自身状态和周围环境的刺激信息，以便感知、记忆和思维在意识中得到表征，同时还能控制自身与环境之间的关系，以便能够为了达到目的、实现理想而发动和终止自己的行为和认知活动。因此，不仅在监控内部心理活动状态和外部环境信息时需要人的意识参与而且在调节和控制自身状况与周围环境之间的相互关系时亦需要意识参与。

二、无意识

无意识(unconsciousness)又称潜意识，相对于意识而言，是个体不曾觉察到的心理活动和过程。精神分析学派弗洛伊德认为，无意识包括大量的观念、愿望、想法等，这些观念和愿望因为和社会道德等存在冲突而被压抑，不能出现在意识中。人的意识犹如露出水面的冰山顶端，只占人的心理很小的一部分，大部分的心理活动或过程是无意识的。现今，大多数科学家都赞成，对无意识研究进行科学的考察是有用的。例如，当你所处的房间里有几个人在说话时，你可能只注意一个人的话语，而“屏蔽”了其余的话语。这就是所谓的鸡尾酒会现象，因为它在酒会上的发生率极高。有证据表明，我们没去听的话其实已经到达了

笔记

大脑，只是我们没有意识地知晓它。从这一意义上说，这些声音被大脑无意识地处理了。

常见的无意识现象有以下几种。

1. **无意识行为**　人的行为，特别是已经自动化了的行为，不受意识的控制。例如，在骑自行车时，一个人可以毫无困难地思考其他的问题，或与别人交谈，没有意识到自己是如何维持车的平衡的。在人们的日常生活中，有许多的动作都是无意识的动作。

2. **对刺激的无意识**　人在活动时，可能会没有觉察到对他们的行为产生了影响的事件，而这些事件对他们的行为产生了或大或小的影响。比如，安德鲁·马修斯和科林·麦克劳德（A Mathews & C MacLeod，1986）对这一现象作了一个实验研究。参与他们研究的人可通过左右耳机听到同时呈现的两种信息，要求他们忽略其中一种信息，但要大声重复另一信息。当呈现给忽略的耳机的词是没有威胁的，比如像“朋友”“音乐会”，但在另一时间则呈现有威胁性的词，比如像“袭击”及“紧急情况”。当参与者重复听到信息时，他们还要保证自己的眼睛盯着计算机屏幕，每当“按键”这个词出现在屏幕上时，他们应尽快地按键。

为了确保威胁性词语对参与者造成较大的情绪冲击，研究者仅选取因自身的问题正接受治疗的高度焦虑者。这些参与者报告说，自己根本没有意识到这些要忽略的词，因为他们将自己的注意全都集中于自己必须要重复的这些信息。然而，当有威胁的词出现时，焦虑被试的按键速度明显慢于在呈现无威胁词时的速度。显然，这些要忽略的词汇得到了无意识知晓状态下的加工，有威胁的词所引起的情绪冲击妨碍了在这一反应任务上的表现。对这类现象的精心实验可能会使我们更好地理解我们尽管对其尚没有意识的知晓，但它们却在影响着我们的一些心理过程。

3. **盲视（blindsight）**　盲视是指某些人对视野中的某一块区域视而不见的情况。Ⅰ型盲视的患者声称自己看不到任何东西，但是他们对这块区域内物体的位置或者运动类型作出的判断要远远高于随机猜测。Ⅱ型盲视不同，患者声称自己能够感觉到的一些物体的运动信息，但是却没有视知觉。盲视是视皮质的某块区域损伤造成的（参见枕叶）。大脑中的视觉信息处理需要经过一系列的步骤。初级视皮质的损伤会导致相应视野区域的视觉缺失。视野中视觉缺失的区域，又叫做盲点，根据损伤范围的不同而不同，可以很小，也可以大到整个半侧视野。韦斯·克朗兹（W Krantz，1986）曾报道过一个案例：一个大脑皮质17区受损的患者，其视野的绝大部分变成了一个大的黑点。该患者对呈现于这个黑点内的不同刺激进行区分的概率超过随机猜测水平，尽管他无法觉察也无法报告出呈现于这个大黑点的刺激是什么？这说明尽管该患者“看”不到刺激，却可以对刺激进行一定程度的信息加工。

三、生物节律的周期性与意识状态

人每天都会经历意识的若干状态。比如，清醒状态与睡眠状态存在重大差异，即使在睡眠状态中，人也必须区分梦与非梦。在一天中，我们的觉醒状态也会发生变化。比如人们能意识到他们的精神状态、心情等在一天中的波动和变化，这些变化大多是基于人体不同的生物节律（biological rhythm）。

人体的生物节律就是人体的基本生理活动、过程和心理状态的周期性变化。这种周期性变化会对我们的生活产生重要影响。一般生物节律以一天为一个周期。比如在一天24小时中，人的体温是变化的，傍晚最高大约为37.4℃，清晨最低大约只有36.5℃。有些生理活动的周期要短一些，比如做梦的时间基本上以90分钟为一个周期。有的生理活动周期则要长一些，比如女性的月经周期为28天。

视交叉上核（suprachiasmatic nucleus，SCN）位于下丘脑，是影响睡眠—觉醒周期至关重要的内部机制。它像一个“超生物钟”，令其他的内部“生物钟”互相保持同步。视交叉上核的损伤不会减少哺乳动物的睡眠时间，而会缩短正常的睡眠—觉醒的周期（Stephan & Nunez，1977）。其他来自外科手术将视交叉上核与大脑的其余部分相分离的研究也表

笔记

明，视交叉上核仍然呈现出生理节律循环的电活动和生化活动（Groos & Hendricks，1982）。

视交叉上核的激活会导致松果体（pineal gland）释放褪黑激素（melatonin）——一种影响很广的激素。褪黑激素会影响与睡眠规律有关的脑干机制，并在调控睡眠和觉醒时间上发挥着作用。松果体上长瘤而使褪黑激素分泌减少的个体经常难以入睡（Haimov & Lavie，1996）。事实上，褪黑激素起着镇静剂的作用，可以降低机体的活动，增加疲劳感。视交叉上核对视觉刺激输入敏感，白天的光线可以激活该神经核，从而减少褪黑激素的分泌。与此相反，黑暗能增加褪黑激素的分泌。因此，人们在白天会感到精力充沛，夜里则感到疲倦。

2017 年诺贝尔生理学与医学奖授予杰弗里·霍尔（Jeffrey C. Hall）、迈克尔·罗斯巴什（Michael Rosbash）和迈克尔·杨（Michael W. Young）以表彰他们发现了生物体昼夜节律的分子机制，解释了生命包括人类的内部“生物钟”究竟如何工作，以预测和适应正常的生物节奏，使之与地球律动（每 24 小时一个周期的昼夜节律）保持同步（图 3-1）。

图 3-1　2017 年三位诺贝尔生理学或医学奖获得者
Jeffrey C. Hall & Michael Rosbash & Michael W. Young

专栏 3-1

诺贝尔生理学或医学奖解读：基因里的“滴答”声

10 月 2 日下午，2017 年诺贝尔生理学或医学奖正式公布，美国的三位科学家杰弗里·霍尔、迈克尔·罗斯巴什和迈克尔·杨因“生物昼夜节律调控分子机制”的研究，共获此殊荣。

生物钟的求索之路

包括人类在内的很多有机生命都拥有一种特殊的内部时钟，这种时钟能够帮助他们预料并且适应每天的节律。

1792 年夏天的一个傍晚，法国天文学家让·雅克·德奥图·德梅朗观测含羞草叶子的状态，发现昼夜节律。后来，其他科学家发现，不只植物，动物和人类也有生物钟帮助自身生理状态适应环境的日常变化。两位美国科学家西摩尔·本泽（S Benzer）和他的学生罗纳尔德·科罗普卡（R Konopka）发现，果蝇体内一种未知基因的突变确实会扰乱其昼夜节律。这个基因被称作“周期基因”。随即，他们将这个基因命名为 *period* 基因，即周期基因。

十多年后，当时共同任教于美国布兰迪斯大学的罗斯巴什和霍尔开始合作研究果蝇的昼夜节律。1984 年，他们成功克隆出了周期基因，拿到了该基因附近的基因组 DNA。同年，任职于美国洛克菲勒大学的杨，也拿到了这段 DNA。在互相竞争的过程中，两组科学家各自独立地确定了周期基因在最初三种突变株的 DNA 变化。

笔记

强强联手阐明机理

罗斯巴什和霍尔发现周期基因编码的蛋白质PER在夜间积累，而在白天降解。PER蛋白水平在24小时中变化，与昼夜规律同步。他们认为，通过抑制反馈回路，PER蛋白可以阻止其自身的合成，从而以连续的循环节律调节其自身的水平。

当周期基因活跃时，周期基因会转录出相应的信使信息链（mRNA），并将其转运到细胞质当中，作为产生PER蛋白的模板。当PER蛋白被大量翻译出来后，PER蛋白会被转运到细胞核中。PER蛋白聚集在细胞核内时，会与周期基因作用，阻断周期基因的活性，继而导致昼夜节律的反馈调控机制。

1994年，杨发现第二个周期基因，它编码正常昼夜节律所需的TIM蛋白。当TIM蛋白结合PER蛋白时，两种蛋白质的复合体才可以进入细胞核，从而阻断周期基因的活性。此外，杨还发现了另一个调控节律的基因，酪蛋白激酶Ⅰ（doubletime DBT），该基因编码DBT蛋白可以延缓PER蛋白的积累，从而进一步对生物钟进行调控。

"可以说，正是这三位学者的工作，让我们对生物钟究竟是什么有了直接的认识。"华中科技大学教授张珞颖表示。

苏州大学剑桥—苏大基因组资源中心主任徐璎也表示，阐明生物钟内在机理意义重大。这一研究可谓基础科学研究的典范。

诺贝尔大会新闻发布会如此评价："这一重大发现公布以后，昼夜节律生物学已经发展为一个广泛的、高度活跃的研究领域，对人们的健康和福祉有着重要意义。"

罗斯巴什在接到诺奖通知的电话时，先是沉默了一阵子，然后说："你是在开玩笑吗？"等他终于反应过来时，他说："我特别高兴，为这个领域感到高兴，为果蝇感到高兴。对学校来说这也是很棒的事情。我站在巨人的肩膀上。"在他看来，这样一项基础研究发现能够引起关注令人欣慰。

杰弗里·霍尔于1945年出生于美国纽约。他的父亲曾是美联社记者，不过霍尔没有子承父业，而是在一位果蝇遗传学家的引导下踏上了基础生物学研究之路。

霍尔在谈及自己的研究生涯时，除了感谢自己在求学阶段的列位导师，还特别感谢了果蝇。"它们其实是非常复杂的生物体，其构造精密而有趣。"霍尔坦言随着研究的深入，他"爱上了果蝇"。

迈克尔·杨回忆，"我十二、三岁的时候，父母给我买了一本讲达尔文进化论的书，当中有关于生物钟如何控制花儿开放和鸟儿、昆虫迁徙的描述，并提到这一机制还是个谜。"

杨曾经每天都要和同事们安排一批果蝇模拟体验从纽约到旧金山的时差，"倒时差"的果蝇帮助他揭示人体生物钟的秘密。

经过连续四个昼夜的观察记录，用掉了6米多厚的图表纸后，杨终于确信，他们将调控生物钟的基因成功转移到了本已生物钟混乱的果蝇体内，使它们恢复了规律作息。

归功于三位获奖者的发现，昼夜节律学已经发展成为一个涉及面广且动态发展的学科领域。他们的工作不仅是在其专业领域内发挥作用，也同时代表着生命科学领域的真实发展，这些发展最终将对人类作出贡献。

获奖者简介

杰弗里·霍尔，美国遗传学家、美国人文与科学学院院士。1971年获西雅图华盛顿大学遗传学博士学位，1974年成为布兰代斯大学教员。2013年获得邵逸夫生命科学及医学奖。

迈克尔·罗斯巴什，美国国家科学院院士，现为美国布兰戴斯大学生物学教授暨霍华

笔记

德休斯医学研究所研究员。1970 年于麻省理工学院取得生物物理学博士学位，1972 年至 1974 年于英国爱丁堡大学动物遗传研究所工作。

迈克尔·杨，美国遗传学家，1949 年出生于美国的迈阿密。1975 年，取得德克萨斯大学博士学位。1975—1977 年间，在斯坦福大学担任博士后研究员。1978 年后，他在纽约的洛克菲勒大学任职。

第二节　意识状态

一、睡眠与梦

睡眠是与觉醒相对的意识状态，是人所具有的一种半意识状态。睡眠是人们最熟悉的活动之一，人的一生中约有 1/3 的时间是在睡眠中度过的。人在睡着的时候，并非完全没有反应，当有人呼唤正在睡觉的人时，他也容易苏醒过来。在古代，有些西方学者把睡眠和死亡相联系，认为睡眠是灵魂暂时离开了肉体。随着现代科学技术的发展，人们已大大加深对睡眠的了解。

（一）睡眠的基本特征

1. **普遍性**　睡眠是一种普遍的生理现象。无论是动物还是人，在一天当中都需要睡眠，只是睡眠的形式、时间和地点差异很大。动物学家长期大量的观察发现，动物的睡眠时间与人不同。其中牛、羊、马的睡眠时间较短暂，每天仅需 3～4 小时，蝙蝠睡眠时间最长，达 20 小时左右。

2. **必要性**　睡眠是生物机体的生物节律，是人维持正常机能的自律抑制状态。心理学研究表明，不同年龄和不同人格特质的人对睡眠的需要不尽相同。长时间睡眠缺失会使有些人的行为变得古怪，感到焦虑，甚至出现幻觉或妄想等典型睡眠缺乏症状。

不同理论对睡眠的功能存在不同的解释。

功能恢复理论认为，睡眠使人们工作一天的大脑和身体得到休息和恢复。从常识上说，这种解释比较合理，但一些研究没有支持这种观点。雷切斯查芬等人（S Rechtschaffen，1989）曾对人和动物作过减少睡眠的系列研究。实验要求志愿者减少每天的睡眠时间，直到志愿者不愿再减少睡眠时间为止。结果发现大多数人可以将他们的睡眠时间减少到每晚 5 小时，而且志愿者在几种测试任务中的表现没有受到明显的影响，心情与健康状况也保持良好。用动物进行的研究也得出类似的结论。这些研究结果没有支持睡眠的恢复功能观点。

生态学理论认为，动物睡眠的目的是要减少能量消耗和避免受到伤害。例如我们的祖先无法在黑暗中觅食，而且还可能遭受到大型肉食的攻击，所以要在夜里找到一个安全的地方睡觉。随着生物进化，睡眠演变为生物功能周期性变化的一个环节，是正常脑功能变化的一部分。

（二）睡眠的阶段

关于睡眠的科学探索只处于初始阶段，相关研究尚未深入。但心理学借助现代科技手段和方法，取得了很大的进展。

对人类的睡眠研究发现，大脑处于清醒和警觉状态时，脑电波以 β 波为主。β 波是一种频率较高、波幅较小的波，一般为每秒 14～30Hz。当大脑处于安静和休息状态时，β 波被 α 波取代。α 波频率为每秒 8～12Hz，波幅较大。在睡眠状态时，脑电波以 δ 波为主，δ 波频率更低，波幅更大。

人和动物的睡眠时间比较见图 3-2。

笔记

图 3-2　人和动物的睡眠时间比较

根据脑电图和其他指标，可将人的睡眠分为五个阶段：睡眠的第一个阶段是轻度睡眠。此时，人的心率减慢，呼吸变得不太规则，身体肌肉放松，脑电波开始频率渐缓，振幅减小，主要是 α 波。进入睡眠第二个阶段时，脑电波开始出现不规则，频率和振幅大小频繁变化，偶尔出现睡眠纺锤波。纺锤波是睡眠与觉醒的真正分界。睡眠的第三个阶段会出现 δ 波，δ 波波形频率很慢，它标志着个体进一步失去意识，开始进入深度睡眠状态。睡眠的第四个阶段是深度睡眠，处于沉睡状态，此时脑电波几乎完全呈 δ 波，个体肌肉进一步放松，身体各项功能指标变慢。如果这个时候唤醒睡眠者，他会感到脑内一片空白，什么都不知道。在经历了深度睡眠之后，个体会经过第三个阶段和第二个阶段再返回到第一个阶段，在整夜的睡眠状态中将持续进行深度睡眠和轻度睡眠之间的循环。睡眠的第五个阶段是 REM 睡眠，也称快速眼球运动（rapid eyes movement）亦称异相睡眠（para-sleep）或者也叫快相睡眠，或快波睡眠。是一个睡眠的阶段，眼球在此阶段时会呈现不由自主的快速移动。在这个阶段，大脑神经元的活动与清醒的时候相同。多数人在此时醒来后能够回忆得栩栩如生的梦都是在 REM 睡眠发生的。它是全部睡眠阶段中最浅的，在 REM 睡眠时醒过来的人会不同于在其他睡眠阶段的情形，而是充满警觉心并且精神饱满（图 3-3）。

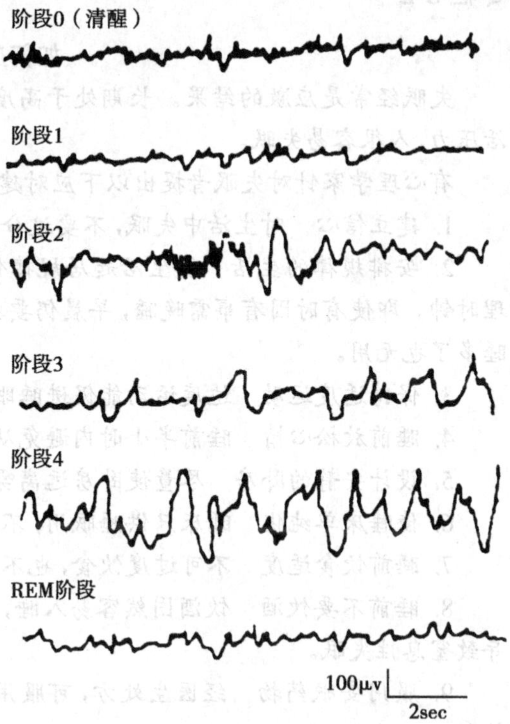

图 3-3　睡眠各阶段脑电波图

（三）睡眠障碍

常见的睡眠障碍有以下三种类型：

1. **失眠**　失眠（insomnia）是最常见的睡眠障碍，是指个体报告其睡眠少于自己所希望的时间。约 30% 的成年人自述有失眠经历。心理学一般把失眠分为三种类型：起始性失眠，表现为难以入睡；维持性失眠，表现为夜间经常醒来；终止性失眠，表现为凌晨醒来后无法再次入睡。失眠可能是个体长期处于高度紧张的工作环境、不良的人际关系和过重的生活压力下所导致。长期失眠会成为一种应激源，影响人们的身心健康。

2. **发作性睡眠病**　发作性睡眠病（narcolepsy）是一种罕见的睡眠障碍，在普通人群中

笔记

的发病率不到 0.5%，但其影响十分严重。发作性睡眠病患者经常会在工作，甚至在与人交谈到一半时，突然陷入沉睡。尤其当这些患者心烦或焦虑时，更易发作。有研究表明，这种发作性睡眠并非 REM 睡眠。发作性睡眠病常会给个体使用危险的机器及其他与工作有关的活动造成严重的困难。

3. **睡眠呼吸暂停综合征** 睡眠呼吸暂停综合征（sleep apnea syndrome）是指在睡眠时突然、暂时的呼吸中断。由于较短的呼吸中断是正常的，因此，只有当这些呼吸中断超过 20 秒时，才能被认定为睡眠呼吸暂停。睡眠呼吸暂停综合征较为常见，尤其是那些打鼾的成年人。一般而言，体重超标者比常人更容易发生睡眠呼吸暂停。

睡眠障碍的其他形式包括梦魇（nightmares）、梦游（sleepwalking）、梦呓（sleeptalking）、梦惊（night terrors）、遗尿（enuresis）。梦魇经常在快速眼动睡眠阶段出现，与坠落、死亡、灾难等情境相联系，是一种逼真而又使人感到恐惧的梦，长期受梦魇困扰的人可能有情绪压抑问题或心理创伤史。梦游一般在睡眠的第四个阶段出现。梦游者有时会离开自己睡觉的床，在完成一些动作后再回到床上，一般很难被唤醒。梦游者大多是儿童，可能有家庭史。梦呓偶尔会出现在 REM 睡眠阶段，但在其他睡眠阶段也会经常出现。梦呓者通常可以与人交谈，有时容易接受暗示，缺乏自圆其说的能力。梦惊经常在慢波睡眠阶段出现，最常发生在儿童身上，睡眠中会出现强烈的恐怖感的惊恐体验。

专栏 3-2

如何应对失眠

失眠经常是应激的结果。长期处于高度紧张的工作环境、不良的人际关系和严酷的生活压力，人很容易失眠。

有心理学家针对失眠者提出以下应对建议：

1. 建立信心　对生活中失眠，不要过分忧虑，相信自己能调节与适应。

2. 安排规律的生活　使生活起居规律化，养成定时睡眠和起床的习惯，建立自己的生理时钟。即使有时因有事需晚睡，早晨仍要按时起床。节假日也不睡懒觉。睡眠不能储存，睡多了也无用。

3. 保持适度运动　适度运动能促进睡眠，但睡眠前应避免剧烈运动。

4. 睡前放松心情　睡前半小时内避免从事过分劳心或劳力的工作。

5. 设计安静的卧房　尽量使卧房远离噪声，养成关灯睡觉的习惯。

6. 使睡床单纯化　睡床只供睡眠用，不在床上看书、打电话、看电视。

7. 睡前饮食适度　不可过度饮食，也不要喝咖啡、可乐、茶等兴奋性饮料。

8. 睡前不要饮酒　饮酒固然容易入睡，但由酒精诱导的睡眠不易持久。酗酒者很容易导致窒息性失眠。

9. 服用安眠药物　经医生处方，可服用安眠药物；剂量与服用的时间长短务必遵医嘱执行。

(四) 梦

梦（dream）是睡眠过程中已有表象以某种不同寻常的方式组合并再现出来的无意想象活动。梦是某一阶段的意识状态下所产生的一种自发性的心像活动，是在睡眠中产生的自觉体验，具有视觉、听觉、运动觉等感觉性想象。

当睡眠进入快速动眼睡眠阶段，通常伴随着栩栩如生的梦境。第一次快速动眼睡眠一般持续 5～10 分钟，再过大约 90 分钟后，会有第二次快速动眼睡眠，持续时间通常长于第一次。而在这周期性的循环中，快速动眼睡眠的持续时间也越来越长。

笔记

1. 梦的特征 梦具有离奇性和逼真性两个主要特征。

所谓离奇性，是指梦中出现的事物往往是离奇荒诞、不可思议的，既不受时空的限制，又常常找不到因果的规律。例如，梦中的人可能会在天空中像小鸟一样飞起来。因而在梦的研究中，奇异梦境是很多研究者感兴趣的一个领域。霍伯森（Hobson，1987）等人的研究发现，奇异梦境的特征主要表现在三个方面：①不协调性，即人物、物体、行为和情景特征的错误搭配；②不连续性，即人物、物体、行为和情景特征突然发生了改变，没有一定规律；③不确定性，即认知模糊。这可能是由于做梦时，高级中枢处于抑制状态，缺乏意识严密的调节和控制，使激活的表象形成了离奇的结合。

所谓逼真性，是指梦境常常伴有生动的视觉、听觉和动觉形象，人们有如身临其境一般。例如，梦见凶杀，情景十分恐惧，以致醒来时心脏还在剧烈地跳动。而且，尽管梦中出现的事物离奇荒诞，但是做梦的人当时并不觉得其荒诞。

2. 梦的机理 自古以来，人类对梦就有着浓厚的兴趣，但真正对梦的科学系统研究，却只是近百年来的事。此阶段又可大致分为两个时期：第一个时期是20世纪的前50年，此时期对梦的解释，几乎全以弗洛伊德的理论为主；第二个时期是20世纪50年代以后到现在，此时期对梦的研究，主要是以实验室的观察研究为主。其间，关于梦的形成机理，有如下一些主要见解。

（1）精神分析的观点：在心理学上对梦提出系统理论解释的，当推精神分析创始人弗洛伊德。他的名著，《梦的解析》是1900年出版的。事实上，他对梦的研究，可追溯自1895年从事分析自己的梦的经验开始。《梦的解析》对梦提出了划时代的解释。

弗洛伊德认为，梦是潜意识过程的显现，是通向潜意识的最可靠的途径。或者说，梦是被压抑的潜意识冲动或愿望以另一种形式出现在意识中，这些冲动和愿望主要是人的性本能和攻击本能的反映。在清醒状态下，由于这些冲动和愿望不被社会伦理道德所接受，因而受到压抑和控制，无法出现在意识中。而在睡眠时，意识的警惕性有所放松，这些冲动和愿望就会在梦中以不同的形式表达出来。弗洛伊德对梦者所陈述的一切梦的内容，称为梦境。梦境分为两个层面：一为显性梦境，是梦者醒来后所能记忆的梦境。显性梦境是梦境的表面，属于意识层面，所以梦者能陈述。另一为隐性梦境，是梦境深处不为梦者所了解的部分。此部分才是梦境的真实面貌，梦者不能陈述清楚。事实上，显性梦境是不为梦者所了解的隐性梦经由改头换面的伪装方式转化而来的。

弗洛伊德认为，隐梦是通过这样四种过程转为显梦的：①凝缩，即几种隐意用一种象征（或符号）出现。他自己曾梦到一种植物，据他分析，这植物可代替园丁、教授和他美丽的夫人，名叫Flora的患者和他妻子所爱的花。②移置，即把隐梦内容转移，用不重要的部分替换其主要的部分。例如，一个姑娘梦见她的女校长被她的一个最好的朋友杀了。这意味着一种双重的移置。这个姑娘的潜意识欲望是与她的母亲相联系的。在梦中，母亲换成了女校长，她本人换成了她的好朋友，由于意识对这个姑娘潜意识中的爱父嫌母情结具有检查和控制的作用，所以发生了这种移置。③象征，即以具体的形象代替抽象的欲望。如一妇女梦见自己被践踏，其实是代表她内心顺从了男性的要求。④润饰，即醒后把梦中无条理的材料加以系统化来掩盖真相等等。

（2）生理学的观点：霍布森（E Hobson，1988）认为，梦的本质是我们对脑的随机神经活动的主观体验。一定数量的刺激对维持脑与神经系统的正常功能是必要的。在睡眠时，由于刺激减少，神经系统会产生一些随机活动。梦则是我们的认知系统试图对这些随机活动进行解释并赋予一定意义。

在低位脑干中，有一个控制睡眠的中枢。在快速眼动睡眠状态，睡眠中枢的某些细胞被激活，于是兴奋便传到邻近掌管机体其他机能的细胞；而这些细胞又将信息传送到高位

笔记

脑中枢并使之激活。这样，被激活的大脑有关区域在处理低位脑中枢传来的互不相干、甚至互相矛盾的信息时，就按照以往的经验和记忆，将其拼合、解释成为比较合乎情理的模式。这样就产生了各种各样的梦。

（3）认知理论的观点：认知理论认为，梦担负着一定的认知功能。在睡眠中，认知系统依然对储存的知识进行检索、排序、整合、巩固等，这些活动的一部分会进入意识，成为梦境。福克斯（D Foulkes，1985）认为，梦的功能是将个体的知觉和行为经验重新编码和整合，使之转化为符号化的、可意识的知识。这种整合可以将新、旧记忆联系起来。他还认为，梦具有多种功能，其中之一就是可以在梦中体验那些实际上并未发生过的事情，从而增加自我认识的机会，因为梦通常是关于自己的。

认知观点为研究梦的功能提供了一个框架。相关的研究表明，对快速眼动睡眠的剥夺会导致对事件的记忆力下降，特别是那些带有情感色彩的事件。由于绝大多数的梦都发生在快速眼动睡眠阶段，因而这些发现在某种程度上支持了梦具有认知功能的说法。

此外也有人认为，梦的形成也可能是有以下几个原因：①身体内部的某些生理变化，如胃空时，人们往往梦到自己找食物吃；②外部刺激的作用，如睡觉时，被子被蹬开，腿部受凉时，可能梦到自己踩到冰里；③“日有所思，夜有所梦”，白天生活中的某些事情可能会在梦中出现，如白天特别思慕某人，梦中可能就会出现某人的身影。

3. 梦与创造　做梦是脑的正常功能的表现，对于维持脑的正常活动是必要的。对于梦的功能有不同的说法。一般认为，梦有预测身体健康、未来即将发生的事情等功能，但较多的事实也证明，梦具有创造的功能。

古今中外曾有不少奇闻轶事，说明梦是创造思维的源泉。诗人能在梦中吟得佳句，艺术家从梦中得到灵感，科学家也能在梦中受到启示。其中有两个最著名的例子：其一是前苏联化学家门捷列夫在研究化学元素周期表时，很长一段时间总得不到合理的排列，然而他却意外地在梦中见到了这张周期表，各种元素都已排列在正确的位置上。其二是德国化学家凯库勒发现苯的环状分子结构。自从1845年德国化学家霍夫曼发现苯之后，许多化学家绞尽脑汁要破解它的分子结构，然而当时人们从未想到环状的分子结构是可能存在的，所以化学家们纷纷相继放弃。1865年的某个寒夜，已经研究多年不肯罢手的德国化学家库凯勒（F.A Kekule）在一整天的徒劳无功的探索后，歪在火炉边打盹，进入梦乡，然而，奇怪的事情发生了，他在梦中看见一大堆原子在眼前雀跃，其中有一群原子排成长长的链，在那儿扭动、盘卷，再仔细一看，啊，是一条蛇咬住自己的尾巴，而且得意洋洋地在他面前猛烈旋转！库凯勒立刻惊醒，领悟到苯的分子结构是前人未曾梦想过的封闭环状。从此，化学研究也因为这个革命性的发现而进入了新的里程碑。

门捷列耶夫梦中得到元素周期表的框架和凯库勒在梦境中发现苯环，这是大家相传甚广的两个例子。但必须认识到创造想象的梦产生的基础和前提是记忆和思维。有足量的知识信息以及明确的动机或方向，才可能使梦具有想象和创造功能。

心理学家乌尔曼（L. P Ullmann）认为，梦的创造功能主要表现在四个方面：①梦能构思出新事物。英国名著《海底两万里》的作者斯蒂文森回忆说，他早年就梦到过所写的故事，他把梦描述为每天夜里在舞台上为自己提供神话的小人儿。②梦能使做梦者联想到事物实质。著名物理学家波尔（N Bohr）曾做过一个梦，他梦见自己站在充满热气的太阳上，行星呼啸着从旁边擦过，它们似乎靠细丝系在太阳上，围绕着太阳转。波尔醒后联想到原子模型的实质：原子核像太阳固定在中心，而电子就像行星，围绕中心旋转。③梦能把分散的表象组成一种新形式。德国药物学家洛伊（O Loewi，1873—1961）因为发现心搏的控制受神经释放的化学物质影响，而获得诺贝尔生理学或医学奖。早在1903年，洛伊就不同意传统的心搏理论。直到1920年，在一个梦中才把各种事实综合起来，证明了自己的理论。④梦的创造

笔记

性使做梦者感觉到一种不自觉的经验反映。意大利小提琴家尼科罗·帕格尼尼（N Paganin）在梦中遇见了魔鬼，他拉了几首小提琴曲，魔鬼听后却不屑一顾。于是，魔鬼也拿起提琴，演奏了一曲。这一曲极为动听，特别是颤音的运用技巧，更是出神入化。帕格尼尼自叹不如。梦醒后，他把魔鬼演奏的乐曲记录下来，谱成了世界闻名的奏鸣曲—《魔鬼的颤音》。

二、催眠

（一）催眠的定义

催眠是指在人为诱导下引起的意识改变状态。催眠是一种类似睡眠又并非睡眠的精神状态，表现为注意范围的缩小和对暗示接受程序的提高，是在特殊情境下由催眠师诱导形成。催眠术是指催眠师设计特殊情境以及采用诱导的方法。

早在上古时代，人类就已经发现了催眠现象。古代流传中国佛教禅宗的打坐，道教的"胎息术"都是一种自我催眠。催眠一词源于英国外科医生布雷德（J Braid，约1795—1860）。催眠术由18世纪奥地利的麦斯麦（F.A Mesmer，1734—1815）较早用于实践，他曾用"动物磁力"的形式（animal magnetism）治疗癔症患者，收到明显的效果。麦斯麦认为，星球的引力与人体的健康有密切关系，可以对人体内的液体或固体微粒产生影响，麦斯麦称这种影响为"动物磁力"。治疗师可以将这种"动物磁力"传给患者，减轻患者的症状。他用的方法被认为是早期的催眠术。后来的研究虽然表明"动物磁力"理论是非科学的，但当时的确发生了患者被催眠的事件。

催眠不同于睡眠，催眠中的脑电波与睡眠时的脑电波是不同的。催眠的发生使人的脑电波处于α波和θ波状态下，而睡眠则发生在θ，称之为打盹波，δ是酣睡波，我们利用催眠改善睡眠主要就是怎么样让人体的脑电波由一般状态的β波转换到θ打盹波，然后更进一步到δ酣睡波。研究表明，当人进入催眠状态时，脑电图的波形与睡眠的波形不同，但与清醒状态时一致。但是，人在催眠状态下出现了一些与清醒状态下不同的心理状态。比如人在清醒时的意识状态具有自觉性、能动性和目的性的特征，但在催眠状态中，尤其是在深度催眠状态中，这些特征几乎荡然无存；另外，催眠状态中的意识也不是处于无意识状态。在催眠状态中，虽然被催眠者主动地发起和终止的自觉能动性的活动消失，但经催眠师的暗示，仍可产生一些具有自觉能动性性质的活动。

（二）催眠状态下的心理特征

美国心理学家希尔加德（E Hilgard，1965）提出人在催眠状态下会出现五种心理状态。

1. **主动性减低**　个体一旦进入催眠状态，虽然尚未睡眠，但意识活动的主动性大为降低，不主动表现任何活动或意向，倾向于遵循催眠师的指示来展现动作。

2. **注意狭窄化**　在进入催眠状态后，虽然个人的知觉和意识仍存在，但注意却逐渐趋于狭窄，此时只关注催眠师的指示而对周围环境中的刺激信息"视而不见""听而不闻"。

3. **旧的记忆还原**　人在被催眠的状态下，仍能够回忆起清醒时不能回忆的某些事情，而表现出来的记忆是清晰的和完整的。

4. **出现错觉和幻觉**　在催眠状态下，个人出现的错觉比平时更明显，并且产生某些幻觉，或"无中生有"或"有中变无"。例如，有时会说他看见面前站着一个人，其实什么都没有，有时则对面前站着的人视若无睹。如果催眠师告诉他眼睛看不到东西了，他可能真的"盲目"。

5. **受暗示性增高**　暗示是指向对方表达某种非强迫性意见，使对方不加怀疑地接受，并付诸行动。在催眠状态下，人的受暗示性不断提高。例如，暗示其正在失去痛觉时能够不需要麻醉拔牙。暗示其现在的身体已经僵直，身体就会像木块般僵硬，甚至可以横躺在两个间隔的凳子上。

笔记

（三）催眠感受性

催眠的重点是被催眠者的自主判断、自主意愿、行动能力减弱或丧失，感知觉发生歪曲或丧失，肌肉强直或麻痹，自主神经功能改变，甚至可以做出某些简单的动作行为。在深度催眠的状态下，被催眠者会发生认知上的改变、丧失痛觉、麻痹瘫痪等现象。通过催眠中的暗示，还可以让被催眠者在催眠解除后，遗忘催眠过程本身。目前催眠主要用于心理治疗，也可作为研究人类心理和行为的一种方法。

人们在催眠的受暗示性方面存在非常大的个体差异，这些差异可通过斯坦福催眠易感性量表（Stanford Hypnotic Susceptibility Scale，SHSS）和催眠易感性哈佛分量表（Harvard Group Scale of Hypnotic Susceptibility，HGSHS）进行评定。这些量表包括各种暗示语（例如，"你的手臂非常沉重，你举不起来了""你会忘记我刚讲过的话"等）。个体遵从这些暗示语的数量，可以作为他对催眠的受暗示性的测量。比如SHSS量表，它由12个项目或暗示语构成，其中有些相当简单，许多人都会遵从这些暗示语（例如，想象一下，有一只蚊子在你耳旁嗡嗡响，你努力把它赶走）。另一些暗示语较难，只有比较少的人遵从这些暗示语（例如，消极的视幻，在催眠师的暗示下他再也看不到小盒子）。在SHSS量表上，约有5%的人显示出对催眠有很高的易感性，约有10%的人几乎不受暗示语的影响。

专栏 3-3

斯坦福催眠易感性量表

1. 手臂下垂　告诉被试张开的手臂渐渐变得越来越重，手臂开始下垂。

2. 两手移开　当被试的手臂向前笔直地伸出时，告诉他们两只手彼此之间是相互排斥的，两手就移开了。

3. 蚊子幻觉　被试对有只烦人的蚊子在耳边嗡嗡响的暗示通过努力拍走它作出反应。

4. 味幻觉　被试接受嘴里发甜然后又发酸的暗示。

5. 手臂僵直　告知被试伸出的手臂变得越来越僵直，以致手臂不能弯曲。

6. 梦　告诉接受催眠的被试他们将会做一个与催眠有关的梦，然后将这个梦的发生状况报告出来。

7. 年龄退行　被试的表现与被告知的较年轻的人相一致，包括笔迹都是一致的。

8. 手臂不能移动　被告知手臂不能举起，被试发现果真如此。

9. 嗅觉丧失症（嗅觉缺失）　告诉被试家常氨水是无气味的，他们真的闻不出气味。

10. 幻听　被试对幻想出来的声音进行回应。

11. 消极视幻　当出现3个彩色盒子时告诉被试只有两个，他们真的说只看到两个。

12. 催眠后遗忘症　除非事先安排好符号或信号，否则被"叫醒的"被试回忆不出在催眠状态下所呈现的特定信息。

（四）催眠的过程

催眠刚开始时，一般按照标准程序来进行，确保安全，也确保催眠的有效。等催眠师技艺娴熟后，掌握了催眠之道后，可以灵活运用催眠技术。

催眠一般是通过基于睡眠和放松的诱导程序形成的，可大致分为五个阶段：询问解疑阶段，区分是不是属于禁忌证。了解被催眠者的情况，同时做暗示性的检验；诱导阶段，催眠师运用语言引导，比如渐进放松法、深呼吸法、数数法、想象引导等方法让对方进入催眠状态。催眠师进行催眠治疗时，诱导阶段几乎都单纯使用语言引导，很少使用道具；深化阶段，引导被催眠者从轻度催眠状态进入更深沉的催眠状态。常用的深化技巧有手臂下降法、数数法、下楼法、去隧道法等；治疗阶段，根据被催眠者的需求和实际情况来治疗。要求

笔记

催眠师要有相当好的心理治疗与近精神病学背景，最好在宗教哲学层面也有所涉猎；解除催眠阶段，让被催眠者从催眠状态回到日常的意识状态，确保他对整个治疗过程保有清楚的记忆，并适当给予催眠暗示，帮助他在结束催眠后，感觉良好，强化疗效。通常以数数法为主。

专栏 3-4

精神活性药物引发的意识状态改变

1. 精神活性药物研究的源流　从古代开始，人们就已经通过服用药物来改变他们对现实的知觉。在美国和墨西哥西南部地区，使用槐的种子（龙舌兰豆）已经有了超过 10 000 年的历史。古代的阿兹特克人将龙舌兰豆发酵制成啤酒。从古代开始，作为宗教仪式的部分，北美和南美人摄取一种蘑菇，这种墨西哥蘑菇被当地人称作“神之肉”，小剂量服用这种蘑菇就会使人产生逼真的幻觉。

在西方文化中，药物和宗教仪式的联系要少于与消遣娱乐的联系。人们通过服用各种药物以达到放松和应对压力的目的，从而逃避令人不快的现实。100 多年以前，詹姆斯在其实验中报告了一种改变心理的药物。在吸入一氧化二氮（笑气）以后，詹姆斯解释道：“核心体验是巨大的兴奋感，强烈的形而上学的启发。真理存在于使人眼花缭乱的证据的深处。心里看到所有的逻辑关系，在正常意识中不可能提供的一种明显微妙的思想和直接性。”于是，詹姆斯对意识研究的兴趣延伸到了对自我引发的其他状态的研究。1954 年，赫胥黎（A Huxley）发表了《知觉之门》（*The doors of perception*）以后，使用药物改变意识现象得以普及。赫胥黎在一次实验中服用酶斯卡灵（一种致幻剂），以体验这种物质对其意识的影响。在赫胥黎的著作问世几十年后——1998 年，有人调查了 25 000 多名 12 岁以上的美国人，其中 6.2% 的人报告使用过一种或多种违禁药物。这个比率在将近 20 岁的人群中比较高，其中 16～17 岁中有 16.4%，18～20 岁中有 19.9%。此外，在调查前的一年里，样本中 51.7% 的个体喝过酒，27.7% 的个体吸过烟。这些结果表明对药物使用的原因和结果的理解是多么迫切需要研究者解决的问题。

2. 精神活性药物的依赖和成瘾　精神活性药物是通过暂时改变对现实的意识觉知来影响心理过程和行为的化学物质。在大脑中，一旦它们依附在突触受体上，就会阻断或刺激某些反应。由此，它们会极大地改变脑的通信系统，影响知觉、记忆、情绪和行为。然而，持续地服用此种药物会产生耐受性，即获得同样的效果需要更大的剂量。与耐受性紧密联系的是生理依赖，身体对物质适应与依赖的过程，部分是因为神经递质由于药物的频繁出现而被耗尽。耐受性和依赖的悲剧后果是成瘾。一个成瘾的个体身体中，需要药物并会在药物不出现时忍受痛苦的戒断症状（颤抖、出汗、恶心等）。当个体发现如此渴望使用某种药物，或使用某种药物令个体欣快以致出现渴求，那么不管成瘾与否，这种情况都被称为心理依赖。任何药物都可能发生心理依赖。心理依赖的结果是个体的生活方式逐渐会以药物的使用为中心，个体自身的作用和能力受到限制和损害。此外，涉及维持日常药物供应的花费，常使心理依赖或成瘾者去抢劫、攻击他人等。因此，应当警醒那些使用违禁药物的个体，这样做会使其自身承受长期的生理和心理上的痛苦。

复习思考题

1. 名词解释：意识、无意识、睡眠、梦、生物节律的周期性。
2. 何谓意识？
3. 根据精神分析理论，简述意识的层次。
4. 意识主要包含哪些内容？

笔记

5. 意识有哪些功能？
6. 简述睡眠的阶段。

拓展学习

褪黑激素对生理节律的影响及应用

褪黑激素现在可以从美国药剂师那儿买到，一些药剂师宣称褪黑激素可以用来治疗时差。时差能导致疲劳、头疼、睡眠障碍、易怒及肠胃失调——所有这些都可能会对航班的安全性带来潜在的消极影响。有趣的是，所报告的使用褪黑激素的副作用包括许多类似的症状。虽然一些专家宣称褪黑激素也属于已知的最安全物质，但缺乏大规模的临床评价来评估其长期效果。

科学家认为，褪黑激素对生理节律的功能起着关键作用。研究表明，用褪黑激素治疗时差不仅能解决睡眠问题，也可以提高生理节律适应新时区的能力。但是，医疗机构的相关研究建议谨慎使用。褪黑激素对那些必须跨越多个时区的人来说并非一种普遍的治疗方法。有人认为，褪黑激素不应滥用，除非使用者打算在新时区待三天以上。国际机组人员经常穿越好几个时区，通常整晚由西飞到东，在地面待24小时，然后白天又要返回（由东飞到西）。在睡眠时间可能延长的情况下，这个周期可能会重复几次。在这些情况下使用褪黑激素来调节生物钟，被许多科学家认为是不适宜的。

服用褪黑激素的时间非常重要。研究表明，如果被试允许在服褪黑激素后入睡，睡眠—觉醒周期才会再度一致。那些服用了褪黑激素后无法进入睡眠的初试的生理节律周期反而延长了。更令人担心的是，褪黑激素对精细运动和认知任务的影响是不清楚的，其镇定剂效应的性质也不确定。

遗憾的是，并没有公开发表的临床研究对服用褪黑激素后的飞行成绩进行评估。美国军队积极地评估褪黑激素的航空医学用途。尽管研究还在进行，但美国任何兵种都不允许飞行员常规使用褪黑激素。重要的是，参与实验研究的机组人员在服用褪黑激素后三个小时内并没有执行飞行任务。

另外，切斯勒等人（Czeisler et al，1982）指出，如果轮班遵循生物钟而不是与之相违背，换言之，采取早换班、而后晚换班；然后晚换班、最后又早换班的制度，那么人们更容易调整并且更不觉得疲惫。换句话说，通过每天渐进地延迟起床时间而非提前起床的方式来延长白天觉醒时间不会让人觉得有压力。切斯勒等人的观点被应用于美国犹他州化工厂，员工报告睡眠更好了，在工作上感觉更不累了，并且动机和士气也增强了。虽然自我报告并非决定性的证据，因为它完全是主观的，但经营者也报告产量增加和错误减少。因此，人们在新轮班模式是一种改进方面取得了共识。戈登（Gordon，1986）在美国费城警局做的一项研究中也报告了类似的改进。

参考文献

1. 彭聃龄．普通心理学［M］．北京：北京师范大学出版社，2011.
2. 本杰明·莱希．心理学导论［M］.9版．吴庆麟，等译．上海：上海教育出版社，2010.
3. 梁宁建．心理学导论［M］．上海：上海教育出版社，2011.
4. 俞国良，戴斌荣．心理学基础［M］．北京：北京师范大学出版社，2015.

推荐读物

迈克尔·艾森克．心理学国际视野［M］．吕厚超，等译．北京：北京大学出版社，2010.

笔记

考研要点

意识与无意识
意识的含义
意识的种类
意识的功能
睡眠与梦

(何志芳)

笔记

第四章　注　意

本章要点

注意的概述
　注意的概念
　注意的功能
　注意的生理机制和外部表现
　注意的分类
注意的品质
　注意的稳定
　注意的广度
　注意的分配
　注意的转移
注意的理论
　选择性注意理论
　分配性注意理论

关键词

注意；注意的分类；注意的稳定；注意的广度；注意的分配；注意的转移

注意是心理的“门户”，任何心理过程都开始于对一定事物的注意；而且，注意始终伴随着心理过程，任何心理活动的进行都离不开注意的维持和调控，一旦注意发生转移或分散，相应的心理过程就会随之中断或为其他心理过程所替代。研究注意的规律、培养良好的注意力，对学习、工作、生活乃至个体心理发展，都具有直接的现实意义。

第一节　注意的概述

一、注意的概念

（一）注意及其特征

注意（attention）是心理活动对一定事物的指向和集中。

所谓指向，是指心理活动对一定事物的选择。在日常生活中，每一瞬间都有许多事物同时作用于我们，但我们并非同样地反映它们。由于感官功能的局限，我们在每一瞬间只能将心理活动有选择地指向其中的某一个（或少数几个）。注意所指向的事物也就是注意的对象，它既包括外部世界的物体或现象，也包括我们自身的心理或行为。

笔记

所谓集中，是指心理活动对所指向对象作出清晰的反应，也即在特定的对象上保持并深入下去，如聚精会神地听课、全神贯注地阅读等，都是注意“集中”的体现。心理活动指向某一对象后，该对象就在我们的意识中得到了鲜明而清晰的反映，而其他事物则处于“注意的边缘”，对其的反映比较模糊，或者根本得不到反映。

指向和集中是注意的两个基本特性，它们是同一注意状态下的两个方面。指向是集中的前提和基础，集中是指向的深入和发展，二者是不可分割的统一体。在现实生活中，正是由于注意的指向性和集中性，我们才能够在每一瞬间清晰地反映周围的一定事物，并同时对其他无关事物“视而不见”或“听而不闻”。

（二）注意与心理过程

注意本身不是一种独立的心理过程。因为从反应论的角度来看，注意本身并不反映事物的属性，它只是将我们的心理活动集中到所指向的事物上，具体反映事物属性的是伴随注意的感知、记忆、想象、思维等心理过程。也就是说，当我们注意到什么的时候，也就同时感知着什么、回忆着什么或思考着什么。人们平常所说的“注意红灯”“注意铃声”等，并不意味着注意本身就是独立的心理过程，而是由于习惯，把“注意看红灯”“注意听铃声”中的“看”和“听”字省略而已。有的学者提出注意的实质是一种心理活动的“状态”，既不属于心理过程也不属于个性内涵。

虽然注意本身不是一种独立的心理过程，但是它不能离开一定的心理过程而独立存在。对注意和心理过程的关系我们可以从两个方面来认识：首先，注意是心理的“门户”，即任何心理过程都开始于注意。人只要产生心理活动，就总是指向和集中于一定对象的；日常生活中人们所谓的“没注意”或“没有注意”，实际上并不是没有指向和集中，而是没有指向和集中到应该注意的对象上去。其次，注意始终伴随着心理过程，即任何心理活动的进行都离不开注意的维持和调控，一旦注意发生转移或分散，相应的心理过程就会随之中断或为其他心理过程所替代。

（三）注意与意识的关系

注意与意识既有区别，又有联系。首先，注意是一种心理活动或“心理状态”，而意识主要是一种心理内容或体验。注意提供了一种机制，决定什么东西可以成为意识的内容。只有被注意到的内外刺激，才能被个体所觉察，进而产生意识。其次，注意又和意识密不可分。人从睡眠到觉醒、再到注意，其意识状态分别处在不同的水平；即使人在觉醒状态下，也不能意识到所有的外部刺激。在可控制的意识状态下，人的注意集中在当前有意义的内容上，从而得到比较清晰和深刻的认识。自动化的意识状态对注意要求较少，意识的参与成分也相对较少。在白日梦状态，人的意识内容不断地变化，实际在这些内容上所分配到的注意极少。睡眠状态，人们处于一种无意识状态下，注意基本停止了活动。

二、注意的外部表现

当人对一定的事物产生注意的时候，他的身体外部就会表现出某些显著的变化。例如，汉乐府《陌上桑》描绘各种人注意美丽的女主人公罗敷时，有这样一段精彩的描述：“行者见罗敷，下担捋髭须，少年见罗敷，脱帽著帩头，耕者忘其犁，锄者忘其锄。”具体来说，注意的外部表现主要体现在以下三个方面。

1. 适应性动作　当人在注意某一事物时，身体的某些部位会出现一些与当前的注意状态相适应的动作或姿势。例如，注意听声音时，会把耳朵朝向声音发出的方向；注意观赏一个物体时，躯干上部就会前倾；注意思考某个问题时，则往往两眼“呆滞”地望着前方。

2. 无关运动的停止　当人对某事物产生高度注意的时候，他的各种多余动作或与当前注意活动不相干的动作都会停止或消失。例如，学生注意听教师讲课时，整个教室会显得

笔记

特别安静；反之，教室里就会出现学生讲话或做小动作的现象。

3. **呼吸运动的变化**　当人对某事物产生高度注意的时候，他的呼吸也会发生明显的变化，如呼吸变得轻微而缓慢，吸气时间缩短而呼气时间延长，有时甚至还会出现呼吸暂时停止的情况，即“屏息”现象。

注意外部表现如此明显，以至在教学过程中，教师可以根据学生的外部表现来判断学生是否注意听讲、专心学习。当然，注意的外部表现有时可能与注意的实际情况不相一致，甚至故意以某种外部表现掩饰注意的真正内容，如貌似不注意，而实则在注意。因此，观察一个人是否处于注意状态，不仅要看外部表现，还要根据其他方面的现象，进行细心观察，认真分析，才能作出正确的判断。

三、注意的功能

注意具有选择功能、维持功能、调节和监督功能，其中最基本的功能是选择功能。

1. **选择功能**　注意能使人从同时作用于我们的大量刺激中，选择出对我们有意义的、符合需要的、与当前活动任务相一致的刺激，并避开无意义的、不符合需要的、与当前活动任务无关的刺激。注意的选择功能保证了心理活动的方向性和有效性，否则人的心理活动将变得一片混乱。

2. **维持功能**　注意不仅使心理活动有所选择地指向一定的对象，而且使心理活动维持在对该对象的反应上，直至完成活动、达到目的为止。具体来说，注意的保持功能有两方面的意义，一是指外界大量信息输入后，各种信息必须经过注意才能清晰呈现，转换为更持久的方式得到保持。如果不加注意，就不能有清晰的印象，从而很快消失。二是注意能使心理活动保持到完成行为动作获得结果或达到目的为止。

3. **调节和监督功能**　注意还能使人随时调节和监督自己的心理活动，使之向着一定方向或对象上进行。在注意状态下，一旦心理活动偏离了预定的方向或目标，人就会立即发现并及时予以调整，以保证心理活动的顺利进行。

注意不仅是个体进行信息加工和各种认知活动的必要条件，也是个体完成各种行为的重要条件。它保证了人对事物的清晰认识，更准确地反映和进行可控有序的行为。这是人们获得知识，掌握技能，完成各种智力操作和实施工作任务所必需的。

四、注意的分类

根据注意时有无预定目的和是否需要意志努力，可把注意分为无意注意、有意注意和有意后注意三种类型。根据注意的功能，可以把注意分为选择性注意、集中性注意和分配性注意。

（一）无意注意、有意注意、有意后注意

1. **无意注意**　无意注意是一种事先没有预定目的、也不需要付出意志努力的注意；是相对于有意注意而言的概念。这种注意由于不受意识的控制，所以又叫不随意注意。例如，上课时，一声突然的巨响就会使大家不由自主地注意巨响产生的地方，这时的注意就是无意注意。无意注意不易使注意者产生疲劳，它既可以帮助人们对新异事物进行定向，使人们获得对事物的清晰认识，也可以使人们从当前进行的活动中被动地离开，干扰他们正在进行的活动，因而具有积极和消极两方面的作用。

2. **有意注意**　有意注意是指事先有预定目的、必要时还需付出一定意志努力的注意。例如，学生在克服一切外来干扰、全神贯注地抓紧时间完成家庭作业时的注意就是有意注意。有意注意是受人的意识支配和调节的，是注意的高级形式。有意注意有两个明显特征，即目的性和意志性。目的性是指人要注意什么，不是由刺激物本身的特点决定的，而是由

笔记

预先提出的任务决定的；意志性是指为了实现目的任务，就要排除干扰，克服困难，作出一定的努力。

有意注意是在生活实践中发展起来的。在人们参加各种实践活动中，有时需要做一些既枯燥又乏味的事情时，就需要付出一定的意志努力，迫使自己把注意集中到这些活动上来，并维持注意过程的一定强度，直至活动终止。

有意注意还受语言等符号系统的支配和调节。儿童最初的注意是通过与成人的交往实现的。成人以语言指令形式、给物体命名的形式，告诉儿童“这是什么”“那是什么”，使儿童对周围的事物有选择地指向并将行为服从于一定的活动。随着儿童年龄的增长，语言概括能力的发展，自己逐渐能独立地提出目的任务，并以此来控制自己的行为，维持稳定的注意。正是由于语言等符号的作用，我们可以提出任务，组织心理活动，关注和控制事物的发展。所以，有意注意是人类特有的一种注意形式。

3. **有意后注意**　有意后注意是指事前有预定目的，但又不需要意志努力的注意。它是注意的一种特殊形式，一方面类似有意注意，是有目的、主动积极的注意；另一方面又类似无意注意，不需要意志努力，是轻松的，符合人的兴趣的注意。

有意后注意通常由有意注意转化而来，又叫继有意注意。例如，有人初学外语时，对其并不感兴趣，但为了工作需要以及获得学分，不得不做出努力，专心致志地学习外语，这时的注意就是有意注意。在学习外语的过程中，由于逐渐克服困难而获得良好成绩后，对外语学习本身逐渐产生了直接兴趣，甚至达到迷恋的程度，这时的学习就不需付出意志努力也能全神贯注，这就是有意后注意。值得关注的是，有意后注意是个体心理活动对有意义、有价值事物的指向和集中，具有高度稳定性，是高层次的注意，是人类创造性活动的必要条件。

无意注意、有意注意和有意后注意虽然是三种不同性质的注意，但在实践活动中密切联系、协同活动，很难截然分开，在实际工作中也都是需要的。无意注意轻松，不易疲劳，有时印象也很深刻；有意注意目的性强需要紧张的意志努力，时间久了，会感到疲劳，产生分心；有意后注意兼有前两者之长。三种注意在一定条件下可以相互转化，无意注意在一定条件下可以转化为有意注意，有意注意也可以发展为有意后注意。例如，开始时，学生为某种活动所吸引，这时对该活动的注意是无意注意；后来逐渐认识到活动的意义，有意识地加以关注，这时即是有意注意；随后通过对活动产生浓烈兴趣，自觉地热心此项活动，这时的注意就逐渐发展为有意后注意了。

（二）选择性注意、集中性注意与分配性注意

1. **选择性注意**　选择性注意是个体在同时呈现的两种或两种以上的刺激中选择一种进行注意，而忽略另外的刺激。例如，在双耳分听实验中，用耳机分别向被试的双耳呈现不同的声音刺激，要求被试注意其中一耳的刺激，而忽略另一耳的刺激。用这种方法考察的就是选择性注意。对选择性注意的研究，可以揭示人们如何有效地选择一类刺激而忽略另一类刺激，选择的具体机制等等。

2. **集中性注意**　集中性注意是指注意在一定时间内保持在某个认识的客体或活动上，也叫注意的稳定性。例如，学生在45分钟的上课时间内，使自己的注意保持在与教学活动有关的对象上；外科医生在连续几小时的手术中聚精会神地工作；雷达观察站的观测员长时间地注视雷达荧光屏上可能出现的光信号，这些都是持续性注意的表现。注意的持续性是衡量注意品质的一个重要指标。它在人们的工作和生活中具有重要的意义。学生必须具有持续的注意，才能有效地接受教师传授的知识；工人必须具有稳定的注意，才能正确地进行生产操作，排除障碍和各种意外的事故，按质按量地完成生产任务；战士也必须具有持续的注意，才能坚守在祖国的边防线上，时刻警惕着一切敢于进犯的敌人，保卫祖国的大好河

笔记

山。可以说，没有集中性注意，人们就难以完成任何实践任务。

3. **分配性注意**　分配性注意是个体在同一时间对两种或两种以上的刺激进行注意，或将注意分配到不同的活动中。例如：学生在课堂上一边听讲，一边记笔记；汽车司机在驾驶汽车时手扶方向盘，脚踩油门，眼睛还要注意路标和行人等等。研究分配性注意最常用的方法是双作业操作，即让被试同时完成两种作业，观察他们完成作业的情况。分配注意是完成复杂工作任务的重要条件，如果一个汽车司机不能同时把注意分配在不同的活动上，就不能成为一个合格的司机，有些交通事故正是由于司机不能很好地分配注意造成的。对教师来说，注意的分配也很重要。有经验的教师在讲课的同时，还能较好地照顾全班同学的活动，谁开小差了，谁在向邻座的同学递纸条，谁在玩手机，他们都一清二楚。可见，教师注意的分配直接关系到课堂教学的有序组织。

五、注意的生理机制

注意作为一种心理现象，有着特定的生理机制。其中，神经系统的一些特定结构和功能与注意现象密切相关。

（一）定向反射与注意的指向性

注意就其发生的方式来说是有机体的一种定向反射。每当新异刺激出现时，人便产生一种相应的运动，将感受器朝向新异刺激的方向，以便更好地感知刺激。也就是说，定向反射发生后，随即发生适应性反射。此时，只有与刺激有关的分析器进行活动。因而，心理活动即有了指向性。定向反射引起身体的一系列的变化有助于提高机体感官的感受性，并动员全身能量资源以应付个体面临的活动任务。它的这种特殊作用在人和动物的生活中具有重要的生物学意义。定向反射一开始带有无条件反射的性质，当环境中有新异刺激物出现时，机体不由自主地去注意它，这是定向反射初期的具体表现。在这种无条件反射的基础上，以后又进一步发展了条件性定向反射，如人类有意识地观察，探索活动等。这种条件性定向反射主要受到人们的需要，动机和活动目的等支配。

（二）优势兴奋中心与注意的集中性

生理学研究发现，大脑中经常有一个占优势的兴奋中心，这个兴奋中心在自身活动的同时，还会对周围其他区域产生负诱导，使它们处于不同程度的抑制状态。这个占优势的兴奋中心，是与最清晰的意识状态相联系的，因此，引起这个兴奋中心活动的各种刺激物就能得到明晰的反应。而与此同时，与其邻近区域相关联的刺激物，由于负诱导所产生的抑制作用，就不能得到清晰的反应。优势兴奋中心及其负诱导理论，对于理解注意集中性的生理机制有重要价值，它有助于我们理解为什么人对某一事物产生高度注意的时候，会对同时存在的其他事物产生“视而不见、听而不闻”的现象。优势兴奋中心一旦转移，就会出现注意的转移。

（三）网状结构与觉醒状态

注意必须在机体觉醒状态下才能进行，而中脑网状结构的激活作用对保持有机体的觉醒状态是必不可少的。研究发现，机体觉醒状态依赖于网状结构与大脑皮质的相互作用，一方面网状结构的激活作用使大脑皮质保持了觉醒状态，提高了兴奋性，另一方面网状结构又对向大脑皮质发送的信息进行了筛选，实现对刺激物的控制性选择，从而使心理活动指向并集中于一定的事物。进一步研究还发现，觉醒状态还受神经生化的调节，如动物在兴奋时大脑皮质释放乙酰胆碱增多，在睡眠时释放减少。

（四）边缘系统与“注意神经元”

边缘系统是由边缘叶、附近皮质和有关的皮质下组织构成的一个统一的功能系统。它既是调节皮质紧张性的结构，又是对新旧刺激物进行选择的重要结构。研究表明，在边缘

笔记

系统中存在着大量的神经元，它们不对特殊通道的刺激作反应，而对刺激的每一变化作反应。因此，当环境中出现新异刺激时，这些细胞就会活动起来，而对已经习惯了的刺激不再进行反应。这些神经元也叫“注意神经元”。它们是对信息进行选择的重要器官，是保证有机体实现精确选择的行为方式的重要器官。这些组织的失调，将引起整个行为选择的破坏。临床观察发现，这些部位的轻度损伤，将使患者出现高度分心的现象；这些部位严重损伤，将造成精神错乱和虚构现象，意识的组织性与选择性也会因此而消失。

（五）额叶与注意的调节

大脑皮质的额叶在调节有意注意上有着重要作用。心理学家发现，额叶能抑制大脑非注意区域的活动，从而使注意能集中到重要的对象上。同时，人们还发现，人在注意力高度集中时，额叶的生物电有明显的变化，进一步表明额叶和注意活动的发生有显著的关系。鲁利亚等心理学家的研究还发现，额叶部分受伤后，定向反射几乎不能恢复，大脑皮质的觉醒水平不能提高；额叶部分严重受伤的话，人就不能根据预定的目标集中注意，导致高度分心。临床观察也发现，大脑额叶严重损伤的患者不能将注意集中在所接受的语言指令上，也不能抑制对任何附加刺激物的反应。这类患者在没有干扰的条件下能做某些事。但只要环境中出现任何新的刺激或存在任何干扰作用，如有外人走进病房或病房中有人在说话，他们就会停止原来进行的工作，把视线转向外来者或说话人的方向。由于注意高度分散使他们无法完成有目的的行为。此外，大脑皮质的其他一些部位，如边缘系统的海马和尾状核是实现精确选择性行为的结构，被认为是“过滤器”的重要组成部分。这些部位一旦被损坏，就会引起选择性注意的障碍。

（六）脑区协同与注意

近些年来，事件相关电位（event related potential ERP）技术、脑磁图（magnetic encephalography，MEG）技术、正电子发射断层扫描（PET）和功能磁共振成像（FMRI）等新技术不断应用于神经心理学研究。应用这些技术，人们对注意的神经机制及注意对大脑活动的影响进行了大量的实验研究。研究发现，当注意指向一定的认知活动时，可以改变相应的大脑功能区或神经功能单元（通常是由很多神经元组成的神经环路）的激活水平，从而对当前的认知活动产生影响。注意的这种作用可以通过三种方式来实现：①提高目标认知活动对应的神经功能单元的激活水平；②抑制目标周围起干扰作用的神经功能单元的活动；③上面两种方式的结合。来自 PET 和 ERP 的研究一致显示，当注意集中在某一认知活动时，其相应的神经功能单元的活动水平增加。基于已有的研究发现，拉贝奇（D LaBerge，1997）提出对某一对象的注意需要三个脑区的协同活动，这三个脑区分别是：①认知对象或认知活动的大脑功能区（功能柱）；②能提高脑的激活水平的丘脑神经元；③大脑前额叶的控制区，可以选择某些脑区作为注意的对象，提高其激活水平，使激活维持一定的程度和时间。相关学者认为，这三个脑区通过三角环路的形式结合起来，构成产生注意现象的生理基础。

第二节　注意的品质

一、注意的稳定

注意的稳定是指对同一对象或同一活动注意所能持续的时间，是注意的时间特征。注意的稳定可以分为狭义的注意稳定和广义的注意稳定。狭义的注意稳定是指注意保持在同一对象上的时间，广义的注意稳定是指注意保持在同一个活动上的时间。广义的注意稳定并不意味着注意总是指向或集中同一对象，而是指注意的对象会有所变化，但注意的总方向和总任务不变。例如，科学家实验时既要动手操作，又要观察实验现象，还要记录实验结

笔记

果，他的注意在若干个对象中移动，但他的注意始终关注于科学实验，科学家的注意仍然是稳定的。因此，注意的稳定并不意味着注意只能指向同一对象，它包括在活动总方向，总任务不变的前提下，注意指向集中的对象有适当的变化。

实验证明，人的注意不可能长时间地保持固定不变。例如，在听觉方面，将表放在离被试耳朵的一定距离处，使之刚好能隐约听到表的滴答声。这时，就会发现，即使被试十分专心地听，也会感到表的声音时隐时现，时强时弱；在视觉方面，当知觉图 4-1 时，会感到图中小的正方形一会儿凸起，一会儿凹陷，注意的这种时强时弱的周期变化，称为注意的起伏，也叫做注意的动摇。这种周期的变化，即使用有意注意，也只能维持很短的时间。但是，我们也可以减少周期性的变化，这就是使它具有某种实物意义。例如，想象它是台座，突出的时间就长；想象它是房间，凹进去的时间就长。

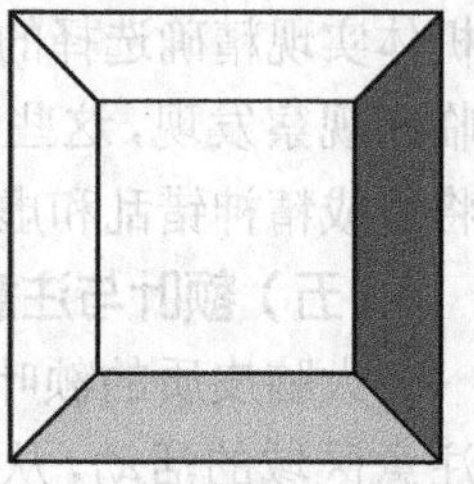
图 4-1　注意的起伏现象

保持注意稳定的条件：

1. **注意对象的特点**　对于内容丰富、特征复杂、活动变化的对象，注意就容易稳定持久；而对于内容贫乏、特征单调复杂、静止不变的对象，注意就不容易保持稳定。例如，看小说或电视就比看单调的图片或静止的楼房容易保持稳定的注意。这就是说，在一定范围内，注意的稳定性程度是随注意对象的趣味性的增加而提高的。此外，刺激物的强度和作用持续时间的长短对注意稳定性也有显著影响。提高刺激的强度，延长刺激作用的时间有助于提高注意的稳定性。

2. **主体的状态**　注意的稳定性常常跟一个人的主体状态有关。人对所从事活动的目的、任务意义认识越清楚，理解的越深刻，态度越积极，兴趣越浓厚，注意就越稳定。另外，在失眠、疲劳、焦虑或生病的时候，注意就不易稳定；而在身体健康、精力充沛、情绪饱满的情况下，注意就容易稳定。

3. **个体的差异**　人的注意稳定性存在着个别差异和年龄差异。就个别差异而言，神经过程的强度不同、意志努力程度不同、希望习惯不同的人，注意的稳定性就会有显著的差异。就年龄差异而言，注意的稳定性随人的年龄的增长而发展，因而年龄不同的人，注意稳定的程度也有所不同。关于年龄与注意稳定性的关系，可参见图 4-2。

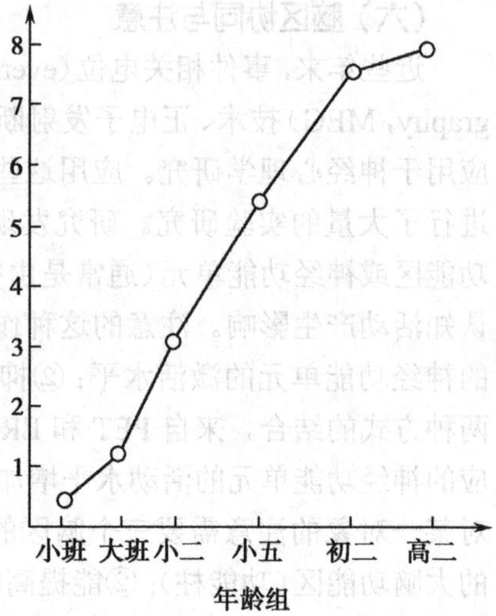

图 4-2　儿童注意稳定性发展曲线

二、注意的广度

注意的广度也叫注意的范围，是指注意主体在同一时间里能够清晰地把握对象的数量。

注意的广度实质上是一个知觉范围的问题。用速示器测量视知觉的范围，结果表明：在十分之一秒时间内，成人一般能注意到 8～9 个黑色圆点或者 4～6 个没有联系的外文字母，3～4 个几何图形。当刺激的数量增多，呈现的速度加快时，判断的错误就增加，一般倾向于低估。

人们在经验上仿佛能够注意很多客体，其实不然。例如，教师上课时，注意学生，似乎从前到后、从左到右，全班学生尽收眼底；实际上则是一片模糊，只有一个一个地看才是清楚的。人们的注意广度受多方面因素的影响。

1. **注意对象的特点**　注意任务相同，注意对象的特点不同，注意的广度会有一定的变

笔记

化。实验表明，颜色相同的字母比颜色不同的字母注意广度要大些，排列成行的字母比分散在各个角落上的字母注意的数目要多些。这表明，知觉的对象越集中，排列的越有规律或成为相互联系的整体，注意的广度就大些。

2. **活动的任务和个人的知识经验** 相同的注意对象，因为活动的任务和个人知识经验不同，注意的广度也有一定变化。当任务复杂或需要更多地注意细节时，注意的广度就小些。知识经验比较丰富或经验过的对象注意的广度要大。例如，刚学会阅读的学生注意的广度较小，而饱学之士，知觉的范围扩大，甚至能做到所谓“一目十行”。有战斗经验的人，在战场上注意的广度要比没有战斗经验的要广。因此，越是熟悉的东西，注意的范围就越大。另外，我国心理学家对儿童注意广度发展状况的研究表明：儿童的注意广度随年龄的增长而增长。其中一项研究结果是，小学二年级学生注意广度不足四个点，五年级学生已达到4.48个点，到中学增加到6.33个点。这也从一个方面表明，随着个人知识经验的增加，注意的广度在扩大。

3. **把握注意对象的方法** 实验表明，把握注意对象的方法不同，对注意的广度也有一定影响。对较少的对象（4个以下），直接把握效果较好，对中等数量的对象（5～6个），分组把握效果较好，对较多数量的对象，分组和逐个把握的效果相似。

扩大注意的广度，在生活、工作、学习中有时有着重要的现实意义。例如，驾驶员、交通警、裁判员就需要扩大注意的范围。但也有些工作需要缩小注意的范围，如钟表工人，绣花工人。

三、注意的分配

注意的分配是指在同一时间内把注意指向两种或两种以上的对象或活动。成语“双管齐下”的典故，说的是唐代画家张操善于画松，“能手握双管，一时齐下，一为生枝，一为枯干。”这就是注意的分配现象。法国心理学家波朗1887年曾在大庭广众之下，表演一方面朗诵一首熟悉的诗，另一方面完成复杂的乘法演算。这说明，在一定条件下，注意的分配是可以做到的。注意分配的现象在生活中是常见的，如音乐教师一边看乐谱，一边弹琴，同时还要领唱；汽车司机双手操纵方向盘，脚要控制油门、离合器和刹车，眼要观察路上的行人、车辆、交通信号灯，这些都是注意分配的例子。

注意的分配需要两个基本条件。其一，同时进行的几种活动中，只有一种是不熟练的，而其他都已经达到了相对“自动化”的程度。这样，人就可以在集中注意于较生疏活动的同时，将注意分配到其他活动上。如果同时进行的几种活动都不熟悉，注意则难以分配。其二，同时进行的几种活动之间必须有一定的联系，或形成了某种反应系统。如果它们之间缺乏有机的联系，或未能形成彼此关联的反应系统，注意的分配就难以实现。

注意分配能力是在实践活动中逐步锻炼出来的。用注意分配仪对儿童注意分配能力的研究表明，幼儿注意分配的能力较低，上小学以后，随着有意注意的发展，儿童注意分配能力迅速提高。在现代化的复杂劳动中，许多工作都要求有高度的注意分配能力，善于分配注意也是学生掌握知识技能的必要条件。

当然，同时把注意指向两种活动，其活动效率不如仅指向单一活动，例如，让一些被试一边听故事，一边进行加法运算，结果显示：单一活动时，正确完成加法运算的数目为52；复合活动时，正确完成加法运算的数目为43，相当于单一活动时正确完成运算的83%。单一活动时，正确复述故事项目数为31，复合活动时，正确复述故事项目为10，相当于单一活动时正确复述项目的32%。这个实验证明，同时进行两种或两种以上活动时，效果确实不如单一活动时好。

笔记

四、注意的转移

注意的转移是指根据任务或需要，主动把注意从一个对象及时调动到另一个对象上去。注意的转移可以发生在同一活动的不同对象间。例如，学生做作业时，一会儿注意书本的内容，一会儿奋笔疾书，就是在同一活动中，注意在不同对象间转移。注意的转移也可以发生在不同活动之间。例如，上课时学生认真听讲，注意集中于教师的讲课，下课后，同学们进行游戏，注意集中于快乐的游戏，这是注意在不同活动间的转移。

注意的转移不同于注意的分散。注意的转移是一种服从于任务或需要的自觉行为，而注意的分散却是在需要注意稳定时，受无关刺激的干扰，不自觉地注意了不该注意的事物。能否按照需要及时地转移注意也是衡量人的注意品质的重要方面。

注意转移的快慢和难易，受以下因素影响：

1. **原有注意的紧张度**　原有的注意紧张度越高，转移注意也就越困难、越缓慢。例如，学生对自己的考试成绩很关心，如果在上课前宣布上次的考试成绩，教师就很难把学生的注意力转移到听课上来。

2. **新事物或新活动的性质**　引起注意转移的新事物或新活动，如果符合人的需要和兴趣，注意的转移就会迅速；反之，注意的转移就较困难。例如，原有的注意对象是解难题，而新注意的对象是电视剧，这时候的注意转移就相当迅速。

3. **个体差异和年龄差异**　注意转移的快慢、难易存在着个体差异和年龄差异。个体神经过程的灵活性，对个体注意转移的速度和难易有一定影响，神经过程灵活性高的，注意转移得快，转移的质量也较高。神经过程灵活性低的则相反。另外，我国心理学家对儿童注意转移发展的研究表明：注意转移的综合反应时间随年龄增长而缩短，从小学至初中阶段，儿童注意转移的发展较为迅速（图 4-3）。

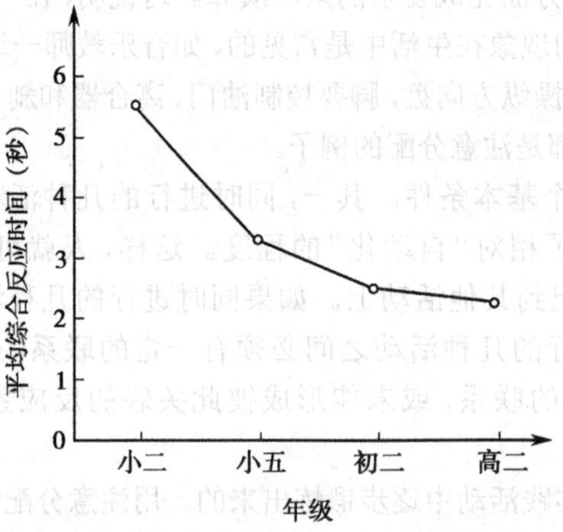

图 4-3　注意转移综合反应时间发展曲线

注意的转移和注意的分配是相互联系的。注意一转移，原来注意的主要对象便转移到注意中心之外，新的对象则进入注意中心。这时，必然出现新的注意分配。在日常生活中，注意的转移常被看作注意的分配。其实严格地说，注意分配是很不容易做到的，多数情况下，人们把注意的迅速转移看作注意的分配。

注意的转移不仅和注意的分配有关，而且和注意的稳定性有关。注意的稳定性是指同一活动范围内注意的相对稳定，它和注意的转移密切相关。在同一活动中，没有注意的转移，也就难以保持注意的稳定。

笔记

专栏4-1

基于空间和基于物体的视觉注意理论

认知心理学有关注意一个长期争论不休的问题是，选择注意是"基于空间"还是"基于物体"的。"基于空间"理论认为，注意就像聚光灯一样优先选择位置，尔后对被选位置上的刺激进行知觉加工。研究者以预提示作业范式验证基于空间的聚光灯模型，形成"基于空间"选择注意理论的基本框架。"基于物体"理论则认为，注意选择是基于物体本身进行的。相关研究显示，被试对来自同一物体两个靶子的反应不比只对一个靶子的反应更难，因为此时注意是将客体作为一个整体对待。相反，对来自不同客体靶子的反应则较难，说明不同客体对集中注意产生了竞争。由于这一结果是在两个客体占有相同空间基础上进行的，因此所得结果难以用基于空间的选择注意解释。尽管有证据表明，视觉注意受组合因素的影响（基于客体的），但其中空间因素仍起特殊作用，组合因素通过影响注意空间分配而产生特定影响。大量研究显示，空间是视觉注意特有的性质，个体选择注意客体时，可能忽略其位置，而注意刺激位置时，却不会忽视该客体。可见，争论双方都有其合理的一面。因此，视觉认知系统既可选择客体所在空间，也可选择客体本身。"基于客体"和"基于空间"的注意选择机制并非互不相容，而是相互补充，没理由只承认其中一个而拒斥另一个。迄今为止，不少学者已从神经生理学或认知神经科学研究中获取许多与认知心理学颇为一致的结果，相信这将会最终合理地解释注意选择性机制问题。

专栏4-2

自下而上注意模型——基于显著性的注意模型

注意选择的优先性由两方面决定：一是自上而下、目标驱动机制；二是自下而上、刺激驱动机制。研究发现，相比自上而下选择，自下而上选择对注意的分配更加迅速和有效。然而，自下而上注意的神经基础一直存在争论。研究者以高斯金字塔方法提取了颜色、强度、朝向等多种特征图，提出了中心-周围差分方法计算特征图，并设计有效的策略来规则化和特征结合，最后用返回抑制法得到注意扫描方式。以此验证基于显著性的视觉注意模型，认为显著图源于不同视觉特征（如颜色、朝向等）的整合，这些视觉特征由不同的通道进行加工，并且相互完全独立。因此，前人关于显著图的研究主要关注高级脑区，特别是顶叶脑区。

电生理研究发现初级视皮质（V1）神经元间存在大量的水平连接，这些水平连接使得神经元对相同特征（如朝向）存在相互抑制，对特定的视觉特征具有很强的选择性，进而可表征各种视觉特征的显著性。基于V1显著性模型的诸多预测也得到了一些心理物理学实验的验证，挑战了额顶叶网络负责注意生成和调节这一传统注意理论。

两模型均认为显著性是一个相对值，依赖于背景信息（上下文情境效应），相同的刺激在不同的场景下其显著性可能不同。而二者的区别主要在于显著图生成的脑区。基于显著性的注意模型认为，显著图生成于高级脑区，如额顶叶（Itti et al, 1998）。显著图源于不同视觉特征（如颜色、朝向等）的整合，初级视皮质仅仅对这些视觉特征进行独立加工，然后向上传递信息至高级脑区，产生显著图。而V1显著性模型则认为显著图生成于V1而非额顶叶高级脑区。自下而上注意干扰个体当前进行的"目标任务"，本质上是一个选择性地处理部分感觉信号的过程，其微观神经活动（部分感觉信号表征）与个体意识及宏观行为反应间存在怎样的联系有待进一步揭示。

笔记

第三节　注意的理论

认知心理学认为，注意具有选择性，并非所有刺激都能得到认知处理。注意的认知资源（或注意能量）是有限的，当人同时进行几项认知活动时，一旦注意资源不足，各活动将会对认知资源产生竞争，因此人在进行复杂认知活动时，需对注意的认知资源进行分配，分配的资源是否足够将对各项认知活动能否完成产生影响。目前注意理论可分为两类，一类是侧重于选择性注意的理论，另一类是侧重于分配性注意的理论。

一、选择性注意理论

20 世纪 60 年代以来，心理学家对注意的选择功能进行了大量的研究，提出了一系列理论模型。这些理论重在阐述注意的选择作用的实质，以及人脑对信息的选择究竟发生在信息加工的哪个阶段上。

（一）过滤器理论

该理论的主要依据是双耳分听的实验。在实验中，彻里（E.C Cherry，1953）给被试的两耳同时呈现两种材料，让被试大声追随从一个耳朵听到的材料，并检查从另一个耳中听到的信息。前者称为追随耳，后者称为非追随耳。结果发现，被试从非追随耳中得到的信息很少。当原来使用的英文材料改用法文或德文呈现时，或将课文颠倒呈现时，被试也很少能够发现。这个实验说明，由追随耳中得到的信息，由于受到注意，所以得到进一步的加工、处理，而非追随耳中得到的信息，由于没有受到注意，所以没有为被试所觉察。布罗德本特（D Broadbent，1954）用数字做实验材料，也得到了类似的结果。根据这些实验结果，布罗德本特（1958）提出了一种解释注意的选择作用的理论 - 过滤器理论（selective filter theory）。他认为，人类面临大量的信息，但个体的神经系统在同一时间内对信息加工的能力是有限的，因而在信息加工中需要过滤器来进行调节，以减轻神经系统的负担。过滤器相当于一个“开关”，它按“全或无”（all or none）的原则工作，接通一个通道，允许一些信息输入脑中，同时其他通道则被阻断，信息不能通过，而完全丧失了。布罗德本特将这种过滤机制比作一个狭长的瓶颈，当人们往瓶子里面灌水时，只有一部分水通过瓶颈进入瓶内，其余的则流到瓶外了。所以这种理论有时也叫做瓶颈理论或单通道理论。由于这一理论认为选择发生在信息加工的开始阶段，所以这一理论也叫早期选择模型。

（二）衰减理论

过滤器理论得到一些实验事实的支持，但在解释另一些实验事实时却碰到困难。格瑞等人（Gray & Wedderburn，1960）在双耳分听实验中，给被试的两耳分别呈现一些有意义的材料，如左耳呈现 ob-2-tive，右耳呈现 6-jec-9。结果发现，被试报告的既不是 ob-2-tive，也不是 6-jec-9，而是 objective。这个实验结果表明，非追随耳的信息得到了加工。特瑞斯曼（Treisman，1960）给被试的双耳同时呈现下述材料：

右耳（追随耳）：There is a house understand the word。左耳：（非追随耳）：Knowledge of on a hill。结果表明，被试的报告多为“There is a house on a hill”，而且声称这是从一只耳中听来的。这表明，当有意义的材料从追随耳转移到非追随耳时，被试不顾实验者的规定而去追随意义。这只有在过滤器允许两只耳的信息均能通过的情况下才能实现。根据上述研究结果，特瑞斯曼对布罗德本特的理论进行了修正，提出衰减模型（attenuation model）。认为过滤器不是按照“全或无”的方式工作的，而是按照衰减的方式工作的。当信息通过过滤装置时，不被注意或非追随的信息只是在强度上减弱了，而不是完全消失。假定长时记忆中储存的项目具有不同的激活阈限值。当输入信息通过过滤器未被衰减时，就能容易地激

笔记

活长时记忆中的有关项目而得到识别；当输入信息受到衰减时，由于强度减弱，因而经常不能激活长时记忆中的相应项目。但是，有些刺激对人有特别重要的意义，如自己的名字、火警信号等，由于它们的激活阈限特别低，容易激活，所以当它们出现在非追随耳时，也能被识别。至于过滤器在信息加工系统中的位置，她认为有两种情况：一是在语义分析之前，称为外周过滤器；二是在语义分析之后，称为中枢过滤器。外周过滤器对刺激的特点进行级差性选择，对输入的感觉信息进行不同程度的衰减，中枢过滤器在选择中具有核心作用，它根据范畴、语义进行选择。由于强调中枢过滤器的作用，所以人们把这个模型称为中期选择模型。

（三）晚期选择理论

多伊奇等（Deutsch & Deutsch，1963）认为，所有输入通道的信息均可以达到高级分析的水平，因而得到完全的知觉加工。注意不在于选择知觉刺激，而在于选择对刺激的反应。他们假设中枢的分析结构可以识别一切输入，但输出却是按照重要性来安排的，对重要的刺激才会作出反应，对不重要的刺激则不作出反应。如果更重要的刺激出现，则又会挤掉原来重要的东西，作出另外的反应。因此注意是对反应的选择。他们认为，在双耳分听实验中，追随耳和非追随耳中的信息均能达到知觉分析的水平，只是由于实验者采用了追随程序，使追随耳中的信息比非追随耳中的信息更重要，因而引起了反应，而非追随耳中的信息则不能，但其中重要的信息如自己的名字是可以引起反应的。

（四）多阶段选择理论

上述三种理论都假定注意选择发生在信息加工的某个特定阶段上，这意味着信息加工系统是非常刻板的。这种刻板的描述不能说明注意选择复杂灵活的事实。于是，约翰斯顿等（Johnson & Heiz，1978）提出一个较灵活的模型，认为选择在不同的加工阶段上都可以发生。这就是多阶段选择的理论。这种理论主张，选择发生的阶段依赖于当前任务的要求，而且在选择之前加工的阶段越多，所需要的认知加工阶段也越多（图 4-4）。

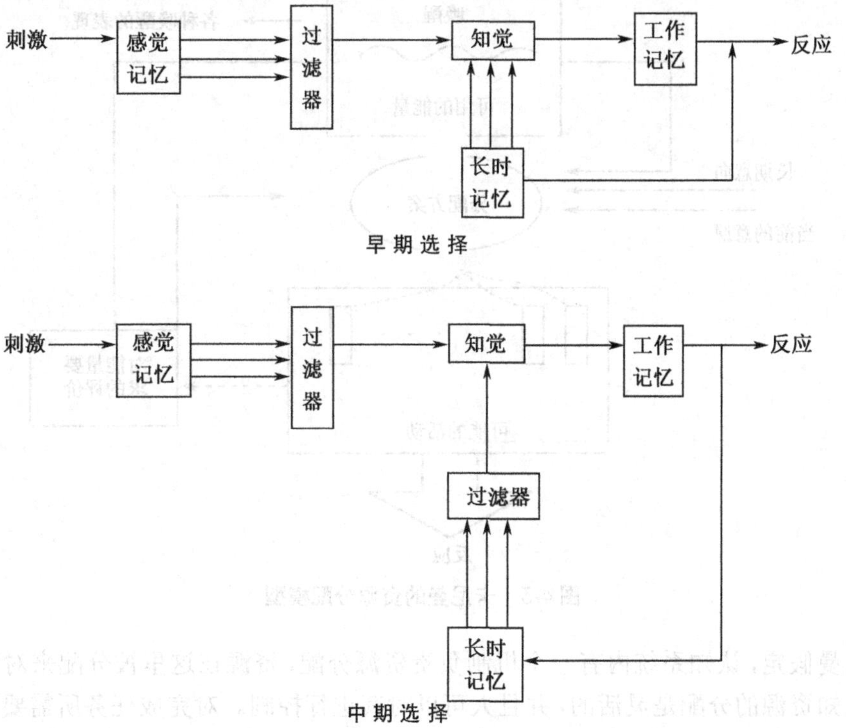

笔记

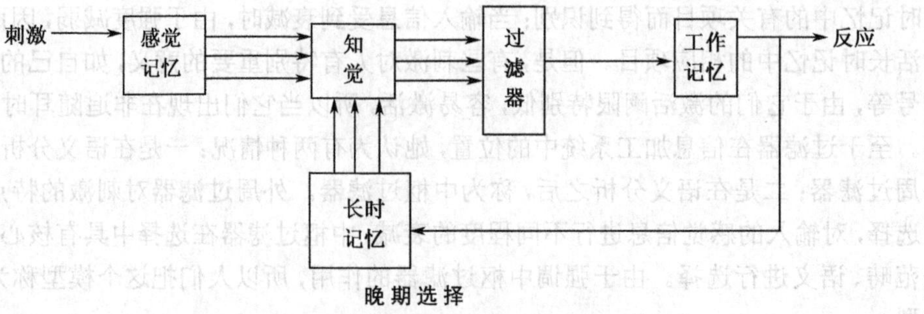

图 4-4　注意的三种理论的比较

二、分配性注意理论

(一) 认知资源理论

1973 年，卡尼曼(D Kahneman)在其著作《注意和努力》一书中提出，注意是人能用于执行任务的数量有限的能量或资源。为了完整地识别一个刺激，就需要资源。如果刺激较复杂，需要的资源就多。如果同时呈现的几种复杂的刺激，资源可能会很快耗尽。如果给资源已耗尽的人再呈现另外的刺激，这些新异刺激将不被加工。这种理论称为认知资源理论(cognitive capacity theory)或能量分配模型。卡尼曼提出了一个资源分配的模型(图 4-5)。他认为人可得到的资源与唤醒(arousal)相联系，其数量也可因情绪、药物等因素的作用而发生变化。决定注意的关键是所谓的资源分配方案，它本身又受到几个因素制约：受制于唤醒因素的可能的能量、当前的意愿和对完成任务所需能量的评价。当然，个人的长期倾向也起作用。在这几个因素作用下，分配方案体现出注意选择。

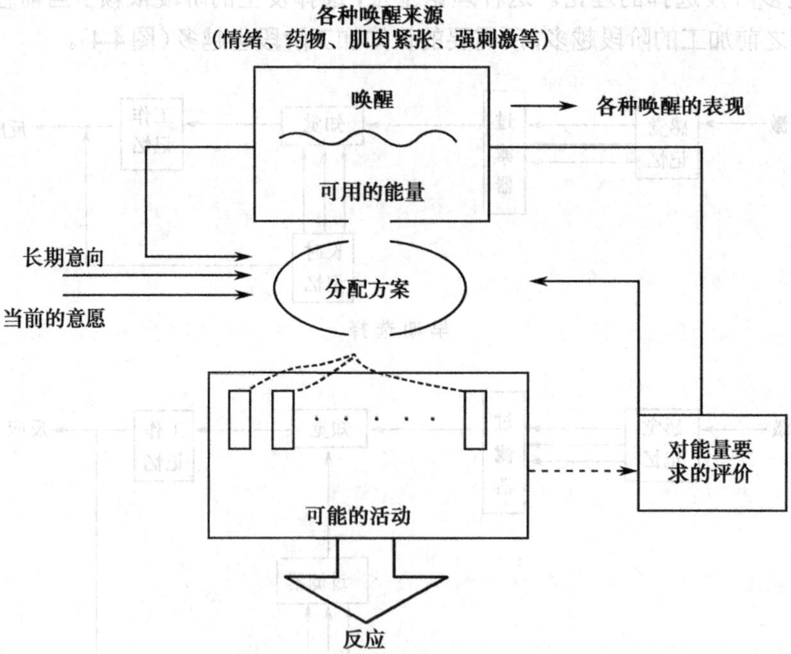

图 4-5　卡尼曼的资源分配模型

卡尼曼假定，认知系统内有一个机制负责资源分配，资源在这里被分配来对刺激进行加工。认知资源的分配是灵活的，并且人可以对其进行控制。对完成任务所需要的能量评价是一个重要因素，它不仅影响可得到的能量，使其增多或减少，而且极大地影响分配方案。卡尼曼认为，人的认知资源或能量是一般的而不是特殊的。他预言：①由竞争的刺激

笔记

源产生的干扰不是特殊的。人同时做两件事会感到困难并非由任务干扰引起，而是任务需要的资源超过了人的资源总量。只要活动所需要的资源不超过人的资源总量，人就能够同时做两件事。②当加工需要的资源超过人本身拥有的资源总和，而人又试图同时作第二项任务，那么第一项任务的成绩将会下降。③人的注意资源分配很灵活，它可以改变以适应新异刺激的需要。在日常生活中，人可以一边跑步、骑自行车，一边听音乐。但是，大多数人却难以一边看电视一边看书。这是支持一般资源理论的有力证据，说明性质相似的两种任务难以同时完成，而对性质完全不同的两种任务，则能比较容易地分配注意。

（二）双加工理论

在认知资源理论基础上，谢夫林等（Shiffrin & Schneider，1977）进一步提出了双加工理论。他们认为，人类的认知加工有两类：自动加工（automatic processing）和控制加工（controlled processing）。自动加工是自动地进行的，不需要注意，因而不受认知资源的限制。这些过程由适当的刺激引发，发生得比较快，在习得之后其加工过程较难改变。控制加工受意识控制，需要注意，因而受认知资源的限制，但可随环境变化不断进行调整。意识控制经过大量练习后，有可能转化为自动加工。例如，初学骑自行车时，需要全神贯注，注意力高度集中。经过不断地练习，已经能熟练掌握骑车技能时，就不需要占用太多的注意了。这种理论可解释许多注意分配的现象，在同时进行的几种活动中，其中一种或多种已经自动化，不需要个体再消耗较多的认知资源，因而个体可以将注意集中在其他认知过程上。如同学们可以一边听课一边记笔记，记笔记的活动是熟练的，自动的。但小学生要做到这一点就很难，因为对小学生而言，听课和写字都不熟练，此时分配注意就很难。

（三）交替反应理论

该理论是罗杰斯等（Rogers & Monsell，1993）提出的。他们假设存在着一种独立的心理机制，它会对刺激作出选择和应答。这种应答将用于较大范围的任务。这种机制每次运作只对一个刺激进行反应，被试只能在完成一项任务后才能进行第二项任务。该理论的支持者认为，这种交替的时间非常短，人们无法觉察。就好像电话交换机和电子计算机的运作，交换机和计算机并非同时做几项工作，而是将一项工作分成若干子工作，然后将两项或多项工作的子工作交替运行，而人们似乎看到它们同时进行多项任务。这种分配过程是一种时间的分配。

复习思考题

1. 解释概念：注意，有意注意，无意注意，有意后注意，注意的广度，注意的稳定，注意的分配，注意的转移。
2. 注意有哪些基本特征？
3. 注意与心理过程有什么关系？
4. 上课时，教师如何判断学生是否注意听讲？
5. 引起无意注意的因素有哪些？
6. 注意分配需要哪些条件？

案例分析

他为何总是动个不停

明明是一个9岁的三年级男孩，自上学以来，学习成绩一直不好。他上课时很难安静地坐着，一会儿玩弄学习用具、一会儿撕纸条、扔垃圾，没一刻消停。在课堂上随意离座走动，抢同学的书或文具，与同学相处经常发生冲突，同学们集体游戏时他不能耐心等待，经常时

笔记

而参与时而破坏，达不到满意时就与同学打架。回家他也很难踏实地完成作业，经常一会儿玩一会儿写，一会儿吃东西，一会儿上厕所；而且字迹歪七扭八，常抄错题。妈妈在旁边盯着他学习，他的成绩能好一些，稍一放松，作业又慢，错误百出。他的房间总是杂乱无章。他做什么事总是一项还没有完成，又去做另一项，丢三落四。由于没有完成任务，他常常受到责罚，但这似乎没有起到太大作用。无奈之下，妈妈求助于心理医生，医师初步认为：明明可能是患了儿童多动症。

分析：

儿童多动症（hyperactive disorder）又称注意缺陷（attention deficit hyperactivity disorder，ADHD），是以活动过多、注意力不集中、冲动任性为主要特征的行为障碍。多于3岁左右发病，发病高峰在7～9岁，9岁最为突出，男孩的发病率为女孩的4～9倍。我国患病率在1.3%～13.4%。

引起多动症的原因很多，归纳起来可能与以下因素有关：遗传因素、脑损害因素、生物化学及代谢因素、神经生理因素、家庭及社会因素等。

注意障碍为ADHD最主要的表现之一。表现为注意力不集中，上课不能专心听讲，易受环境干扰而分心。频繁地改变注意对象。做作业时不能全神贯注，家长描述为做做玩玩，粗心大意；对家长的指令心不在焉，似听非听。做事有始无终，常半途而废或虎头蛇尾。做作业拖拉，不断地以喝水、吃东西、小便等理由中断，做作业时间明显延长。有些患儿表现为凝视一处，走神、发呆、眼望老师，但脑子里不知想些什么，老师提问时常不知道提问的内容。

活动过度是ADHD另一常见的主要症状。表现为明显的活动增多，不适当地奔跑、爬上爬下或小动作不断，在教室里不能静坐，常在座位上扭来扭去，严重时离开座位走动或擅自离开教室。话多、“人来疯”、喧闹、插嘴、惹是生非、影响课堂纪律，目的为引起别人注意。喜欢玩危险游戏，常常丢失东西。冲动性情绪不稳、易激惹冲动、任性、自我控制能力差。易受外界刺激而过度兴奋，易受挫折，幼稚、行为不考虑后果，易出现危险或破坏性行为，事后不会吸取教训。

学习成绩低下或波动较大。ADHD患儿智力正常或基本正常，学习成绩低下或波动较大的原因与注意力不集中、多动有关。出现学习成绩低下的时间，取决于智力水平及ADHD的轻重程度。智力水平中下的严重患儿学龄早期即出现学习成绩低下；智力水平较高、ADHD症状较轻者可在较高年级才出现学习成绩低下。

《中国精神障碍分类与诊断标准第3版（CCMD-3）》关于多动障碍的诊断有以下五个标准：

一、症状标准

1. 注意障碍　至少有下列4项：①学习时容易分心，听见任何外界声音都要去探望；②上课很不专心听讲，常东张西望或发呆；③做作业拖拉，边做边玩，作业又脏又乱，常少做或做错；④不注意细节，在做作业或其他活动中常常出现粗心大意的错误；⑤丢失或特别不爱惜东西（如常把衣服、书本等弄得很脏很乱）；⑥难以始终遵守指令，完成家庭作业或家务劳动等；⑦做事难于持久，常常一件事没做完，又去干别的事；⑧与他说话时，常常心不在焉，似听非听；⑨在日常活动中常常丢三落四。

2. 多动　至少有下列4项：①需要静坐的场合难于静坐或在座位上扭来扭去；②上课时常小动作，或玩东西，或与同学讲悄悄话；③话多，好插嘴，别人问话未完就抢着回答；④十分喧闹，不能安静地玩耍；⑤难以遵守集体活动的秩序和纪律，如游戏时抢着上场，不能等待；⑥干扰他人的活动；⑦好与小朋友打逗，易与同学发生纠纷，不受同伴欢迎；⑧容易兴奋和冲动，有一些过火的行为；⑨在不适当的场合奔跑或登高爬梯，好冒险，易出事故。

笔记

二、严重标准

对社会功能(如学业成绩、人际关系等)产生不良影响。

三、病程标准

起病于7岁前(多在3岁左右),符合症状标准和严重标准至少已6个月。

四、排除标准

排除精神发育迟滞、广泛性发育障碍、情绪障碍,或其他精神疾病。

ADHD不仅影响儿童的学业,也影响儿童的社会交往活动,成年后的就业、成瘾物品依赖和增加犯罪的可能性等。长期追踪观察发现部分ADHD患儿可以自愈,多数患儿的症状可延续至成年。目前一致的看法是对ADHD患儿应及早给予综合治疗。

拓展学习

"注意力经济"对网络营销的影响

内容提要:在信息量骤增的现代社会,"注意力"已经成为一种稀缺的重要的商业资源,它的出现,对风起云涌的网络营销产生了广泛的影响。网络营销要想取得成功,必须以获取消费者的注意为前提,以提供良好的产品与服务质量为基础。

一、"注意力经济"的兴起

"注意力经济"这一概念是由美国的戈德海伯(M.H Goldhaber)在1997年的一篇文章《注意力购买者》(*Attention Shoppers*)中提出来的。在信息社会中,特别是在网络经济中,信息以爆炸方式增长。目前网页的数量达8亿页,知名的搜索引擎只覆盖了其中的16%;全球70%的互联网信息流量来自网民对不到4500个站点的访问。显然信息已经是一种充实的经济资源,稀缺的只是人们的注意力,即期内客户对企业及其产品的注意程度——注意力或心灵占有率(midshare),是企业的一种无形资本。"注意力经济"就是指如何配置企业现有的资源,以最小的成本去吸引客户的注意力,培养其潜在的消费群体,获得最大的未来无形资本,即经营消费者的注意力。注意力是企业在网络虚拟经济中把潜在购买力变现的前提和关键。

"注意力经济"的横空出现,首先是和信息革命密切相关。信息一旦进入了国际互联网络,以接近零的成本进行复制和传播,在以网络为基础的虚拟空间和数字化经济中,对信息的注意力日益成为一种重要的商业资源。面对浩如烟海的信息,个人的注意力相对信息来说是一种极其有限的商业资源,注意力也就成为企业激烈竞争的焦点。

其次,随着经济一体化和经济全球化的发展,特别是国际互联网络带来信息交流的加快及国际交通运输业的发展,使得产品的种类和花色款式日益丰富。一些产品已经由卖方市场变成了买方市场。在这种情况下,消费者的注意力已经成为厂商一种重要的稀缺的商业资源。厂商如何做到"万绿丛中一点红",如何捕获这种注意力已是事关企业成败的关键。

随着国际分工精细化的发展,人们对专业知识的获得和学习掌握变得更加困难,卖方对产品往往拥有更多的私人信息。卖方要将产品的信息传递给买方,首先是要吸引它的注意力,所以,注意力也是企业信息传递的目的和重点。

二、"注意力经济"对网络营销的影响

网络营销有传统营销无法相比的优势,如营销信息传递速度的快捷,营销成本的低廉,企业与客户沟通的互动性与全球性,网络营销的生动性与形象性等。然而,在信息爆炸和产品丰富的网络虚拟经济和信息社会中,好酒也怕巷子深,如何抓住消费者的注意力这种稀缺的商业资源,便成为网络营销成败的关键。注意力经济的出现对网络营销的发展有广泛的影响,具体来说表现在以下几个方面:

1. 网络营销不仅要重视产品与服务的质量,更要重视信息资产的积累。由于网络虚拟

笔记

经济中有大量噪声风险（noise risk），即过量干扰信息的存在，即使有上乘的质量和优良的服务，如果这些信息不能引起客户的注意力，依然会“门庭冷落车马稀”，不能给厂商带来丰厚的利润。

信息资产主要是指品牌和心灵占有率等无形资产。在网络经济中，信息过剩给客户无所适从的感觉，而对品牌的选择是客户摆脱噪声风险的一种行之有效的方法。经久不衰的品牌也是厂商对其产品与服务质量长期自我约束的结果，所以，选择了著名的品牌，产品与服务的选择就得到了保证。心灵占有率也是信息资产的重要组成部分，对厂商来说，它是一种随时可以兑现的无形资产，对消费者来说是一种预期消费。

2. 网络营销要注重与客户信息的双向沟通，提供一些增值服务。网络的优势就在于其信息的流动性、开放性和互动性，网络营销只有发挥这一优势，加强与客户信息双向交流，才能取得消费者的认同与注意。

3. 在产品促销方面，网络营销的营销手段要多样化。知道你的产品或服务的人越多，购买你的产品的人就可能越多。因此，网络营销手段必须多元化，以提升注意力。

当然，“注意力经济”强调的注意力只是一种远期的资产，要想使之变成现实的购买力，仍需要取得客户长期的、足够的信任，并提供良好的产品和服务，否则，它只能是海市蜃楼，可望而不可及。

参考文献

1. 彭聃龄. 普通心理学[M]. 修订版. 北京：北京师范大学出版社，2014.
2. 叶奕乾. 普通心理学[M]. 修订版. 上海：上海师范大学出版社，2000.
3. 李新旺. 生理心理学[M]. 北京：科学技术出版社，2001.
4. 黄希庭. 心理学导论[M]. 北京：人民教育出版社，1991.
5. 王雁. 普通心理学[M]. 北京：人民教育出版社，2002.
6. 杜文东. 蔡雄鑫. 医学心理学基础[M]. 南京：南京大学出版社，1987.

推荐读物

1. 刘新民. 儿童行为障碍与健康 - 解析儿童常见心理与行为障碍[M]. 北京：人民卫生出版社，2010.
2. 彭聃龄. 普通心理学[M]. 北京：北京师范大学出版社，2014.

考研要点

注意的含义
注意的功能
注意的种类
注意的品质
注意的理论

（李　秀）

笔记

第五章　感觉

本章要点

感觉的概述
- 感觉的概念
- 感觉的种类
- 感觉信息的神经加工
- 感受性与感觉阈限

视觉
- 视觉刺激
- 视觉的生理机制
- 明度
- 颜色

听觉
- 听觉刺激
- 听觉的生理机制
- 听觉的基本现象
- 听觉理论

其他感觉
- 嗅觉
- 味觉
- 皮肤感觉
- 内部感觉
- 痛觉

常见感觉现象及规律
- 感觉适应
- 感觉对比
- 感觉后象
- 联觉
- 感觉补偿

关键词

感觉；感受性；感觉阈限；视觉；听觉；感觉规律

笔记

第一节　感觉的概述

感觉是一切心理活动产生的基础，是客观通向主观的通道，也是意识形成和发展的基本成分。感觉现象丰富多彩，它可以让人们每时每刻都能感受这个千变万化的世界，对人们的生活有着很重要的意义，对感觉的研究也已经在增强工作效率、提高生活质量等方面产生了广泛影响。

一、感觉的概念

感觉（sensation）是人对直接作用于感觉器官的客观事物的个别属性的反应。现实世界中的客观事物，具有多种属性，如形状、大小、颜色、软硬、重量、温度、气味、滋味等等，当这些属性作用于人的感觉器官时，这些刺激通过传入神经，经过大脑的信息加工，就会产生对客观事物个别属性的反应，这种反应便是感觉。在生活中，许多刺激都会作用于机体的感受器，通过大脑进行加工，在大脑里产生各种各样的反应，如听到的声音、看到的颜色、闻到的气味、摸到的软硬等等。对客观世界的认识往往都是通过这些简单的属性开始的。例如，如何识别一个苹果？我们可以用眼睛看到它有红红的颜色，圆圆的形状；用嘴品尝到它甜甜的滋味；用手掂出它有的重量。这里的红、圆、甜、重就是苹果的一些个别属性。

感觉虽然简单，但它在人们的生活工作中有着重要的意义。

首先，感觉使个体觉察到刺激的存在，分辨出内外环境刺激的个别属性。人们可以通过感觉，识别外界事物的颜色、大小、冷热、气味等，从而了解事物的各种属性。同时，人们通过感觉还能认识自己的状态，例如闷热、口渴等，有了这些信息，人们便可自我调整，如避暑、喝水等。如果没有感觉为人们提供这些信息，人们就不可能根据自己的机体状况调整自己的行为。但感觉也并不是独立存在的，不存在纯粹的感觉，它总是与个体的过去经验联系在一起。

其次，感觉保证了机体和外界环境的信息平衡。人们每天正常的生活，都是建立在与外界环境间保持平衡的基础上。人们从外界环境中获取的各种必要信息，是保证机体正常生活的必需条件。如果平衡被破坏，获取的信息过多或不足，都会给机体带来不良影响。可见，感觉虽然是个体觉察外界世界的最初级经验，但它在人的心理活动中起着十分重要的作用，没有由感觉提供的各种外界信息，人就无法正常地生活。

再次，感觉是一切高级、复杂心理现象的基础。只有通过感觉，人们才能分辨各种事物的个别属性，它是人们认识客观事物的第一步，人的知觉、记忆、思维等复杂的认识活动，都必须依赖于感觉所提供的最基本的原始材料。人的情绪情感体验，也是必须依靠身体内部状态和人与外界环境刺激产生的感觉。如果没有感觉，这些原始信息、内部体验都无法获得，那么一切较高级、较复杂的心理现象便都无从产生。

专栏 5-1

感觉剥夺实验

第一个感觉剥夺实验是1954年贝克斯顿（W.H Bexton）、赫伦（W Heron）和斯科特（T.H Seott）在加拿大McGill大学的实验室进行的。他们征募大学生来参加这一实验，每天的报酬是20美元（当时大学生打工每小时的报酬是0.5美元）。由于有这样的经济收入，大学生都极愿意来当被试。被试所要做的事看起来挺轻松，只是每天24小时躺在有光的小屋里的一张舒服的床上，时间尽可能长。他们戴上半透明的塑料眼罩，可以透进散

笔记

射光，但没有图形视觉；双手戴上纸板做的袖头和棉手套，以限制他们的触觉；头枕在U型泡沫橡胶做的枕头上，同时用空气调节器的单调嗡嗡声限制他们的听觉。除了吃饭和上厕所，严格限制被试的感知觉信息输入。开始，绝大多数被试都认为这个实验给他们提供了一个睡上一大觉的机会，或者可以借此来考虑自己的作业和论文。但是，结果表明，他们对任何事情都不能作明晰的思考，连贯的集中注意和思维有困难，思维活动似乎是“跳来跳去”的。而且，实验使被试产生难以忍受的痛苦，不仅感到时间特别长，而且还产生了一些幻觉。虽然主试鼓励被试尽可能长时间地坚持，但是大多数被试只能忍受2～3天就要求解除实验，几乎没有一个人能忍受一周以上的时间。对于那些解除实验的被试随即进行心理测验，结果显示，他们对精细活动的控制能力、对图形的识别能力、对事物的注意集中能力，以及对问题的逻辑思维能力等，都出现了严重的下降。在恢复正常生活后，隔了相当一段时间，他们的各种心理活动和状态才恢复到实验前的水平。通过感觉剥夺实验证明，没有感知觉，不但高级的心理活动无法形成，就连已有的高级心理机能也将出现障碍。

二、感觉的种类

感觉的种类较多。通常根据刺激物的性质以及它所作用的器官的性质，将感觉分为两大类：外部感觉和内部感觉。

1. **外部感觉**　外部感觉主要接受机体外部的刺激，反映外界事物的个别属性。属于外部感觉的有：视觉、听觉、嗅觉、味觉、肤觉。

(1) 视觉和听觉是人类主要的感觉器官，主要接受外界的信息。

(2) 嗅觉主要是外界气体作用于鼻腔上部的嗅细胞，再通过嗅神经传递至中央后回的嗅觉中枢，进而产生嗅觉。通过嗅觉，机体可以分辨不同气味的气体。例如，我们闻到的花香、硫酸的刺激气味等等。

(3) 味觉主要作用于我们的饮食活动中，通过分布在舌部、咽喉黏膜和上颚部的味蕾产生味觉体验。我们平时品尝到的基本味觉有酸、甜、苦、咸四种，各种味道都是这四种基本味觉混合而成的。例如，我们品尝的苹果的酸甜，汤药的苦味等等。

(4) 肤觉包括触觉、压觉、冷觉、温觉、痛觉和振动觉等。它是人类最大的感觉系统，能够感觉外界环境的冷、热、触、压和痛。皮肤觉最重要的功能是对可能出现的不利刺激发出信号。像我们的皮肤能够感觉到身上穿的衣服，能够体验到空气的冷暖，都是由肤觉所决定的。

2. **内部感觉**　内部感觉主要接受机体内部的刺激，反映身体的位置、运动和机体内脏器官的不同状态。属于内部感觉的有：肌肉运动觉、平衡觉、机体觉等。

(1) 肌肉运动觉的感受器主要分布在肌肉、肌腱和关节中，为机体提供身体运动的信息。当人们的肌肉收缩运动、关节角度改变时，肌肉运动觉感受器会随之而兴奋。

(2) 平衡觉是对身体运动的速率和方向的感觉。它的感受器位于内耳中的前庭器官。平衡觉可以保持身体的平衡状态，当机体加速、减速或者改变运动方向时，淋巴液将冲击前庭器官，产生平衡觉。平衡觉的失调常见于晕船、晕车等现象。

(3) 机体觉又被称为内脏觉，主要反映内脏各个器官的活动状态。它可以把内脏的变化及活动信息传入到感觉中枢，从而产生机体觉，对内脏活动的调节起重要作用。机体觉主要包括饥饿、饱胀、恶心、窒息等感觉。

三、感觉信息的神经加工

感觉的产生是分析器活动的结果。分析器是一种复杂的神经机构，它由三个部分组成：

笔记

感受器、传入神经以及大脑的相应中枢。因此，感觉信息的神经加工包括三个主要环节：对感受器的刺激过程，传入的神经活动，大脑的相应中枢，特别是大脑皮质的活动。具体来说，感受器接受刺激并将之转换成神经信息，信息通过传入神经传导入大脑的相应中枢，大脑的相应中枢对信息进行分析加工从而产生感觉。

（一）感受器和适宜刺激

感受器是感觉器官中直接接受刺激并将之转换为神经能量的物质。

在日常生活中，人们往往把感受器与感觉器官相混淆，或认为感觉器官就是感受器。例如，认为眼睛就是视觉的感受器。其实，感受器只是感觉器官中的一个特殊部分，即直接接受刺激而产生兴奋的部分。以视觉为例：尽管眼睛是视觉的感觉器官，但是眼睛中真正接受光刺激并产生兴奋的是视网膜上的视锥细胞和视杆细胞。它们就如同照相机中的感光胶片一样，是眼睛中的感光部分，即视觉的感受器。

此外，感受器还是一个换能装置。感受器所接受的刺激信息都是以物理、化学等能量形式而存在的，但由于神经系统只能以神经能量的形式（即神经冲动）传递信息，因此感受器必须将各种物理、化学等刺激能量转换为神经能量或神经冲动，这样才能通过传导神经传递到大脑的相应中枢。

感受器与刺激之间的关系是相对固定的，即大多数感受器只对某一特定刺激特别敏感并易产生兴奋，而对其他刺激则不敏感甚至不产生反应。例如，视觉感受器对波长在380～760nm之间的光刺激产生兴奋；听觉感受器对频率在16～20 000Hz之间的空气振动产生兴奋；嗅觉感受器对挥发性的物质产生兴奋；味觉感受器对分子能溶于水、唾液或脂类的物质产生兴奋等等。这些能使某种感受器特别敏感并产生兴奋的刺激，称为该感受器的适宜刺激。感觉的产生，首先必须依赖于适宜刺激对感受器的作用。

主要感知觉的适宜刺激和分析器见表5-1。

表5-1　主要感知觉的适宜刺激和分析器

类别	种类	适宜刺激	感受器	传入神经	脑的相应中枢
外部感知觉	视觉	可见光波	视网膜中的锥体细胞和杆体细胞	视觉通路中的传入神经和神经结细胞	枕叶的距状裂、两侧纹区
	听觉	可听声波	耳蜗内基底膜上的毛细胞	听觉通路的传入神经细胞	颞叶的听觉区
	肤觉	压力、温度、电击	皮肤中的触点、痛点、冷点、温点	三叉神经、分别传递轻微和精细触觉的神经	中央后回的第一感觉区、中央前回的第二感觉区
	嗅觉	能挥发的有气味物质分子	鼻腔上部黏膜中的嗅细胞	嗅觉传入神经、嗅球、海马等	边缘系统和皮层中的嗅觉功能区
	味觉	能溶于水、唾液或脂类的化学物质	口腔黏膜和舌面上的味蕾	味觉传入神经	中央后回下部
内部感知觉	机体觉	内脏器官活动状态	各内脏器官壁内的神经末梢	内脏感觉传入神经	下丘脑、第二感觉区以及边缘系统
	运动觉	骨骼肌运动、四肢及身体位置	肌肉、肌腱、韧带和关节中的小体	动觉传入神经	中央前回运动区
	平衡觉	头部及其与身体运动的速度和方向	内耳前庭器官中的纤毛上皮细胞	前庭传入神经	延髓、小脑和前外雪氏回

笔记

(二)传入神经和信息编码

感觉信息加工的第二个环节是传入神经的活动,它把感受器所发出的神经冲动传递到大脑的相应中枢。

感受器所产生的神经冲动与其所接受的刺激是一一对应的。感受器在将刺激能量转换为神经冲动的同时,以某种方式对刺激信息进行了编码,即以变换神经冲动的活动方式(如频率、节奏等)来表示或代表作用于机体的不同刺激。这个用某种方式的神经冲动来表示或代表作用于机体的刺激信息的过程,称之为编码。

(三)大脑中枢和感觉

感觉信息加工的最后环节,是大脑的相应中枢,特别是大脑皮质对传入信息进行分析、综合,从而产生感觉的过程。由于感觉仅反映事物的个别属性,因而其大脑的加工过程较为简单,往往只需要处理单一感受器所传入的信息。有趣的是,虽然感觉是在大脑中产生的,但是人们却意识不到这一点。相反,人们总觉得感觉是在外界环境或身体表面发生刺激的地方产生的。甚至刺激大脑皮质所引起的感觉也是如此。这种现象是往往是由于个人的习惯和过去经验的作用结果。

专栏 5-2

光幻视说明我们的大脑创造感觉

感觉是心理学最简单的概念之一。对大多数人而言较难理解的想法就是大脑及其感觉系统创造了我们所能感觉到的颜色、声音、味道、气味、软硬和疼痛。我们可以用下列方式来证明这一点。

请闭上你的双眼,然后用你的手指轻轻按压一只眼睛的内角。你将会在视野中的另一端"看见"一个由于手指按压而产生的图像,这个图像并不是光产生的。这种光感现象称为光幻觉(phosphenes)。通过按压,可以产生和光一样刺激你的视神经,就会产生虚幻的光感。有时候,在脑外科手术时,对枕叶的直接光刺激也可以产生相同的效果。这就说明光线对光感的产生并不是必不可少的。因此,有关光的感觉体验一定是大脑创造的,而不是由外部世界的本质属性所创造的。

光幻觉还具有实用价值。有些实验正在进行,研究者试图利用由摄像机传递到大脑枕叶皮质的刺激所造的光幻视为那些失明的人创造视觉。还有些实验的办法是用电子微芯片来替代部分视网膜。但是,这些技术的研究工作刚刚起步。

四、感受性与感觉阈限

(一)心理量与物理量

尽管感觉的产生是适宜刺激作用的结果,但是,并不是所有的适宜刺激都能引起感觉。例如,有些光线太暗,人们看不到它;有些声音太低,人们听不到它;有些气味太淡,人们闻不出它;有些运动太慢,人们觉察不出它。适宜刺激只有达到一定的强度,人们的感官才能产生反映,并形成相应的感觉。此外,当适宜刺激的强度发生变化时,人们对于改变的刺激也不是都能感觉得到。譬如,在原有的200只烛光中再加上一支烛光,人们是感觉不出光的强度有所变化的;只有当增加2支或更多只的烛光时,人们才能感觉到前后两种烛光在强度上的差别。这也就 是说,当适宜刺激的变化达到一定强度时,人们才能感觉到它的变化。

因此,早在19世纪中叶,科学家们就开始探讨感觉的产生及其强度的变化与刺激强度之间的关系,亦即研究心理量与物理量之间的对应关系。其中,一个重要的心理学问题就是确定从无感觉到有感觉之间(从看不见到看见,从听不见到听见),以及从感觉不到有变

笔记

化到感觉到有变化之间，刺激强度的精确数值，即感觉阈限。

所谓感觉阈限（sensory threshold），就是指能够引起感觉或感觉变化的刺激量。感觉阈限是一个物理量，具体表示引起感觉的刺激量的临界值，即刺激强度只有达到或超过了这个临界值，才能引起感觉或感觉变化。当然，对于不同的人来说，产生感觉的感觉阈限是不同的。对同一强度的刺激，有的人能觉察到它的存在，有的人则觉察不到；同样，有的人只需要较小的刺激强度就可以产生感觉或感觉变化，而有的人则需要较大的刺激强度才能产生相同的感觉或感觉变化。因此，感觉阈限的大小可以反映人的感觉能力，即感受性。

所谓感受性，就是感觉器官对适宜刺激及其变化的感觉能力。它是一个心理量，表示人的感觉敏锐程度。

感觉阈限与感受性之间呈反比关系。人产生感觉的感觉阈限越大，说明其感受性越低，感觉越不敏锐；感觉阈限越小，则说明其感受性越高，感觉越敏锐。

每一种感觉都有两种类型的感觉阈限和感受性，即绝对感觉阈限和绝对感受性、差别感觉阈限和差别感受性。下面我们分别加以探讨。

（二）绝对感受性与绝对感觉阈限

绝对感觉阈限是指刚刚能够引起感觉的最小刺激量。绝对感受性则是指感觉器官对最小刺激量的感觉能力。

绝对感觉阈限并不是一个单一的、绝对的强度值，而是一个统计学上的相对强度值。因为，在现实生活中并没有一个绝对的强度值，一旦强度高于它，感觉就总是必然可靠地发生，一旦强度低于它，感觉就完全不会发生。对绝对感觉阈限进行测量时，心理学家发现，随着刺激强度的逐渐增加，被试对刺激的觉察是一个渐进的而不是突变的过程，即从觉察不到，到有时能觉察到，到有时觉察不到，再到完全能觉察到。如图 5-1 所示，随着刺激强度的增加，被试报告觉察到的刺激次数（百分数）随之增加；按照惯例，心理学家把实验中有 50% 的次数被觉察到的刺激强度值定为绝对感觉阈限。

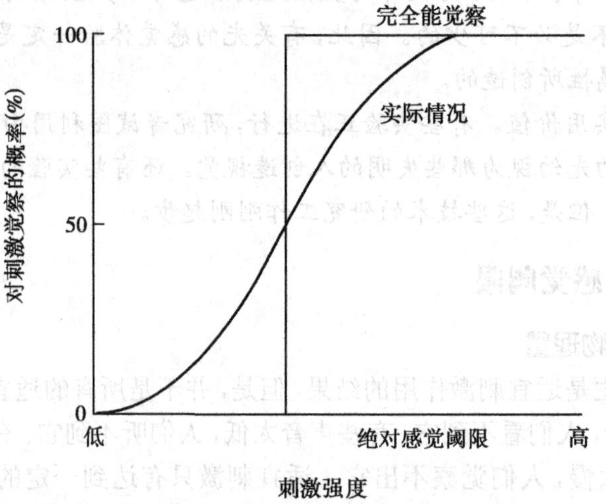

图 5-1　刺激强度与觉察概率之间的典型关系

绝对感觉阈限和绝对感受性之间也是呈反比关系。如果用字母 R 表示绝对感觉阈限，用字母 E 表示绝对感受性，则两者之间的数学关系可表示为：

$$E=\frac{1}{R}$$

在适当的条件下，人的绝对感觉阈限是很低的。例如，在空气完全透明的情况下，人能看到 1km 远处的千分之一烛光的光源。如果用这个能量把 1g 水加热 1℃，要花 6000 万年

笔记

的时间。有关常见感觉的绝对感觉阈限可见表 5-2。

表 5-2　常见感觉的绝对感觉阈限

感觉种类	绝对感觉阈限（实际观察所测数值）
明度视觉	在空气清新无月光夜晚能看见 1km 远处千分之一烛光强度的亮光
音响听觉	在安静环境中可听到 6m 外表的走针声
甜度味觉	在 9L 纯水中加入 1 茶匙蔗糖的均匀溶液
香味嗅觉	能嗅出在 1L 洁净空气中均匀分布的 1 亿分之一毫克的人造麝香
压力触觉	每秒 0.25m 的风速
温度肤觉	与手掌表皮接触的物体在两者温度之间有正负 1℃之差

（三）差别感受性与差别感觉阈限

差别感觉阈限是指引起差别感觉的最小刺激量。差别感受性是指对两个刺激间最小差别量的感觉能力。

在现实中，人们不仅要感受一个刺激是否存在，还要感受刺激的强度是否有所变化或不同。同样，当刺激的强度发生改变时，人类并非都能觉察得到；只有当刺激强度的变化达到一定的量值时，人们才能觉察到前后两个刺激在强度上是有所差别的。例如，在原来 100g 重量的砝码上加 1g 重量，我们并不能感觉到砝码重量的增加，但当重量增加到一定程度时，我们就能感觉到砝码重量的增加了。那个刚刚能被觉察到的刺激强度的最小变化量值或差别量值，就是差别感觉阈限，也称作“最小可觉差”。当然，差别感觉阈限也是一个相对的强度值，通常心理学家把实验中 50% 的次数被觉察到的刺激强度差别值定为差别感觉阈限。差别感觉阈限和差别感受性也呈反比关系。差别阈限越小，差别感受性就越强。

1834 年，科学心理学的先驱、德国生理学家韦伯（E.H Weber）潜心研究了差别感觉阈限与原初刺激量之间的关系。他发现，如果以 R 表示原初的刺激强度，以 R+ΔR 表示刚刚觉察出有变化的刺激量，那么在中等强度范围内，每种感觉的差别阈限与其原初刺激量之间的比值都是一个常数，用数字公式表示即为：

$$\frac{\Delta R}{R}=K$$

在该公式中，R 为引起原初感觉的刺激量，ΔR 为刺激量的增加值即差别阈限，K 为常数（称韦伯常数或韦伯比值）。该公式表明，当 R 的大小不同时，ΔR 的大小也不同，但两者的比值则是一个常数。现以上述托举重量的情况为例，原托举重量为 100g 时，需增加到 103g 才能刚刚使人产生比原初重量“稍重一点”的差别感觉。因此，这时的差别感觉阈限 ΔR 为 103g 减去 100g，等于 3g；同理，在原托举重量为 200g 或 300g 时，其差别感觉阈限分别为 6g 和 9g。将上述各差别阈限值分别与相应的原托举重量相比，其比值均相等（K=3/100=6/200=9/300=0.03）。这表明，必须在原初重量的基础上增加 3% 的重量，人才能觉察出它比原初重量稍重一些。由于这个公式阐明了感觉如何随着刺激的变化而变化的规律，因而该规律被称为韦伯定律。表 5-3 为几种常见感觉在中等强度刺激条件中的韦伯常数。

表 5-3　种常见感觉的韦伯常数

感觉种类	韦伯常数
听觉音高	1/333
皮肤重压	1/77

笔记

续表

感觉种类	韦伯常数
视觉明度	1/62
听觉响度	1/11
提举重物	1/33
皮肤触压	1/7
味觉咸味	1/5

从表 5-3 可见，不同感觉的韦伯常数有相当大的差别。韦伯常数越小，则感觉的差别感受性越高，感觉越敏锐。

虽然韦伯定律揭示了感觉的某些规律，但各种感觉系统的韦伯分数只适用于中等强度刺激，刺激强度过强或过弱，比值都会发生改变。

19 世纪德国心理物理学家费希纳（G.T Fechner）在韦伯定律基础上，建立费希纳定律。其公式为：

$$S=K\log R$$

其中 S 是感觉强度，R 是刺激强度，K 是常数。简单来说，这个定律说明了人的一切感觉，包括视觉、听觉、肤觉（含痛、痒、触、温度）、味觉、嗅觉、电击觉等等，都遵从感觉不是与对应物理量的强度成正比，而是与对应物理量的强度的常用对数成正比的。也正是因为这个定律，心理物理学才作为一门新的学科建立起来。

第二节 视 觉

视觉（vision）是人类最重要的感觉之一，常常处于主导地位。首先，视觉是人类获取各种信息的主要通道，人类获取的外界信息中 80% 来自视觉。比如，有了视觉，人们才能看见自己的家人朋友，阅读书籍和杂志，看到大自然美丽的景色等。其次，当人类通过其他感觉获取来的信息与视觉获取的信息不一致时，人们更相信视觉获取的信息。

一、视觉刺激

人们要看到外界的事物，就需要光线。宇宙中充满了不同的电磁波，在这不同波长的光线中，只有一小部分才是人眼可以感觉到的，才能够产生视觉。对于视觉，适宜的波长范围是 380～780nm，我们称这一段的电磁波为可见波，即可见光谱（图 5-2）。在电磁波的广阔区域中，它只约占整个电磁波的 1/70。短于 380nm 及长于 780nm 的电磁波人们是看不到的。

可见波具有三种物理属性，即强度、波长和纯度。这些属性分别决定了视觉经验的明度、色调及饱和度。光的强度就是在平面上光的总量，也称为照度。波长不同所引起的色调感觉也是不同的。例如，波长 510nm 为绿色，580nm 为黄色。光的纯度是代表光的成分纯杂性的指标，它决定的视觉经验是饱和度。例如，鲜红色的饱和度较大，浅蓝色的饱和度较小。

二、视觉的生理机制

视觉的器官是眼球（图 5-3），其生理机制包括折光机制、感光机制、传导机制和中枢机制。

笔记

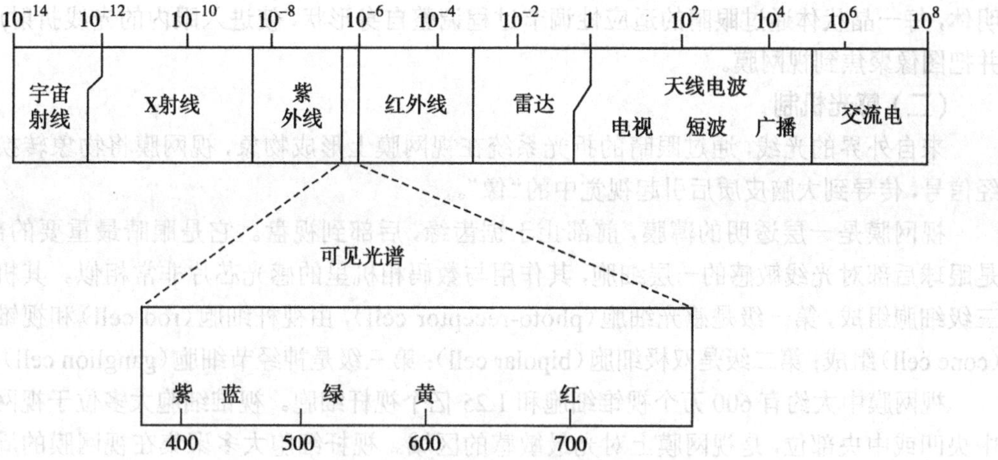

图 5-2　电磁波与可见光谱

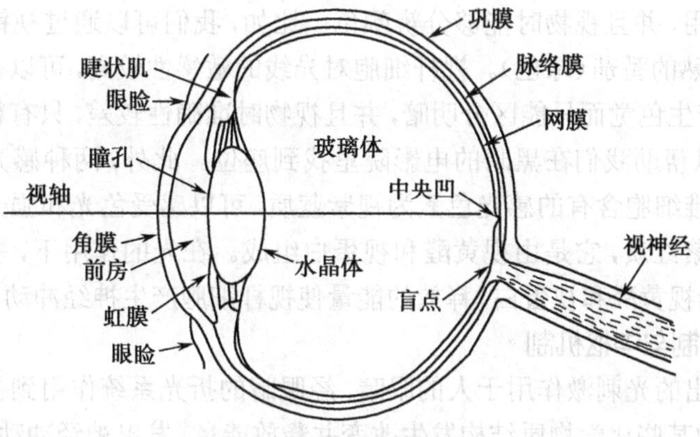

图 5-3　人眼的构造

(一) 折光机制

人的眼睛是人类的视觉器官，它的基本功能就是将来自外部世界千变万化的视觉刺激转换为视觉信息，使人们感觉得到。

眼球形状近似于一个球形，前端稍突出，它的构造颇似照相机，具有较完善的光学系统及各种使眼球转动并调节光学装置的肌肉组织。眼球由眼球壁和眼球内容物两部分组成。

眼球壁由外层、中层和内层组成。外层由角膜和巩膜构成。角膜是眼球外层的前 1/6 部分，它是一透明的无血管的组织，是眼睛屈光系统的重要组成部分。巩膜是眼球最外层的后 5/6 部分，它是一灰白色不透明的厚而坚韧的纤维组织，主要的功能是维持眼球的形状，保护眼内容物。眼球壁的中层是含有大量血管和色素的组织，又称血管膜或色素膜，它是由虹膜、睫状体和脉络膜三部分组成。虹膜位于色素膜的最前部，其中心的孔叫瞳孔，它会随着落在视网膜上光线的强弱而开大或缩小。睫状体前接虹膜后接脉络膜呈环状，其内有睫状肌。当睫状肌收缩时与它连接的晶体韧带便松弛，晶体的凸度增加，视近就清楚。如果持续过度地近距离看书、写字，使睫状肌持续性地收缩，甚至呈痉挛状，便会出现假性近视。这时如散瞳，将睫状肌麻痹后，还存在的近视便是真性近视。脉络膜占色素膜的 2/3。它有丰富的血管组织来营养内层的视网膜，并有大量的色素细胞吸收杂光，给眼球内提供一暗环境，使视网膜更清晰地成像。眼球壁的内层是视网膜，是眼球的感光部分，由视细胞和神经纤维构成。

眼球的内容物包括房水、晶状体和玻璃体。这些机构和眼球前端的角膜，构成了眼球的屈光系统，其中主要是角膜和晶状体。晶状体富有弹性，是在眼球内充当双凸透镜的透

笔记

明体，每一晶状体通过眼睛的适应性调节过程调整自身形状，使进入眼内的光线折射成像，并把图像聚焦到视网膜。

（二）感光机制

来自外界的光线，通过眼睛的折光系统在视网膜上形成物象，视网膜将物象转换成神经信号，传导到大脑皮质后引起视觉中的“像”。

视网膜是一层透明的薄膜，前部止于锯齿缘，后部到视盘。它是眼睛最重要的部分，是眼球后部对光线敏感的一层细胞，其作用与数码相机里的感光芯片非常相似。其机构由三级细胞组成，第一级是感光细胞（photo-receptor cell），由视杆细胞（rod cell）和视锥细胞（cone cell）组成；第二级是双极细胞（bipolar cell）；第三级是神经节细胞（ganglion cell）。

视网膜中大约有600万个视锥细胞和1.25亿个视杆细胞。视锥细胞大多位于视网膜的中央凹或中央部位，是视网膜上对光最敏感的区域。视杆细胞大多聚集在视网膜的周边部位。它们的形状不同。视锥细胞呈锥形，短而粗，视杆细胞呈棒状，长而细。两种感光细胞在光敏感性上也存在着差别。视锥细胞对光线的敏感性较低，是昼视器官，只能在类似白昼的强光下起作用，并且视物时能够分辨颜色。比如，我们可以通过视锥细胞分辨熟了的番茄（红色）和不熟的番茄（绿色）。视杆细胞对光线的敏感性较高，可以在昏暗的环境中引起视觉，但不能产生色觉而只能区分明暗，并且视物时准确性较差，只有粗略的轮廓感。因此，视杆细胞可以帮助我们在黑暗的电影院里找到座位。此外，两种感光细胞还含有不同的感光色素。视锥细胞含有的感光色素为视紫蓝质，可以感受色光和强光。视杆细胞含有的感光色素为视紫红质，它是由视黄醛和视蛋白组成。在光的作用下，视紫红质发生光化学反应，分解成为视黄醛和视蛋白，释放的能量使视杆细胞产生神经冲动。

（三）传导机制与中枢机制

外界事物发出的光刺激作用于人的眼睛，经眼睛的折光系统作用到视网膜上的感光细胞，感光细胞中的某些化学物质结构发生改变并释放能量，发出神经冲动，神经冲动被传入视网膜膝状体纹状皮质通路。该通路通过丘脑的外侧膝状体把视网膜的信息传到一级视皮质层或纹状区。由视神经节发出的神经信号，沿着大脑内的两条视束传递，通过视交叉处交叉，到达丘脑的外侧膝状体进行初步加工，最终，视神经冲动从外侧膝状体发出，在扩散到二级皮质区之后，到达大脑枕叶的一级视皮质，产生各种视觉。

三、明度

明度（brightness）是眼睛对光源和物体表面的明暗程度的感觉，主要由光源光线的强弱所决定，是一种视觉经验。当人们看到的光源是光线发出时，明度就决定于光源的强度。一般来说，光源强度越强，人们看到的物体越亮；光源强度越弱，看到的物体越暗。生活中我们看到的光线，大部分是来源于物体表面反射的，这些光线被反射后进入眼睛，而不是直接来自于光源，所以明度取决于物体表面的反射系数。光源的照明度越强，物体表面的反射系数越大，物体看上去就会越明亮。反之，物体看上去就会越暗淡。例如，在同样强度的光源照射下，黑色的纸反射出投射光的4%，而白色的纸能够反射投射光的85%，所以白色的纸要比黑色的纸的明度高出很多。但是，光源的强度与明度也并不完全一致。例如，一只灯泡的亮光，在白天时会显得暗些，在夜晚时会显得更明亮。所以，光源的强度相同，使人们产生的明暗感觉可以是不相同的。

在可见光谱的范围内，人的眼睛对不同波长的光线感受性是不同的。在人眼的结构中，视锥细胞能吸收可见光谱中的所有波长的光，尤其对可见光谱的中央部分最敏感，波长约为555nm，对波长低于500nm及高于625nm的可见光感受性较差。从明度上来看，480nm光线的明度只有555nm光线的20%。视杆细胞较视锥细胞相比，对较短波长的光感受性

笔记

高，而对高于620nm的红光，是不敏感的。当由白天到夜晚时，人的视觉会由视锥细胞向视杆细胞转变，对可见光谱的感受性将会向短波方向移动，明度会发生改变。例如，在白天阳光的照射下，蓝色的花与红色的亮度可能相同，但在夜晚时，蓝色的花似乎比红色的更亮些。这种现象称为浦肯野（J. E Purkinje）现象。这也说明在不同光照的条件下，人产生的视觉体验也不同。

四、颜色

（一）什么是颜色

颜色（color）是光波作用于人眼引起除形象以外的视觉特性。颜色可以分为彩色和非彩色两大类别。彩色是指除了黑色、白色和各种不同程度的灰色以外的所有颜色。非彩色包括黑色、白色和介于二者之间的深浅程度不同的灰色。

颜色具有三种基本属性：即明度、色调和饱和度。

1. **明度** 色调相同的颜色，明暗程度也可能不同。例如，暗紫色和粉红色，两种颜色都含有红色，但前者明显暗些，后者亮些。颜色的明度与视觉的明度有所不同。视觉的明度主要是由光线的强弱决定的，是一种视觉经验。颜色的明暗程度是由光源的照明强度和物体表面的反射系数决定的，光源照明的强度越大，物体反射系数越高，明度就越大，物体看起来就会更亮；反之，光源照明的强度越小，物体反射系数越低，明度就越小，物体看起来就会更暗。例如，白色的衣服反射系数大，因此看上去很明亮显眼；黑色的木板反射系数小，看上去很暗淡。

2. **色调** 色调（hue）主要是指人眼在光谱上可以区分出的红、橙、黄、绿、青、蓝、紫等颜色，每一种颜色都与一定波长的光线相对应。颜色视觉是一个很复杂的心理物理现象，人产生的不同色觉主要是不同波长的光线作用在视网膜上，从而在人脑中形成的主观映像。色调主要决定于光波的波长。对于光源来说，由所占优势的波长来决定色调，不同的优势波长，决定不同的色调。例如，如果470nm的波长占优势，光源看上去就是蓝色的。对于物体表面来说，色调取决于物体表面所反射的光线中占据优势的那种光线。

3. **饱和度** 饱和度（saturation）是指某种颜色的纯、杂程度或鲜明程度。饱和度是色调的表现程度，它决定于光波的纯杂程度。物体表面反射的光波中，其决定色调的光波所占的比例越大，饱和度就越高；反之，饱和度越低。高纯度色调加白色或黑色可以提高或减弱它们的明度，但都会降低它们的纯度。例如红色，当其加入白色时，就变成了粉红色；当其加入黑色时，就变成了深红色；当其加入黑色时，其明度没有改变，而纯度降低了。

（二）颜色混合

将不同颜色的光混合在一起称为颜色混合。绝大多数颜色现象都是由不同波长的光波混合而形成的。颜色混合可以分为两种：色光混合和颜料混合。色光混合是将不同波长的光混合在一起，用的是加色法，是各种波长的光相加；颜料混合是将颜料在调色板上进行混合，用的是减色法，是颜料吸收了一定波长的光线。在光谱上，各种彩色和非彩色的混合光，都可以由红、绿、蓝三种颜色按不同比例混合而产生，因此这三种颜色被称为三原色。所谓三原色，就是指这三种颜色中的任意一颜色都不能由另外两种原色混合产生，而其他颜色可由这三种颜色按照一定的比例混合出来。

例如：色光混合：蓝色＋绿色＝蓝绿色

红色＋绿色＝黄色

颜料混合：黄色＋蓝色＝绿色

黄色＋红色＝橙色

不同颜色的光混合在一起，具有以下的规律：

笔记

1. **互补性** 每种颜色都会有与另一种颜色混合时产生白色或者灰色的颜色，这两种颜色就称为互补色。例如，绿色与紫色、蓝紫色与黄色、朱红色与青绿色等。

2. **间色性** 如果将两种非补色颜色混合，那么将产生一种介于两种颜色之间的中间色，这就是颜色混合的间色性。例如，黄色与红色混合后，产生介于两种颜色之间的橙色。

3. **代替性** 若不同颜色混合后产生相同的颜色，那么它们之间可以相互代替，只要感觉颜色是相似的。这一规律只适用于色光混合。

（三）色觉缺陷

色觉缺陷包括色弱（color weakness）和色盲（color blindness）。

1. **色弱** 色弱主要是辨色功能低下，对颜色的感受性降低。色弱分为全色弱和部分色弱。生活中最常见的是红色弱和绿色弱。红色弱的人，视网膜上感红细胞中所含有红敏视红色素异常，对红色光线不够敏感；绿色弱的人，视网膜上感绿细胞中所含的绿敏视色素异常，对绿色光线不够敏感。这两种色弱，对红色和绿色的分辨能力都比较差。色弱的程度也有轻有重。重度的红、绿色弱与红、绿色盲差不多，分辨红、绿色有很大困难。轻度者，能分辨红、绿两色，但略有困难。

色弱通常是先天遗传的，后天性色觉异常比较少见，多半都是视网膜有了病变的后果。如果是先天的原因，目前是无法治疗的。色弱患者，虽然能看到正常人所看到的颜色，但辨认颜色的能力还是很差，在刺激光线较暗时，易分辨不出颜色并产生色觉疲劳。

2. **色盲** 色盲是指不能辨别某些颜色或全部颜色，丧失颜色感觉的现象。色盲可以是先天性也可以是后天性。先天性色盲最多见红绿色盲，是一种遗传疾病，且与性别有关，主要是通过性连锁隐性遗传（X-linked recessive inheritance）。临床调查显示，发生率在我国男性为5%～8%、女性0.5%～1%，男性患者人数大大超过女性。

色盲分为全色盲和局部色盲两类。全色盲属于完全性视锥细胞功能障碍，患者尤喜暗且畏光，表现为昼盲。七彩世界在其眼中都是一片灰暗，如同观看黑白电视一般，仅有明暗之分，而无颜色差别。此外还有视力差、弱视、中心性暗点、摆动性眼球震颤等症状。它是色觉缺陷中最严重的一种，患者较少见。部分色盲常见于红色盲、绿色盲、蓝黄色盲等。红色盲又称第一色盲。患者主要是不能分辨红色，对红色与深绿色、蓝色与紫红色以及紫色不能分辨。常把绿色视为黄色，紫色看成蓝色，将绿色和蓝色相混为白色。绿色盲又称第二色盲。患者不能分辨淡绿色与深红色、紫色与青蓝色、紫红色与灰色，把绿色视为灰色或暗黑色。蓝黄色盲又称第三色盲。患者对蓝黄色混淆不清，对红、绿色可辨，较少见。

专栏5-3

颠倒世界的形象

连续戴上一副把视野倒过来的透镜系统，其效应是乔治·斯特拉顿（G.M Stratton，1897）在加利福尼亚大学首先研究的。斯特拉顿把一副透镜只戴在右眼上，戴了8天；左眼用手巾蒙起来。光学效应是把全部视野完全上下倒置，而且左右换了位置。

斯特拉顿报告，由于配戴了这种透镜，产生了严重的、即时的定向力障碍。视觉和身体运动的协调破坏得很厉害。他伸手拿视觉上所知觉到了的东西，但是方向错了，而且听到声音来自与他们所知觉到的视觉来源相反的方向。要在许多“尝试 - 错误”中摸索，才能完成这样一些简单的动作，诸如用叉子叉住食物并且把它送到嘴里。过了差不多3天之后，这种定向力障碍才减少，而且到8天之后，新的视觉 - 动觉协调才变得很熟练。一天一天过去之后，他甚至习惯了，很少觉得视觉景物是倒过来的了。脱去这副透镜后，这种成功的适应本身被破坏以致在恢复了的却又不再感到正常的环境下，又发生了某种程度的定向力障碍。很幸运，这第二种效应持续了仅仅一小段时间。

笔记

（四）色觉理论

目前，解释色觉现象及其机制的色觉理论，占主导地位的是英国科学家杨格（T Young）提出、1860 年由赫尔姆霍茨（H Helmholtz）发展的三色说和赫林（E Hering）提出的四色说。这两种学说已在新的科学成果的基础上相互补充，逐步得到了统一。

1. **三原色理论** 杨 - 赫尔姆霍茨提出三原色理论。根据颜色混合的事实，英国科学家杨格在 19 世纪初首先提出了三原色的假设，赫尔姆霍茨在此基础上，又加以发展，提出了视觉的三原色理论。该理论认为，人的眼睛内有三种颜色感受器，即视网膜中的三种锥体细胞，每种锥体细胞的兴奋引起一种原色的感觉。光谱中，不同波长的光刺激都能引起三种锥体细胞强度不同的兴奋，产生不同的颜色经验。例如，光谱长波端的光同时刺激红、绿、蓝三种锥体细胞时，只有感红锥体细胞兴奋最强，就会产生红色的感觉。同理，中间波段的光会引起感绿锥体细胞最强的兴奋，就会产生绿色感觉；短波端的光引起感蓝锥体细胞最强兴奋，就会产生蓝色感觉。如果一种光能引起三种锥体细胞同时兴奋，就产生白色感觉。若一定波长的光能使一种锥体细胞兴奋最强，而其他两种锥体细胞虽也同时兴奋，但没有第一种锥体细胞兴奋的强度大，那么便会引起带有颜色的白光感觉。三原色学说用较为简单的假设说明了复杂的色觉现象，为大部分人所接受。

通过现代神经生理学的研究发现，在人眼的视网膜上确实存在着三种感色的锥体细胞，每种锥体细胞的色素在光线照射下会吸收某些波长而反射另一些波长的光。每种锥体细胞色素对光谱不同部位的敏感程度不同，即具有不同的光谱吸收曲线。根据光谱吸收曲线可见，三种锥体细胞吸收的峰值分别在波长 440～450nm、530～540nm、560～570nm。因此可以发现，一种锥体细胞色素吸收光谱中蓝端的光比吸收其他部分的光多，它是专门感受蓝光的；另一种锥体细胞色素吸收光谱中间波长的光，即绿光最敏感，所以它是专门感受绿光的；第三种锥体细胞色素主要对红光起反应，因而它是专门感受红光的。

神经生理学的这些研究发现有力地支持了三原色理论，该理论也为色觉的研究和实践的发展作出了重大贡献。但是，这个理论也有其缺陷性。例如，按照该理论的观点，单色盲应该分为三种，即红色盲、绿色盲和蓝色盲。红绿色盲者按照该理论是没有感红和感绿的锥体细胞，因此不具备合成黄色的条件，但实际上红绿色盲的患者却仍有黄色的感觉，这与患者实际的色觉经验是不符的。除此之外，色盲患者应当缺乏一种或几种视锥细胞，而白色是由三种视锥细胞同时兴奋时产生的，因而色盲患者是不应当有白色感觉的，然而事实上全色盲患者同样有白色的感觉。

2. **色觉对立机制理论** 赫林根据很多颜色看起来都是混合色，只有红、绿、黄、蓝看起来不是混合色而是纯色的现象，提出了四色说，它是色觉对立理论的前身。他认为，视网膜上有三对视素。即红 - 绿视素，黄 - 蓝视素和黑 - 白视素。他也认为任何颜色和白光都能引起黑白机制的活动，如果等量的黄光和蓝光混合，它们能引起黑白机制的活动，看起来是黄刺激可以抵消蓝刺激的作用，两种颜色是颉颃的，所以最后只有白色的感觉；等量的红光和绿光混合，根据同理，绿刺激可以抵消红刺激的作用，也只能产生中性的明度感觉；因而赫林提出有三对起颉颃作用的器官，即红和绿感受器，黄和蓝感受器以及黑和白感受器。如果黄光和蓝光混合，黄光又高于蓝光的强度，它们都能引起黑白机制的活动，而在黄蓝机制上蓝光又不能完全抵消黄光的效应，结果就产生一个不饱和的黄色感觉。如果同时呈现黄光和红光，这两种光能影响红绿机制和黄蓝机制，结果是红和黄的混合，即橙色。按照这个学说，负后象的产生是由于颜色刺激停止后，与此颜色有关的对立过程开始活动，因而产生原来颜色的补色。色盲则是由于缺乏一对或两对感受器的结果。

现代生理学的很多材料也证明颜色视觉对立机制的存在。尼科尔（M Nichol）和巴斯特（W Buster）1960 年在刺激金鱼的视网膜时发现，无论刺激落在神经节细胞感受野的哪个

笔记

位置，短波和长波刺激都会产生相反的效应。他们还发现神经节细胞中存在着色觉的同心感受野，即某一波长的光，当刺激感受野中心时可引起兴奋作用，刺激外周时则引起抑制作用；而其补色则与之相反，刺激感受野中心引起抑制作用，刺激外周引起兴奋作用。神经生理学家沃劳艾斯（D Valois，1968）等人研究短尾猴外侧膝状核细胞的反应特点时发现，大约有 75% 的细胞对颜色有反应。不同波长的光，在刺激视网膜时，细胞放电率的变化是不同的。例如，红光刺激时，放电率会增加，绿光刺激时，放电率会减少。根据视网膜神经节细胞及外侧膝状核细胞对白光和颜色光的不同反应，可分出一种对白光反应的细胞和四种对颜色有相互颉颃反应的细胞。第一种是 600～680nm 的红光使其产生兴奋作用，波长短于 590nm 的绿光使其产生抑制作用的细胞（+R–G）；第二种是与之作用相反的，红光使其产生抑制作用而绿光则使其产生兴奋作用的细胞（+G–R）；第三种是光谱上蓝端的光使其产生抑制作用，而 520～670nm 的黄光使其产生兴奋作用的细胞（+Y–B）；第四种效应相反，即黄光使其产生抑制作用，蓝光使其产生兴奋作用的细胞（+B–Y）。这四种起颉颃作用的感色细胞的发现支持了赫林的四色学说，但对三原色能产生光谱上的一切颜色这一学说则不能给予说明。

现代神经生理学的发现既支持了三色说也支持了四色说。支持三色说的机制是在视网膜的三种锥体细胞分别对不同波长光线敏感；支持四色说的机制是视网膜神经节和外侧膝状核中四种起颉颃作用的感色细胞。因此，色觉过程可分几个阶段，即颜色视觉机制在视网膜感受器水平是三色的，符合杨 - 赫尔姆霍茨三原色说；在视网膜感受器以上的视觉传导通路上又是四色的，符合赫林的四色说，最后在大脑皮质的视觉中枢产生各种色觉。

第三节　听　觉

在人的各种感觉中，除了视觉以外，另一种重要的感觉就是听觉（hearing）。请设想一下，如果人们失去了听觉，那么人类的世界将会变成怎样？听觉和视觉一样，可以帮助人们对空间里的物体定位，比如有人呼唤我们的名字时，我们可以确定声音从何而来。听觉还可以让我们知道那些看不到的东西，例如我们与别人沟通时的语言、欣赏到的美妙音乐或者从后面行驶来的汽车等等。因此，听觉对于人类是一种非常重要的感觉。

一、听觉刺激

物体振动时所产生的声波是听觉的适宜刺激，也可以认为听觉刺激是物体振动所引起的音媒振动。所谓音媒，就是指传递声音的媒体。一般而言，音媒主要是空气。由于作为声源的物体振动，对周围空气产生压力，引起周围空气振动，发出空气疏密波而产生声波。声波再通过空气传递到人耳，最终在人耳内产生听觉。例如，人们可以通过琴弦的震动，听到它演奏的音乐；可以通过音乐家声带的震动，听到他的歌声。除了空气之外，水或其他物体也可以成为音媒。

声波具有三种物理属性，即频率、振幅和波形。与这三种物理属性相对应的，则是听觉的三个基本特征：音调（或称高音）、音响（或称响度）和音色。

1. **频率**　频率是指发声的物体每秒钟振动的次数（周 / 秒），其单位是赫兹（Hz）。声音不同，其频率也是不相同的。一般声音的频率越高，音调就越高；频率越低，音调就越低。例如：成年男子声带厚长，振动较缓慢，说话时声带振动的频率低，发出的声音较为低沉；女子和小孩，声带薄短，振动较快，说话时声带振动的频率高，发出的声音比男子高得多。人耳所能接受的适宜刺激是频率为 16～20 000Hz 的声波。人的听觉感受性在 1000～4000Hz 的声波范围内最高，低于 500Hz 和高于 5000Hz 声波需要较大的强度才能被感觉得

笔记

到。16Hz 以下和 20 000Hz 以上的声音都是人耳不能接受的。人的听觉也会随着年龄的变化而不同，儿童能听到 30 000～40 000Hz 的高音，50 岁以上的人只能听到低于 13 000Hz 的高音。

2. **振幅**　振幅是指振动物体偏离起始位置的大小。各种发声体的振幅大小是不相同的，它们对空气形成的压力大小也就不相同。声波越强，振幅越大，压力越大，声音就越响；声波越弱，振幅越小，压力越小，声音就越弱。声音强度的测量单位为巴，是用单位面积所受压力的大小来表示的，通常 1 巴 =1 达因 / 平方厘米。一般情况下，声音的响度与声波的强度两者是对数关系，有时声音强度也用声压水平（SPL）来测量，它的单位是分贝（db）。所谓 1 分贝就是两个声音的强度比率为 1∶1.26。也就是说，第一种声音若是相当于第二种声音的 1.26 倍，那么第一种声音就比第二种声音强了 1 度（1 分贝）。

3. **波形**　波形是由不同发声体自身特点所决定的。波形是区分频率和振幅相同，但振动成分不同的声音的特殊品质。根据声波的物理特征，可以分为纯音和复合音。所谓纯音，是以单纯正弦曲线运动的声波，是最简单的声波。复合音是由多个频率、振幅不同的声波组成的。人们在日常生活中听到的声音大部分不是纯音，而是复合音。这些声音的波形是由构成复合音的各个部分声波的相互作用而决定的。发声体不同，波形就不同。例如，小提琴与二胡演奏同样一个音符时，它们的波形却是不同的，人们可以依此区分开来。

根据复合音是否具有周期性特征，将其分为两类，乐音和噪声。乐音是指呈周期性的声波振动，如钢琴奏出的歌曲，歌手演唱的歌声。乐音对人的健康是有益的，能够帮助人们放松精神，缓解疲劳，治疗疾病。例如，心理治疗中的音乐疗法，可以通过放松音乐，治疗患者的失眠、焦虑、抑郁等症状。噪声是指呈非周期性的声波振动，也可以理解为是人们不需要的声音。例如，建筑噪声、交通噪声、工业噪声、社会噪声等。太强的噪声对人的健康是有害的，已成为城市公害之一。研究表明，长期在高分贝的噪声环境里生活和工作，会使人感到耳内疼痛、不适，人的听力会受到严重损害。同时，噪声还会使人头晕目眩、容易疲劳、注意力不集中、产生消极情绪及大大降低学习与工作效率，产生诸多不良影响。

二、听觉的生理机制

（一）听觉的器官

听觉的外周感觉器官是耳。耳由外耳、中耳和内耳三个部分组成。听觉感受器和位觉感受器位于内耳，因此又称位听器。

外耳包括耳郭和外耳道，它与中耳被鼓膜分隔开，它的主要作用是收集声音刺激。耳郭形似喇叭，它的前外面有一个大孔，称为外耳门，它与外耳道相连接。耳郭的大部分以位于皮下的弹性软骨为支架，下方的小部分在皮下只含有结缔组织和脂肪，这部分称为耳垂。

中耳由鼓膜、三块听小骨（锤骨、砧骨、镫骨）、卵圆窝及正圆窗组成。鼓膜为半透明的薄膜，声音通过外耳道传至鼓膜，鼓膜随声波的振动而产生机械振动，这种振动与声波刺激同始终，起到准确一致地传达声音的作用。同时，鼓膜外形呈浅漏斗状，可以使周围的振动传达至顶端时，振幅减小而振动强度增加，直接或间接地保护中耳和内耳。锤骨的锤骨柄衔接于鼓膜脐部，在鼓膜振动时，会使锤骨柄旋转，进而带动砧骨，砧骨的长突又会带动嵌在卵圆窝上的镫骨，把声音传到卵圆窝，使内耳中的淋巴振动。这条传导途径称为生理性传导。此外，声音的传导还包括空气传导和骨传导两种途径。声波的振动通过外耳、中耳的空气传导至内耳，称为空气传导。声波通过颅骨的振动，引起颞骨骨质中的耳蜗内淋巴发生振动，引起听觉，称为骨传导。骨传导极不敏感，正常人对声音的感受主要通过空气传导。

笔记

内耳由前庭器官和耳蜗组成。耳蜗是人的听觉器官。它主要由一条骨质的管道围绕一个锥形的骨轴盘旋2.50～2.75周而成。在耳蜗管的横断面上可以见到两个膜，一个为横行的基底膜，一个为斜行的前庭膜。这两个膜将耳蜗管分成了三个腔，即前庭阶、蜗管和鼓阶。前庭阶与卵圆窗膜相接，鼓阶与正圆窗膜相接，内部都充满了淋巴液。蜗管为一个盲管。位于基底膜上的柯蒂氏器（Corti' s organ）是由大量支持细胞和毛细胞组成，它们都是听觉的感受器。支持细胞具有支持作用，与鼓阶中的外淋巴相通而与蜗管中的内淋巴隔绝。毛细胞顶部有听毛，底部有耳蜗神经纤维的分布，与盖膜接触或插入盖膜中。当声波传到内耳时，引起淋巴液的振动，基底膜随之也会振动，毛细胞与盖膜的位置开始发生变化，从而引起毛细胞发生电位变化，产生动作电位，实现能量转换（图5-4）。

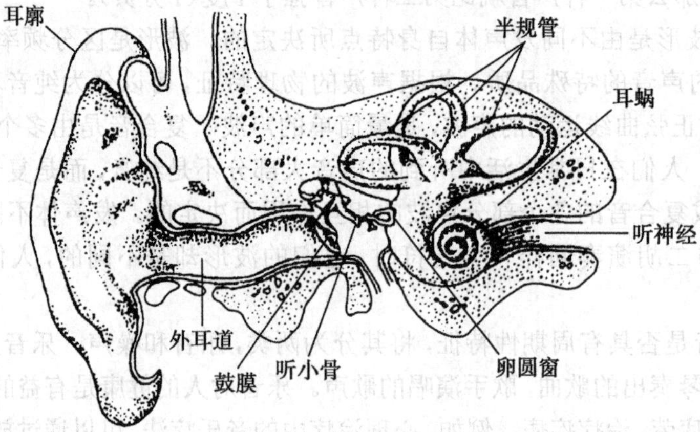

图5-4　人耳的构造

外耳和中耳担负传导声波的作用。当这些部位发生病变时，会引起听力减退，称为传导性耳聋。例如慢性中耳炎所引起的听力减退。当内耳及听神经部位发生病变时，所引起的听力减退，称为神经性耳聋。例如某些药物（链霉素）可损伤听神经而引起耳鸣、耳聋，故使用这些药物时要慎重。

（二）听觉信息的传导

声波传入耳蜗后，耳蜗对声音刺激的最后电反应是听神经纤维的动作电位改变，它是耳蜗对声音刺激的编码和换能作用，也是传入中枢听觉产生的信号来源。听觉的传入通路共包括四级神经元。一级神经元是位于蜗体的螺旋神经节内的双极细胞，它所发出的神经纤维构成耳蜗神经进入延髓，终止于耳蜗神经核；在耳蜗神经核内换为二级神经元，由其发出的神经纤维交叉到对侧，直接上升或者经过上橄榄核上升，构成外侧丘系；在下丘脑部换为三级神经元，外侧丘系再继续上行，进入中脑背面的下丘及丘脑后部的内侧膝状体；在内侧膝状体内换为四级神经元，由其发出的神经纤维投射到大脑皮质的颞叶听区，产生听觉。

三、听觉的基本现象

（一）听觉的属性

空气振动传导的声波作用于人耳产生了听觉。人的听觉具有三种属性，即音高、音响和音色。

1. **音高**　音高就是指声音的高低，主要是由声波的频率决定的。声波的频率越高，人们听到的声音就越高；反之，声音就越低。通过大量研究发现，正常人听觉的音高范围是很广的。语言的音高一般是300～500Hz，音乐的音高一般是50～5000Hz，人耳对声音感受性最高的音高一般是1000～4000Hz。

笔记

2. **音响**　音响是指声音的强弱，由声波的振幅所决定。振幅越大，声音越强；反之，声音越弱。正常人耳感受声波响度的范围是0～130db。若声音超出人耳的可听频率范围（即频域），即使响度再大，人耳也听不出来（即响度为零）。但在人耳的可听频域内，若声音弱到或强到一定程度，人耳同样也是听不到的。当声音减弱到人耳刚刚可以听到时，此时的声音强度称为"听阈"。0db为正常听觉下可觉察的最小的声音强度，超过130db的声音不再引起听觉，而是引起痛觉，甚至造成听觉损伤。

3. **音色**　音色是一种将基本频率与强度相同，但附加成分不同的声音彼此区分的特性，由声波的波形决定。声波的波形不同，音色就不相同。音色是一种心理量。它是人们区分发自不同声源、相同音高的声波的主要依据。声音的音色色彩纷呈，变化万千，例如，我们生活中的高保真音响，它的目标就是要尽可能准确地传输、还原原始声场的一切特征，使人们真实地感受到诸如声源定位感、空间包围感、层次厚度感等各种临场听感的立体环绕声效果。再比如我们在听乐器演奏时，钢琴与提琴在演奏同一首曲调时，听起来却各不相同。

（二）声音的混合与掩蔽

当两个声音同时到达耳朵相混合时，由于两个声音的频率、振幅不同，混合的结果也不同。如果两个声音强度大致相同，但频率相差较大，就会产生混合音。若两个声音强度相差不大，频率也很接近，个体听到以两个声音频率的差数为频率的声音起伏现象，这种现象称为拍音。如果两个声音强度相差较大，则只能感受到其中一个较强的声音，这种现象称为声音的掩蔽。例如，人们在安静的会议室里可以听到彼此间谈论的问题，但在嘈杂的工厂里，这一声音就被掩蔽了，彼此听不到所讲的话语，工厂里嘈杂的机器声就是掩蔽音，而人的说话声为被掩蔽音。声音的掩蔽往往受到音波的频率和强度的影响。如果掩蔽音和被掩蔽音都是纯音，那么，两个声音频率越接近，掩蔽的作用会越大。一般低频音对高频音的掩蔽作用比高频音对低频音的掩蔽作用大。掩蔽音的强度提高，掩蔽的作用会增加，覆盖的频率范围也会扩大；掩蔽音强度减小，掩蔽作用及其覆盖的频率范围也会缩小。

四、听觉理论

声波如何产生听觉？人的听觉系统又是如何分辨不同频率的声音的？这些一直是人们感兴趣的问题。自19世纪以来，解释听觉现象及其机制的学说各不相同。

（一）共鸣理论

共鸣理论（resonance theory）是由赫尔姆霍茨于1857年提出的。该理论认为，耳蜗是一排在空间上对不同频率调谐的分析器。在基底膜上，有长短不同的横纤维，它们的作用很像一个微小的共鸣器，每一根纤维都与不同的频率相调谐。位于耳蜗基底部的短纤维与频率高的声音发生共鸣，而在耳蜗顶部的长纤维则与频率低的声音发生共鸣。横纤维在基底膜上由短到长连续排列，与其相调谐的频率也由高到低连续变化。当受到某一音调刺激时，便会引起基底膜相应区域的共鸣器发生共振，与其相联系的神经纤维因而也会兴奋，这样便会产生高低不同的音调。不同频率的音调，它所刺激的基底膜上的共鸣器和相应的神经元也不同。因此，每一种音调在基底膜上都有其特定的位置和神经代表，又称为听觉共振-位置学说。

此后，新的科学研究成果使赫尔姆霍茨的共鸣理论不断受到冲击。通过研究发现，基底膜是由相互交织在一起的纤维组成，因而，每一根横纤维独立作为一种共鸣器与不同频率的声音发生共鸣看来是不可能的。除此之外，从横纤维的数量上来看，也远不能与人类可以辨别的音高数目相比。同时，对共鸣器的调谐、选择性等其他特性，赫尔姆霍茨也没能给出充分的解释。

笔记

（二）行波理论

著名的生理学家冯·贝克亚西（Von Bekesy）发展了赫尔姆霍茨的共鸣理论，提出了新的位置理论 - 行波理论（travelling wave theory）。

冯·贝克亚西首先注意到，任何具有弹性的物体受到振动时，总要产生一种波的运动，即行波。通过他对新鲜尸体的耳蜗进行的直接观察发现，基底膜横向和纵向的张力几乎是相同的，所以基底膜的横纤维不具有足够的共振张力，也不可能是对不同频率声波调谐的共鸣器。他发现，当基底膜振动时，是以行波的形式发生的，基底膜横纤维是很少孤立起作用的。不同部位的基底膜弹性也很不同，其基底部与蜗顶的弹性相差约 100 倍。同时，自耳蜗基底部到蜗顶部基底膜的宽度和硬度也是逐渐变化的。耳蜗基底膜的这些物理特性，可以完成对声波频率的初步分析。

冯·贝克亚西最初的研究是在耳蜗模型上，后来发展为在显微镜下直接观察人耳蜗基底膜的运动，他发现当镫骨底板运动时，在基底膜上确实产生了一种行波，它们从比较硬的基底部向比较柔韧的蜗顶部推进，该行波的幅度也逐渐增高。当振幅达到最大值时，然后停止前进而消失。行波在各瞬间的波峰所联成的包络的最大值在基底膜上形成一个区域，这一区域内的基底膜偏转也最大。由于外来声波的频率不同，基底膜最大振幅所在的部位也不同。声波频率越低，最大振幅部位越靠近蜗顶；声波频率越高，最大振幅部位越接近蜗底。因而，基底膜对不同频率的声音的分析，决定于声波最大振幅所在的位置。

行波理论正确解释了 500Hz 以上的声音引起的基底膜的运动，但对于 500Hz 以下的声音对基底膜的影响它很难解释。所以，它只适用于频率低于 500Hz 的声音，暴露出了该理论的不足。

（三）频率理论

频率理论是由物理学家佩尔（R Phil，1886）提出来的。该理论认为，耳蜗的基底膜是作为一个整体与外界的声波频率发生相应振动的，振动的次数与声波的频率相一致。当人们听到的声音刺激频率高，基底膜和镫骨振动的就较快，次数也较多；反之，振动的较慢，次数较少。因而，基底膜与镫骨的振动是可以复制外界声波的频率的，就类似电话机的送话器一样，是声音刺激的转换机制。当送话器受到声音刺激时，它的膜片将按照声音的频率产生振动，使线路内的电流发生改变，并产生与送话端相同频率的语言。所以，人们也常常把该理论称为电话理论。

但是通过研究，频率理论的弊端也开始出现。例如，如果一个人要听到一个频率为 2000Hz 的声音，那么听神经的第一级神经元每秒钟就必须发放 2000 个动作电位。但生理学的研究表明，听觉通路中的单一神经元冲动发放速率根本不能快于 1000Hz，也就是说，单一的听觉神经纤维是不能传递人类听觉范围内的所有频率的。这与人耳能接受 1000Hz 以上的声音是不一致的。

（四）神经齐射理论

神经电生理学的研究证明，虽然由数千条神经纤维组成的听神经的放电频率可以与刺激声波的频率相同步，但是，单一听神经纤维的放电频率却不超过每秒数百次。为了解释整个听神经的这种同步活动，韦弗（I Wever）提出了神经齐射理论（neural volleying theory）。该理论认为，当声音频率低于 400Hz 时，单一个别纤维的放电频率与声音频率是相对应的。但对于高频率的声音，个别神经纤维是无法单独对它反应的。在这种情况下，整条听神经对高频声音的同步放电，就可能是听神经内具有不同兴奋时相的多个神经纤维协同活动的结果，这样便能与频率较高的声音刺激相同步。但是，韦弗指出，该理论适用于 5000Hz 以下的声波频率，当声波频率超过 5000Hz 时，听神经就不再产生同步放电，这时，赫尔姆霍茨的位置理论就起主要作用了。

笔记

第四节 其他感觉

一、嗅觉

嗅觉(sense of smell)是指由有气味的气体物质引起的感觉。当有气味的物质作用于鼻腔上部黏膜中的嗅细胞时，产生神经兴奋，经嗅束传至嗅觉的皮质部位——海马回、钩内，而产生嗅觉。

我们生活的环境中有多少种气味？怎样分类？这些问题很难清晰地回答。不同的物质，散发着不同的气味，有花草的清香，有粪便的恶臭，要准确地说出某一种物质的气味是很难的。

嗅觉对不同气味的感受性也是不同的，它受到多种因素的影响。首先，嗅觉的感受性与环境因素和机体的状态有关。不同温度、不同湿度、机体患有感冒、鼻炎、嗅觉障碍等因素，都会影响嗅觉的感受性。其次，对不同性质的刺激物有着不同的感受性。例如，嗅觉对麝香的嗅觉阈限不同于对乙醚的嗅觉阈限。最后，适应会使嗅觉感受性明显降低，这是由于刺激物的持续作用引起的。

二、味觉

味觉(sense of taste)的适宜刺激是溶于水的化学物质。味觉的感受器分布在舌面各种乳突的味蕾内。味觉的作用是分辨甜、酸、苦、咸等味道，不同物质的味道与它们的分子结构的形式有关，而它们的味蕾在舌面的分布也是不同的。舌尖对甜味最敏感，舌中、舌两侧和舌后对咸、酸和苦味最敏感。因此，当我们品尝甜味时通常用舌尖，当我们吃药时，舌后部感觉最苦。而我们在日常吃东西时，很多时候不是单一的味道，而是混合的味道，糖果有酸有甜，菜肴有酸、甜、麻、辣等多种味道。对许多复杂的味道来说，我们很难用语言进行形容。

味觉的感受性和感觉阈限会受到温度的影响。例如，当温度从17℃逐渐上升时，对甜味的感觉阈限会逐渐下降，温度超过36～37℃时，感觉阈限又开始回升。因此，在37℃时，对甜味最敏感。食盐在37℃时比酸溶液的阈值低，随着温度的上升，对咸味的感觉阈限直线上升。

味觉的对比和适应性很强。先吃糖后再吃苹果，会觉得苹果酸，这是味觉的对比作用。而厨师做菜会越做越咸，这是味觉的适应性。

三、皮肤感觉

刺激作用于皮肤引起各种各样的感觉，称为肤觉(skin sense)。肤觉的基本形态分为四种：触觉、温觉、冷觉和痛觉。其中痛觉并不仅属于肤觉，其性质较为复杂，将专门讨论。

(一)触压觉

由非均匀分布的压力(压力梯度)在皮肤上引起的感觉，称为触压觉。触压觉分为两种，即触觉和压觉。外界刺激接触皮肤表面，使皮肤轻度变形，称为触觉。外界刺激使皮肤明显变形，称为压觉。

触压觉的感受器位于真皮质内的几种神经末梢内，如毛囊神经末梢，迈斯纳触觉小体等。触觉的传导通路由三级神经元组成：第一级是由触觉感受器发出的神经纤维到达脊髓后柱的薄束和楔状束；第二级由薄束、楔状束开始，经延脑、大脑脚到丘脑腹侧核；第三级由丘脑至大脑皮质中央后回。

笔记

皮肤的不同部位触觉的感受性也是不同的。当我们给某人的皮肤表面上放不同重量的物体时，要求他说出是否感受到有某种物体存在时，就可以确定该部位的触觉阈限，即觉察该刺激所需要的最小刺激量。

（二）温度觉

皮肤表面温度的变化，是温度觉的适宜刺激。一种温度刺激引起的感觉，由刺激温度与皮肤表面温度的关系决定。我们通常称皮肤表面的温度为生理零度。高于生理零度的温度刺激，可以引起温觉；低于生理零度的温度刺激，引起冷觉；等于生理零度的温度刺激，不引起温度觉。身体不同部位，生理零度不同，因而对温度刺激的敏感程度也不同。一般情况下，身体裸露的部位生理零度为28℃，前额为35℃，衣服内为37℃。

四、内部感觉

内部感觉是指反应机体内部状态和变化的感觉，主要包括运动觉、平衡觉和内脏感觉。

（一）运动觉

运动觉是反映身体各部分的位置、运动及肌肉的紧张程度，是一种重要的内部感觉。运动觉的感受器主要位于肌肉组织、肌腱、韧带和关节中。运动觉是随意运动的重要基础。人们在行走、劳动及进行各项体育运动时，由肌肉活动的速度、强度及紧张度所产生的神经冲动向皮质发出信号，皮质分析综合了这些信号后，通过传出神经对肌肉进行调节和控制，才能够实现动作协调，完成各种运动。

（二）平衡觉

平衡觉是由人体做加速或减速直线运动或旋转运动时所引起的。平衡觉的感受器位于内耳的前庭器官，包括前庭和半规管两个部分。前庭是反映直线加速或减速的器官。在前庭内具有纤毛的感觉上皮细胞上，有一种极细小的晶体，称为耳石，当人体在做直线加速或减速运动时，耳石通过改变自己与感觉细胞纤毛的位置引起兴奋。半规管是反映身体旋转运动的器官。当人体做加速或减速旋转运动时，半规管内的感觉纤维发生反应。

（三）内脏感觉

内脏感觉是由人体内脏器官的活动作用于脏器壁上的感受器产生的。这些感受器把内脏的活动及变化的信息传入中枢，因而产生饿、胀、渴、恶心、便意以及疼痛等感觉。

内脏感觉缺乏准确的定位，感觉的性质也不确定。通常情况下，内部感觉的信号被外感受器的工作掩盖着，因而不能意识到，只有在内脏感觉十分强烈时，它才能成为鲜明的感觉，被个体所察觉。

五、痛觉

痛觉是一种较为特殊的感觉。它在有机体受到伤害性刺激时产生。皮肤感觉和内脏感觉中都有痛觉，各种感觉器官和肌肉中也有痛觉，痛觉遍布全身的所有组织中。痛觉没有特异性的刺激，任何刺激只要对机体造成了伤害，都会引起痛觉。

痛觉可分为皮肤痛觉，来自肌肉、肌腱和关节的深部痛觉和内脏痛觉，它们各有特点。痛觉达到一定程度，通常可伴有某种生理变化和负性的情绪反应。人的痛觉或痛反应有较大的个体差异。有人痛感受阈低，有人则较高。痛觉较大的个别差异与产生痛觉的心理因素有很大关系。痛觉在民族、性别、年龄方面也存在着一定的差异。影响痛觉的心理因素主要是性格、个体对伤害性刺激的认识、情绪状态、意志、注意力、态度、个人经验等。

1. 痛觉的特点　痛觉与其他感觉相比，有其特殊的属性。它的出现总是伴随着其他一种或多种感觉，例如刺痛、灼痛、胀痛、撕裂痛、绞痛等。换句话说，痛觉是和其他感觉糅合

笔记

在一起，组成一种复合感觉。其次，痛觉往往伴有强烈的情绪反应，如恐怖、紧张等。此外，痛觉还具有“经验”的属性。同样一个伤害性刺激，可以对个体产生在程度上甚至性质上差别很大的痛觉。这是由于个体间不同个性或有无相关创伤经历所致。例如：军人因训练造成的皮外伤很普遍，他们并没有较高的痛觉；而一位城市白领则可因类似的伤痛而入院。总之除个性与经验外，还有一些因素影响着人们对痛觉的感受性，如文化、环境、职业等。

2. 痛觉的分类 痛觉依据痛的性质，可分为刺痛、灼痛和钝痛三类。

（1）刺痛（pricking）：又称快痛或第 1 痛，其特点是定位明确，痛觉迅速形成，在除去刺激后即迅速消失。它几乎不引起明显的情绪反应，因而比较稳定，易于进行定量研究。由于它的迅速产生和消失，一般认为刺痛由外周神经中的δ纤维来传导。

（2）灼痛（burning pain）：又称慢痛或第 2 痛，其特点是痛觉缓慢地加剧，呈烧灼感等，常常在受刺激后 0.5～1 秒才出现，持续时间较久其定位不甚明确，往往难于忍受。在去除刺激后，它还要持续几秒钟才能消失。灼痛时常常伴有心血管和呼吸系统的变化，常伴有较强的情绪反应。一般认为灼痛是由外周神经中的 C 纤维来传导的。

（3）钝痛（dull pain）：又称内脏痛和躯体深部痛。这是由内脏和躯体深部组织受到伤害性刺激后所产生的疼痛，痛的性质很难描述，一般有酸痛、胀痛、绞痛、牵扯痛等；其感觉定位差，疼痛部位较难确定。并且，常常伴随较强的情绪反应与内脏、躯体反应如恶心、呕吐；有时呈牵扯感等。

3. 痛觉的生物学意义 痛觉是有机体外表与内部的警戒系统，能引起回避伤害的反应及对体内疾病的警示，具有重要的自我保护作用。疼痛常常作为多种疾病的症状而被临床医生所重视。长期或剧烈的疼痛常伴有负性的情绪反应，并对机体产生影响，必须及时就医寻求缓解。

第五节 常见感觉现象及规律

一、感觉适应

在刺激物的持续作用下，人对刺激物的感受性会发生改变，这种现象称为适应。古语有“入芝兰之室，久而不闻其香；入鲍鱼之肆，久而不觉其臭”等，就是指适应现象。

适应是人的感受性对持续作用的刺激物的一种顺应，是一种感觉现象。视觉的适应可以分为暗适应和明适应。在白天看电影时如果迟到的话，从光亮的室外刚刚进入光线很暗的放映大厅时，除了银幕上的影像之外，人们几乎什么都看不清；经过几分钟后，才能看清周围事物的轮廓，并摸黑找到自己的座位。这种由光亮处转入暗处时人眼睛感受性提高的过程称为视觉的暗适应。整个过程持续时间要 30～40 秒。与暗适应相反的是明适应，它是指当人们从黑暗的环境忽然进入到明亮的环境时，人眼睛的感受性下降的过程。在明适应刚开始时，人们会觉得最初瞬间的强光刺眼眩目，眼睛要立刻眯起来，但经过几秒钟后，眼睛就能正常地看清周围事物了。

适应所导致的感受性变化，具有一定的规律性：当持续作用的刺激物由弱变强时，感受性就会降低；当持续作用的刺激物由强变弱时，感受性就会提高。

适应现象在每种感觉中都会发生。下面列举几例：

1. 听觉的适应 听觉的适应包括对声音的适应和对寂静的适应，前者表现为在强音作用之后听觉感受性暂时的降低，后者表现为随着声音的停止之后听觉感受性的恢复。例如，人们刚走进一个机器声轰鸣的车间时，开始时觉得声音特别响，连人们说话声也听不到，但是很快地就觉得习惯了；当所有的机器一旦停止转动之后，人们又感到格外的寂静，说话的

笔记

声音一时显得特别响亮。除此之外，听觉的适应还具有选择性。如果以一定频率的声音作用于听觉器官，那么，它只是降低对该频率以及同它相邻频率的声音的感受性，而不降低对其他频率声音的感受性。

2. **触压觉的适应**　触压觉的适应比较显著，一般只要经过几秒钟左右，其感受性就下降到原始值的25%左右。例如，在冬天，人们刚开始穿上棉衣的时候，会感到有些压力，觉得衣服有些重，浑身不自在，但只要经过不长的时间，对这种压力的感受性便降低，不再觉得身上不自在了，慢慢也适应了厚重的衣物。

3. **温度觉的适应**　温度觉的适应现象也很显著。例如，人们到游泳池游泳的时候，初下水时觉得水很冷，但经过几分钟后就不觉得冷了；同样，到澡堂洗澡的时候，初进大池觉得水很烫，但经过几分钟后就不觉得烫了。不过，对于特别冷或特别热的刺激，人们则难以适应。

4. **嗅觉的适应**　嗅觉的适应速度，依气味刺激的性质为转移。一般的气味，经过1～2分钟即可适应；刺激性较强烈的气味，需要经过10多分钟才能适应。例如，有研究表明，对碘酒的气味，一般人只要4分钟就可以完全适应；而对大蒜的气味，有些人要40～45分钟才能完全适应。嗅觉的适应也具有选择性，即对某种气味适应后，并不影响对其他气味的感受性。

5. **痛觉不具有适应性**　痛觉对人类起到保护性作用，只要产生痛觉，无论刺激强弱，痛觉都不会适应。例如，当有锐器刺激人的皮肤时，人会产生痛觉，不论锐器刺激的强弱，持续时间的长短，人都不会适应这种痛觉。

适应现象对于人类活动有着重要意义。人们的工作、学习和生活的环境经常发生各种变化，因而与生俱来的这种适应性，有助于人们准确地感知外界的各种事物，进而准确地调整自己的行为来适应外界环境。

二、感觉对比

当某一感受器同时或先后接受到不同的刺激时，由于这些刺激在性质和强度上的对比作用，会使人对这些刺激的感受性发生一定的变化，这种现象称为感觉对比。感觉对比对感受性的影响有两种形式：同时对比和继时对比。

某一感受器同时接受到不同刺激而产生的对比现象，称为同时对比。例如图5-5，明度相同的灰色方块分别放在白色背景和黑色背景上，人们会觉得它们的明度有明显不同。在黑色背景上的灰色方块显得明亮些，而在白色背景上的灰色方块显得暗淡些。这种对比现象还发生在颜色感知觉中，如一个灰色方块放在红色背景上就会使人觉得带有绿色；而将它放在绿色背景上时则会使人觉得带有红色。

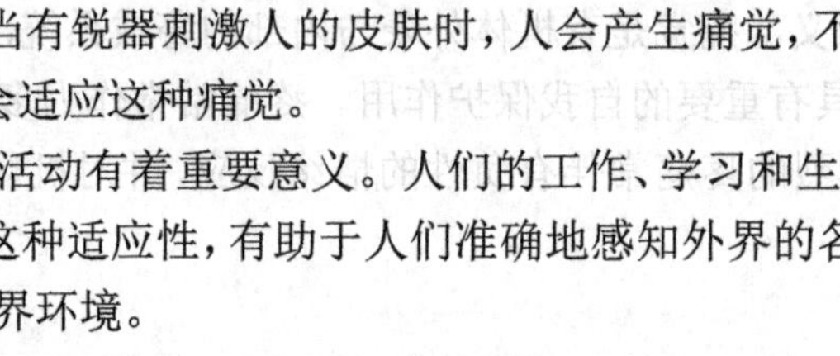

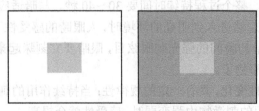

图5-5　视觉明度的同时对比现象

某一感受器先后接受到不同刺激而产生的对比现象，称为继时对比或先后对比。比如，刚吃过糖果后马上又去品尝橘子，就会觉得以前较甜的橘子味道变酸了；吃了苦汤药后接着吃糖果，会觉得汤药变得更苦了。

研究感觉对比对感受性的影响，具有十分重要的实践意义。在交通警示、仪器显示、食

笔记

品加工、广告设计等领域，利用刺激物之间的对比效应，可以突出某些需要加强感知觉效果的事物。例如，交通信号灯应安装在黑色背景的衬板上，不仅能起到突出信号灯光的作用，而且还可以起到防止其他信号干扰的作用。

除了感觉对比现象外，对于某一感受器的感受性，不仅决定于该感受器所受刺激的性质和强度，还决定于其他感受器的机能状况。在一般情况下，人的各种感受器会同时对周围各种事物产生不同反映，因此，不同感受器的感觉活动会产生相互作用，进而使各自的感受性发生一定的变化。具体来说，任何一个感受器的感受性都会因同时产生的其他感觉的影响而有所变化。例如，在阅读疲劳的时候，寒冷的空气或凉水刺激皮肤可以提高视觉感受性；在身体某部位受伤的时候，紧咬牙关或握紧拳头可以减轻受伤部位的疼痛感；食物过烫或过冷，会降低味觉的感受性；微弱的光线刺激，可以提高听觉的感受性。这些现象都是各种感觉的相互作用而产生的。

感觉的相互作用往往遵循一定的规律，即对一个感受器的弱刺激，可以提高其他感受器的感受性；而对一个感受器的强刺激，可以减弱其他感受器的感受性。

三、感觉后象

对感受器的刺激作用停止以后，感知觉的印象并不立即消失，还能保留一个短暂时间。这种在刺激作用停止后短暂保留的感知觉印象，称为后象（afterimage）。后象分为正后象和负后象两类，正后象在性质上和原刺激的性质相同，负后象的性质则同原刺激的性质相反。例如，注视日光灯20～30秒，然后闭灯，头脑中仍会觉得有一个日光灯的光亮形象（细长的亮棒）出现在暗的背景上。因为此后象与开灯时的感知觉印象一样，都是亮的，即与原刺激的性质相同，所以为正后象。随着正后象出现以后，如果继续注视，就会看见一个黑色的日光灯形象出现在亮的背景上，因为此时的后象与开灯时的刺激在性质上是相反的，所以为负后象。

后象的产生是由于神经兴奋所留下的痕迹的作用结果，即当对感受器的刺激作用停止以后，刺激所导致的神经兴奋还会在脑中留有痕迹，其作用的结果导致后象的产生。另外，后象的持续时间与原刺激作用的持续时间成正比关系，刺激作用的时间越长，产生的后象持续时间也越长，这是因为刺激的持续作用会使神经兴奋产生时间上的累积效应。

后象可以使原本断续的刺激在人的心理上产生连续的感受。例如看电影：电影胶片上的画面都是一张、一张彼此断续的，但是人们在看电影时并没有断续的感受，相反觉得它们是连续的。这是因为，电影放映时的速度是每秒24张胶片，即画面之间的时间间隔很短暂，所以在前一张画面消失与后一张画面出现之间，后象填补了心理上的感知觉“空隙”。

后象的这种心理效应常常表现在闪光融合现象之中。所谓闪光融合，是指原本闪动或闪烁的光，如果其闪动达到一定的频率，人们在心理上就会觉得它不是断续闪动的光，而是连续、不闪动的光，即原本闪动的光在人们的心理上融合起来了。例如，日光灯原本是一种不断闪动的光源，但是由于它的闪动频率较高，人们都没有觉得它在不停地闪动。这是因为，在中等光强度下，视觉后象保留的时间大约是0.1秒，因此一个闪动的光源每秒钟闪动频率超过10次，就会产生闪光融合现象。与之相应，刚刚能够引起融合感觉的刺激的最小频率，叫闪光融合临界频率或闪烁临界频率，它表现了视觉系统分辨时间能力的极限。

四、联觉

当某种感觉产生时会引起另一种未受到适宜刺激作用的感觉出现的现象称为联觉。最常见的联觉现象是色听联觉，即在闭眼时听到某个特定的声音就会引起某种特定的颜色感觉。通常，低音易引起深色，而高音多产生浅色。在不同个体之间的这种联觉差异很大，但

笔记

对于同一个人来说这种关系则相当稳定。

联觉也是一种不同感觉间相互作用的现象，它是指一种感觉的感受器受到刺激时，在另一种感觉的感受器也产生了感觉的现象。生活中联觉的现象相当普遍。例如，听到美妙的音乐会使人觉得看到了绚丽多彩的景色，闻到花的芳香。再比如，红色、黄色看上去使人觉得温暖，被称为“暖色”，而蓝色、紫色常引起人冷的感受，被称之为“冷色”。暖色的东西看上去显得大，有使视觉膨胀的作用；冷色的东西看上去则显得小，使视觉收缩。法国国旗原来蓝白红三色等宽，但由于冷暖色的视觉效果，看上去并不等宽，其中白色显得最宽，蓝色显得最窄。后来调整了3种颜色的宽度比率，使蓝色最宽，白色最窄，这才使旗子看上去三色等宽。联觉的规律已被广泛地运用于建筑、装潢、广告、餐饮及医疗等领域。

五、感觉补偿

作为感觉能力，感受性不仅能因一时的环境条件变化而变化，而且能在实践活动中不断地提高和发展。这一规律往往在感觉缺陷（盲、聋）者和专门从事某种职业者身上表现得特别明显。例如，盲人、聋人或盲聋人，由于丧失了重要的视、听觉，在生活实践中就需要运用其他感官来加以补偿，于是起到补偿作用的感觉器官的感受性就相应地得到超常发展，从而弥补了视、听觉的缺陷。

此外还有专门从事某种特殊职业的工作者，由于工作中长期使用某种感觉器官，相应的感觉能力就会得到充分的发展。例如，印染工人能分辨40多种深浅不同的黑色；面粉工人凭触觉可以正确地评定面粉的品质；机械师能够听出发动机的转速和异常声；音乐家有高度精确的听觉；调味师有高度完善的味觉和嗅觉等。这些现象都是感觉补偿的作用结果。但是，如果过度长期使用或刺激某种感觉器官，也会造成感觉器官的损伤。

复习思考题

1. 名词解释：感觉；感觉阈限；感受性；绝对感觉阈限；差别感觉阈限；颜色；明度；适应；感觉对比；后象；闪光融合。
2. 感觉对人类的生活和工作有哪些意义？
3. 试说明感觉阈限与感受性的相互关系。
4. 视觉产生的生理机制是什么？
5. 试阐述色觉理论的相关内容。
6. 简述人耳对不同频率声波的感受性。
7. 解释听觉产生及其机制的理论有哪些？
8. 生活中常见的感觉现象有哪些？

案例分析

奇特的感觉

某高二一女学生转学以后开始出现了焦虑的症状，每天在学校都提心吊胆，精神紧张，恐惧不安。后来发展到连步行都战战兢兢，但这种症状在出了校门口后会明显减轻甚至消失。开始时，该女同学并没有在意，但后来出现了“奇特的感觉现象”，她自我感觉右侧肢体神经发僵、疼痛，有拉扯的紧绷感，但疼痛部位并不明确，并且可以明显感觉像有许多蚂蚁在肢体上来回爬动，十分难受。这种奇特的症状持续了一年多时间，之后她又经常感觉到无原因的呼吸不畅、胸闷、胸痛等不适。在这一年多的时间里，她一直在反反复复地到医院做各项检查，但检查结果并没有发现具体的器质性病变，也没找到具体的病因，使她对自己的症状更加紧张焦虑，这种“奇特的感觉”也令她异常难受和痛苦……

笔记

分析：

感觉障碍主要包括：感觉过敏、感觉减退、内感性不适（体感异常）三类。

感觉过敏主要是指对外界一般强度的刺激感受性增高，如感到阳光特别刺眼，声音特别刺耳等。多见于神经症、更年期综合征等。

感觉减退是指对外界一般强度刺激的感受性降低，感觉阈限值增高，患者对强烈的刺激感觉轻微或完全不能感知。常见于抑郁状态、木僵状态和意识障碍。

内感性不适，即体感异常，是指躯体内产生的各种不适或难以忍受的异样感觉，如蚁爬感、游走感、挤压牵拉感、不明原因疼痛，其部位常常不明确，性质模糊甚至多变。这种感觉异常多见于神经症、精神分裂症、抑郁状态和脑外伤后精神障碍患者。患者常自诉有“不明原因的胸闷、胸痛、两肋部位酸胀”等不适症状，做了很多检查也没有发现具体的“病变”。这种未被检查出来的“疾病”反而使患者更加紧张和痛苦，所以有时可继发疑病观念。该女同学的“奇特的感觉”实质上就是内感性不适的典型表现。

内感性不适需与内脏性幻觉相鉴别。后者属于知觉障碍，是指患者感到躯体内部某一部位或某一脏器的异常体验，如肠扭转、肺扇动、肝破裂等，部位及性质往往比较明确，常与虚无妄想、疑病妄想及被害妄想等症状伴随出现，多见于精神分裂症及抑郁症。内脏性幻觉往往是很荒谬的，如患者认为肝脏烂掉了，肠子扭转了等等，医生一听就知道不可能存在。而内感性不适有时是可以让人理解的，甚至相信它是存在的，如患者感到胸闷不适，医生往往会怀疑是心脏病，而不会怀疑是患者的感觉障碍。

拓展学习

盲人怎么能避开障碍物?

全盲的人在空间移动时，是如何发觉并避开障碍的？较早的一种解释是：盲人身上发展了一种神秘的对扑面而来的空气气流具有的感受性，而且这些线索提供面部感觉，从而使他避开障碍物。

康乃尔大学的达伦巴克（K Dallenback）及其同事为检验这种解释进行了一系列的研究。他们既用盲人也用正常人做被试，试验者能够消除那种可能为被试不用视觉而发觉障碍提供线索的那种脸部的触觉感受性。当被试头部被毛呢面罩和帽子盖住时，他仍能走近墙壁，并在碰到墙壁之前停住。但是，当耳朵被堵上时，每个被试都撞墙了，这说明听觉线索显然是主要的，这一点可通过下述试验进一步揭示出来：当实验者随身携带传声器（这一传声器与被试头上所戴的耳机相连接）走向障碍物时，让盲人被试在另一分开的隔音室内，头上戴着与实验者所携带的传声器相连接的耳机。在这种条件下，根据听到来自耳机中的声音，被试仍能说出实验者在另一房间内是什么时候走近障碍物的。

在其他实验中，凯洛格（Kellog）的盲人被试报告：从坚硬表面和松软表面所反射的回声显然“不同”，它足以使他们分辨出金属表面的圆盘，还是天鹅绒表面的圆盘；准确度达到99.5%。也许，更惊人的是他们在分辨绒布和棉布两种表面时，其分辨能力竟也达到86.5%的准确程度。而对蒙上眼睛的正常人来说，他们则完全没有区分出圆盘表明不同质地的本领。

这些迷人的现象引起了许多问题。盲人在“声纳能力”上差异极大。是什么原因造成这种巨大差异？训练能否提高这种能力？如果能，哪种训练是最好的训练？有些研究指出，高频的反射音（10 000Hz或更高）效果最好。这一发现已导致尝试发展易于为盲人携带的一种仪器，它能不断发出高频的声音，对盲人来说，这样一种仪器比用手杖敲地发出哒哒声是一个巨大的改进。

笔记

参考文献

1. 彭聃龄 . 普通心理学[M]. 2 版 . 北京：北京师范大学出版社，2001.
2. 郑淑杰 . 心理学[M]. 北京：高等教育出版社，2010.
3. 李新旺 . 生理心理学[M].2 版 . 北京：科学出版社，2011.
4. 汪凯，何金彩 . 生理心理学[M]. 北京：北京科学技术出版社，2006.
5. 迈克尔·艾森克 . 心理学：国际视野（上册）[M]. 吕厚超，等译 . 北京：北京大学出版社，2010.
6. 崔光成 . 心理学导论[M]. 北京：人民卫生出版社，2009.
7. 李红 . 心理学基础[M]. 北京：高等教育出版社，2009.
8. 菲利普·津巴多，罗伯特·约翰逊，安·韦伯 . 津巴多普通心理学[M]. 王佳艺，译 . 北京：中国人民大学出版社，2008.

推荐读物

1. 鲍利克，罗森茨维格 . 国际心理学手册[M]. 张厚粲，等译 . 上海：华东师范大学出版，2002.
2. 艾森克，基恩，等 . 认知心理学（上册）[M]. 4 版 . 高定国，肖晓云，译 . 上海：华东师范大学出版社，2004.
3. 黄希庭 . 心理学与人生[M]. 广州：暨南大学出版社，2005.
4. 格里格·津巴多 . 心理学与生活[M]. 王垒，王甦，等译 . 北京：人民邮电出版社，2011.
5. 贝特萨勒 . 行为背后的心理奥秘[M]. 王薇，译 . 北京：中国人民大学出版社，2008.

考研要点

感觉的含义
感觉的种类
感觉测量
感觉现象
视觉的含义
听觉的含义
嗅觉
味觉
触觉
运动觉

（李成冲）

笔记

第六章　知　觉

本章要点

知觉的概述
　知觉的概念
　感觉与知觉的关系
　知觉的信息加工
　知觉的生理机制
知觉的基本特性
　知觉的选择性
　知觉的整体性
　知觉的理解性
　知觉的恒常性
知觉的分类
　空间知觉
　时间知觉
　运动知觉
错觉
　错觉现象
　常见的错觉
　错觉产生的原因

关键词

知觉；知觉的选择性；知觉的整体性；知觉的理解性；知觉的恒常性；空间知觉；时间知觉；运动知觉；错觉

第一节　知觉的概述

人类生存的环境中充满了光波和声波，但是人们看到的不是光波，看到的是林荫道上的绿树，百花园里的鲜花……听到的不是声波，是钢琴家演奏的美妙乐曲，是林中小鸟的鸣啭……感觉只是人们体验世界的方式的开始，还需要更多的机制才能使外界刺激变得有意义，这就需要知觉来助力。换言之，人们认识事物的个别属性，是为了要认识事物的整体属性。

一、知觉的概念

知觉(perception)是人对直接作用于感觉器官的客观事物的各个属性的整体反映，是人

笔记

对感觉信息的组织和解释的过程。

客观事物具有多种属性，如形状、大小、颜色、软硬、重量、温度、气味、滋味等等，个体对其中某一个属性的反映就是感觉。在现实中，个体很少只把握某一个事物的单一属性，而总是要把通过感觉所得到的有关事物的各个属性整合起来并加以理解，只有这样才能真正把握这一事物，所以几乎没有绝对孤立的感觉。因此，当个体对客观事物产生感觉的同时，知觉也就随之产生了。人对客观事物的感性认识，都是以知觉的形式表现出来的。

知觉是人对感觉信息的组织过程。各种各样的大量刺激作用于人们的感官，人们倾向于有选择地输入信息，把感觉信息整合、组织起来，形成稳定、清晰的完整映象。

知觉是对输入的感觉进行意义加工的心理过程。知觉的产生不仅需要具体的客观对象，还需要借助于过去知识经验的帮助。由于人们在实践中积累了一定的知识经验，就借助这些知识经验把当前的刺激物认知为现实世界中的确定的某事物。如果所感知的事物同过去的知识经验没有关系，就不能立刻把它确认为某一对象。例如从未见过麦苗，也没相关知识的人，即使真的见了麦苗，也不知其为何物。已有的知识经验甚至还可以补偿部分感觉信息的欠缺。比如，漆黑的夜晚，有人看到公路上有一对光点在迅速地移动，他很容易判断出：有一辆汽车在行驶。这正是由于我们对汽车的知识经验弥补了现时感觉信息的不足。并且在知觉一个客体时人们总是根据自己的经验把它归为某一类，说出它的名称或赋予它某种意义。所以说知觉也是人对感觉信息的解释过程。

知觉是人在实践活动中发展起来的。刚出生的婴儿既不能把握物体的远近、大小、距离和方位，也没有关于时间的概念。这些知觉是随着他们后天的生活实践才发展完善起来的。

二、感觉与知觉的关系

感觉和知觉的关系非常密切，它们之间既有明显的区别，也有密切的联系。感觉与知觉的区别主要表现在三个方面：第一，反映内容不同。感觉是对事物的个别属性的反映，而知觉是对事物的各个属性及其相互关系的整体反映。第二，生理机制不同。感觉因为仅反映事物的个别属性，所以其神经加工机制较为简单，只需要单一分析器的活动；知觉因为反映事物的整体，所以神经加工机制较为复杂，需要多种分析器的协同活动，即大脑只有综合处理多种感受器所传递的关于事物各个属性方面的信息，才能产生对事物的整体反映。第三，产生的性质不同。感觉是介于心理和生理之间的活动，它的产生主要来自于感觉器官的生理活动以及客观刺激的物理特性，相同的客观刺激会引起相似的感觉。而知觉则是以生理机制为基础的纯粹的心理活动，它的产生是在感觉的基础上对物体的各种属性加以组织和解释的心理活动过程，表现出人的主观因素的参与。知觉更多地依赖主体因素，特别是主体的知识经验。知识经验不同的人，对于同一事物会产生不同的知觉。感觉与知觉的联系也主要表现在三个方面：第一，感觉与知觉都是人脑对事物的直接反映，都属于对事物的感性认识阶段。第二，感觉是知觉的基础。感觉是知觉的有机组成部分，是知觉的基础。没有对事物个别属性的反映，就不可能产生对事物整体的反映。而且，对事物的个别属性的感觉越丰富，对事物的知觉也就越完整。第三，发生上密不可分。就像事物的个别属性不能脱离事物的整体而存在一样，反映事物个别属性的感觉也不能脱离反映事物整体的知觉而存在。在现实生活中，人们一般都是以知觉的形式直接反映事物的，感觉只是作为知觉的有机组成部分而存在于知觉之中，很少有孤立的感觉现象存在。心理学为了研究的需要，才把感觉从知觉中分离出来加以探讨，而且往往需要利用专门的实验仪器和特定的条件才能够将感觉分离出来并进行精确的测定，所以知觉是感觉的深入和发展。

笔记

三、知觉的信息加工

在日常生活中，知觉瞬间完成，看似毫不费力，但实际上知觉包括大量的智力工作和许多复杂的加工过程，这个过程包含觉察（detection）、分辨（discrimination）和确认（identification）（Motes，1980）。觉察就是发现事物的存在，而不知道它是什么。分辨就是把一事物与另一事物的属性区别开来的过程。确认是人们利用已有的经验和当前获得的信息，确定知觉的对象，给它命名，并把它纳入一定的范畴。

认知心理学认为知觉是对感觉信息（刺激信息）进行加工，在知识经验的参与下，通过信息加工过程而实现对刺激信息意义的理解。这种加工过程有两种：自上而下的加工和自下而上的加工。

（一）知觉中的自下而上和自上而下的加工

专栏6-1

感觉与知觉组织的分离

理查德博士是一个受过良好训练和富有经验的心理学家。不幸的是，脑损伤改变了他对世界的视觉经验。幸运的是，脑损伤没有影响他的语言功能，因此，他能相当清楚地描述脑损伤后不同寻常的视觉经验。总体而言，脑损伤似乎影响了他整合感觉信息的能力。理查德博士说，当视野中有几个人而他看其中一个时，有时会把这个人的某些部分看成是分离的而不是属于同一个单一的整体。再把声音和视觉事件结合时也有困难。当看一个人唱歌时，他可以看到嘴在运动并听到声音，但是声音却好像来自一个外国电影中的配音。要把事件的部分看成一个整体，理查德博士需要某些起"胶水"作用的东西。比如，因为这些碎片是"朝一个方向运动"，他就把这些碎片知觉成为同一个人。知觉的"胶水"有时也会产生荒谬的结果。例如，因为颜色相同，他常常把空间上分离的不同物体，如香蕉、柠檬、金丝雀等，看成一个奇形怪状的整体。因为衣服的颜色相同，他会把人群中不同的人，看成一个奇形怪状的整体。理查德博士的视觉经验被解体，被切碎，被拼接，变得奇形怪状。

知觉是确定人们所接受到刺激物的意义的过程，依赖于两种不同形式的信息，即来自环境的信息和来自知觉者自身的信息。因此人们在头脑中建构或解释现实世界的方式有两种：自下而上的加工（bottom-up processing）和自上而下的加工（top-down processing）。

1. **自下而上的加工**　知觉的产生要基于大量的感觉信息。如色调和明度知觉依赖于光的波长和振幅。自下而上的加工是对直接作用于感觉器官的刺激物特性的加工。人们从周围环境中获得各种感觉信息，然后大脑将这些信息加以抽取并加工成相关信息，由于这种加工始于外界的感觉信息——数据，所以这种类型的加工也称之为刺激驱动或者数据驱动的加工（stimulus-driven processing or data-driven processing），意指心理加工是由刺激直接引起的。

2. **自上而下的加工**　知觉也包含自上而下的加工过程，是指运用已有的知识经验以及概念来加工当前信息的过程。有机体的需要、动机、兴趣、期望和知识经验会影响个体注意哪些刺激，如何将刺激组织起来，又将如何解释它们。人的大脑中存储的信息能对刺激的解释有引导作用。例如，一个人要到车站接一个据说很有名气但素未谋面的心理学家，这个人期待、已有的经验会影响到对来客的识别和确认。所以自上而下的加工也叫概念驱动的加工（concept-driven processing）。

人的知觉系统不仅要加工由外部输入的信息，也要加工在头脑中存储的信息。例如，当你努力想听清某个人说话，既运用了自下而上的加工——努力辨别每个词语，也运用了自上而下的加工——努力把听到的内容与自己了解的某个话题进行匹配。刺激的物理特性

笔记

是识别的必要条件，而情境、兴趣、期望和知识经验等是识别的充分条件，它们提供了一种约束性满足。它们之间的关系可用图6-1来表示。

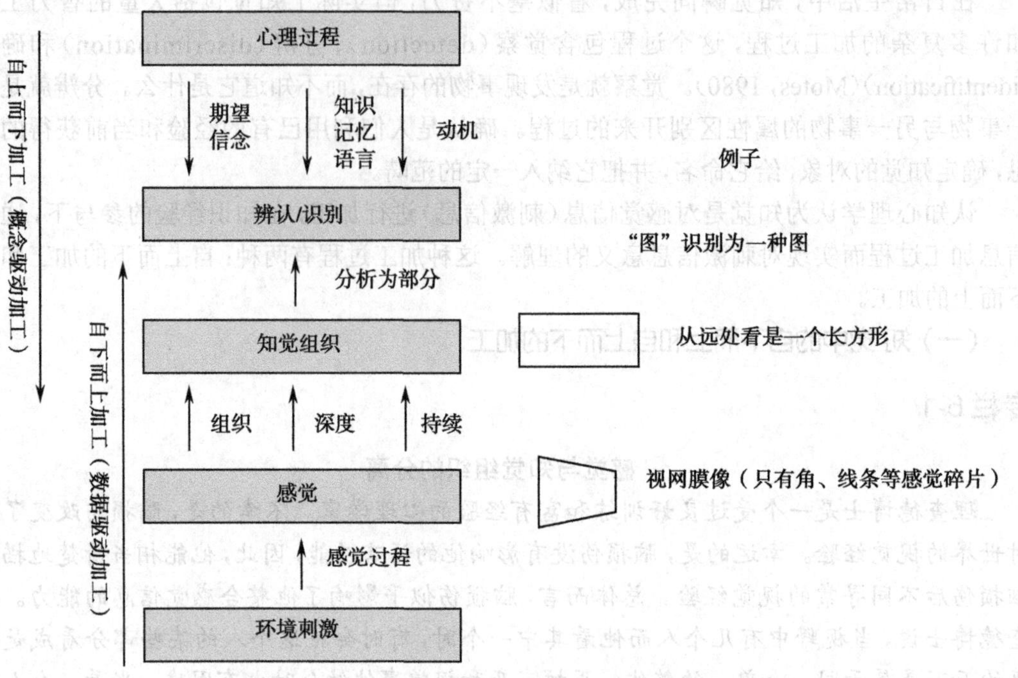

图6-1　自下而上和自上而下的信息加工

这两个加工过程是相互联系、交互作用的。如果只是依赖自下而上的过程，人们将会被局限于此时此地的具体的狭隘现实所约束，只记录经验却不会在以后的生存中利用经验。如果人们只是依赖自上而下的过程，人们就会迷失在想象和期望的世界中。两种加工过程的适当平衡才能完成基本的知觉目标：以生物的人和社会的人的需要方式去组织和解释外部世界，并适应自然和社会环境。

（二）模式识别

由于生活情境多变，物体呈现的方式不同，但是人们能仍然正确地识别，这是如何做到的呢？也就是说有机体是如何进行模式识别（pattern recognition）的呢？所谓模式（pattern）是指由若干元素或成分按一定关系组成的某种刺激结构。而模式识别（pattern recognition）就是指觉察到某个模式的存在，并将它与其他模式区分开来，确认这个模式是什么。即对模式的觉察、分辨和确认，这个过程也就是知觉的过程。人的模式识别常表现为把所知觉的模式纳入记忆中的相应范畴，对它加以命名，给模式一个名称，包括图像识别、表情识别、语言识别等。有不同的理论试图解释模式识别的机制。

1. **模版匹配理论**　这是一种早期的模式识别理论，该理论假定人的长时记忆中储存着各种外部刺激的缩小的复本，即模板。模式识别是将一个刺激模式提供的信息，与在长期记忆中已经存储的该模式的模板相匹配。该模型难以解释人的模式识别，以后为原型匹配理论所代替。

2. **原型匹配理论**　在人的记忆中贮存的信息是以原型的形式存在的。原型不是个别事物或个别特征的代表，它代表了一组事物的关键特征或共同特征。人的模式识别就是要确定一个物体是否与在原型中找到的基本形式相匹配。

3. **特征匹配理论**　任何模式都可以分解为诸多属性和特征，模式识别的过程就是对刺激的各种属性和特征进行分析，抽取出刺激模式的有关特征或属性，然后将其综合，再尝试与记忆中储存的各种刺激特征进行比较，一旦获得最佳匹配，该刺激模式便得到识别。这一理论得到了生理学和心理学实验的支持。

笔记

4. 结构优势描述理论　实际生活中遇到的客观事物并不是孤立存在的，而是按照一定规律相互联系相互制约的。因此人对于各种事物刺激模式的识别也总是相互关联，相互影响，并具有一定的规律性。在模式识别过程中，自上而下的加工随模式识别研究的深入而日益受到重视。如字词优势效应（识别字词中字母的正确率大于识别一个单独的同一字母）、客体优势效应（识别一个客体图形中的线段正确率优于识别结构不严密的图形中同一线段或单独该线段）、构型优势效应（识别一个完整的图形优于识别图形的一部分）。各种优势效应表明了在模式识别中，刺激模式的整体结构优于部分，整体的结构在模式识别中起重要作用，统称为结构优势效应（structure superiority effect）。应注意的是，这种刺激模式的整体结构和部分的区分是相对的。如：一个单词处在一个完整的句子中就是部分，而对于组成这个单词的字母表来说就是整体结构。结构优势效应不仅与刺激模式的特征有关，而且与人的知觉组织活动规律有密切联系。

专栏 6-2

面孔失认症（脸盲症）与面孔识别

希瑟·塞勒斯，一位受欢迎的作家，有着完好的视觉。但有时知觉存在问题，不能识别面孔。“上大学时，我与人在一家意大利面馆约会，当我从洗手间返回时，我在另一张桌子前坐下，对面的人并不是我要约会的人，当我的约会对象与我对面的人搭讪几句，怒气冲冲地走出面馆时，我仍未意识到对面的人并不是我想约会的人。我不能区分电影和电视中的演员，也不能认出照片或者视频中的自己；我认不出赛场上拦截足球的养子；在聚会、购物中心或超市中，我也认不出谁是我的丈夫。”

模式识别的理论很难解释面孔识别的表现，面孔的构成部分：眼睛、鼻子、嘴巴间的相互空间关系对识别非常重要。人们在出生2小时后即表现出对人脸样结构图形的偏好，研究者还发现在人类和猴子的大脑的颞叶（下文中的“是什么”通路）有一些细胞对面孔图片特别敏感（Kanwisher&Yovel，2009），“是什么”通路与其中专门对面孔反应的神经元的发现，为视觉障碍问题提供了新的解释。一些人即使眼睛功能正常，也会表现出视觉失认症，即不能识别物体，很可能是处理物体识别的视觉通路某处出现了损伤导致的结果。而面孔失认症，如希瑟·塞勒斯的情况，即使视觉加工的其他方面并未受损，患者却不能识别熟悉的面孔，甚至是自己的脸。虽然还有待后续研究，但这种视觉缺陷的高度特异性也许反映了对面孔刺激敏感的神经回路受到了损伤（Farah，2006）。

有研究表明，由于各种原因导致大脑双侧颞叶（少数为右侧颞叶）损伤的病人呈现特殊的面孔失认表现，而保持相对完好的物体识别能力。Jacque & Rossion（2006）研究认为正是大脑右半球下侧的一个区域，使得你能够在七分之一秒的时间内识别人脸。

是什么导致了人脸识别与物体识别的不同？早期的观点认为，人对人脸的识别生来就具有特殊性。近年来，专家系统论（theory of expertise）逐渐占了上风：人脸之所以呈现出不同于一般物体的识别过程，并不是因为人脸作为一个模式是特殊的，而是因为人脸的识别任务是特殊的——必须在一类物体中做个体区分，而且还因为人们在漫长的成长过程中，经过不间断的学习而成为区别人脸的专家。专家、新手的区别，类水平与个体水平的区别正是人脸与普通物体识别过程不同的地方（Isabel Gauthier et al，1999）。当前有很多科学家继续对面孔识别的机制进行研究。

四、知觉的生理机制

由于对感受野的研究，人们认识到在人的神经系统的不同水平上，存在着各种特征觉察器，它们分别对客观事物的各种特性或属性作出反应，也就是把不同的刺激模式分解（分

笔记

析）成它们的组成部分。在进行特征觉察的同时，人的神经系统也在不同水平和不同层次上实现对这些刺激性质的整合，完成了“特征捆绑”（feature binding）的过程。以视觉系统为例，外侧膝状体细胞在网膜上的感受野是“中心周围”对抗的圆形感受野，它接受来自视网膜感受器和视神经节细胞的输入信息，并对细小的光点敏感。当一系列外侧膝状体细胞会聚到同一“皮质简单细胞”上，并和这个细胞发生突触联系时，便形成了皮质细胞左一右排列的感受野，它对光棒或直线敏感。在这里，皮质细胞又整合了外侧膝状体输入的信息，并对直线作出反应。在皮质细胞更高的层次（复杂细胞和超复杂细胞）上，由于皮质细胞的整合水平的提高，因而对刺激特征的分析也变得更概括、更一般化了。

现代神经生理学和神经心理学也揭示了大脑皮质不同区域的分析、综合机能。感觉皮质的一级区实现着对外界信息的初步分析和综合。这些区域受到损伤，将引起某种感觉的丧失。感觉皮质的二级区主要负责整合的机能，它的损伤不是因其特定感觉的破坏，而是丧失对复合刺激物的整合知觉能力。感觉皮质的三级区是视觉、听觉、前庭觉、肤觉和动觉的皮质部位的“重叠区”，它在实现各种分析器间的综合作用方面起着特殊的作用。这个区域受损将引起复杂的同时性（空间）综合能力的破坏。

额叶在人的知觉中也有重要作用。额叶损伤的患者常常失去主动知觉的意图，不能对知觉客体作出合理的假设，也不能对知觉结果进行正确的评定。

近年来的研究发现，大脑后部的初级视觉皮质把视觉信息分成互相联结的两支。一支主要通往大脑颞叶，提取有关物体颜色和形状的信息。这个“是什么”通路（what pathway）能让我们知道看到的物体是什么；另一支是通往顶叶的“在哪里”通路（where pathway），这个通路能让我们知道物体的所在位置。用猴子进行的研究表明，如果让脑损伤的猴子进行两类不同的作业，一类是视觉确认作业；一类为视觉位置作业。结果发现，枕-颞通路受损伤的猴子完成视觉确认作业的能力明显受到损伤，而位置作业不受影响；相反，枕-顶通路受损伤的猴子，不能完成位置作业，而视觉确认作业完成得很好。

有一种盲视（blindsight）的现象也证明了这一点，有些人的“是什么”通路受损，使他们无法辨别周围的物体。但如果他们的“在哪里”通路完好，他们就能跨过障碍物，并比较准确地碰触他们报告看不到的物体（Ramachandran &Rogers-Ramachandran，2008）。这样盲视患者就像智能机器人一样，能够感觉和触碰他们周围的物体，但却不能在意识中表征出来。

第二节　知觉的基本特性

一、知觉的选择性

当个体通过感觉器官接收信息时，并非对环境中所接触到的一切刺激特征都悉数接收，而是有选择地以少数事物作为知觉的对象。因此在特定时间内，我们总是根据需要或主客观情况，从众多事物中选择其中的某个或某几个事物作为知觉的对象（object），以便对其进行清晰的反映，而把同时存在的其他事物视为知觉的背景（background），仅对之进行模糊的反映。知觉的这一特征称为知觉的选择性（selectivity of perception），也称知觉的对象性。

知觉的选择性实际上是注意的选择作用的结果，即当注意指向某个事物时，该事物便成为知觉的对象，而其他事物则成了知觉的背景；当注意从一个事物转向另一个事物时，原来的知觉对象就变成了背景，而原来属于背景中的某个事物则成为知觉的对象，所以知觉的对象与背景是相互转化和相互依赖的。心理学常用一些“双关图形”来说明知觉的选择性。请观察图 6-2 中（a）、（b）两张图画。

笔记

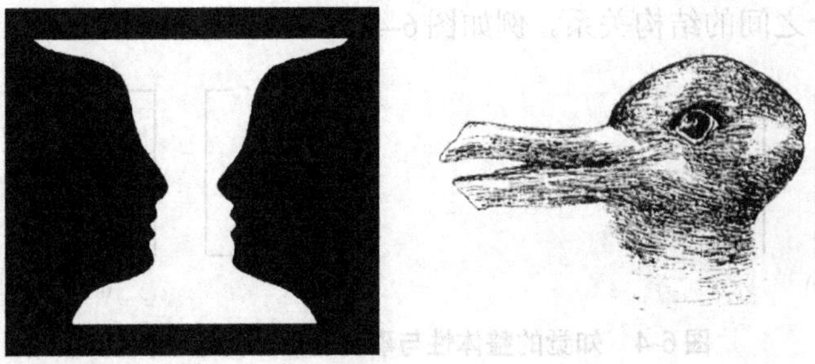

(a) (b)

图 6-2 对象与背景转换的双关图形

对于图(a)，当你把图中的白色部分选择为知觉的对象时，你看到的是黑色背景中一只“花瓶”；当你把图中的黑色部分选择为知觉的对象时，你看到的是在白色背景上的两个人头的剪影。对于图(b)，当你选择把图中的左半边为知觉的对象时，你会发现图中是一只鸭头；当你选择把图中的右半边为知觉的对象时，你会发现图中是一只兔头。

对象和背景在知觉上的差异，反映了心理加工水平的明显不同。当人们把某个事物当作知觉的对象时，就在心理上对之进行了较为精细的加工，因而它有明显的轮廓和清晰的形象，并好像突出在背景的前面；与此同时，人们对与知觉对象同时存在的其他事物仅进行了较为粗糙的加工，以致它们缺乏明显的轮廓和清晰的形象，并好像退缩在对象的后面。

知觉对象的选择与很多因素有关，一般来说容易引起人无意注意的客观事物，比如强度较大、色彩鲜明、活动的客体容易成为知觉选择的对象，此外知觉者的经验、期望、兴趣、任务、职业等都影响着知觉对象的选择。

专栏 6-3

亲身实践：你看到的是你希望看到的？——知觉定势

知觉中对象与背景的关系，不仅存在于空间的刺激组合中，而且存在于时间系列中。请让你的朋友观察标有“萨克斯演奏者”的图 a，让你的另一个朋友观察标有“长发美女”的图 b（当他们观察的时候请把无关图片盖住），然后让他俩同时观察图 c（图 6-3）。他们看出什么了呢？他们很可能对着同样的刺激模式看出了不同的景象。可见先前发生的知觉直接影响到后来的知觉，产生了对后续知觉的准备状态，这种现象称为知觉定势(perceptual set)。

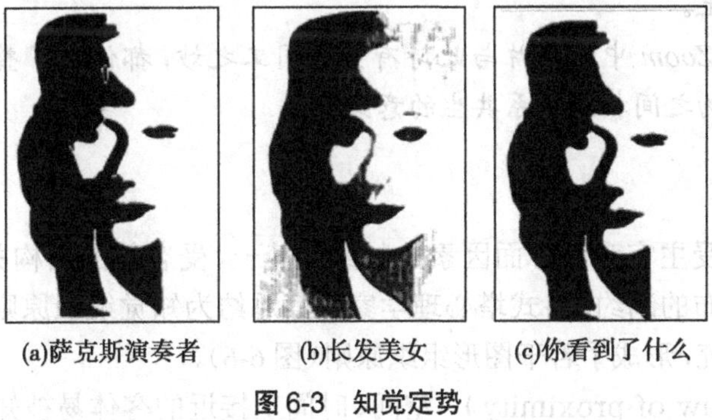

(a)萨克斯演奏者 (b)长发美女 (c)你看到了什么

图 6-3 知觉定势

二、知觉的整体性

人在过去经验的基础上把由多种属性构成的事物知觉为一个统一的整体，这就是知觉的整体性(wholeness of perception)，或知觉的组织性。

人的知觉系统具有把个别属性或部分综合称为整体的能力，也就是说我们对事物的整

笔记

体知觉依赖于部分之间的结构关系。例如图 6-4。

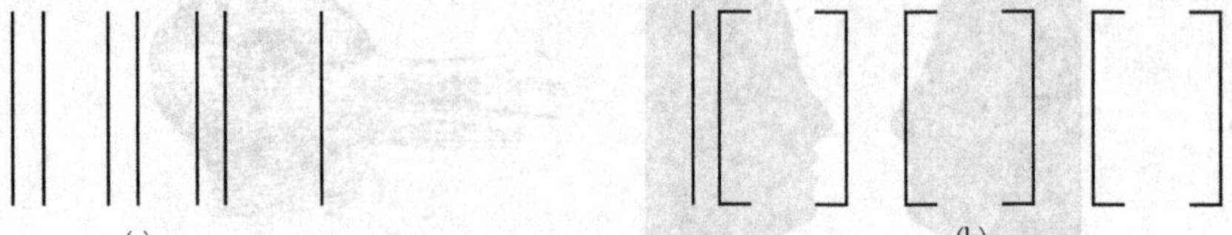

图 6-4　知觉的整体性与事物各部分的结构关系

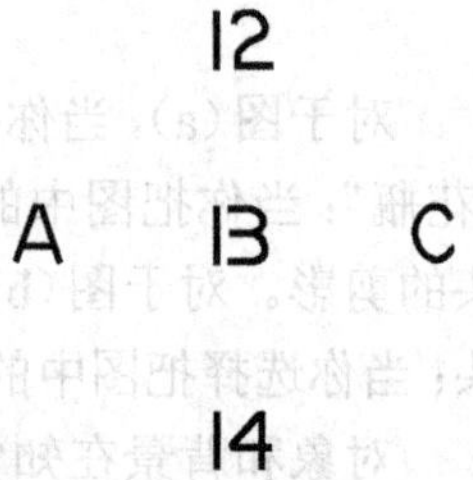

图 6-5　部分对整体的依赖图关系

图 6-4（a），人们的习惯不是把图形知觉为零散的 7 个线条，而是左边 3 组线条，右边一条单线。这种知觉的组织与线条本身的空间结构关系有关。但同样 7 个线条在图 6-4（b）中被稍加修改，人们便倾向于把图形知觉为右边 3 个未闭合的方块和左边一个单线。这是由于图形各部分相互结构关系被改变的缘故。此外，人们对事物个别成分的知觉又依赖于事物的整体特性。如图 6-5，同样的图形“13”当它处在数字系列中时，把它知觉成数字 13，当它处在字母序列中时，个体又把它知觉成字母 B。因此，离开了整体情境，离开了各部分的相互联系，部分就失去了它的确定意义。你可以从巴尼亚伊（I Banyai）的书 *Zoom* 中领略部分对整体的依赖性。

专栏 6-4

诗歌赏析与思考

四　　月

希梅内斯

黄雀立在白杨上。
还有呢？
白杨镶在蓝天上。
还有呢？
蓝天映在水珠上。
还有呢？
水珠落在新芽上。
还有呢？
新芽长在玫瑰上。
还有呢？
玫瑰开在我心上。
还有呢？
我心就在你心上。

巴尼亚伊的书 *Zoom* 中的图片与此诗有异曲同工之妙，都体现了整体与部分之间的关系及与此相关的事物之间相互联系共生的意义。

——编者的理解

知觉的整体性受主客观两方面因素的制约。其一，受客体的结构关系，即客观事物的空间分布和时间分布的制约，格式塔心理学家将其总结为知觉组织原则。后来的心理学家们继续对此进行研究，形成了若干图形组织原则（图 6-6）。

1. **接近原则**（law of proximity）　空间、时间上接近的客体易被知觉为一个整体。比如，图 6-6（a）中同样是由小正方形作为部分的图形，由于距离的不同，左边的图形容易被知觉为四列，而右边容易被知觉为三行。

2. **相似原则**（law of similarity）　物以类聚，物理属性（强度、颜色、大小、形状等）相似的客体易被知觉为一个整体。图 6-6（b）我们把相似的成分组织在一起，就看成是三列“×”形和两列“○”形。

笔记

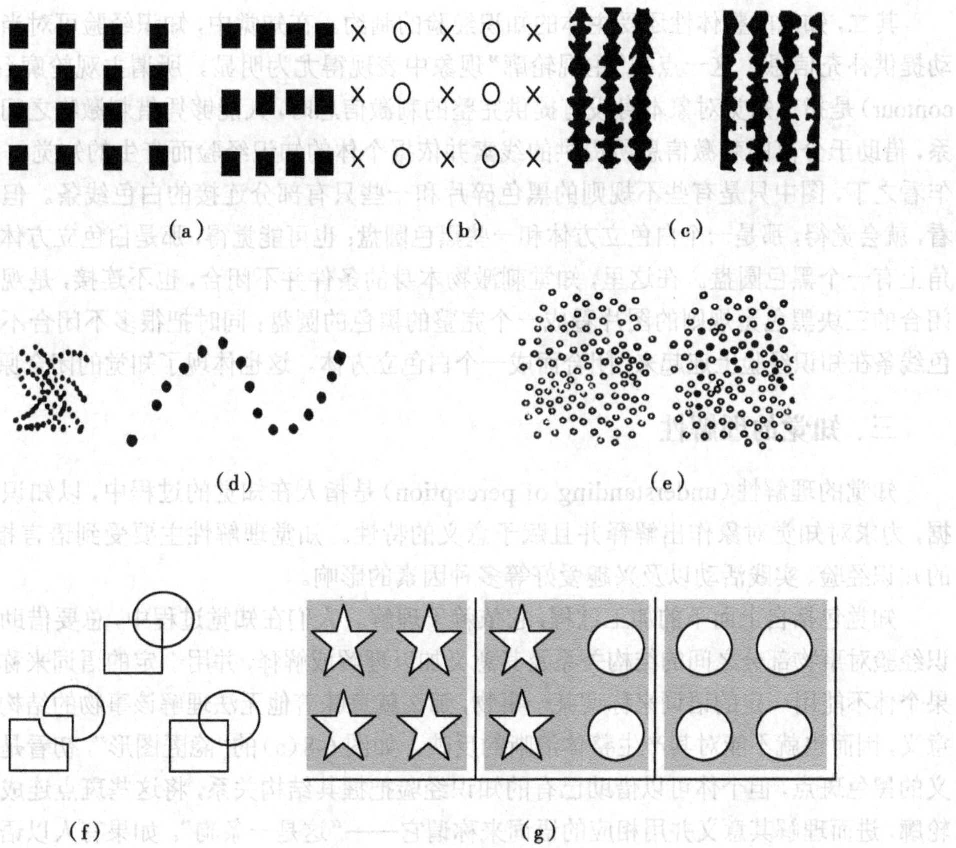

图 6-6　知觉的组织原则

3. 对称原则(law of symmetry)　在视野中，对称的部分容易组成图形。如图 6-6(c)中，人们容易将左边图形知觉为黑色柱形，右边图形知觉为白色柱形，对称使然。

4. 良好连续原则(law of continuity)　具有良好连续的元素，容易组成图形。如图 6-6(d)中，人们不会认为这只是一堆圆点，而更容易认为它们是由完整的弧线或曲线组成的图形。

5. 闭合原则(law of closure)　当图形存在一些小的缺口时，人们常常会在心理上"填充"这些缺口，并把客体知觉为一个整体。如图 6-7 的主观轮廓图。

图 6-7　知觉的整体性"主观轮廓"

6. 共同命运原则(law of common fate)　在其他条件相同时，朝同一方向运动和具有相同速度的元素会被组织在一起，这是在相似性基础上的组织过程，在运动成分上的运用，如图 6-6(e)。比如游动的鱼群、飞行的雁群、游行的队伍等。

7. 简单性原则(law of minimum)　视野中具有简单结构的部分，容易组成图形。在图 6-6(f)中，人们看到的是一个正方形和一个圆，而不是两个不规则的图形组成的一个整体图形。

8. 同域原则(law of common region)　人们倾向于将处于一同地带或者同一区域的刺激物组合在一起形成一个整体(Palmer & Beck，2007)。根据相似性原则和接近原则图 6-6(g)中的星星和圆形应被视为两组，但是背景着色后画出三个区域，产生了三组物体。或许同域原则可以解释为什么人们总是喜欢根据地区和地理位置来划分人群。

因此，知觉的整体性使我们对感觉材料的处理达成简明性，就是说我们遵循一种完型趋向律的最基本原则，尽可能的知觉最简单的模式，耗费最少的认知努力去知觉物体。

笔记

其二，知觉的整体性还受主体的知识经验的制约。在知觉中，知识经验可对当前知觉活动提供补充信息。这一点在“主观轮廓”现象中表现得尤为明显。所谓主观轮廓（subjective contour）是指在知觉对象本身没有提供完整的刺激信息时，人能够凭借刺激物之间的相互关系，借助于分离的刺激信息所提供的线索并依据个体的知识经验而产生的知觉。如图 6-7，乍看之下，图中只是有些不规则的黑色碎片和一些只有部分连接的白色线条。但如仔细察看，就会觉得，那是一个白色立方体和一些黑色圆盘；也可能觉得，那是白色立方体的每一拐角上有一个黑色圆盘。在这里，知觉刺激物本身的条件并不闭合，也不连接，是观察者把不闭合的三块黑色无规则的图片看成一个完整的黑色的圆盘；同时把很多不闭合不连接的白色线条在知识经验上连起来，闭合而成一个白色立方体。这也体现了知觉的闭合原则。

三、知觉的理解性

知觉的理解性（understanding of perception）是指人在知觉的过程中，以知识经验为依据，力求对知觉对象作出解释并且赋予意义的特性。知觉理解性主要受到语言指导、个体的知识经验、实践活动以及兴趣爱好等多种因素的影响。

知觉包括自上而下的加工过程，它依赖于理解。人们在知觉过程中，总要借助已有的知识经验对事物部分之间的结构关系及其意义加以理解或解释，并用一定的语词来称谓它。如果个体不能用一定的语词来称谓某一事物，那么就意味着他无法理解该事物的结构关系及其意义，因而也就不能对其产生整体清晰的反映。如图 6-8（a）的“隐匿图形”，初看是一些无意义的黑色斑点，但个体可以借助已有的知识经验把握其结构关系，将这些斑点连成一个狗的轮廓，进而理解其意义并用相应的语词来称谓它——“这是一条狗”。如果有人以语言作为指导，个体更能容易的知觉并理解这幅图画的意义。而对于图（b），由于所画的是现实中不存在的物体，它超出了人们已有知识经验的范围，以致人们无法把握其结构关系及其意义，也无法找到一个恰当的语词来称谓它，因而我们人们也就不能对它产生整体反应，只好判断为一种不可能图形（impossible figure）。可见，只有对事物的意义有所理解，才能对其产生知觉。

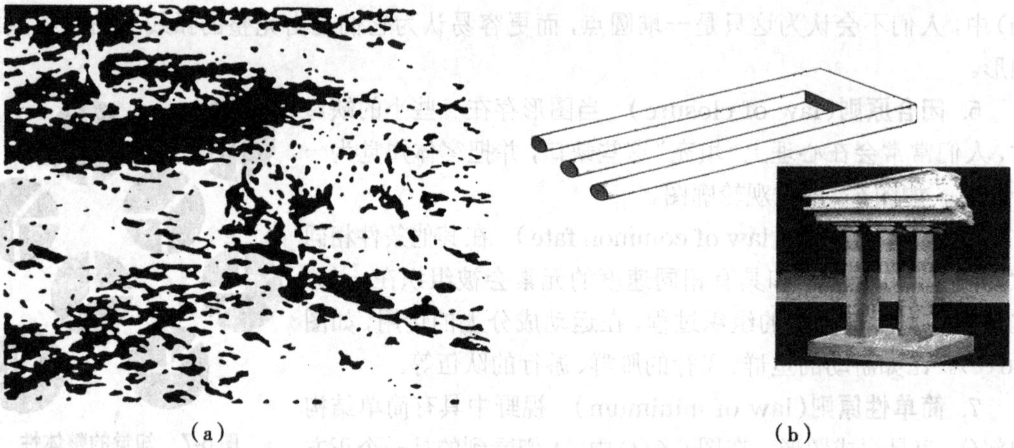
（a）　　　　（b）

图 6-8　可予以理解的点状图（a）和不可能图形（b）

四、知觉的恒常性

在知觉的过程中，当知觉的条件在一定范围内发生变化时，知觉对象的映像仍然保持相对不变的现象被称作知觉的恒常性（constancy of perception）。

知觉事物的条件经常因距离、位置、角度或照明等因素的不同而发生变化，但是人们对事物的知觉并不因此而改变，相反始终保持相对恒定。这使人类能够在不同的条件或情况

笔记

下，根据事物的实际面貌反映事物，以适应变化多端的客观世界，利于人类的生存和发展。

知觉的恒常性在视觉中表现地特别明显，其主要有以下四种。

1. **大小恒常性**　在一定范围内，不论个体知觉物体的距离远近，其对该物体实际大小的知觉依然保持相对不变。例如，同一个人站在离人们远近不同的位置时，尽管他在人们视网膜上的投影因为距离不同而改变着，但是人们对其身高的知觉依然保持相对不变。

2. **形状恒常性**　在一定范围内，不论个体知觉物体的角度如何变化，其对该物体实际形状的知觉依然保持相对不变。例如，从侧面看一个圆形的挂钟，虽然其投射在人们视网膜上的影像实际上是椭圆的，但是人们依然把它知觉为是圆形的。

3. **明度恒常性**　在一定范围内，不论人们知觉物体时光照的明度如何变化，其对该物体实际明度的知觉依然保持相对不变。例如，在昏暗的地方看一张白纸，尽管其表面明度呈灰色，但是人们依然把它知觉为一张白纸而不是一张灰纸。

4. **颜色恒常性**　在一定范围内，不论在知觉物体时光照的颜色如何变化，人们对该物体实际颜色的知觉依然保持相对不变。例如，一面红旗，不论是在黄光照射下还是在蓝光照射下，人们依然把它知觉为一面红色的旗子。

知觉恒常性主要受两个因素制约。第一，过去的知觉经验。人们对事物的知觉都不同程度地依赖过去的知觉经验，当知觉的条件发生一定变化的时候，人们就会利用以往的知觉经验来分析、综合变化了的知觉信息，从而对事物产生符合实际的知觉。如果缺乏相应的知觉经验，那么在变化了的知觉条件下，人们的知觉就难以保持恒常性。第二，条件的变化程度。知觉的恒常性是相对的，即只有当知觉条件的变化不超出一定的范围时，人们对事物的知觉才能保持相对不变。如果知觉条件的变化超出一定的范围时，人们的知觉便会失去恒常性而为条件变化所左右。例如，知觉恒常性受视觉线索的影响（图 6-9）。所谓视觉线索是指环境中的各种参照物给人们提供的物体距离、方位和照明条件的信息。这些信息对维持知觉的恒常性有重要的意义。在图 6-9（a）中，我们与后面一个人的距离是前面一个人的距离的三倍，而他在我们视网膜上投影的大小也只是前一个人的三分之一。由于存在距离上的视觉线索，两个人看起来大小差不多。而在图 6-9（b）中，实验者只是把后一个人的图片剪下来贴在前一个人的旁边，这样，由于消除了距离线索，两个人的大小在我们的视觉上的差别就非常明显了。

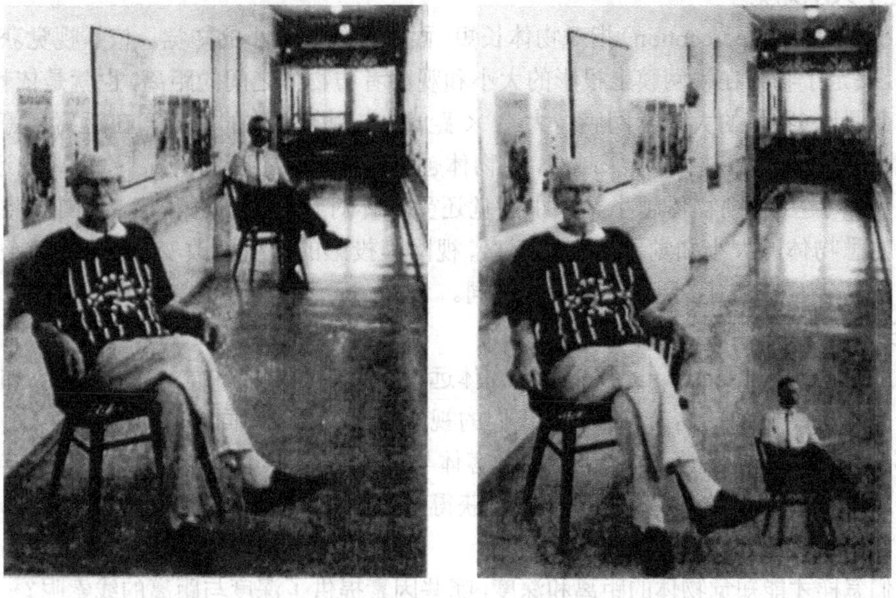

(a)　　　　(b)

图 6-9　知觉恒常性与视觉线索

笔记

总之，正常人类知觉的特性就是倾向于把环境中的模糊和不确定性转换解释成一个个清晰明确的对象，使人们能够自如的采取行动。

第三节　知觉的分类

知觉是多种分析器协同活动的结果。根据知觉中起主导作用的分析器的特性，可以将知觉分为视知觉、听知觉、嗅知觉、味知觉等；根据人脑所认识的事物特性，可以把知觉分为空间知觉、时间知觉和运动知觉。空间知觉处理物体的大小、形状、方位和距离的信息；时间知觉处理事物的延续性和顺序性的信息；运动知觉处理物体在空间的位移等信息。知觉还有一种特殊的形态叫错觉。

一、空间知觉

空间知觉（spatial perception）是对客观世界物体的空间关系的认识，具体指物体大小、距离、形状和方位等在头脑中的反映。空间知觉是在已有经验的基础上，由视觉、听觉、触觉、动觉、平衡觉等多种感觉系统协同活动的结果，其中视觉起着主要的作用。

空间知觉在人与周围环境的相互作用中有重要功能。例如，学习汉语拼音、汉字时，需要正确辨别上下、左右，否则难以顺利地掌握汉字的结构和识别汉语拼音；下楼梯时，如果我们不知道有几个台阶、每个台阶有多高，就容易摔倒。空间知觉包括形状知觉、大小知觉、深度与距离知觉、方位知觉等。

（一）形状知觉

形状知觉（form perception）指对物体的轮廓和边界的整体知觉。形状知觉是人类和动物共同具有的知觉能力，但人类的形状知觉能力比动物的更高级，因为人类能识别文字。形状知觉是靠视觉、触觉、运动觉来实现的。人们可以通过物体在视网膜上的投影、视线沿物体轮廓移动时的眼球运动、手指触摸物体边沿等，产生形状知觉。

（二）大小知觉

大小知觉（size perception）指对物体长短、面积和体积大小的知觉。依靠视觉获得的大小知觉，决定于物体在视网膜上投影的大小和观察者与物体之间的距离，也就是依赖大小-距离不变假设（物体的大小 = 网膜像大小 × 距离）来判断物体的距离。在距离相等的条件下，投影越大，则物体越大；投影越小，则物体越小。在投影不变的情况下，距离越远，则物体越大；距离越近，则物体越小。大小知觉还受个体对物体的熟悉程度、周围参照物的影响。对熟悉物体的大小知觉不随观察距离、视网膜投影的改变而改变，此外对某个物体的大小知觉也会因该周围参照物的不同而不同。

（三）深度知觉和距离知觉

深度知觉（depth perception）是关于物体远近距离或深度的知觉。关于深度，知觉心理学家一直在探索下面的两个问题：①我们的视网膜是二维的，同时我们又没有“距离感受器”，那么我们是怎样知觉三维空间，把握客体与客体、客体与主体之间在位置、方向、距离上的各种关系的？②如果说视空间知觉的获得是由于双眼协调并用的结果，那么单眼的人为什么能辨别远近？

人们怎样才能知觉物体的距离和深度，哪些因素提供了深度与距离的线索呢？

1. 肌肉（生理）线索。

（1）水晶体的调节：调节（accommodation）是指水晶体曲率的改变。人在看东西的时

笔记

候，为了使视网膜获得清晰的物像，水晶体的曲率就要发生变化；看近物时，水晶体较凸起；看远物时，水晶体比较扁平。这种变化是由睫状肌进行调节的（图6-10、图6-11）。睫状肌在调节时产生的动觉，给大脑提供了物体远近的信息。调节作用只在10m的范围内有效。

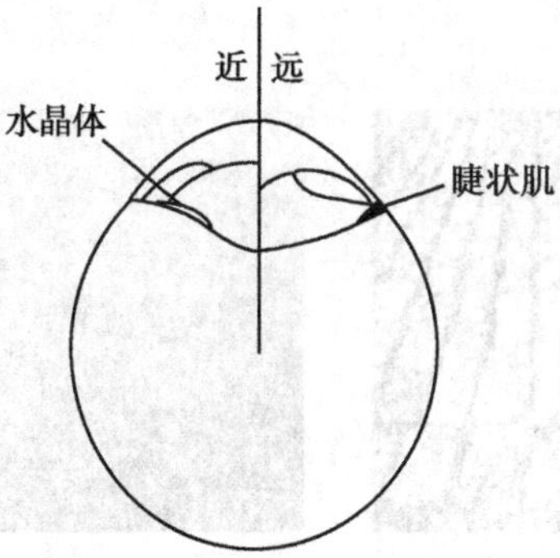

图6-10　眼睛的调节作用

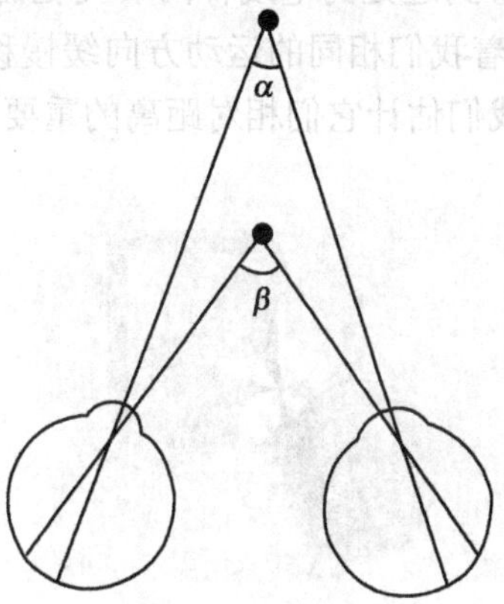

图6-11　双眼视轴的辐合

（2）双眼视轴的辐合：辐合（convergence）就是指两眼视轴向注视对象的聚合。视轴是眼睛的中央窝、节点与注视物三个点的连线。看远物时，两眼视轴近似于平行；看近物时双眼视轴向正中聚合对准物体。眼睛肌肉在控制视轴辐合时产生的动觉，给大脑提供了物体远近的线索。辐合可用辐合角来表示，物体近，辐合角大；物体远，辐合角小（图6-11）。根据辐合角的大小，人们获得距离的信息。不过辐合作用所提供的距离线索只在几十米的范围内起作用；物体太远，视轴趋于平行，对物体距离的知觉作用就会消失。

2. **单眼线索**　单眼线索（monocular cue）是指仅凭一只眼睛的视觉即可提供的线索，它以视觉所反映的客体的物理特性和现象为内容。

（1）相对大小：对象的相对大小（relative size）是距离知觉的线索之一，在平面上，相对大的物体看起来近，相对小的物体看起来远。

（2）遮挡：如果一个物体被另一个物体遮挡（superposition），遮挡物看起来近些，而被遮挡物则看起来远些。如图6-12（a）。

（3）纹理梯度：视野中物体在视网膜上的投影大小及投影密度上的递增和递减，称为纹理梯度（texture gradient），也称为结构级差。在任何表面上，随着距离的增加，都会产生远处密集和近处稀疏的结构密度级差，因此物体的纹理梯度提供了距离的线索，如图6-12（b）。

（4）空气透视：透过空气看不同远近的物体，清晰度不同。清晰度大的物体被知觉为较近。不过，空气透视（atmosphere perspective）和天气的好坏很有关系。天高气爽，空气透明度大，看到的物体就觉得近些；阴雾沉沉或风沙弥漫，空气透明度小，看到的物体就觉得远些。这是由于不能有效地利用空气透视来判断距离的缘故，如图6-12（c）。

（5）明暗：同一物体的明暗（bright and shadow）反映了其相对于光源的位置，明亮的物体会被知觉为近些，而灰暗或阴影中的物体会被知觉为远些。物体各部分产生的明暗差异可以作为深度或距离知觉的线索。

（6）线条透视：线条透视（linear perspective）是平面上刺激物本身在面积的大小、线条的长短以及线条之间距离远近等特征上，所显示出的能引起深度知觉的单眼线索。视角大小的变化会引起线条透视的视觉效应，极目铁轨，越远越窄，直到汇聚在一起。这便是线条透

笔记

视所显示的距离效应，如图 6-12(d)。

(7)运动视差和运动透视：当观察者与周围环境中的物体相对运动时(包括观察者移动自己头部，或者随着运动的物体移动)，远近不同的物体在运动速度和运动方向上将出现差异，这就是运动视差(motion parallax)。当我们坐在向前运行的火车或汽车上观看窗外景物时，你会看到近处的电线杆向后飞驰而过，较远的一些田野、房舍向后移动较慢，最远处的山峦则向着我们相同的运动方向缓慢移动。如图 6-12(e)视野中各物体运动速度和方向的差异，是我们估计它们相对距离的重要线索。

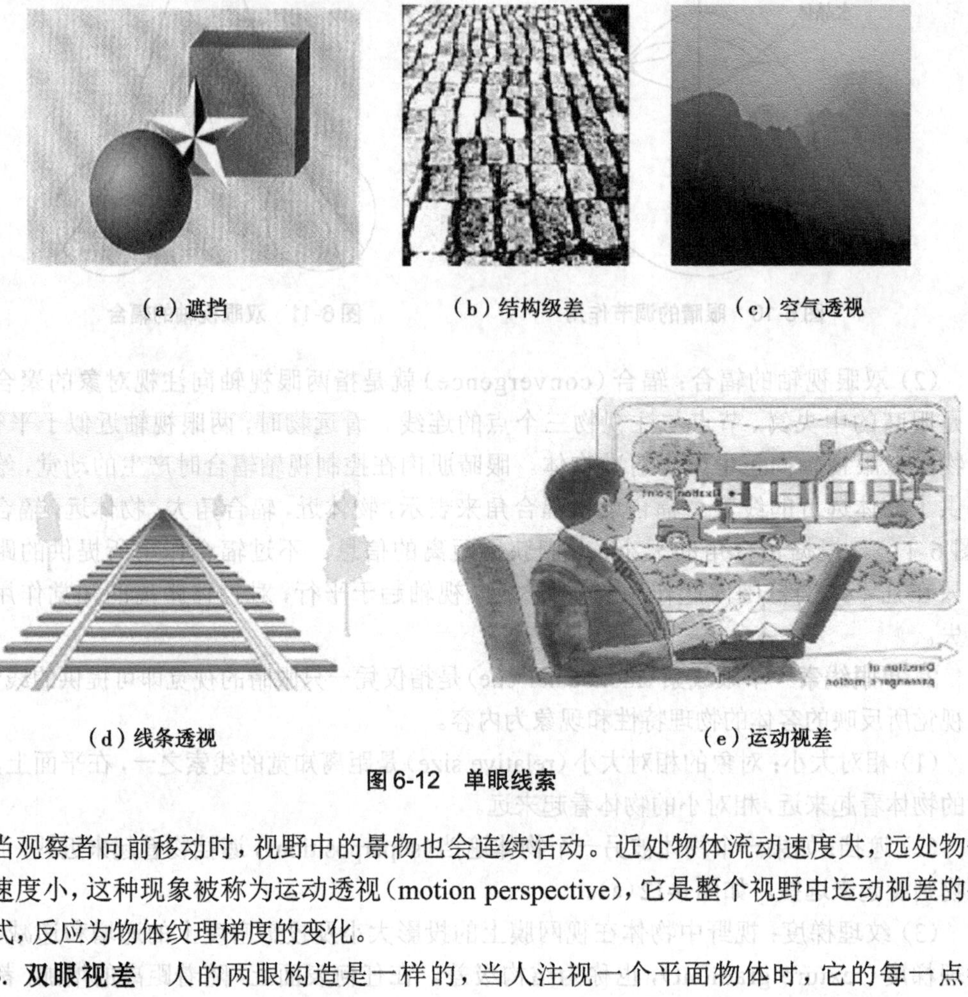

(a)遮挡　(b)结构级差　(c)空气透视

(d)线条透视　(e)运动视差

图 6-12　单眼线索

当观察者向前移动时，视野中的景物也会连续活动。近处物体流动速度大，远处物体流动速度小，这种现象被称为运动透视(motion perspective)，它是整个视野中运动视差的整体模式，反应为物体纹理梯度的变化。

3. **双眼视差**　人的两眼构造是一样的，当人注视一个平面物体时，它的每一点都落在两眼视网膜的对应点上，视像互相吻合，这时人知觉到的是一个平面的物体。当人看一个立体物体时，由于两眼相距约 6.5cm，两眼视像便不完全落到对应部位，这时左眼看物体的左边多些，右眼看右边的物体多些，它们都偏向鼻侧，如图 6-13(b)图所示，ABZ 为一个立体物，当眼睛注视 Z 点时，Z 便落到两眼中央窝的 Z′、Z″点上，A 和 B 分别落到 a′、a″和 b′、b″上。a′与 a″，b′与 b″为非对称点，视像向鼻侧偏移，即 $a'z' > a''z''$，$b'z' < b''z''$。这样，立体的物体在两眼视网膜上的成像就有了差异，这一差异称为双眼视差(binocular parallax)。双眼视差是产生物体立体知觉的重要依据，这是因为两眼的不对应的视觉刺激转变为神经兴奋传到大脑皮质，通过整合即产生了立体知觉。双眼视差作为距离(立体)知觉的主要线索，可以通过实体镜加以验证。

笔记

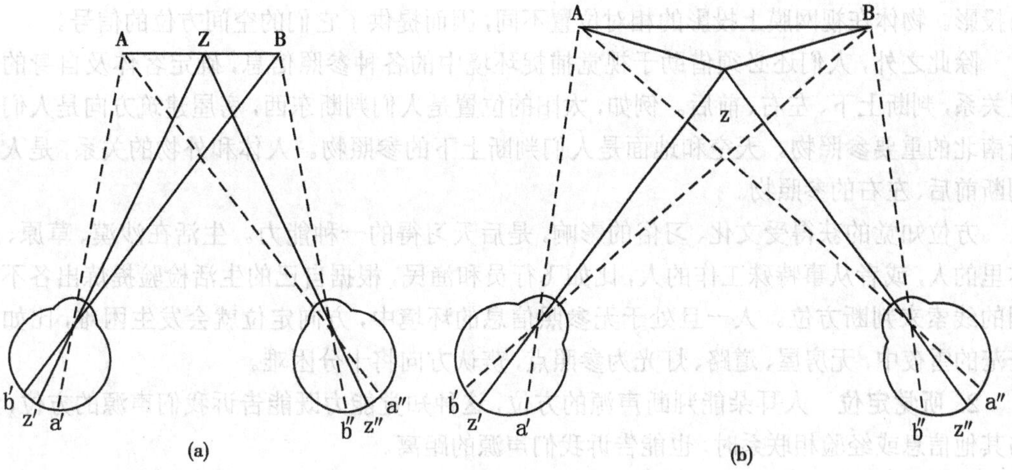

图 6-13　双眼视差

专栏 6-5

深度知觉：先天还是后天

人们按照一定的知觉的组织原则识别客观物体，通过知觉的自下而上和自上而下的加工来分析与理解事物，人类生来就能知觉深度，还是后天学习得来的结果？

鲍尔（Bower，1971）创造出了一个球在空间运动的“虚拟现实”逼真镜像，给两周大的孩子戴上三维成像镜，当球的图像突然冲着婴儿的脸飞过去的时候，婴儿的心跳加速，表现出明显的焦虑迹象。这说明，深度知觉的一些能力很可能是天生的，或者受到早期发展进程的很大影响。虽然深度知觉在人类发展过程中出现的很早，但是“在出现跌落危险的时候要小心”这种想法似乎是在稍后的婴儿期才培养出来。心理学家埃里诺·吉布森（E Gibson）和理查德·沃克（R Walk）设计并首创了视觉悬崖（visual cliff），选取了36名6～14个月之间的婴儿，将他们放在树脂玻璃桌面的桌子上，看看是否会爬过看起来非常陡峭的斜坡（图6-14），结果发现大多数婴儿会在桌子颜色较“浅”的那边自如的爬来爬去，但是却不愿意越过视觉悬崖的“边缘”，这说明他们不仅能够知觉深度，而且能够将跌落和危险联系在一起。（Gibson& Walk，1960）发展心理学家认为，爬行和深度知觉联系在一起，这样的爬行能够帮助婴儿了解三维世界。

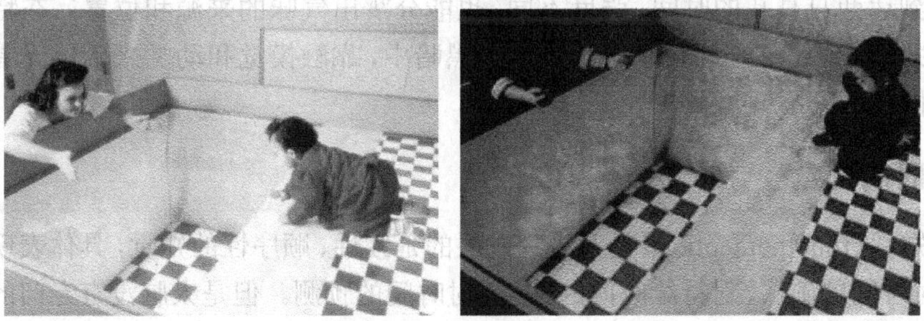

图 6-14　视觉悬崖

（四）方位知觉

方位知觉（orientation perception）是指对物体的空间关系和对机体自身所在空间位置的知觉。动物和人都具有方位知觉的能力。例如，信鸽从千里之外能准确飞回自己的老窝，人能分辨上下、前后、左右等。

1. 视觉定位　当人们用眼睛环视周围环境时，环境中的物体就在视网膜上形成了不同

笔记

的投影。物体在视网膜上投影的相对位置不同，因而提供了它们的空间方位的信号。

除此之外，人们还必须借助于视觉捕捉环境中的各种参照信息，确定客体及自身的位置关系，判断上下、左右、前后。例如，太阳的位置是人们判断东西，房屋建筑方向是人们判断南北的重要参照物。天空和地面是人们判断上下的参照物。人体和外物的关系，是人们判断前后、左右的参照物。

方位知觉的获得受文化、习俗的影响，是后天习得的一种能力。生活在沙漠、草原、森林里的人，或者从事特殊工作的人，比如飞行员和渔民，根据自己的生活检验提炼出各不相同的线索来判断方位。人一旦处于无参照信息的环境中，方向定位就会发生困难，比如在茫茫的雪夜中，无房屋、道路、灯光为参照点，辨认方向将十分困难。

2. **听觉定位**　人耳朵能判断声源的方位，这种知觉能力既能告诉我们声源的方位，在与其他信息或经验相联系时，也能告诉我们声源的距离。

（1）单耳线索：由单耳所获得的线索，虽不能有效地判断声源的方位，但却能有效地判断声源的远近。平时我们往往以声音的强弱来判断声源之近远：强觉得近，弱觉得远。特别是熟悉的声音（如汽车、火车等声音），按其强弱来判断声源远近较为准确。

（2）双耳线索：人有两只耳朵，中间相隔约 27.5cm。这样，同一声源到达两耳的距离不同，便产生了两耳刺激的时间差、强度差和位相差，这是人耳进行声音定向的主要线索。

1）时间差：从一侧来的声音，两耳感受声音刺激的时间差是声源方向定位的主要线索，声源被定位于先接受到刺激的耳朵的一侧。

2）强度差：声音的强度随传播远近而改变，即愈远愈弱。与声源同侧的耳朵获得声音较强，对侧耳朵由于声波受头颅阻挡得到的声音较弱。

3）位相差：低频声音因波长较长，头颅的阻挡作用小，两耳听到的强度差也较小。这时，判定方位主要靠两耳感受声音的位相差，即同一频率声波的波形的不同部位作用于两耳，因而内耳鼓膜所受声波的压力也就有了差别。虽然这种差别很小，但它是低频声源定位的主要线索。高于 3000Hz 的声音，两耳强度差较大，易于定位。

在听觉的方向定位时，人经常转动身体和头部的位置，使两耳的距离差不断变化，以便精确地判断声音的方向。这样，即使是一只耳朵，借助头部和身体转动的线索也能够确定声音的方位。听觉方向定位要靠大脑两个半球的协同工作，实验证明，切断胼胝体的狗，不能对声源定向。

在通常的情况下，正常人的空间知觉主要依靠视觉和听觉。嗅觉也是一种特殊的器官，由于气味到达两只鼻孔的时间、强度不同，也能分辨出气味的来源和位置。在特殊的情况下，还可以用其他感官来感受空间。例如在黑暗中，靠触摸觉和动觉来确定周围物体与人之间的方位关系等。

二、时间知觉

时间知觉（time perception）是对事物发展的延续性、顺序性的知觉，具体表现为对时间的分辨、对时间的确认、对持续时间的估量、对时间的预测。但是人脑没有专门的时间感受器，总是通过一些媒介来标定时间。

（一）时间知觉的参考系

时间既没有开始也没有结束，从无穷的过去直到无穷的将来。要判断时间，就必须以某种客观现象作为参考系。时间知觉的最为重要的参考系有三个。

1. **自然界的周期现象及其他客观标志**　自然界中有许多周而复始、不断重复的周期性现象，如太阳出没、月亮盈亏、四季轮替以及星辰出没等。这些周期性现象是人们最早用于计时（日、月、季、年）的依据。

笔记

自然界中其他客观现象也常被用来计算时间的历程。比如，人们用树的年轮计算树龄，从动物的牙齿算它的岁数，等等。通过这些现象来判断物质变化过程所经历时间的知觉，叫物化时间感。

2. **计时工具** 人们在自然界周期性现象的基础上，发明了许多计时工具（如日晷、滴漏、钟表）和计时法（古代天文学的发展产生了历法）。人类自此以计时工具来计量时间和调节活动。

3. **生理的节律性信息** 心跳、脉搏、呼吸、消化、排泄等节奏性生理变化为我们提供了时间信息。霍格兰（H Hoagland, 1935）假设脑内存在着一个计时器——生物钟。生物钟是有机体内部的一些节律性的生理活动。生物钟控制着新陈代谢的速度和主观时间的节奏，它起到自动计时器的作用，是时间知觉的一个重要线索。

（二）影响时间知觉的各种因素

1. **感觉通道的性质** 听觉判断时间的精确性最好，触觉次之，视觉较差。例如，当两个声音相隔1/100秒时人耳能分辨出来；而触觉分辨两个刺激物间的最小时距为1/40秒，视觉为1/20～1/10秒。

2. **活动的内容和性质** 在一定时间内，事件发生的数量越多，性质越复杂，人们倾向于把时间估计得较短；而事件的数量少，性质简单，人们倾向于把时间估计得较长。例如，看一个情节有趣的电影和听一场枯燥无味的报告，在回忆时，情况则相反。同样一段时间，经历越丰富，就觉得时间长；经历越简单，就觉得时间短。

3. **情绪和态度** 欢乐总觉得太短，痛苦总觉得太长，这是由于情绪影响作用产生了对时间的高估和低估现象。此外态度也影响着对时间的估计，对于期待的事物觉得时间过得很慢，对不愿出现的事情觉得时间过得很快。爱因斯坦说过，你坐在一个漂亮姑娘旁边，坐了两小时，觉得只过了一刻钟；如果你紧挨着一个火炉，只坐了一刻钟，却觉得过了两个小时，这就是相对论。

此外，在时间知觉中，人的个别差异和误差较大；一般说来，对于1秒钟左右的时间间隔，人的估计最精确，短于1秒的时间常被高估，长于1秒的时间常被低估。时间知觉是在人类社会实践中逐步发展起来的。“时间感”是人的适应活动的非常重要的部分。由于年龄、生活经验和职业训练的不同，人与人之间在时间知觉方面存在着明显的差异。某些职业活动的训练会使人形成精确的“时间感”。例如，有经验的运动员能准确地掌握动作的时间节奏，有经验的教师能正确地估计一节课的时间。

三、运动知觉

运动知觉（motion perception）是指物体在空间的位移特性在人脑中的反映。世界上万事万物都处在运动当中，运动和静止是相对而言的。运动知觉与人类的日常生活和工作有密切关系。正确估计物体运动的速度，是生产操作、交通航行、体育运动及军事射击等的重要条件。运动知觉可分为真动知觉和似动知觉。

（一）真动知觉

真动知觉（real movement perception）即物体按特定速度或加速度从一处向另一处作连续的位移，由此引起的知觉就是对“真正运动的知觉”，简称真动知觉。

虽然事物都在不断变化，但并不是任何种类的运动变化都能被人类察觉到。运动知觉依赖于对象运行的速度、距离以及观察者本身的状态。对象运行的太慢，如钟表的时针和分针的移动，花的开放，我们无法看清。有些运动太快，如电影银幕上画幅的移动，白炽灯的闪烁，人们分辨不出来。眼睛刚刚可以辨认出的最慢的运动速度，称为运动知觉下阈。运动速度加快超过一定限度，看到的是弥漫性的闪烁。这种刚刚还能看到闪烁时的速度称

笔记

为运动知觉上阈。运动知觉的阈限用视角 / 秒表示。据荆其诚等(1957)的测定，在两米距离时，运动知觉的下阈为 0.66mm/s，上阈为 605.22mm/s。运动知觉的差别阈限符合韦伯定律，差别阈限(在每秒速度为 200 ～400mm 之内)约为 20%(荆其诚等，1957)。

物体距离也影响着运动知觉。以同样速度运动着的物体，远的感知运动慢，近的感知运动快，离得太远就看不出运动，比如星星运动的很快，但是人们看不出来，那是因为离我们你太遥远的缘故。

此外，由于人本身选择的参照点不同，人本身的状态不同，也会影响到人的运动知觉。

当物体运动时，人们如何获得物体运动的信息呢？一种最简单的设想是把相邻视网膜点相继受到的刺激看成运动知觉的信息来源。例如，当物体从 A 处向 B 处运动时，物体在空间的连续位移，使视网膜上相邻部位连续地受到刺激，经过视觉系统的信息加工，就产生运动知觉。格雷戈里(R.L Geogry)把这种运动系统称作网像运动系统。从 20 世纪 60 年代以来，神经生理学关于动物视觉系统的运动觉察器的研究表明，当一个运动着的物体刺激视网膜上对运动敏感的感受野时，便激活视觉系统高级部位的相应神经细胞，从而产生了运动知觉。这为解释运动知觉的生理机制提供了重要的依据。

运动知觉是多种感官、多种分析器协同活动的结果，参与运动知觉的有视觉、动觉、平衡觉，其中视觉起着重要的作用。我们如果用眼睛和头部追随运动的物体，这时视像虽然保持基本不动，眼睛和头部的动觉信息也足以使个体产生运动知觉。但是如果人们观察的是静止的物体，不停转动眼睛和头部，物体也会连续刺激视网膜的不同部位，但却不引起运动知觉。这说明身体、头部和眼睛的动觉和视网膜所提供的信息是相互联系的，由大脑指示眼睛运动时所产生的“外导”信号与由视网膜映象提供的视觉信号，可能存在着相互抵消的作用。这种来自身体运动时肌肉的动作反馈信息以及视网膜像信息的相互作用称为头 - 眼运动系统。

（二）似动知觉

似动知觉(apparent movement)是指在一定的条件下人们把客观上静止的物体看成是运动的，或把客观上不连续的位移看成是连续运动的知觉现象。似动知觉主要有下列几种形式：

1. **动景运动**　动景运动(stroboscopic movement)又称最佳运动或 phi 现象(phi phenomenon)，是指两个刺激物按一定空间间隔和时间距离相继呈现时，人们知觉到一个刺激物向另一个刺激物的连续运动。德国心理学家韦特海默(M Wertheimer，1880—1943)用实验方法研究了似动现象。他相继呈现一条垂直(a)和一条水平(b)的发亮线段，如图 6-15，改变两条线段呈现的时距，并测量对它们的知觉经验。结果发现，当两条线段的呈现时距短于 30 毫秒时，人们看到 a、b 同时出现；当时距长于 200 毫秒时，人们看到 a、b 先后出现；当时距约为 60 毫秒时，人们看到线段从 a 向 b 运动。电影放映正是运用这一现象来使观众产生连续运动的知觉的。胶片上每一个画面都不同，分别地看它们是不连续的，但以一定的时间间隔(24 画面 / 秒)放映，便产生连续而完整运动的知觉。

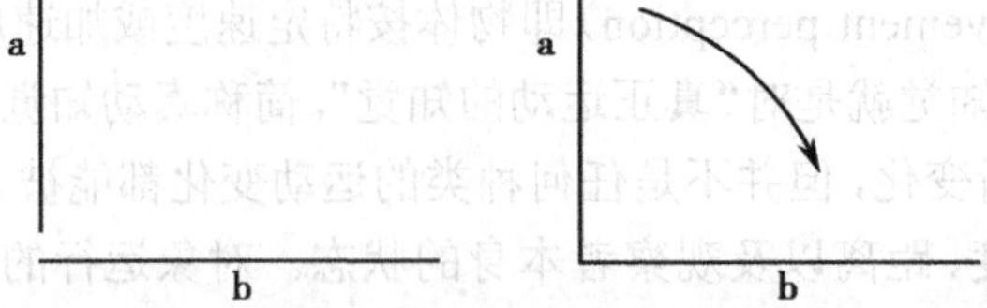

图 6-15　动景运动实验演示图

笔记

2. 自主运动　在一间黑屋子里，你点燃一支香，注视这个光点几分钟，这时光点会奇怪地运动起来。这种固定光点的似动现象叫自主运动（autokinetic motion）也称之为游动效应。

3. 诱导运动　由于一个刺激物的运动使其相邻的一个静止的刺激物产生的运动叫诱导运动（induced motion）。例如，歌中唱到“月亮在白莲花般的云朵里穿行”，其实月亮是相对静止的，而白云是运动的。但是由于观察者缺乏参照物，倾向于把较大的对象当作静止的背景，使我们觉得月亮在动。

4. 运动后效　眼睛盯住唱片中心看，然后突然将转盘停住，有几秒钟，你会看到唱片仿佛向相反方向旋转。在看瀑布时也会产生同样的效应，凝视瀑布，然后再看瀑布旁边景物，仿佛它们朝上飞升。这种现象早在亚里士多德时代就有了文字记录，被称作“瀑布效应”或“视觉运动后效”。运动后效（motion after effect）是指长时间注视一个运动的物体，再看静止的物体，会感觉到原本静止的物体在向反方向运动。

第四节　错　　觉

错觉（illusion）是指人在特定条件下对客观事物必然产生的某种有固定倾向的受到歪曲的知觉。它是在客观事物刺激作用下产生的对刺激的主观歪曲的知觉。

一、错觉现象

错觉现象早在两千多年前就被人类所发现。在《列子·汤问篇》中《两小儿辩日》记述：“为何日初出大如车盖而日中则如盘盂”，令孔子不能解答。古希腊学者亚里士多德曾描述过月亮错觉现象。在心理学研究中已发现的错觉现象，大多属于视错觉；俗话说“眼见为实”，但实际上有些眼见并不真实。视错觉是指人凭借视觉对客观事物产生的失真或歪曲的知觉经验。常见的图形视错觉现象表明了在人的知觉中主观与客观的不一致，但是这种不一致不能归咎于观察的疏忽，而是每个人处在一定条件下必然产生的正常心理活动，个体差异只表现在错觉量上的变化。

研究错觉及其成因，有助于揭示人们正常知觉客观世界的规律，消除错觉对人类实践活动的不利影响。例如，飞机驾驶员在海上飞行时，由于远处水天一色，失去了环境中的视觉线索，容易产生“倒飞”错觉，这极有可能引起严重的飞行事故。研究这些错觉的成因，在训练飞行员时增加有关的训练，有助于消除错觉的影响，避免事故的发生。另外，人们还可以利用错觉的规律为人类实践活动服务。例如，在军事上，可以创设条件，给敌人造成错觉，以达到伪装和隐蔽的目的。此外，将错觉规律运用于建筑、造型、绘画、摄影、化妆、布景、服装设计等，还可以给人们带来美的享受与实际效益。

二、常见的错觉

错觉的种类很多，常见的有大小错觉、形状方向错觉、形重错觉、运动错觉、时间错觉等。其中大小错觉、形状和方向错觉有时统称为几何图形错觉，种类最丰富的错觉之一是几何图形错觉。

（一）大小错觉

人们对几何图形大小或线段长短的知觉，由于某种原因而出现错误，叫大小错觉。

1. 缪勒 - 莱耶（Müller-Lye）错觉　也叫箭形错觉，两条等长的线段，因两端箭头的朝向不同而使得箭头朝内的线段看起来更短些，如图 6-16（a）。

2. 潘佐（Ponzo）错觉　两条辐合线的中间有两条等长的直线，结果上面一条直线看上去比下面一条直线长些，也叫铁轨错觉，如图 6-16（b）。

笔记

3. **垂直-水平(horizontal-vertical)错觉**　图6-16(c)中垂直线段与水平线段的长度相等,但多数人总把垂直线段看得比水平线段要长一些。

4. **贾斯特罗(Jastrow)错觉**　两条等长的曲线,下面一条比上面一条看去长些,如图6-16(d)。

5. **艾宾浩斯(Ebbinghaus)错觉**　图6-16(e)中有两组圆,其中间的两个圆面积相等,但由于它们各自被大小悬殊的圆环绕,使人觉得左边中间的圆大于右边中间的圆。

6. **月亮(moon)错觉**　月亮在天边(刚升起)时显大,而在天顶时显小。

7. **桑德(Sander)错觉**　大平行四边形内的对角线与小平行四边形内的对角线等长,但看起来大平行四边形内的对角线长,如图6-16(f)。

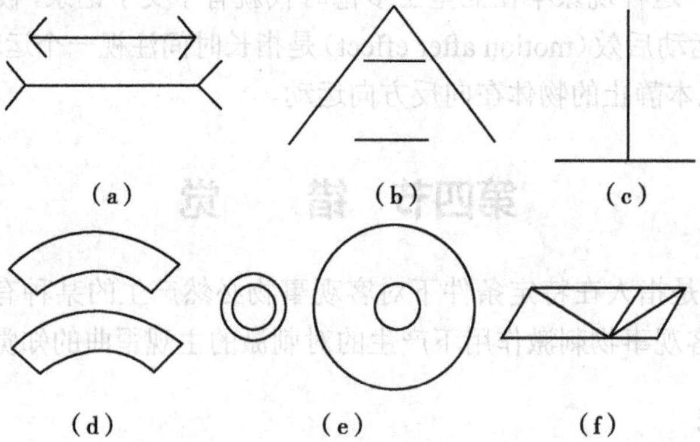

图6-16　大小错觉

(二) 形状和方向错觉

1. **佐尔拉(Zollner)错觉**　平行线由于附加线段的影响而不平行,如图6-17(a)。

2. **冯特(Wundt)错觉**　两条平行线由于附加线段的影响,使中间变窄两端加宽,直线好像是弯曲的,如图6-17(b)。

3. **爱因斯坦(Einstein)错觉**　在许多环形曲线中,正方形的四边略显弯曲,如图6-17(c)。

4. **波根多夫(Poggendoff)错觉**　被两条平行线切断的同一条直线,看上去不在一条直线上,如图6-17(d)。

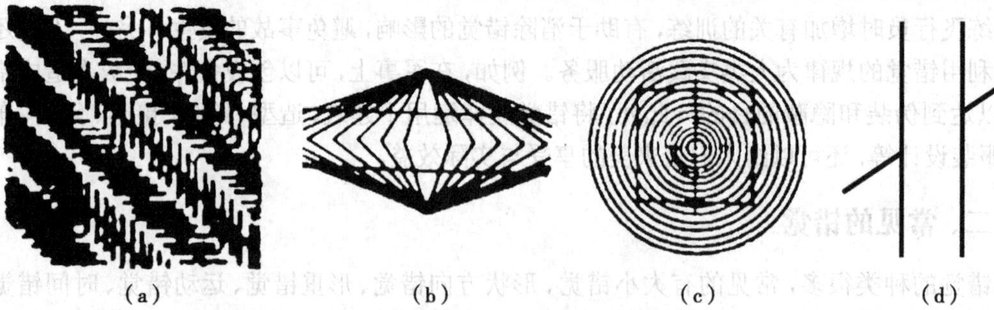

图6-17　形状和方向错觉

(三) 形重错觉

一斤铁与一斤棉花的物理重量相等,但是,人们用手加以比较时,会觉得一斤铁比一斤棉花重得多。这是以视觉之"形"而影响肌肉感知之"重"的错觉。

(四) 方位错觉

听报告时,尽管报告人的声音是从侧面的扩音器中传来的,但是人们却常常感知为是从正面报告人的嘴部传来的。看电影时也会产生类似的方位错觉。

笔记

（五）时间错觉

焦急期待、通宵失眠、百无聊赖、无事可干之时，使人觉得时间过得很慢，有“度日如年”之感；全神贯注、兴趣盎然、欢乐愉快、紧张忙碌之时，又使人觉得时间过得很快，有所谓“光阴似箭”之感。

此外，还有运动错觉，如前述种种似动现象等。

三、错觉产生的原因

18 世纪始，人们就寻求对错觉现象的解释，迄今已经形成了几种主要的错觉理论。

1. **眼动理论** 把错觉归结为刺激取样的误差。这种理论认为，我们在知觉几何图形时，眼睛总在沿着图形的轮廓或线条作有规律的扫描运动。当人们扫视图形的某些特定部分时，由于周围轮廓的影响，改变了眼动的方向和范围，造成取样的误差，因而产生各种知觉的错误。根据这种理论，垂直 - 水平错觉是由于眼睛作上下运动比作水平运动困难一些，人们看垂直线比看水平线费力，因而垂直线看起来长一些。眼动理论听起来颇有道理，但有研究发现，在速示刺激图形或使用稳定网膜像的条件下，虽然排除了眼动因素，但错觉依然存在，所以眼动可能只是导致错觉的因素之一。

2. **神经抑制作用理论** 把错觉归结为知觉系统的神经生理学原因。20 世纪 60 年代中期，有人根据轮廓形成的神经生理学知识，提出了神经抑制作用理论。这种理论认为，当两个轮廓彼此接近时，网膜内的侧抑制过程改变了由轮廓所刺激的细胞的活动，因而使神经兴奋分布的中心发生变化。结果，人们看到的轮廓发生了相对的位移，引起几何形状和方向的各种错觉。如冯特错觉和波根多夫错觉。

神经抑制作用理论在解释错觉时和现代神经生理学的认识联系起来，但这种理论只强调网膜水平上感受器的相互作用，而忽略了错觉现象和中枢机制的关系。例如，在波根多夫错觉图形中，如果给一只眼睛呈现倾斜线，给另一只眼睛呈现两条平行线，人们仍然看到了位移的错觉，这是用网膜上的抑制作用无法解释的。

3. **深度加工和常性误用理论** 用认知的观点来解释错觉。人们在知觉三维空间物体的大小时，总把距离估计在内，这是保持物体大小恒常性的重要条件。当人们把知觉三维世界的这一特点，自觉、不自觉地应用于知觉平面物体时，就会引起错觉现象。如潘佐错觉，从这个意义上说，错觉是知觉恒常性的一种例外，是人们误用了知觉恒常性的结果。

常性误用理论把错觉与知觉恒常性联系起来。在大小知觉的场合，当距离改变时，网膜投影的大小也相应发生改变，而知觉到的大小却相对不变，这是大小恒常性。当环境提供了深度线索，使平面图形的不同部分在深度上分开，也就是使它们的显现距离发生变化时，而网膜的投影大小不变，人们由于错误地利用了知觉恒常性的特性，就会把”远处”的物体看得大些，而把”近处”的物体看得小些，因而出现大小错觉。这种理论强调了深度线索在错觉产生中的作用，因而也叫深度加工理论。

4. **混淆和错误比较理论** 该理论认为错觉是混淆或错误地比较造成的。例如缪勒 - 莱耶错觉是观察者在比较线段的长短时，错误的对整个图形进行了比较，而不是对中间的线段进行比较的结果。混淆或错误比较理论虽简明，但是也不能从根本上揭示错觉产生的原因。

5. **对比和同化理论** 由于人们在观察事物的时候总是离不开周围的环境和背景的影响而造成错觉。在对比效应中造成的错觉就在于对象图形的知觉朝着与背景成分相反的方向歪曲，例如艾宾浩斯错觉，两个同样大小的圆分别被大圆和小圆包围，看起来被小圆包围的那个圆显得大。这是因为对于对象图形，中间的圆的知觉向着与背景成分相反的方向歪曲（缩小或者放大）。由于同化作用造成的错觉是指对于对象图形的知觉朝着与背景成分相同的方向歪曲，例如桑德错觉四边形越小，它的对角线看起来就越短。这就是因为知觉时

笔记

将刺激中的某一成分同化在它的背景中了。

在错觉产生的过程中，人们的心理因素和生理因素协同起作用。每一种错觉理论仅能解释一部分错觉现象，并没有一种理论能解释所有错觉现象。因此关于错觉的成因，人们需要继续进行研究。

复习思考题

1. 名词解释：知觉，模式识别，知觉的整体性，知觉的选择性，知觉的理解性，知觉的恒常性，知觉定势，空间知觉，时间知觉，运动知觉，错觉。
2. 什么是知觉？感觉与知觉有哪些区别与联系？
3. 如何理解知觉的自上而下加工和自下而上加工？
4. 影响时间知觉的因素有哪些？
5. 知觉有哪些特征？请分别举例说明。
6. 什么叫双眼视差？怎样解释它在深度知觉中的作用？
7. 什么是似动知觉？似动知觉有哪些主要形式？
8. 什么是错觉？错觉产生的原因是什么？
9. 距离知觉的线索有哪些？

拓展学习

如何才能更好地观察生活？

当我们感知事物时，大脑在积极地进行着选择和组织，并把感觉信息整合为关于世界的一幅幅图片或一个个模型。这是一些自动化的智力活动过程，可能会出现严重的知觉错误，以致在许多情况下给人带来不利的后果。那么，如何提高我们知觉的准确性，更好的观察生活呢？

(1) 记住，知觉是对现实的建构。要学会经常对自己的知觉提问：我知道的准确吗？另一种解释是不是也符合事实？我的假设是什么？到底对不对？我的假设会不会影响对实际情况的觉知？

(2) 打破知觉习惯，不受习惯化的影响。每天要试着以一些新的方式进行活动，比如，选择不同的路线去上班或上学；在刷牙、梳头等日常生活中，有时不妨试着换另一只手，不要总是使用利手；在看望朋友和家人时，要试着感觉自己是第一次去见他们。

(3) 寻求不寻常的经历。可以采用各种方法，包括试试你平常不吃的食物，看看与你的观点截然不同的作者写的文章或书，在安静的树林里散步，到喧闹的游乐场去玩。不同的经历可使人有耳目一新的感觉。

(4) 克服知觉定势。无论何时，只要你把人、物或事归类，你的知觉就有可能被期望或已有的类别概念扭曲，按照一定的定势进行知觉。因此，无论发生了什么，我们都要把每个人看成是独立的人，把每一件事看成是独立的事。

(5)避免受动机或情绪的影响。要让自己避免受兴趣、需要、期望或情绪的支配是困难的。但是，我们可以让自己意识到犯错误的可能性，并且积极地尝试从其他人的角度来看世界。在争论或讨论中，要善于采纳别人有价值的观点。

(6)养成不断进行真实性检验的习惯。要主动寻找其他的证据来检验你的知觉的真实性。第一，要提出疑问；第二，要澄清事实；第三，要参考来自其他渠道的信息。记住，知觉不可能自动调整。你可能会犯错，我们都一样。

(7)注意。要努力有意识地去注意你周围的人和事物。听别人说话时，要集中注意力，要观察他们的面部表情，通过眼睛与人进行沟通。要使自己养成一种习惯：在知觉世界的

笔记

同时，随时考虑对所见所闻进行真实性检验。

参考文献

1. 彭聃龄．普通心理学[M].4 版．北京：北京师范大学出版社．2012.
2. 黄希庭．心理学与人生[M].2 版．广州：暨南大学出版社．2010.
3. 理查德·格里格，菲利普·津巴多．心理学与生活[M].19 版．王垒，等译．北京：人民邮电出版社．2016.
4. 孟昭兰．普通心理学[M]．北京：北京大学出版社．1994.
5. 欧阳伦，王有智．新编普通心理学[M]．西安：陕西师范大学出版社．2002.
6. 曹日昌．普通心理学（合订本）[M]．北京：人民教育出版社．2004.
7. 梁宁建．心理学导论[M]．上海：上海教育出版社．2011.
8. 哈维·理查德·施夫曼．感觉与知觉[M].5 版．李乐山，等译．西安：西安交通大学出版社．2014.
9. 桑德拉·切卡莱丽．心理学入门[M].2 版．张智勇，等译．北京：机械工业出版社．2016.
10. 俞国良，戴斌荣．心理学基础[M]．北京：北京师范大学出版社．2015.
11. 韦恩·韦登．心理学导论[M]．9 版．高定国，等译．北京：机械工业出版社．2017.

推荐读物

1. 理查德·格里格，菲利普·津巴多．心理学与生活[M].19 版．王垒，等译．北京：人民邮电出版社．2016.
2. 彭聃龄．普通心理学[M].4 版．北京：北京师范大学出版社．2012.
3. 库恩．心理学导论[M].13 版．郑刚，等译．北京：中国轻工业出版社．2014.
4. 戴维·迈尔斯．心理学[M].9 版．黄希庭，等译．北京：人民邮电出版社．2013.
5. 菲利普·津巴多．津巴多普通心理学[M].7 版．邹智敏，等译．北京：机械工业出版社．2017

考研要点

知觉的含义
知觉的组织原则
知觉的特性
空间知觉
时间知觉
运动知觉
知觉的信息加工
错觉

（侯日霞）

笔记

第七章　记　忆

本章要点

概述
- 记忆的概念
- 记忆的过程
- 记忆的分类
- 记忆的生理机制

记忆的信息加工系统
- 瞬时记忆
- 短时记忆
- 长时记忆

遗忘
- 概述
- 遗忘的规律
- 遗忘的原因

关键词

记忆；瞬时记忆；短时记忆；长时记忆；工作记忆；遗忘

记忆作为一种与其他心理活动密切相关的心理过程，是联系“过去”和“现在”的纽带，是心理活动的统一性与完整性的保证。同样，记忆在人们的学习、工作和生活中也占有重要地位。人们对系统的知识、技能的掌握，以及现实的心理发展和社会发展，都需要依靠记忆。

第一节　概　述

一、记忆的概念

记忆（memory）是在大脑中积累和保存个体经验的心理过程。人对经历过的事物的反映，是一个从“记”到“忆”的过程。从信息加工的观点来看，记忆就是人脑对信息进行编码、存储和提取的过程。对输入信息的编码，是记忆中“记”的阶段。存储是在头脑中巩固已编码信息的过程，是信息编码和提取的中间环节，在记忆中发挥着重要的作用。提取已存贮的信息并使之恢复活动的过程，是记忆中“忆”的阶段。

笔记

记忆连接着人的心理活动的过去和现在，在人的心理发展过程中发挥重要作用。有了记忆，人才能在过去经验的基础上对客观事物进行反映，才能解决现实生活中遇到的问题。正是有了这种先后经验的联系，人的心理活动才可能成为一个发展的过程，人的各种心理也才有可能彼此协调成为一个统一的整体。若没有记忆，人势必每次都要去重新认识那些已经经历过的事物，永远处于"从零开始"的状态。即使是记忆发生局部的或一时的障碍，如因脑受伤导致的对某一时间阶段或某一类经验的记忆丧失，也会使心理活动发生极大的困难。由此可见，记忆是人的全部心理活动得以连续进行的基础，是人们学习、工作和生活的基础。

专栏 7-1

只有 24 小时记忆的英国女子

家住英国林肯郡的米歇尔·菲尔普斯今年 47 岁，她分别在 1985 年和 1990 遭遇了两次车祸，因严重的脑损伤患上一种名为短期记忆丧失症的罕见疾病。她只保留了 1994 年以前的记忆，此后发生的任何事都只能在她脑中停留 24 小时，一觉醒来就忘得干干净净，连 13 年前和老公的婚礼也不例外。米歇尔每天早晨起床时都会对身边男子的身份表示怀疑，直到对方拿出二人的结婚相册才会相信那是自己的丈夫。

米歇尔在一家照顾残疾人的慈善机构当义工，每周去三天。为提醒自己，她在家中立起一块板子，上面贴满粉色、黄色和浅蓝色的便签，不同颜色代表不同的事情类型。她还借助手机记事本向自己通报每天要做的事。为避免走失，即便是到距离不足 1km 的超市购物，米歇尔也要带上卫星定位系统。因为无论身在何处，定位系统可以告诉她回家的路线。

对于米歇尔的病情，剑桥大学神经科学专家彼得·内斯特诊断说，这是顺行性遗忘症。内斯特说："这尽管罕见，但确实存在。患者能够处理日常事物，也不会忘记最基本的生活技能，比如说话，但当被问到昨天做过什么事，却毫无头绪。"

二、记忆的过程

（一）识记

1. 识记及其种类　识记就是人们识别并记住事物的过程。识记是记忆的第一步，要提高记忆效率，首先必须进行良好的识记。识记的形式是多种多样的，通常将其划分为两类。

(1) 无意识记和有意识记：根据识记时是否有明确目的和是否需要意志努力，可以将识记分为无意识记和有意识记。

1) 无意识记：无意识记指事先没有预定的目的，也没有经过任何的意志努力而进行的识记。生活中有许多事情，我们并没有有意识地去记住它们，但它们却自然而然地留在脑海里，有的甚至终生不忘。例如，看过电影《泰坦尼克号》的人都有这样的体会，看电影前并没要求自己去记住剧中的情节和主人公，但看过之后这个爱情故事和主人公的形象总是会不时地闪现出来，令人难以忘怀。

无意识记表明，凡是发生过的心理活动，均能在脑海中留下一定的"痕迹"，深刻的可以保持很长时间，甚至可以终生不忘，浅的事过境迁就遗忘了；也有可能印象很深，但由于没有适当的条件诱发，因此不能表现对有关事物的识记。当然，并不是任何事情都能形成无意识记。无意识记带有很大的选择性，那些对人的生活有重要意义的事物，与人的活动任务相联系的事物，或符合人的需要、兴趣的事物，或能激发强烈情绪体验的事物，哪怕只经历过一次，也能产生较强的无意识记。例如，新教师的第一次讲课，与恋人的第一次约会，都会在当事人脑中留下长久的记忆。相反，有些事物，尽管我们天天和它打交道，但由于没有心理上的激荡，往往熟视无睹。例如，我们几乎天天要用钱，可我们许多人很可能想不起

笔记

来一元钱人民币的正面图案是什么。

尽管无意识记在人的生活、学习和工作中具有一定的积极意义，但是由于它缺乏目的性，在内容上往往带有偶然性和片断性，因而，单凭无意识记难以获得系统的知识和技能。

2）有意识记：指事先有预定目的，并需要经过一定的意志努力的识记。有意识记是一种特殊而复杂的智力活动，它服从于识记的需要。如果有人要我们去记住来往于南京——上海之间的各次火车时刻，我们肯定会觉得这是一个难题；但是，假如我们真的有事要去上海并急着要赶回南京，我们就会很容易地记住来往于南京——上海之间的各次火车时刻。急迫的需要会使记忆敏锐起来。我们记得最牢的是那些我们想记住的东西，是那些我们认为记住以后有好处，因而下决心去记住的东西。同理，在教学中，激发学生识记动机的根本方法，是让他们明白，这样作对他们有什么用处，在他们将来的生活、学习、工作中有什么价值。

有意识记在学习、工作中占有重要地位，对系统的知识、技能的掌握，主要依靠有意识记。在其他相同的情况下，有意识记的效果比无意识记的效果要好得多。

（2）机械识记和意义识记：根据识记时是否建立在理解的基础上，可以将识记分为机械识记和意义识记。

1）机械识记：机械识记是在对识记材料没有理解的情况下，仅通过机械重复而进行的识记。平时所谓的死记硬背，就是指机械识记。机械识记的基本条件是多次重复。因为对所识记的材料没有理解或一时无法理解，所以只能依据材料的外部表现形式，按照它们的先后次序进行反复强记。就像小孩背诗，能朗朗上口，却不解其意。

机械识记常被人们看作最低级的识记途径，但它在实际生活中是不可缺少的。在生活和学习中，总有一些材料是无意义或意义较少的，还有一些材料本身虽有意义，但学习者一时难于理解，这就不得不采用机械重复的方式来识记。

2）意义识记：意义识记是在对材料理解的基础上，依据材料的意义与联系所进行的识记。意义识记是与积极的思维活动密切联系的，它的基本条件是理解，即弄清了所记材料的内在含义、彼此间的联系，以及与识记者已有知识结构的关联。大量的实验研究和日常实践都表明，意义识记的效果优于机械识记的效果。

2. 识记的规律

（1）目的对识记效果的影响：有无识记的目的或任务，效果大不一样。心理学家曾做过这样一个实验研究：研究者要求两组被试分别识记16个单词。其中一组被试在有目的要求的情况下识记，另一组被试则在无目的要求的情况下识记。结果，有目的识记组当时回忆出了14个单词，2天后还回忆出了9个单词；而无目的识记组当时回忆出10个单词，2天后只回忆出6个单词。这表明了有目的识记的效果明显优于无目的识记的效果。一些研究还表明，识记的目的越明确、越具体，识记效果也越好。由此可见，无论是学生的学习，还是老师的教学，都应该有明确的学习目的和学习要求，这样才能取得良好的学习与教学效果。

（2）理解程度对识记效果的影响：对所识记的材料是否理解，以及理解程度不同，识记效果也有明显差异。例如，德国心理学家艾宾浩斯，用一首诗中的六节计80个字音作为识记材料，当这80个字音按原来诗中的排列顺序识记时，被试只需诵读8次就可以正确背诵；而当这80个字音被打乱顺序重新排列时，被试约需诵读80次才能正确背诵。由此可见，识记有意义的材料（容易理解的材料）要容易得多、快得多，效果好得多。这是因为，所谓理解，其实就是识记者为了便于识记，对识记材料进行的某种形式改变，使之与自己已经掌握的知识、经验发生了某种联系。这种联系越丰富，也表明识记者对识记材料的理解程度越高，识记效果也就越好。总之，理解与识记的关系就像消化和吸收的关系一样，充分消化了的东西，才能得到最大限度地吸收。

笔记

（3）材料特性对识记效果的影响：识记材料在性质、难易、数量和位置等方面的不同，对识记的效果有不同影响。

1）材料的性质与识记：一般来说，形象的材料（实物、模型、图片等）比抽象的材料（语言、文字、数字、音节等）容易识记；描述性的材料比论证性的材料容易识记；文学性的材料比科技性的材料容易识记。

2）材料的难易与识记：材料的难易不同，识记的进程和效果大不一样。一般而言，识记容易的材料，开始时的进展较快，后来的进展逐步缓慢，呈减速曲线；识记较难的材料，常是开始时的进展较慢，后来逐步加快，呈加速曲线。

3）材料的数量与识记：材料的数量不同，识记的效果大不一样。一般来说，要达到同样的识记水平，材料越多，识记所用的平均时间和次数也就越多。例如，一个实验得出的结果如下：在识记 12 个无意义音节时，平均每个音节需要 4 秒；识记 24 个无意义音节时，平均每个音节需要 9 秒；识记 36 个无意义音节，则平均每个音节需要 42 秒。由此可见，要达到同样的识记水平，材料越多，平均所需的识记时间也越长。因此，在一定时间内，识记的数量不宜过多。

4）材料的位置与识记：识记材料位于文首、文尾还是文章的中间，都与识记的效果有关联。不同部位的材料，识记起来效果不同。许多研究结果显示，人们一般容易记住材料的首尾部分，而不容易记住材料的中间部分。无论识记材料是一连串数字还是一席话，一首诗词还是一篇文章，结果都如此。

（4）主体状态对识记效果的影响：主体状态对识记效果的影响，主要表现为大脑的兴奋状态、个体的情绪状态等对识记的影响。

大脑的兴奋状态是影响识记效果的一个非常重要的因素。个体对材料的识记只有在大脑处于一定的兴奋状态下才能有效地进行，这是由于个体在这种状态下能够更好地集中注意力对识记材料进行精细的观察，并进行积极的联想。无论大脑处于过度兴奋还是抑制状态中，都不利于取得好的识记效果。因此，我们在识记过程中应该保持大脑的兴奋状态。这一方面要注意科学用脑，劳逸结合，避免造成过度疲劳；另一方面必须有健康的身体作保证，只有身体健康才能有充沛的精力投入到学习和记忆中。

情绪状态对识记效果也有重要的影响。研究表明，在中等强度的情绪下，人们的识记效果是最好的，情绪强度过强或过弱都不利于进行有效的识记。在紧张慌乱、焦躁不安或情绪激动、得意忘形的状态下识记，都不会获得良好的识记效果。此外，自信心也是影响成功识记的一个重要心理因素。“总怕记不住”或认为自己的“记忆力差”，这是识记的大敌。因此，要取得良好的识记效果，个体不仅应该保持一种良好的积极情绪状态，而且要对自己充满信心。

（二）保持

保持是识记的事物在头脑中储存和巩固的过程。

保持是记忆过程中的一个关键阶段，它不仅为巩固识记所必需，也是实现回忆的保证。保持是否持久，是记忆力强弱的重要标志之一。

人的保持能力相当大。曾有研究资料指出，一个正常人的记忆保持信息总容量，在理论上相当于美国国会图书馆藏书总量的 50 倍（该馆藏书 1000 多万册），即人脑可储存 5 亿本书的知识。但是，由于种种原因，我们的保持能力不可能达到这一理论水平。

记忆中的保持不同于物品在保险柜中的保存，不是一个简单地把识记的事物（知识经验）原封不动保存下来的过程，而是对识记的事物进行进一步加工以利于输出的过程。因此，保持中的事物会受时间和后继经验等因素的影响，以至在数量上和质量上都会发生一定的变化。具体来说，与原初识记时的事物相比，保持中的事物有这样一些显著的

笔记

变化：

（1）简略、概括：原初事物中的某些细节，特别是不甚重要的细节趋于消失。

（2）完整、合理：保持中的事物常会出现一些新增添的内容，特别是逻辑线索，因而常比原初事物更为完整、更为合理，更为接近具体生活实际。

（3）夸张、突出：原初事物的某些特点或某些细节，在保持中常会被突出、夸大，以致显得更具特色。

英国心理学家巴特莱特（F.C Bartlett）做过这样一个实验，用一张画，给第一个人看后，要他默画；然后将他默画出来的图形给第二个人看，让第二个人默画；再将第二人默画出来的图形给第三个人看……这样依次下去，直至第18个人为止。图7-1就是第1、2、3、8、9、10、15、18个被试画出的图形。从中我们可以明显地看出上述三个方面的变化。

图7-1　保持中的变化

不仅形象记忆内容在保持的过程中有可能被改造甚至歪曲，文字材料的保持也是如此。巴特莱特在一个实验中，让来自土著部落的被试和来自城市的大学生被试阅读一篇关于“魔鬼的战争”的故事，过了一段时间后让他们复述。结果发现，来自土著部落的被试由于经常接触鬼怪故事，因而在回忆中增添了许多关于鬼怪的内容和细节；而接收到现代文明教育的大学生被试，在回忆中则大量删去有关鬼怪的描述，并增添了一些逻辑线索使故事变得更加合理。

（三）回忆和再认

回忆是指过去经历过的事物的形象或概念在人们头脑中重新出现的过程。如考试时根据考题回想过去学过的内容；故地重游而回想起童年时的许多往事。

再认是过去经历过的事物重新出现时，能够识别出来的心理过程。

笔记

三、记忆的分类

（一）内容性分类

根据记忆的内容，通常把记忆分为形象记忆、语义记忆、情绪记忆和运动记忆四种。

1. **形象记忆** 指以具体形象为内容的记忆。形象记忆可以是视觉的、听觉的，也可以是触觉的、嗅觉的或味觉的，如对人物面貌、自然景色、音乐旋律、气味、味道的记忆。由于视觉和听觉在人类感知活动中的主导作用，视觉记忆和听觉记忆通常发展得较好；但触觉记忆、嗅觉记忆、味觉记忆也可因某种特殊活动（如香料和酿酒产业）的需要而得到高度的发展。另外，在盲人和聋哑人那里，这些非视听记忆可通过代偿作用而获得充分的发展。

2. **语义记忆** 指以抽象思维活动为内容的记忆。例如，对于事物的性质、意义、关系等方面的记忆。对抽象思维活动的记忆不能单纯地称为逻辑记忆，因为抽象思维活动是离不开语言的。语义记忆在人的学习过程中起着主导作用，因为它以理解为基础，以意义编码为特征。

3. **情绪记忆** 指以体验过的情绪为内容的记忆。例如，大学生拿到入学通知书时的喜悦心情的记忆。情绪记忆在人的生活中具有特殊调节功能，即延续刺激影响的功能。因为刺激引起的即时行为反应往往只能持续很短的时间，但是伴随的情绪反应却可以持续几个小时、几天甚至更长时间。因此，保留在记忆中的情绪效果经常是人们激发或抑制某种行为的动因之一。另外，同情别人或与别人产生情绪共鸣的能力也是以情绪记忆为基础的。

4. **动作记忆** 指以做过的动作、技能为内容的记忆。例如，外科医生对手术操作程序及要领的记忆，甚至连走路、写字都是运动记忆的产物。运动记忆在人的生活中具有特殊意义，它是人的一切生活能力的基础。因为人的一切生活活动都伴随着不同程度的动作、技能，所以离开了运动记忆，人们的生活将是不可想象的。

（二）时间性分类

根据信息保持时间的长短，将记忆分为瞬时记忆、短时记忆和长时记忆三种。

瞬时记忆也叫感觉记忆，指客观刺激停止作用后，外界信息在感觉通道的短暂停留，这是记忆系统的开始阶段，保持时间为0.25～2秒，后象就是瞬时记忆的一例。短时记忆是保持时间在5秒～1分钟以内的记忆，是瞬时记忆到长时记忆的过渡阶段。长时记忆是指保持时间在1分钟以上，乃至终生的记忆。

这种时间性的记忆分类只是针对脑的信息加工过程而言的，不同于我们日常的“瞬时”“短时”和“长时”概念。此外，心理学中通常所说的记忆及其识记、保持、回忆，都属于长时记忆范畴。

（三）功能性分类

根据记忆的现实功能，可以将记忆分为陈述性记忆和程序性记忆两类。

1. **陈述性记忆**（declarative memory） 是指对有关事实和事件的记忆。它可以通过语言传授而一次性获得，它的提取往往需要意识的参与。如我们在课堂上学习的各种课本知识和生活常识都属于这类记忆。

2. **程序性记忆**（procedural memory） 是指如何做事情的记忆，包括对知觉技能、认知技能和运动技能的记忆。这类记忆往往需要通过多次尝试才能逐渐获得，在利用这类记忆时往往不需要意识的参与。例如，我们在学习做实验之前，会通过阅读相关的书籍并记住实验的操作方法，这种记忆就是陈述性记忆；以后我们经过不断练习，把知识变成了操作技能，真正掌握了这种实验技术，这时的记忆就是程序性记忆。

（四）意识性分类

根据记忆是否意识到，可以将记忆分为外显记忆和内隐记忆两种。

笔记

1. **外显记忆（explicit memory）** 是指在意识的控制下，过去经验对当前作业产生的影响。它对行为的影响是个体能够意识到的，因此又称作受意识控制的记忆。

2. **内隐记忆（implicit memory）** 是指在个体无法意识的情况下，过去经验对当前作业产生的影响，有时又叫自动的无意识记忆。将内隐记忆从外显记忆中分离出来，是当代记忆心理学研究的一个重要突破。沃林顿（W Warrington，1968）等以健忘症患者为被试进行了记忆的研究，结果发现这些患者虽然在再认测验中成绩很差，但是在补笔实验中的成绩却接近于正常被试的测验结果。后来，许多研究都发现了这种现象，心理学家将这种无意识的记忆称为内隐记忆。内隐记忆的研究不仅扩充了记忆的研究方法、技术，而且使人们对记忆的本质有了更加深入的认识。

内隐记忆和外显记忆之间存在许多不同，具体体现在以下几个方面：

1. **加工深度对内隐记忆和外显记忆的影响不同** 在格瑞夫（L. L Craf）的研究中，要求四组被试都看同一张单词表，但分别完成四种不同的实验任务：第一组评定对单词的喜爱程度，不要求记忆；第二组评定对单词的喜爱程度并记忆；第三组检索包含某个特定字母的单词，不要求记忆；第四组检索包含某个特定字母的单词并进行记忆。实验要求有识记任务的被试以每个词的前三个字母为提示，再认出刚学过的词，目的在于测验被试的外显记忆；而对没有识记任务的被试则要求以每个词的前三个字母为提示，写出其第一个想到的词，目的在于测验被试的内隐记忆成绩。研究结果发现被试的内隐记忆没有受到加工深度的影响，而外显记忆则明显受到了加工深度的影响。

2. **内隐记忆和外显记忆的保持时间不同** 在外显记忆的研究中，人们发现回忆量随着学习和测验之间时间间隔的延长而逐渐减少。图尔文（E Turving）等人利用再认和词干补笔作业对外显记忆和内隐记忆的保持特点进行了研究，结果发现，一周之后被试的再认成绩显著下降，而词干补笔的成绩前后没有显著的变化，这表明内隐记忆能够保持较长的时间。

3. **记忆负荷量的变化对内隐记忆和外显记忆产生的影响不同** 记忆的负荷量越多，越难记住，这是记忆的一种普遍现象，但许多研究表明这一规律仅适用于外显记忆。罗迪格（H.L Roediger，1993）等人的研究中发现，使用再认作业测量的外显记忆成绩随着所学词汇数目的增加而逐渐下降，而使用知觉辨认测量的内隐记忆成绩没有受到词汇数目增加的影响。

4. **呈现方法对内隐记忆和外显记忆的影响不同** 加考比（L.L Jacoby，1981）等人在研究中发现，以听觉刺激呈现刺激而以视觉形式进行测验时，这种感觉通道的改变对外显记忆的成绩没有影响，而对内隐记忆的成绩产生明显的影响。

5. **干扰因素对内隐记忆和外显记忆的影响不同** 外显记忆很容易受到外界无关信息的干扰，而内隐记忆不易受到无关信息的干扰。在陈世平和杨志良（1991）的一项研究中，先让被试进行词对联想学习，同时对该词对进行干扰，之后利用线索回忆任务来测量外显记忆的成绩，而利用词对补全作业来测量内隐记忆的成绩。结果发现干扰词对外显记忆的成绩影响较大，而对内隐记忆的成绩的影响很小。

专栏 7-2

元　记　忆

元记忆（metamemory）是元认知的重要形式之一，是人对自身记忆活动的认识、评价和监控的过程。1965 年，Hart 对“知道感”的研究开创了元记忆研究的先河，而元记忆概念是美国心理学家弗拉维尔（J.H Flavell）于 1971 年真正提出的。元记忆是一个复杂的动态认知系统。由元记忆知识、元记忆监测和元记忆控制三个部分组成。元记忆知识是指个体具有的与记忆活动有关的知识和信念，包括记忆中的人的因素，记忆目标和记忆内容，记忆策略

笔记

和记忆方法。元记忆监测是指人对记忆状态的各种监测性判断及伴随的情感体验，由回溯性监测构成。元记忆控制是指在元记忆监测的基础上，激活自己已有的元记忆知识，对记忆过程进行有意识的组织和调节的过程。

四、记忆的生理机制

（一）记忆的脑学说

1. **整合论**　美国心理学家拉什利（L.K Lashley）在1929年最早提出了记忆的整合论。他使用实验方法破坏动物大脑皮质的不同区域，检查手术对记忆的影响，结果发现大脑皮质破坏的区域越大，记忆的丧失就越严重。因此，他认为记忆是整个大脑皮质活动的结果，记忆和脑的各个部分都有关系，而不是皮质上某个特殊部位的机能。

2. **定位论**　记忆的定位说认为，记忆和大脑的一些特定区域有关系。这种理论得到了一些研究的支持。潘菲尔德（W Penfield）在1963年使用电刺激法刺激癫痫患者的颞叶，引起患者对往事的鲜明的回忆，证明颞叶在记忆中起着重要的作用。此外，有研究认为海马、丘脑背内侧核可能是短时记忆的特定部位（Luria，1972）。

（二）记忆的脑细胞机制

1. **反响回路**　许多脑电和神经结构的研究认为反响回路可能是短时记忆的生理基础。反响回路是指在神经系统中，皮质和皮质下组织之间存在的某种闭合的神经环路。当外界刺激作用于神经环路的某一部分，回路便产生神经冲动。当外界刺激停止后，这种神经冲动并不立即停止，而是继续在回路中往返传递并持续短暂的一段时间。

2. **突触结构**　现代神经生理学家普遍认为，人类长时记忆的神经基础包含着由特异的神经冲动导致的突触的持久性改变，其发生的过程较慢，并需要不断的巩固。这种突触变化一旦发生，记忆痕迹就会深刻地储存在大脑中。

近年的研究表明，神经元突触结构的改变是短时记忆向长时记忆过渡的生理机制。这种改变包括相邻神经元突触结构的变化、神经元之间突触连接数量的增加和神经胶质的增加。本纳特（Bennult）等人在1972年将刚出生不久的白鼠分成两组：一组生活在有转轮、滑梯、具有丰富刺激的环境中；另一组则生活在外界刺激贫乏的环境中。一段时间后，解剖结果发现生活在丰富刺激环境中的白鼠的大脑皮质比另一组白鼠的大脑皮质厚而且重。分析原因为，学习和记忆导致生活在丰富刺激环境中的白鼠的突触结构发生变化，从而使相邻的神经元更易于相互作用。

3. **长时程增强（long-term potentiation，LTP）**　许多研究认为长时程增强作用是记忆的基础。布里斯（B.T Bliss）等人在1973年发现，在海马内的一种神经通路中，存在着一系列短暂的高频动作电位，能使该通路的突触强度增加，他们将这种强化称为长时程增强作用。如果某种刺激能使神经元之间突触传递的效率长时程增强，这种刺激的痕迹也能以神经活动增强的形式保留下来，这就是记忆。研究表明，如果破坏长时程增强作用，就会破坏学习和记忆，因此海马在形成长时记忆中起着重要的作用，海马损伤的患者在将短时记忆的信息转入长时记忆的过程中有很大的困难。

第二节　记忆的信息加工系统

记忆的机制一直是现代记忆研究的中心问题。自20世纪60年代以来，随着脑科学的发展、控制论与信息论的概念和方法在心理学领域中的渗透，许多研究记忆问题的心理学家，倾向于以信息加工的观点来描述记忆的动态结构。信息加工论者认为，心理过程假如作为物理通信系统来分析，就能最好地被理解。他们把有机体看作一个“黑箱子”，它接受、

笔记

加工，并作用于信息，就像电子装置进行工作的方式一样：探测、信息编码、信息储存或以某种方式加以变更，并在需要时以译码形式复现信息。这种理论为我们理解心理过程的“S—O—R”机制，提供了一种崭新的思路。

记忆也被看作这样一个有机体内部的信息加工过程。在这个过程中，刺激信息的性质在不同阶段因编码处理方式而发生不同的变化。因此，信息加工论者根据信息被编码处理的方式及信息从输入到提取所经过的间隔的不同，把记忆过程分为三个阶段或称记忆的三种系统——瞬时记忆、短时记忆、长时记忆。尽管每一记忆阶段的特点远没完全确定，但是，有关每个阶段所需操作的时间、每个阶段所能处理的信息数量以及每个阶段对信息的编码方式，已有相当的了解。

一、瞬时记忆

瞬时记忆又称感觉记忆。作为要输入到记忆中的信息，首先必须通过感觉器官的活动产生感觉和知觉。感觉刺激作用在原有刺激物已经不再呈现时，仍然继续保持一个很短的时间，这就构成了记忆的第一个阶段，称为瞬时记忆，亦称感觉记忆。后象就是瞬时记忆的一例。

瞬时记忆阶段处理的是信息的输入，进入的信息以感觉痕迹的形式被登记下来，如果受到注意，它就转入第二阶段——短时记忆，如不立即予以再处理，信息痕迹就会很快消失。其特点是：

1. **瞬时记忆的编码**　信息完全依据它所具有的物理特性编码，处于相对未经加工的原始状态，具有鲜明的形象性。在视觉刺激停止后，视觉系统对信息的瞬间保持叫图像记忆。斯帕林（Sperling，1960）应用首创性实验证实了图像记忆是瞬时记忆的主要编码形式。斯帕林的实验发现部分报告法的回忆成绩明显优于全部报告法成绩，由此他认为人的记忆系统存在一种瞬时记忆，其容量相当大，但信息保持时间极其短暂，很快就会消失。此外，莫瑞等人模仿斯帕林的局部报告法，设计了“四耳人实验”，实验结果表明局部报告法的回忆成绩优于全部报告法，这和视觉的实验结果相同，证明了听觉通道也存在瞬时记忆，听觉的瞬时记忆编码形式被称为声象记忆。

2. **瞬时记忆保持时间**　一般认为在为0.25～2秒。

3. **瞬时记忆的容量**　受感受器的解剖生理特点制约，进入感受器的信息几乎都可被储存。

4. **瞬时记忆与注意**　信息在瞬时记忆中登记是无意识的，如果受到注意，它就转入第二阶段——短时记忆，如果没有受到注意就很快消失。

瞬时记忆具有重要的作用。尽管瞬时记忆保持时间很短，但瞬时记忆为输入信息的进一步加工提供了更多的时间和可能，对知觉活动和其他高级认知活动具有重要的意义。

二、短时记忆

短时记忆是从瞬时记忆到长时记忆之间的过渡环节，对于短时记忆中的信息，人们是有意识的；对于瞬时记忆和长时记忆中的信息，人们是无意识的。因此，短时记忆是记忆系统中唯一对信息进行有意识加工的记忆阶段，在人的心理活动中具有重要的作用。保持时间在1分钟以内的记忆，称为短时记忆。短时记忆与瞬时记忆之间的主要差别之一是持续时间之长短。短时记忆的保持时间比瞬时记忆稍长，一般为5～20秒，最长不超过1分钟。人们常用“打电话”作为短时记忆的一个例证：当我们从电话簿上查到一个电话号码后，立刻就能根据记忆拨出这个号码；但是事过之后，再问你这个号码，却往往记不起来。记忆的短时存贮依赖于注意，即瞬时记忆中的信息一旦被注意，就可能延长保持的时间而进入短

笔记

时记忆。

(一)短时记忆的特点

1. 短时记忆的编码

(1)编码方式:短时记忆中的编码方式与瞬时记忆采取的直接编码不同,多数研究者认为短时记忆信息主要以语言听觉的编码形式为主。也有不少研究者认为,虽然人类短时记忆的编码方式具有强烈的听觉性质,但其他性质的编码方式如视觉编码和语义编码也同样存在。

(2)影响短时记忆编码效果的因素:

1)觉醒状态:觉醒状态即大脑皮质的兴奋水平,它直接影响记忆编码的效果。艾宾浩斯在1885年通过实验发现,被试在上午11点～12点之间的学习效率最高,而在下午6点～8点之间的学习效率最低,这可能与不同的觉醒状态有关。拉什利在1912年使用兴奋剂提高动物大脑的兴奋水平,发现动物的学习情况有所提高。威克尔格(M Wicklgren)在1975年使用酒精抑制动物的大脑,发现动物的学习效率低于正常情况对照组。

2)加工深度:认知加工深度也是短时记忆编码效果的影响因素。在一项研究中,主试要求两组被试分别对一个词表进行特定字母检索和语义评定作业,实验前告诉每组中的一半被试在作业结束后要有一个回忆测验(提示组),对另一半被试则不告诉有回忆测验(未提示组)。在作业结束后,要求两组所有被试都进行回忆测验。结果发现,在特定字母检索作业组中,提示组的回忆成绩要好于未提示组的成绩,而在语义评定作业组中,两组被试的成绩没有差异。分析原因为:语义评定组对字词的加工深度比较大,因此提示组和未提示组的被试成绩持平;而特定字母检索组在加工水平上比较低,因此提示组的成绩较好。

3)组块:短时记忆的突出特点是其容量的有限性。与瞬时记忆中的大量信息相比,短时记忆的容量相当有限,大约是7±2,即5～9个。米勒(J Miller,1956)在发表的《神奇的数字7±2:我们信息加工能力的限制》文章中提出短时记忆的容量为7±2,之后许多研究的结果都支持了米勒的组块理论。但是要注意,这“7±2”不是指绝对数量,而是指组块(chunk)的数量。所谓组块,就是记忆者根据自己的知识经验,将孤立的信息项目连接成的一种意义单位或独立单元。一个组块的信息总量和复杂程度,是因人而异的。例如,一个字母可以看作一个组块,一个单词也可以看作一个组块,一个词组也可以看作一个组块。如何解释这种现象呢?认知心理学认为,字母、单词或词组等内部的信息具有连接关系,这使它们在记忆中形成了一个整体。个体是对这种整体作出反应,而不是对构成这个整体的内部的一系列单个项目作出反应。

组块可以提高记忆的容量和效率。例如,对以下一列数字进行记忆,1919193719451949,如果以孤立的数字来记是16个块,但如果把这列数字分为1919、1937、1945、1949,与中国近代史的重要年代相联系,则只有4个组块,这列数字就相对容易记住,这样就扩大了短时记忆的容量。有些银行卡上的账号为便于记忆,也是按这个方法排列的。

此外,个体的知识经验对组块有着很大的影响。蔡斯(W.G Chase)与西蒙(H.A Simon)在1973年对象棋大师、一级棋手和业余新手对棋局的记忆能力进行了研究,结果发现,大师、一级棋手和业余新手对一个随机设置的棋局的回忆正确率没有差别,而对一个真实的棋局的回忆正确率存在明显差别,其中大师的记忆准确性为64%,一级棋手为34%,业余新手只有18%。分析原因为,高水平的大师和棋手在真实的棋局中可以利用丰富的经验发现和建立棋子之间的关系,形成组块,而在随机摆放的棋局中,大师的经验就难以发挥作用了。因此,每个人都可以根据自己的经验对信息进行组块化,以提高短时记忆的容量。

笔记

2. 短时记忆信息的存储和提取

(1) 短时记忆信息的存储：复述是使信息保存的必要条件，如果信息被加以复述（默默背诵），就会转入第三阶段——长时记忆；如果没有被复述，就会因痕迹的衰退或其他信息的干扰而消失。复述分为两种：保持性复述（maintenance rehearsal）和精细复述（elaborative rehearsal）。保持性复述是指不断地简单重复识记材料。精细复述是指对短时记忆的信息进行分析，使之与长时记忆中储存的信息建立起联系。例如我们要学习正强化的概念，我们可以从自己的日常生活中想到有关的例子，从而帮助我们更好的掌握这个概念。精细复述是短时记忆存储的重要条件。

(2) 短时记忆信息的提取：短时记忆信息的提取是指将短时记忆中的信息回忆出来，或者当该信息再度呈现时能够再认。最早开展短时记忆信息提取的经典性研究是心理学家斯腾伯格（S sternberg，1969），他在试验中先给被试呈现1～6个不等的数字系列，之后马上呈现一个探测数字，要求被试判断探测数字刚才是否出现过，并作出是或否的反应。斯腾伯格预测，对短时信息的提取可能包括三种方式：

1）平行扫描：是指被试同时对短时记忆中保存的所有项目进行提取。

2）自动停止系列扫描：是指被试对项目逐个进行提取，一旦发现目标就停止查找。

3）完全系列扫描：是指被试对全部项目进行完全的检索，然后作出判断。

斯腾伯格的实验结果证实短时记忆信息的提取采取的是完全系列扫描方式。

（二）工作记忆

工作记忆（working memory）最早是由英国心理学家巴德利和希奇（A Baddeley & G. Hitch）于1974年提出的记忆模型。巴德利（2001）将工作记忆定义为：在执行认知任务的过程中，对信息进行暂时储存和加工的、有限的记忆系统。工作记忆不仅包括对信息的存储，还包括对该信息的操作加工。工作记忆可以理解为一个临时的工作平台，人们在这个工作平台上对信息进行操作处理，从而帮助人们进行阅读理解、运算和推理等高级认知活动，但从记忆结构的角度看，工作记忆并没有改变其短时记忆的实质。工作记忆主要包括四个子系统。

1. **语音回路**　语音回路（phonological loop）负责储存和控制以声音为基础的信息。当人们阅读“咚咚”“哈哈”“咕咕”等词语时，能够在脑海中听到这些词语描述的声音。这种听觉编码的过程也适用于非拟声词。工作记忆将语言形式的信息以听觉信息的形式进行加工并保持在语音回路中。语音回路包含语音储存和发音控制两个部分。一部分是语音储存，能保持语音信息1～2秒，其中的项目均由语音结构来表征；另一部分是发声控制，能通过默读重新激活趋于消退的语音信息，防止语音信息的衰退。发音控制加工还可以将视觉信息转换为语音代码储存在“语音储存”中。

2. **视觉空间模板**　视觉空间模板（visual-spatial sketchpad）主要处理视觉和空间信息。视觉空间模板包含两个元素，一种视觉元素，与颜色形状有关；另一种是空间元素，与位置有关。像语音回路一样，信息既可以直接进入视觉空间模板，又可以间接地进入该模板。视觉空间模板对空间任务的计划和环境定向具有重要的意义。

3. **中央执行系统**　中央执行系统（central executive system）是工作记忆最为重要的系统，是工作记忆的信息交流中心。它是一个资源有限的系统，其功能是负责处理各子系统之间以及它们与长时记忆的联系，注意资源和策略的选择与控制。

4. **情景缓冲器**　情景缓冲器（episodic buffer）是一种各子系统和长时记忆之间的交界面，是一个可以利用多重编码的存储系统，它负责将工作记忆中的信息整合为一个连贯的情景。在人们解决问题的过程中，情景缓冲器作为暂时的存储设备，负责保存与问题相关的各种信息。情景缓冲器在某种意义上被认为是一种整合语音环路和视觉空间模板的信息，进而解决问题的系统。

笔记

三、长时记忆

保持时间在一分钟以上以至终生的记忆，都属长时记忆。我们日常生活中随时表现出来的动作、技能、语言、态度、观念，都属于长时记忆。此外，我们前述的识记、保持和回忆，都是指长时记忆的识记、保持和回忆。长时记忆是对短时记忆加工复述的结果，其特点主要有：①信息容量：长时记忆的容量很大，大得无法像短时记忆那样确定一个确切的范围，只要有足够的复习，其容量是没有限制的。②编码方式：在长时记忆中，对信息的编码主要采取语义编码的方式。人们倾向于将进入长时记忆的信息进行归类并整合于已有的信息储存系统之中，从而成为一个有意义的信息群，而且，这个编码过程带有很大的个人色彩，编码的效率在很大程度上取决于主体自身对信息的组织能力。

1. 长时记忆信息的存储 长时记忆中信息的存储不是一个静态的过程，而是一个动态的过程。在存储阶段，已保持的个体经验会发生变化，具体见记忆过程中的保持变化。

2. 长时记忆信息的提取 长时记忆的信息提取包括再认和回忆两种基本形式。

（1）回忆：回忆是指过去经历过的事物的形象或概念在人们头脑中重新出现的过程。具体来说，它包含着对经历过的事物的搜寻和对寻找到的事物的判定。回忆是识记、保持的结果和表现，是记忆的最终目的。

根据回忆是否有预定目的，将回忆可以分为无意回忆和有意回忆。无意回忆是事先没有预定目的、也不需要意志努力的回忆。在日常生活中，我们常常因为某种缘由而自然而然地回忆起许多事情。“触景生情”就是一例。

有意回忆则是一种有目的的、自觉的回忆，例如，学生为了答卷而回想所学的相应知识就是其例。有意回忆有时比较容易，不需要太大的意志努力就可以直接实现，但有时则需要“搜肠刮肚”，作出较大的意志努力才能实现，这种情况叫做追忆。

追忆是一种借助中介联想而进行的回忆。追忆常需要调动有关的全部经验，利用事物多方面的联系去寻找线索，先想起有关经验，然后通过中介联系联想起要回忆的经验。例如，遇到一个熟人，但叫不出他的名字了，这时追忆一下以前是在什么地方遇见他的，当时的情景如何，最后想起了这个人的名字。

回忆效果受到很多因素的影响，包括以下几个因素。

1）保持程度：识记材料的保持程度是决定回忆准确性的最重要因素。识记材料的保持程度越好，说明记得就越牢、形成的联系越多，回忆起来就快且准确。反之，速度就慢，甚至不能回忆。

2）回忆线索：保持在头脑中的材料能否成功的提取，主要依赖于提取的线索。所谓回忆的线索主要指事物之间的相互联系。事物之间的联系越丰富，可利用的线索就越多，线索越多、越系统化，回忆就越容易。如一件头脑中有印象的事情，可一时想不起具体的细节，这时可能就会以这件事情发生的地点、涉及的有关人、特征等为线索，一点点地找出其中的联系，直到回忆出来。

3）联想水平：联想是回忆的主要形式，是从一个事物想到另一个事物的过程。事物与事物之间往往会存在各种各样的联系，如时间、空间上的接近，外部特征和意义上的相似或相反等联系。联想就是以事物之间的这些特殊联系为线索来回忆的。因此，在回忆的时候，我们要学会尽量利用多种联系，形成各种联想（接近联想、类似联想、对比联想、关系联想），以提高回忆的效果。

4）情绪状态：研究表明，在某种情绪状态下识记的材料，在相同情绪状态下最容易回忆。一般说来，保持轻松愉快的情感会帮助我们恢复记忆，而高度焦虑、恐惧等不良情绪会

笔记

妨碍材料的提取。一些学生在考试时，由于过分紧张，把原先记得很熟的东西都忘记了，等到走出考场时又能正确地回想起来，这就是由于消极情绪状态干扰了材料的提取，从而影响了回忆的效果。

（2）再认：指过去经历过的事物重新出现时，能够识别出来的心理过程。例如故地重游，处处有熟悉之感，就属于再认。

再认的效果会随着再认的时间间隔而发生变化，从学习到再认的间隔时间越长，再认效果越差。斯坦福大学心理学家夏佩德（R Shepard，1978）给被试依次呈现612张图片，让被试学习，然后从这些图片中选出68张，与从未学习过的图片混在一起，进行再认测验。时间间隔有1小时、2小时、3天、7天、12天，结果发现间隔2小时，被试的再认成绩最好。再认效果随着时间的推移而逐渐降低。

与回忆相比较，再认仅以能确认过去经历过的事物为特征，如果经历过的事物不在眼前则无法再认。因此，能够回忆的事物，肯定能够再认；而能够再认的事物，不一定能够回忆。再认虽然相对容易，但对不同的事物，再认的速度和精确度差别很大。这种差别主要取决于识记的巩固程度和当前事物与经历过的事物及环境条件的相似程度。当事物被记得相当牢固而新旧经验又相一致时，再认可立刻实现；当事物的印象并不深，且新旧经验及其环境条件又有某种差异时，再认就会发生困难。例如，对一个曾见一面又许久不见的人，如果在相同的环境中相遇，比较容易再认；如果在一个陌生的环境中相遇，就难以再认。

三种记忆系统的具体流程如图7-2所示。

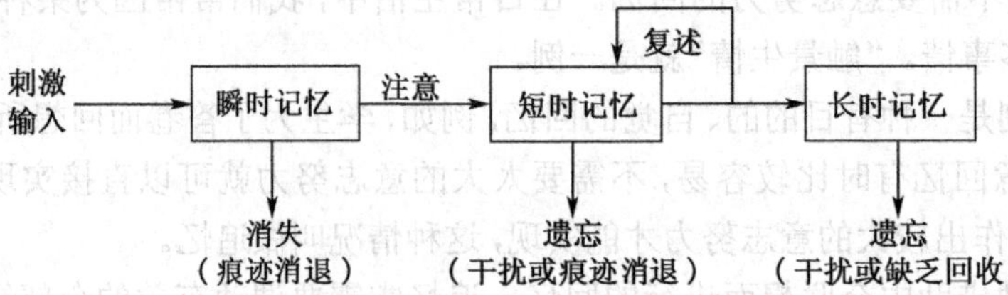

图7-2　记忆的三个阶段示意图

现把上述流程图简述如下：外界刺激作用于感官，它所留下的痕迹就是瞬时记忆；如果不加注意，痕迹便迅速消失；如果加以注意，就转入第二阶段——短时记忆。短时记忆中的信息，如果不及时复述，就会产生遗忘；如果加以复述，就转入第三阶段——长时记忆。信息在长时记忆中被储存起来，在一定条件下又可提取出来；提取时，信息从长时记忆中被回收到短时记忆中来，从而能被人意识到；长时记忆中的信息，如果受到干扰或其他因素的影响，便会产生遗忘。

专栏7-3

2014年诺贝尔生理学或医学奖：发现构成大脑定位系统的细胞

北京时间2014年10月6日，2014年诺贝尔生理学或医学奖揭晓，美国及挪威三位科学家约翰·奥基夫（John O' Keefe）、迈-布里特·莫泽（May-Britt Moser）和爱德华·莫泽（Edvard I Moser）获奖。获奖理由是"发现构成大脑定位系统的细胞"。

约翰·奥基夫，1939年出生于美国纽约，拥有美国和英国双重国籍。1967年他从加拿大麦吉尔大学获得生理心理学博士学位。之后，他进入伦敦大学学院做博士后。1987年被UCL任命为认知神经学教授。目前仍任职于UCL。

迈-布里特·莫泽（女），1963年出生于挪威福斯纳瓦格，挪威公民。曾在挪威奥斯陆大学学习心理学。1995年获得神经生理学博士学位。2000年被挪威科技大学任命为神经学教授。目前为挪威特隆赫姆神经计算中心主任。

笔记

爱德华·莫泽，1962 年出生于挪威奥勒松，挪威公民。1995 年从挪威奥斯陆大学获得神经生理学博士学位。爱德华·莫泽和迈 - 布里特·莫泽为夫妻。二人曾共同在爱丁堡大学做博士后。1996 年他加入挪威科技大学，1998 年成为教授。目前为挪威特隆赫姆 Kavli 系统神经学研究所主任。

人们如何知道自己身处何地？我们如何找到从 A 地到 B 地去的路线？我们又如何将这样的信息记下来以便于我们下次重走原路时能立马回想起路线的？本届诺贝尔奖获得者发现人类大脑内存在着一种定位系统，就像是一个"内部 GPS（全球定位系统）"一样为我们确定空间方向，同时他们也从细胞水平上阐释了这种高级认知功能的原理。

1971 年，约翰·奥基夫发现了这种定位系统的首个组成。他注意到当大鼠身处空间的某个特定位置时，其大脑海马体区域内有一种神经细胞会一直处于活跃状态，而当大鼠身处其他位置，其他神经细胞则会变得活跃。奥基夫得出结论：这些"位置细胞"可以构成一幅空间地图。

2005 年，迈 - 布里特·莫泽和爱德华·莫泽发现了大脑定位系统的另一种关键组成。他们确定了另一种神经细胞并将其称为"网格细胞"，该细胞能够构建出坐标系，从而便于精确定位和线路查找。他们的这项后续研究展现了位置细胞和网格细胞如何让定位和导航成为可能。

约翰·奥基夫，迈 - 布里特·莫泽和爱德华·莫泽的这项发现解决了一个困扰哲学家和科学家数个世纪的问题——大脑是怎么构造出一幅描述我们所处环境的地图，我们又是如何在复杂环境中找到航行线路的？

我们如何感知环境？

方位感知和导航能力是我们存在的基础。方位感知让我们对环境中的位置有了概念。而在导航中，这种概念又与以运动和方位掌握为基础的距离感产生相互联系。

有关方位和导航的疑问困扰了哲学家和科学家很长时间。200 多年前，德国哲学家康德就认为，某些精神上的能力是作为一种先验知识，独立于经验而存在的。他觉得空间概念是思想的一种内建原理，世界一直并且一定是通过这种原理被我们所感知的。随着 20 世纪中期行为生理学的出现，这些疑问可以通过实验得到解决。当 Edward Tolman 研究在迷宫中移动的大鼠时，他发现它们可以学会导航，他猜想大鼠的大脑一定是形成了一幅"认知地图"从而找到走出迷宫的路。但是问题仍旧——这样的地图怎么会存在大脑中的？

约翰·奥基夫和空间位置

约翰·奥基夫曾着迷于研究大脑如何控制行为的问题。在 20 世纪 60 年代后期，他决定用神经生理学方法来解决这个问题。他尝试通过仪器捕捉在某个房间里自由移动的大鼠其大脑海马体中的个别神经细胞发出的信号，他注意到当大鼠处在某一特殊位置时，有一种神经细胞会变得活跃。他通过实验发现这种"位置细胞"并不只是从视觉上记住，而且会构造出一幅所处环境的内在地图。奥基夫得出结论认为：在处于不同环境中被激活的这些位置细胞的共同作用下，海马体可以构造出很多地图。因此，大脑对环境的记忆通过位置细胞活动的特定组合的方式储存在海马体中。

迈 - 布里特·莫泽和爱德华·莫泽发现了协调机制

迈 - 布里特·莫泽和爱德华·莫泽在绘制大鼠脑海马区的连接时，在邻近的内嗅皮质区域发现了惊人的活动模式。在这个区域，当大鼠穿过六边形网格里的多个地点时，特定的细胞被激活。每个这样的细胞被特定的空间模式激活，这样的"网格细胞"构成了一个协调系统，促发空间运动。加上内嗅皮质区域其他能够识别头部方向和空间边界的细胞一起，它们在海马区形成了回路。这一回路在大脑中构成了一个广泛的定位系统，一个内部的 GPS。

笔记

人类大脑中的地图

近来，脑成像系统的进展，以及对进行神经外科手术患者的研究，证实了网格细胞也存在于人脑中。在早老性痴呆患者身上，海马区和内嗅皮质经常早期就受到感染，这些患者经常迷路，无法识别周围环境。因此，对大脑定位系统的研究有助于我们理解病患空间记忆丧失背后的机制。

发现大脑定位系统对于我们理解特能化细胞群工作机制来说，是一个范式转变。它为理解记忆等认知过程开辟了新的途径。

第三节　遗　忘

一、遗忘概述

识记过的东西不能回忆或再认，或者错误的回忆或再认，称之为遗忘。用信息加工的观点来说，遗忘就是信息无法提取或错误提取。

遗忘可分为两类。一是永久性的遗忘，即如不经重新识记，永远也不能回忆或再认；二是暂时性的遗忘，即因某种原因，一时不能回忆或再认。

在一般人的心目中，遗忘是一种完全应该否定的心理现象。然而，现代心理学认为，遗忘并不纯粹是消极的。遗忘是一个自然和必要的心理现象，它对人的记忆活动除了有众所周知的消极作用之外，也有着相当重要的积极作用。遗忘的积极作用首先表现为去伪存真。遗忘可剔除记忆中的“无关”信息，使大脑不至于被大量零零碎碎的、用不着的东西所充斥，这就可以腾出空间容纳其他所需要的、有价值的东西。其次表现为去粗取精。根据主体自身的知识结构将那些作用不大、价值不高的东西从记忆中剔除出去，这就提高了记忆的质量，使记住的东西具有一定的概括性、实用性。有所忘才能有所记，对遗忘应有一个辩证的认识。

所谓“与遗忘作斗争”之说，应该理解为人们希望不要忘记不该忘记的东西，或者减少对此类材料的遗忘。这就需要进一步对遗忘的规律有所了解，并掌握一些能够避免或减少遗忘的方法。

二、遗忘的规律

遗忘发生、发展是有规律的，具体表现在数量和性质两个方面。

（一）遗忘的数量规律

已经记住的材料，如果不再进行复习，保持量就会随着时间的推移而减少。遗忘的数量规律就是指记忆保存量随时间而变化的规律。谈到遗忘在数量上的变化规律，总是要提起德国心理学家艾宾浩斯和他那条著名的遗忘曲线。艾宾浩斯是对人类记忆和遗忘进行实验研究的创始人，他对遗忘的数量规律作了系统的研究。为了使学习和记忆尽量少受旧有经验的影响，他用无意义音节作为学习、记忆的材料，以重学时节省的时间或次数为指标，测量遗忘的进程。表7-1就是艾宾浩斯这一研究的部分结果。

表7-1　不同时间间隔后记忆成绩

时间间隔	重学时节省的时间（%）
20分钟	58.2
1小时	44.2
8小时	35.8

笔记

续表

时间间隔	重学时节省的时间(%)
1天	33.7
2天	27.8
6天	25.4
31天	21.1

根据这一实验结果绘制的保持曲线，一般称之为“遗忘曲线”(图7-3)。遗忘曲线表明了遗忘在数量上的变化规律：①遗忘的数量随时间的进程而递增；②遗忘变化的速度是先快后慢，即在识记后的短时间内遗忘特别迅速，然后逐渐缓慢下来；③以后尽管间隔时间很长，但所保持的记忆内容不再明显的减少而趋于稳定。艾宾浩斯的研究对记忆心理学影响很大。在他以后，许多人用无意义材料和有意义材料做了许多类似的实验，也都大体上证实了艾宾浩斯遗忘曲线所描述的遗忘进程。

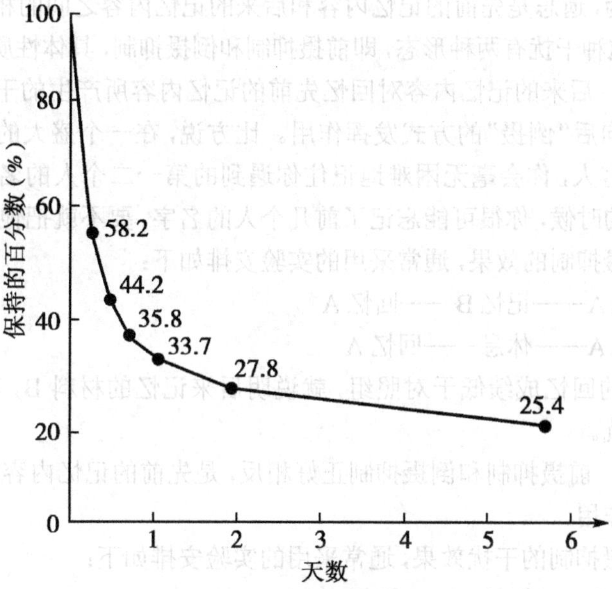

图7-3 艾宾浩斯遗忘曲线

(二)遗忘的性质规律

遗忘的性质规律指遗忘具有一定的选择性，即什么样的记忆内容会被遗忘或较快遗忘，主要受以下因素的影响：

1. **材料的性质和数量** 对熟悉的动作遗忘最慢，对有意义的材料比对无意义的材料的遗忘要慢；在学习程度相等的情况下，识记的材料越多，遗忘的越快。

2. **学习程度** 学习一种材料，被试没有一次能够准确无误的背诵，称为低度学习；如果被试能够完全背诵以后还继续学习一段时间，称为过度学习，有研究表明低度学习的材料最容易遗忘，而过度学习的材料的最难遗忘。

3. **材料的序列位置** 许多研究发现在回忆系列材料时，材料的首尾容易记住，而中间部分容易遗忘。这种由识记材料的系列位置不同而产生的识记和遗忘效果不同的现象，称为系列位置效应。最后呈现的材料最容易回忆，遗忘的最少，称为近因效应。最先呈现的材料比较容易回忆，遗忘较少，称为首因效应。

4. **材料的意义与作用** 凡是与人的价值观、需要、兴趣、活动任务以及今后的生活相联系的记忆内容，一般忘得较少、较慢，那些对人的生活具有特殊意义的记忆内容，甚至可以

笔记

终生不忘。反之，那些与人的价值观、需要、兴趣、活动任务没有联系或联系较少的记忆内容，则忘得较多较快。

三、遗忘的原因

关于遗忘的原因，至今缺乏统一的见解。这里介绍几种较为流行的学说。

（一）衰退学说

这一学说以“用进废退”的观点来解释遗忘，认为遗忘可能是长时间不用的结果。具体来说，从生理基础上讲，记忆是在大脑皮质中建立暂时神经联系而留下的痕迹的过程。脑中的记忆痕迹也和其他事物一样，是发展变化的。这种变化有两个方面，一是生长，一是衰退。记忆内容如果不断被提取使用，其痕迹就会因强化而变得更为巩固；如果长时间不用，其痕迹就因得不到强化而逐渐减弱、衰退以至消失。就像乡间小路一样，它的存在依赖于不断有人从它上面走过，否则就会因荒草的蔓延而逐渐埋没。

（二）干扰学说

干扰学说认为，遗忘是先前的记忆内容和后来的记忆内容之间的相互干扰，以致造成抑制效应的结果。这种干扰有两种形态，即前摄抑制和倒摄抑制，具体性质视它们的方向而定。

1. 倒摄抑制　后来的记忆内容对回忆先前的记忆内容所产生的干扰作用，称为倒摄抑制。这种干扰以向后“倒摄”的方式发挥作用。比方说，在一个盛大的社交场合，主人向你逐一介绍在场的客人，你会毫无困难地记住你遇到的第一二个人的名字；但当介绍到第五个人或第十个人的时候，你很可能忘记了前几个人的名字，要不就把他们给搞混了。

为了检验倒摄抑制的效果，通常采用的实验安排如下：

实验组：记忆A——记忆B——回忆A

对照组：记忆A——休息——回忆A

如果实验组的回忆成绩低于对照组，就说明后来记忆的材料B，对先前记忆的材料A的回忆产生了干扰。

2. 前摄抑制　前摄抑制和倒摄抑制正好相反，是先前的记忆内容对回忆后来的记忆内容所产生的干扰作用。

为了检验前摄抑制的干扰效果，通常采用的实验安排如下：

实验组：记忆B——记忆A——回忆A

对照组：休息——记忆A——回忆A

如果实验组的回忆成绩低于对照组，就说明先前记忆的材料B对后来记忆的材料A的回忆产生了干扰。

3. 影响倒摄抑制和前摄抑制的因素　研究发现，倒摄抑制和前摄抑制的程度受以下因素的制约：

（1）材料的相似性：先后记忆的两种材料很相似或很不相似时，抑制效果较小；两种材料具有中等程度的相似性时，抑制效果最大（图7-4）。

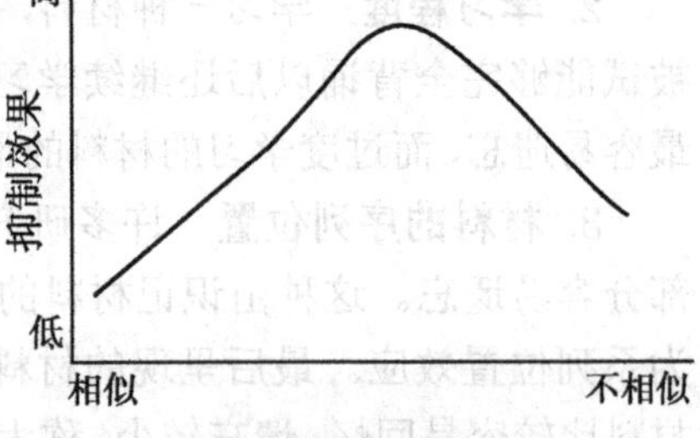

图7-4　材料的相似性与抑制效果的关系

先后记忆的两种材料完全相似时，后面的记忆即相当于复习，不会产生抑制。当两种记忆材料由完全相似逐步向完全不相似变化时，抑制效果开始逐渐增加；当材料的相似性达到中等程度时，抑制效果最大；以后抑制又逐渐减低，到先后学习的两种材料完全不相似时抑制效果又最小了。这种现象在汉字、英语单词的学习中都很突出。很多人都有过这样的体验：同时学习形状、结构完全不同的汉字或单词，能够很快

笔记

地记住它们；但同时学习形状、结构有些相似的汉字或单词时，常常感到很费力，不容易记住，并经常混淆甚至记错它们。这个规律对学生安排自己的学习、教务工作者安排课程表等，有一定指导意义。

(2) 学习的巩固程度：先后两种记忆的巩固程度也影响抑制的效果。一般来说，记忆的巩固程度高，意味着内部的联系紧密，因此也较能抵御干扰；反之，记忆的巩固程度低，意味着内部的联系薄弱，也就容易受其他记忆材料的干扰。由此可见，学习要循序渐进，某种知识掌握扎实后再进行相关知识的学习更为有益。

(3) 记忆的时间安排：在记忆完第一种材料后立即进行第二种材料的记忆，所产生的抑制作用较大；如果在先后记忆之间有一定的时间间隔，将会使抑制作用减小。因此，学习时应当注意：从一种记忆材料过渡到另一种记忆材料的时候，必须稍事休息，暂时停止智力活动，以便让已记得的材料在头脑中有一个存储和巩固的机会。

(4) 材料的位置：前摄抑制和倒摄抑制不仅产生于记忆两种材料之时，而且也存在于记忆同一种材料的过程中。如记忆一篇课文，一般总是开头和结尾部分容易记住，而中间部分则容易忘记。其原因是：课文的开头部分只受倒摄抑制的影响而无前摄抑制的影响；课文的结尾部分只受前摄抑制的影响而无倒摄抑制的影响；而课文的中间部分既受倒摄抑制的影响，又受前摄抑制的影响，所以最容易产生遗忘。当材料的容量很大时更是如此。因此，记忆时应当对材料的中间部分作更多次数的复习。

（三）压抑说

这一学说认为遗忘是由于个体因某种有意无意的动机主动压抑相应记忆的结果所致。具体来说，有些记忆内容伴随着令人痛苦或屈辱的经历，个体极不愿意回想起它们，以致有意无意予以压抑，从而导致遗忘。因此，这种遗忘也称“心因性遗忘”。大量的研究表明，遭受严重创伤性经历的人，如被强暴、被折磨、性虐待和战争的受害者，会表现出一种心因性遗忘，即“忘记”当时受害的具体过程，甚至“忘记”创伤经历本身。

（四）提取失败说

这一学说认为，有时候一些事情之所以想不起来，不是因为头脑中的记忆内容真的消失了，而是因为我们在回忆的时候没有找到适当的提取线索(retrieval cues)。例如有的人临出门时怎么都想不起眼镜或车钥匙放哪了，尽管明明知道就在家里。提取失败的突出表现就是所谓“舌尖现象”(tip of the tongue)，即明明知道而当时就是回忆不起来，似乎话已经到嘴边了，但怎么都说不出来。类似的情形，在重大考试的场合经常会发生。人们头脑中的记忆内容，就像一个储存着成千上万图书的巨大图书馆，如果摆放缺乏条理，很容易因检索困难而产生提取失败。

遗忘的原因仍是一个有待深入研究的问题。上述学说虽能解释部分遗忘现象，但还不能解释所有的遗忘现象。

复习思考题

1. 名词解释：记忆，识记，保持，回忆，瞬时记忆，短时记忆，长时记忆，外显记忆，内隐记忆，遗忘，永久性遗忘，暂时性遗忘。
2. 试述记忆的过程。
3. 试述影响识记的因素。
4. 回忆效果的影响因素有哪些？
5. 遗忘的原因包括哪些？
6. 试述遗忘的规律。

笔记

拓展学习

记忆与学习方法

一、PQ4R法

学生经常要对教材内容进行记忆，并为记不住教材内容而苦恼。怎样才能提高对教材内容的记忆效率呢？采取PQ4R法会显著提高记忆的效率。具体如下：

1. 预习（prepare） 涉猎全章学习材料，以确定要探讨的一些总课题，并确定作为单元来阅读的各个分段，然后把步骤2～5应用到各分段上。

2. 提问（question） 提出各分段的问题，即把各分段的标题改为适当的问句。例如一个分段标题是“信息在头脑中的贮存”，可改为：“何谓信息在头脑中的贮存”或“信息是如何贮存在头脑中的”等等。

3. 阅读（read） 仔细阅读各个分段的内容，尝试回答自己对分段所拟定的问题。

4. 思考（reflection） 在阅读时思考内容，力图予以理解，想出一些例子，把材料和自己脑中已有的经验联系起来。

5. 复述（repeat） 学完一个分段后，尝试回忆其中所包含的知识，力图回答自己对本分段所提出的问题。如果不能充分回忆，就重新阅读记忆困难的部分。

6. 复习（review） 学完全部材料后，默默回忆其中的要点，最好是把各要点写出来，并再一次尝试去回答自己所提出的各个问题。

二、识记方法

记忆的三个环节中，识记是最重要的。只有记住某一材料，才有对材料的保持、回忆或再认。良好的识记方法能使我们事半功倍，反之，将会事倍功半。常用的识记方法有：

1. 巧记法 巧记是在理解基础上的识记。俗话说，强记不如善悟。理解了被记住的材料才能记得住、记得牢、记得活。按信息加工的观点，理解过程就是信息加工的过程，信息加工水平越深，识记的效果就越好。那么，怎么来理解识记材料呢？首先，应把被记材料从头至尾细读一遍，以观其全貌，知其大意；其次，应对材料详加分析，如是公式要弄清其来龙去脉，如是语词要探求其本义与引用，如是文章则要明其段落、得其要领；再次，应将各个方面、部分有机地联系起来，以求融会贯通，纲举目张。如此，就能达到对材料的深入理解，并找出其中哪些是主要的，哪些是次要的。然后再根据材料内容所具有的特点，采用不同的加工方式予以巧记。巧记的方法很多，有图表记忆法、概括记忆法、系统记忆法、提纲记忆法、规律记忆法、归类记忆法、比较记忆法、梗概记忆法等等。

2. 强记法 在记忆一些无意义材料，如年代、人名、地名、数据、公式等材料时，由于材料本身没有什么内在的联系，或对它们的内在联系了解很少，这时只有通过反复识记的途径加以强记。强记不等于死记硬背。完全采用死记硬背的方法来记忆材料是非常困难的，即使花很长时间记住了一点东西，也很容易就会忘记。而强记则往往是通过一定的联想或把识记材料与其他对象联系起来加以记忆，即人为地找出一些外部联系来强化记忆，以加深对识记材料印象的方法。这类方法，在一定程度上也能够提高记忆的效率。常用的强记方法有：特征记忆法、谐音记忆法、类似联想记忆法、形象记忆法、口诀记忆法、对比记忆法、等距记忆法、趣味记忆法等等。

3. 操作法 要提高识记效果，除了要根据材料的性质来选择不同的识记方法之外，还应该根据材料的数量，来选择合适的识记操作方法。识记的操作方法大体有两类：集中识记法与分散识记法；整体识记法、部分识记法与综合识记法。

集中识记法和分散识记法的主要区别在于，在学习并熟记一段材料的过程中，是否插入休息。前者不休息地反复识记，后者则要插入休息。一般认为，分散识记比集中识记的

笔记

效果好，因为在较长的时间内识记同一材料，容易造成大脑的疲劳，使神经系统的兴奋性降低，从而影响识记的效果。但是分散识记的优越性是相对的。对不同数量的识记材料来说，它们各有优势。如识记材料较长，分散识记比集中识记效果好。如果识记材料本身较短，那么集中识记的效果优于分散识记。

整体识记法是将识记材料整篇阅读直至成诵为止；部分识记法是将识记材料一段、一段阅读，到分段成诵后再合并整篇成诵；综合识记法是将整体和局部材料相结合，即先进行整体识记再进行部分识记，最后再进行整体识记直至成诵。一般说来，材料较短且具有意义联系时，可采用整体识记法；如果材料意义联系较少，可采用部分识记法；如果材料有意义联系但较长又较难，则采用综合识记法的效果较好。

三、复习方法

经过识记而保存在头脑中的材料，如何能够减少或避免遗忘呢？这里唯一的方式就是复习。复习是一个通过多次识记，对信息不断地加以处理或再编码的过程，使信息能够妥帖地融入个人的经验体系中去，以保持识记的材料。那么，怎样有效地安排复习呢？

1. 及时复习　遗忘的数量规律表明，遗忘往往是在识记后不久就急速而大量发生的。因为此时新记忆的材料在脑中建立的神经联系还不巩固，记忆痕迹较容易衰退，所以复习必须及时，使即将消失的、微弱的记忆痕迹得以强化并在头脑中巩固，以防止识记后大量发生的急速遗忘。及时复习还具有促进理解的作用，使学习的内容条理化、系统化，从而将它们纳入到个人的认知结构中以便长久保存。

2. 经常复习　虽然很多时候，学习过后我们也都进行了及时的复习，可到考试前仍然忘了很多。复习起来还是很费时、费力。这又是为什么？这是因为没有经常复习。经常复习，就是要在学习过后进行反复多次的复习。一般来说，对刚学习过的材料在开始时应该多复习，以后复习的次数可逐渐减少，每次复习的间隔时间也可以逐渐延长。因为，随着时间的进程遗忘始终在发生，刚学习过的知识不太巩固，这时多次复习就能够有效地减少遗忘的数量。以后，随着记忆巩固程度的提高，遗忘的发生渐趋缓慢，就可以减少复习的次数和延长复习的时间间隔。经常复习对于一些重要的知识、应该记住的知识是非常有必要的。

3. 合理分配复习时间　合理分配复习时间是复习获得良好效果的条件。复习可以连续进行，即集中复习，也可以间隔一定时间进行，即分散复习。复习时，时间过分集中，容易出现抑制积累；过于分散，容易发生遗忘，都不利于学习材料的巩固。时间分配要适中，但并没有一个统一的模式，它取决于许多条件：对于有意义材料，最初识记时间应该相对集中些，以后间隔时间可逐渐延长；对于机械识记的材料和技能学习，分散复习优越性比较明显；对于感兴趣的学习材料，集中复习效果较好；对于缺乏兴趣的学习材料，以及难度较大且容易引起疲劳的学习材料，则以分散复习为宜。

4. 尝试回忆与反复阅读相结合　复习常用的方式有两种：一种是把全部的时间都用来反复识记；一种是只把部分时间用来反复识记，而把另一部分时间用来尝试回忆。研究表明，复习时单纯地重复识记效果并不太好，应该在识记材料还没有完全记住前就要积极地试图回忆，当回忆不起来时再识记，这样容易记住，保持的时间长，错误也少。这是因为尝试回忆调动了学习者学习的主动性和积极性，容易使学习者看到成绩、发现问题，使复习的目的性增强。

5. 复习方式多样化　复习并不等于单纯重复。复习方式的单调容易使人产生消极情绪和感到疲劳，多样化的复习方式可使人感到新颖，容易激起进行智力活动的积极性，使复习材料与原有知识之间建立多种联系，以更牢固地保持。另外，活动有助于记忆，即当把记忆内容变成为人的活动的对象或活动的结果时，可以激发起人的活动的积极性，记忆效果会明显提高。

笔记

参考文献

1. 彭聃龄．普通心理学[M]．北京：北京师范大学出版社，2012.
2. 游旭群．普通心理学[M]．北京：高等教育出版社，2011.
3. 菲利普·津巴多．津巴多普通心理学[M].7版．钱静，等译．北京：中国人民大学出版社，2016.

推荐读物

1. 费尔德曼．Essential of Understanding Psychology[M]．北京：人民邮电出版社，2004.
2. 理查德·格里格，菲利普·津巴多．心理学与生活[M].19版．王垒，等译．北京：人民邮电出版社，2014.

考研要点

记忆的含义
记忆的种类
记忆的神经生理机制
感觉记忆
短时记忆
长时记忆
遗忘
遗忘曲线
遗忘理论

（乔正学）

笔记

第八章　表象与想象

本章要点

表象
　表象的概念
　表象的特征
　表象的分类
　表象在思维中的作用
想象的概述
　想象的概念
　想象的功能
　想象与客观现实
想象的分类
　无意想象和有意想象
　再造想象和创造想象
　幻想

关键词

表象；想象；无意想象；有意想象；再造想象；创造想象

第一节　表　象

在人们的思维过程中，经常存在感性的直观形象，即表象。表象作为思维的感性支柱，有利于思维的顺利进行。

一、表象的概念

表象（image）是指当事物不在面前时，人们在头脑中出现的关于事物的形象。人的思维不仅要借助于概念进行，也要借助于表象来进行。根据表象产生的主要感觉通道不同，可以分为视觉表象、听觉表象、运动表象等。视觉表象如想象不在身边的好朋友的笑脸，听觉表象如想起某首歌的旋律，运动表象如想起某一舞蹈的动作。“请不要看钟表，在头脑中比较 12: 04 与 6: 35 这两个时刻，其分针与时针的夹角哪个大”，我们之所以能够不看钟表进行比较，是由于我们曾感知过钟表并将其形象保持在记忆中，以至在需要的时候可以将它再现出来，这就是借助表象解决问题。

笔记

二、表象的特征

表象作为记忆中的事物形象，具有以下特点：

1. **直观性** 表象是以生动具体的形象在头脑中出现的，仿佛直接知觉到事物的某些特征一样。这是因为，表象是在知觉的基础上产生的，是将知觉到的事物形象保持在记忆中的结果，所以表象中的形象与知觉中的形象具有相似性。但是，由于知觉属于直接反映，即直接看到、听到或触摸到具体事物，而表象是间接反映，是头脑中回忆的结果，因而与知觉中的形象相比，表象中的形象在生动性、完整性和稳定性上都有较大差异。

有的研究发现，在儿童中可能发生一种“遗觉像”(eidetic image)。给儿童呈现一张内容复杂的图片，30 秒后把图片移开，让其看灰色的屏幕，这时他会“看见”同样一张清晰的图片。儿童还能根据当时产生的表象准确地描述图片中的细节，就好像图片仍在眼前一样。这种遗觉像功能往往在成年后丧失。

2. **概括性** 表象虽在知觉的基础上产生，但不是知觉事物的简单再现，而是对知觉事物的主要特征的概括性再现。例如，我们一起来再现“树”的形象。我们头脑中再现出来的树，并不是哪一棵具体的松树或梨树，而是一种有干、有枝、有叶的植物。换句话说，表象中出现的事物形象，概括了该类事物的主要特征或大致轮廓。

3. **可操作性** 由于表象是知觉的类似物，因此人们可以在头脑中对表象进行操作。“心理旋转”的实验说明表象的可操作性。在普林斯顿大学库泊(J Cooper，1973)等人的一项研究中，每次给被试呈现一个旋转角度不同的正写或反写的字母 R，如图 8-1，被试任务是判断字母是正写的还是反写的。

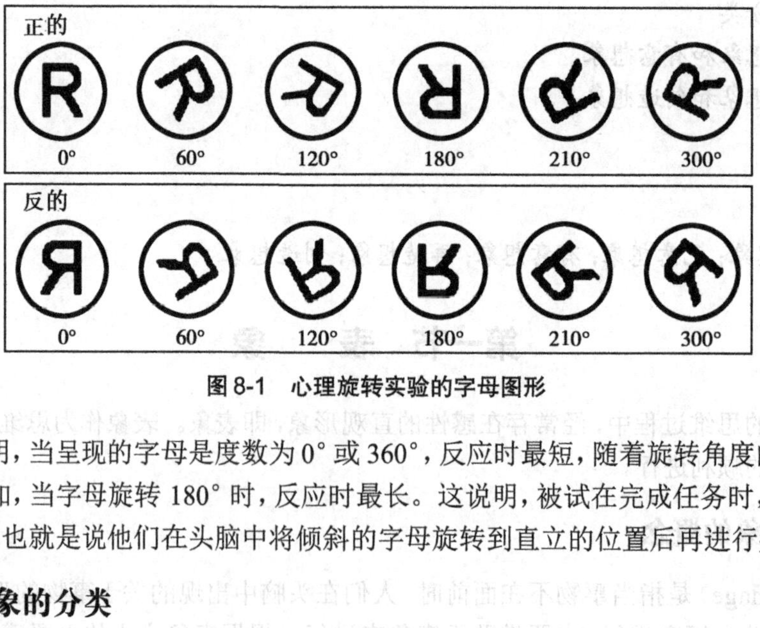

图 8-1 心理旋转实验的字母图形

结果表明，当呈现的字母是度数为 0° 或 360°，反应时最短，随着旋转角度的增加，反应时也随着增加，当字母旋转 180° 时，反应时最长。这说明，被试在完成任务时，对表象进行了心理操作，也就是说他们在头脑中将倾斜的字母旋转到直立的位置后再进行判断。

三、表象的分类

1. **感知觉表象** 根据表象产生的感知觉通道的不同，将表象分为视觉表象、听觉表象、动觉表象、嗅觉表象、味觉表象和触觉表象等。

视觉表象是指在大脑中出现的个体感知过的具有视觉特征(颜色、大小等)的形象，是一种经常发生的、比较鲜明的表象形式。听觉表象是指大脑中出现的个体感知过的具有听觉特征(音调、音色等)的形象，其中语言听觉表象和音乐听觉表象最为鲜明和突出。动觉表象是指在大脑中出现的有关动作方面的形象，既可以是视觉的形象，如各种动作姿势；也可以是动觉的形象，如使用力气大小的表象。嗅觉、味觉、触觉等表象也都具有与其感知相

笔记

对应的表象。

各种表象往往是综合发挥作用的，因为个体往往要同时运用各种感觉器官来感知外界事物。例如，舞蹈家随着音乐翩翩起舞，需要听觉表象和动觉表象发挥作用。由于人们从事的社会实践活动不同，各种表象发挥的作用会有所侧重。例如，画家具有较好的视觉表象，作曲家具有较好的听觉表象。

2. **记忆表象和想象表象** 根据表象创造程度的不同，将表象分为记忆表象和想象表象。

记忆表象是指在记忆中保持的客观事物的形象。想象表象则是指在头脑中对记忆形象进行加工改造形成的新形象，这种新形象既可以是人们没有感知过的现实世界存在的形象，也可以是现实世界中尚未存在的形象。但是，想象表象仍源于客观世界，是人脑对客观事物的反映。记忆表象和想象表象二者互为补充，想象表象只有从记忆表象中提取素材才能得以进行，记忆表象也在某种程度上为想象表象作补充。

3. **个别表象和一般表象** 根据表象的概括程度的差异，将表象分为个别表象和一般表象。个别表象是指对某个具体事物形成的表象。一般表象则是指人感知某一类事物后加以概括所形成的反映某类事物的表象。

个别表象反映具体事物的特征，一般表象反映一类事物共同的特征。一般表象在个别表象的基础上产生，由许多个别表象概括而成，是经过取舍之后对个别表象特征的反映。例如人们看到某棵树的形象是具体的，但在大脑中出现的"树"的表象，则是对各种各样的树进行概括所形成的形象。一般而言，表象总是沿着从个别表象到一般表象的方向不断发展。

四、表象在思维中的作用

表象在思维中的作用，主要包括以下方面：

1. **表象是概念形成的感性基础** 表象是感知觉和思维之间的一种过渡形式，是认知过程中的一个重要环节。表象离开了具体的事物，摆脱了感知觉的局限性，为概念的形成提供感性基础。例如，对于"蔬菜"的概念，儿童会经常用西红柿、黄瓜等具体形象进行说明。表象在概念的理解和形成过程中发挥着重要的作用。

2. **表象与问题的解决** 表象在问题解决中发挥重要的作用。例如，形象思维是凭借表象进行的思维操作，几何学问题的解决依赖于表象的支持，成人利用概念进行抽象思维时，也需要表象的参与，如工程师在审阅建筑设计图纸时，他们常在头脑中利用建筑物的形象进行思维。

第二节 想象的概述

一、想象的概念

想象（imagination）是人对头脑中的已有形象进行加工改造而产生新形象的心理过程。

人不仅能够通过感知、记忆等方式反映已经历过的事物的形象，而且能够在此基础上，通过对头脑中的已有形象进行加工改造，产生出未经历过的、甚至现实中尚未存在的事物的形象。例如，人们虽然没有在原始社会生活过，但是可以根据历史书籍的文字描述，对头脑中已有形象进行加工改造，从而形成关于原始人的形象；科技人员在设计新产品的时候，可以在头脑中创造出尚未问世的新产品的形象；作家可以创造出现实中不可能存在的故事情节和人物形象。这种对已有形象进行加工改造而产生或创造新形象的心理过程就是想象。

笔记

形象性和新颖性是想象的基本特征。形象性是指想象处理的是直观的图像信息，也就是说表象是想象加工的原材料。新颖性是指想象产生的新形象是人们从未亲身经历的或现实尚未存在及根本不可能存在的事物形象。

二、想象的功能

想象是人类社会实践的必要条件，无论是科学假设、艺术创作，还是生产劳作、学习娱乐，都离不开想象的参与。具体来说，想象在人类的社会实践中有如下功能。

1. **预见功能** 人们在进行社会实践之前，必须在头脑中预见实践的结果，以便按照预定的奋斗目标，进行有目的的实践活动。不管是科学家的发明和工程师的设计，还是教师的教学和厨师的烹饪，概莫能外。否则，离开了想象实践的结果及对实践结果的预见，任何实践活动都难以有方向地顺利进行。

人们要进行创造性劳动，更需要丰富想象的参与作用。想象是人们一切劳动活动中的必要因素。在劳动活动中，如果没有先想象出劳动的成果，就不可能着手进行某项工作，想象指导着人们活动进行的方向。同时，想象的新颖性，形象性也是人们创造活动中不可缺少的因素。从航空母舰的设计到作家的人物塑造等等，所有这些活动都离不开人的想象。

2. **补充功能** 在社会实践中，有许多事物由于空间的阻隔和时间的久远，人们是难以直接感知的。如宇宙中的星球，逝去的历史与人物等。但是，我们可以通过想象补充这种不足，扩大自己的视野和知识面。另外，在学校教育中，为了提高学习的效率，我们可以通过想象来弥补直接经验的缺乏，较好地掌握书本上的间接知识。例如，在学习立体几何时，可以凭借想象来理解空间关系；在学习文学作品时，可以利用想象来把握人物性格。

3. **代替功能** 当人们某些需要不能实际得到满足时，可以利用想象的方式得到心理满足。例如，幼儿想当一名汽车司机，但由于他们的能力所限而不能实现，于是他们就在游戏中，把排列起来的小板凳想象成小汽车，手握“方向盘”开起了小汽车，从而满足自己想当司机的愿望。人们在精神失落时，有时也从想象中得到满足和寄托。

4. **调节功能** 想象对人的生理活动过程也有调节作用，它能改变人体的某些机能活动过程。例如，对一位具有鲜明想象与表象的人进行的研究发现，只要这个人说他想象出什么事物，就可以观察到他的机体发生相应的变化。例如，他说“看见右手在炉边，左手在握冰”时，可以测量到他的右手温度升高 2℃，左手温度降低 1.5℃；当他说“看见自己跟在电车后奔跑”时，可测查到他的心跳加快；在他说“看见自己安静地躺在床上”时，其心跳就减慢。

总之，想象使我们的认识不仅可以驰骋于现实世界，而且也可以奔腾于幻想的世界；可以回首久远的过去，也可展望的未来；不仅可以认识现实，也可创造更美好的明天。爱因斯坦曾特别强调，想象力比知识更重要，因为知识是有限的，而想象力概括世界上一切，推动着进步……严格地说，想象力是科学研究中的实在因素。

专栏8-1

积极的心理图像练习

通过一个人为控制的实验，心理学家 R.A. 凡戴尔证明：让一个每天坐在靶子前面想象着他对靶子投镖，经过一段时间后，这种心理练习和实际投镖练习一样能提高准确性。

美国《研究季刊》曾报导过一项实验，证明心理练习对改进投篮技巧的效果。

第一组学生在20天内每天练习实际投篮，把第一天和最后一天的成绩记录下来。

第二组学生也记录下第一天和最后一天的成绩，但在此期间不做任何练习。

笔记

第三组学生记录下第一天的成绩，然后每天花10分钟做想象中的投篮。如果投篮不中，他们便在想象中作出相应的纠正。

实验结果：

第一组每天实际练习20分钟，进球增加了20%。

第二组因为没有练习，也就毫无进步。

第三组每天想象练习20分钟，进球增加了26%。

三、想象与客观现实

由于想象是一个产生新形象的心理过程，因而想象的结果不仅是个体未曾经历过的，而且可能是现实中未曾出现过的。因此，心理学上将想象看作一种“超前”反映。但是，想象依然是人脑对客观现实的反映。因为，构成新形象的基础是记忆表象，而记忆表象的原材料则来源于客观现实。例如，有的人虽然没有亲自登上喜马拉雅山，但是，通过报纸、图片或银幕等所报导和拍摄的场景，运用头脑中已有的各种表象，就可以再造出雄伟的喜马拉雅山形象。而且，不论想象的结果多么离奇，都可以在客观现实中找到它的原型。想象都不是凭空产生的。比如，中华传统文化中的龙的形象。尽管现实中从未出现过“龙”这种动物，但是中华民族的祖先为抵御自然灾害的摆布，寄希望于一些可以左右自然力以帮助抵御灾害的神灵，企图通过祈祷和供奉这些神灵以求得护佑，于是创造出了“龙”这种集自然精华和灵气的动物神灵形象——其头似驼、角似鹿、眼似兔、耳似牛、颈似蛇、腹似蜃、鳞似鲤、爪似鹰、掌似虎。上下数千年，龙已渗透了中国社会的各个方面，成为一种文化的凝聚和积淀，成了中华民族、中国文化的象征。对每一个中华儿女来说，龙的形象是一种符号、一种血肉相连的情感。“龙的子孙”“龙的传人”这些称谓，常令我们激动、奋发、自豪。龙的文化除了在中华大地上传播承继外，还被远渡海外的华人带到了世界各地。在世界各国的华人居住区或中国城内，最多和最引人注目的饰物仍然是龙。因而，“龙的传人”“龙的国度”也获得了世界的认同。再如文艺作品中的人物形象，像朱德庸《涩女郎》中的“结婚狂”“万人迷”；《白蛇传》中的“许仙”“白娘子”等，尽管这一类形象在现实中不一定真实存在，有些甚至荒诞无稽，但它们仍然是作家依据现实生活中的一些人物原型，通过艺术加工创造而成。

另外，想象的内容不仅来源于客观现实，而且受制于客观现实。如果人们在现实中从来没有感知过某类事物，那么不可能在他的头脑中展开该类事物的想象。例如，《西游记》中的各类人物纵然有多般变化，但是他们所使用的兵器依然受制于作者所生活的历史年代——吴承恩当年无论如何也想象不出飞机、坦克和导弹。与之相应，心理学研究发现，天生的盲人在想象中从来没有出现过颜色等视觉形象，天生的聋人在想象中从来没有出现过音乐等听觉形象。这也进一步表明，想象的产生来源于客观现实。

专栏8-2

蒲松龄运用梦幻形式阐释人生哲理

蒲松龄不仅用神仙、鬼魂、妖精来讲他的聊斋故事，还用梦幻文章来阐释人生的哲理。比如有一个故事叫《续黄粱》，写一位举人曾某在梦里梦见自己做了宰相，还千方百计地聚敛财产、巧取豪夺，最后被包学士弹劾，罢了官，并在流放途中被老百姓杀死，进了地狱。阎王爷要判官计算他生前的罪过，判官算了他一辈子贪污了三百二十一万两银子。阎王爷说，既然是他辛辛苦苦贪污来的，那就叫他喝下去，于是，在阎王殿里架起了一个大锅，点上火将堆成山的银行子化成汁水给曾某灌了下去，灌到脸上，脸上皮开肉绽；灌到肚子里，脏腑沸腾！活着的时候，只怕钱少，现在只怕钱多，因为多一点银子，你就得多喝一勺。有这样

笔记

的梦境，这个人睡醒了以后，还会去做官吗？他最后做了山中的高士。所以《聊斋志异》不管是写人、神、妖还是梦境，都是与现实人生相联系的。

蒲松龄由于广泛而深刻地关注整个社会，才能天才地将前人的鬼怪故事赋予新的内涵，把《聊斋志异》写成既是神话，又是志异，还是传奇的一个艺术宝典。

第三节　想象的分类

想象可以从三个角度去分类：从有无目的性来看，可分为无意想象和有意想象；从内容的新颖程度来看，可分为再造想象和创造想象；从与现实的关系来看，可分为理想和空想。

一、无意想象和有意想象

（一）无意想象

无意想象（involuntary imagination）又称为不随意想象，是指事先没有预定目的、不由自主地进行的想象。它通常是在某种刺激的作用下，不由自主地产生的。例如，我们看着天空中变化的朵朵浮云，觉得时而似羊群，时而似奔马，时而似城堡；我们看着墙壁上面的污痕，头脑中也会不经意地浮现出某种事物的形象。人们在睡眠时所做的梦，也是一种无意想象。

（二）有意想象

有意想象（voluntary imagination）又称为随意想象，是指事先有预定目的、自觉进行的想象。与无意想象不同，有意想象是人们自觉进行的想象，即人们在有意想象过程中始终控制着想象的方向和内容。例如，文学家在头脑中构思的故事情节的发展、变化，科学家在头脑中设想时空关系及其理论模型，都是运用有意想象的结果。有意想象通常以再造想象、创造想象和幻想（理想与空想）等三种形式表现出来。

二、再造想象和创造想象

（一）再造想象

再造想象（reproductive imagination）是指人们根据现成的文字描述或图形示意，在头脑中形成相应的新形象的过程。例如，我们在阅读《阿 Q 正传》小说的时候，根据鲁迅的描述，想象着小说中阿 Q 的形象。由于这种形象不是我们独立创造出来的，而是根据小说的现成描述在头脑中“再造”的，所以称之为再造想象。

再造想象在日常学习和生活中具有重要意义。借助再造想象，人们可以突破自己的生活空间，把握自己不曾感受或无法感受的事物，拓展认识和体验的范围。例如，通过旅游归来者对景点的描述，我们可以在头脑中感受旅游景点的壮美景色；通过遭遇不幸者对其经历的讲述，我们可以“设身处地”，产生由衷的同情。

再造想象虽然是重现别人想象过的形象，但其中也含有一定的创造成分。例如，大家读同一部小说，虽然其中文字的描述是相同的，但是由于各人的表象储备及其情感体验和生活经历不同，因而产生的再造想象也不完全相同。正如所谓“有一百个观众，就有一百个哈姆雷特”。

（二）创造想象

创造想象（creative imagination）是指人们不依据现成的描述而独立创造出新形象的心理过程。与再造想象相比，创造想象具有首创性、独立性和新颖性等特点。创造想象是人们创造活动的一个必不可少的因素，是创造活动顺利开展的关键。有了创造想象的参与，人们在创造活动中才有可能根据预定的目的并结合以往的经验，将概念与形象、现实与未

笔记

来、具体和抽象有机地结合起来，形成创造性的新形象，勾画出创造活动的最终成果的表象模型。没有创造想象，技术发明、科学研究、艺术创作等创造活动都无法顺利进行。

创造想象主要借助以下方式而实现。

1. **粘合** 粘合就是把各个生活领域和生活现象的不同方面和特征组合在一起。神话中有许多形象，就是人们通过综合活动而产生的想象。如美人鱼是人和鱼的组合，牛魔王是人和牛的组合，白娘子是人和蛇的组合。这种想象是将客观事物的某些特征分析出来，然后按照人们的要求，将这些特点重新配置，综合起来，构成了新的形象。

2. **夸张** 夸张就是改变客观事物的正常特点，夸大和突出事物的某些特点，从而在头脑中形成新的形象。如二郎神有三只眼、千手佛有千只手。再如，“蜀道难，难于上青天”“飞流直下三千尺，疑是银河落九天”等古诗，都表现夸张的意境。

3. **拟人化** 把人类的特性、特点加诸于想象的事物上，使之人格化的过程，称为拟人化。如《聊斋》中神仙、鬼魂、妖精，《西游记》中的猴子、猪等许多形象的确立，将本不具备人的特性的事物赋予了人的特性。

4. **典型化** 创造想象是创造新形象的过程，从这个意义上说，每个新的创造物都是一个典型，典型既具有代表性，又具有创新性。新形象的创造过程和主要环节，就是典型的抽取过程。以文学创作为例，任何新的人物形象都是在作家从大量的现实人物特征中进行反复的分析、比较、抽象、概括中获得的。创作想象要经过多重加工，高度概括，其中最主要的是把最有代表性的人物特点分离和抽取出来，概括到某一对象身上，从而得到的就是一个既具有代表性，又具有创新性的典型形象。

三、幻想

幻想（fantasy）是与个人生活愿望相联系并指向未来事物的想象。例如的医学生想象着自己将来成为一名优秀的医生；儿童想象自己将来成为一名科学家或世界冠军，这都属于幻想。

幻想是创造想象的一种特殊形式，它与一般创造想象有两点区别：第一，幻想总是与个人愿望相联系，即我们幻想的事物都是我们希望将来拥有或实现的，而一般的创造想象并不必然与个人愿望相联系。例如，鲁迅创造阿Q这个人物形象，是“哀其不幸，怒其不争”，并非自己希望成为阿Q那样的人物。第二，幻想并不与当前的活动直接相联系，而是对未来活动的向往。

幻想具体表现为理想与空想两种形式。那些符合事物发展的客观规律，有实现可能的幻想，称之为理想；那些不符合事物发展的客观规律，根本不可能实现的幻想，称之为空想。理想是激发人的主动性和创造性的重要精神力量，它可以使人树立明确的奋斗目标，焕发锲而不舍的奋斗精神。无论科学发展还是社会进步，都与人类的某种理想追求有着密不可分的联系。

白日梦（daydream）是幻想的另一种形式。指清醒时脑内所产生的幻想及影像，通常是开心的念头、希望或欲望。一般来说，白日梦是个体独处和放松休息时自发产生的心理活动，通常涉及一连串的思考，其表现为暂时完全脱离与周遭有关的事，只沉溺于自我的想象当中。旁观者看起来当事者就像呆呆地望向远处或某一物体。突然刺激或几分钟之后，白日梦者才返回现实。弗洛伊德认为，白日梦能减轻人们因需求和期望未能实现所致的紧张。在白日梦的幻想世界中，我们可以实现在现实世界中无法做到的事情。为了检验弗洛伊德的说法是否正确，研究者要求大学生们在一段时日内记录下自己每次白日梦的经历（Pope & Singer，1978）。结果证实，许多白日梦都与愿望的实现有关。大多数人在白日梦后都感觉相当轻松。有些成人每天会有几次白日梦，但白日梦以青少年时期较多。有学者研究认

笔记

为青少年的白日梦多指向性幻想，这是其心身成长的正常表现。成语“黄粱一梦”就是白日梦的表现。

弗洛伊德在《诗人与白日梦的关系》(1908)一文中认为，在白日梦中，个体通过幻想创造了一个属于自己的世界和发泄自己欲望（主要是野心和色欲）的对象，从而使自己内心深处的隐秘欲望得到变相的、替代性的满足。在弗洛伊德看来，白日梦与艺术创作有着本质的联系。

虽然白日梦的真正奥秘尚未解开，但现实生活中白日梦常常是灵感的来源。大量事例证实，白日梦可以激发潜能，无论是从事艺术创作还是科学研究的人，均可能在白日梦中得到启迪。

复习思考题

1. 名词解释：想象，表象，无意想象，有意想象，再造想象，创造想象，幻想。
2. 想象的功能有哪些？
3. 简述表象在心理活动中的特殊作用。
4. 既然想象中出现的事物是人未经历过的，那又如何理解“人的心理是客观现实的反映”这一基本概念呢？
5. 创造想象主要借助哪些加工方式而得以实现？
6. 简述表象的特点。

案例分析

个案

求子心切怀了两个月“假孕”

日前，某医院接诊了一位“孕妇”，停经、呕吐、腹部隆起、胎动等典型症状悉备。但两个月后医院却查出是假孕，让人大惑不解。

李女士今年已经33岁了，曾经有过一段维持了近3年的婚姻。因为自己不能生育，一直得不到丈夫的宠爱，最后情缘已尽。今年上半年李女士遇到了在南京某大学教书的张先生，见过几次面后，两人迅速坠入爱河，并约定今年的9月9日办理结婚手续。

虽然张先生说不在乎李女士能不能生育，只要两人恩恩爱爱就好。但是李女士还是想给张先生生个孩子。两个月前，李女士突然发现自己的“例假没有来，而且一连几天都有恶心、呕吐的症状，甚至自己的腹部都开始一天天地隆起了。而且，两人还找到附近的一家私人诊所，医生给李女士把了把“喜脉”后，说李女士年龄偏大怀孕要注意调养。

眼看9月9日两人大喜的日子到了，昨天，李女士按捺不住自己的兴奋，想看看肚子里的宝宝到底怎么样了，在朋友的陪伴下来到南京市中西医结合医院检查。但是检查结果却让其大失所望：假孕。

“类似李女士这样的假孕现象并非个案，今年已经接诊了好几例了。”该院妇产科主任孙建萍介绍说，假孕是一种典型的心理因素导致的生理改变，通常发生在求子心切而多年未能怀孕的女性身上。专家说，生理学家以及心理学家研究发现，有些妇女婚后较长时间不生育而盼望“早生贵子”。由于盼子心切，看到别人抱孩子，更是朝思暮想。这样一来，天长日久就会在大脑皮质形成一个强烈的“盼子”兴奋灶，影响了中枢神经系统正常功能，引起下丘脑垂体功能紊乱，体内孕激素增高，抑制了卵巢的正常排卵，最后导致停经。

而停经之后，少数人由于孕激素对脂肪代谢的影响，逐渐增多的脂肪便积蓄在腹部，脂肪的沉积加上肠腔的积气，可以使腹部出现膨胀增大。而腹主动脉的血管搏动或肠管蠕动，使患者认为这就是“胎动”。闭经和腹部增大，更激起了这些人怀孕盼子的心理因素，更以

笔记

为有孕在身。

分析：

在妇科临床上有“假孕”一说，而且多发生在新婚后1～4年的青年妇女之中。人体内的系统很多，但都是在大脑皮质的主导下进行工作，生殖系统也不例外。就拿月经来说，当大脑受到负性刺激的时候，如过分紧张、忧伤、恐惧等，都会引起提前、错后或暂时的闭经。

有些女性结婚之后，两三年未怀孕，但是丈夫“早得贵子”的愿望却非常迫切，这种愿望往往给女性造成很大的心理压力。时间久了，就会在大脑皮质形成一个强烈的兴奋灶，因而造成闭经。在激素的影响下，下腹部的脂肪会产生堆积，而出现“妊娠体态”。在心理因素的作用下，会产生恶心、食欲缺乏或呕吐的现象。甚至有的妇女还会影响中枢神经系统的正常功能，并通过神经调节及内分泌系统的作用，干扰卵巢的正常排卵，从说她感到有“胎动”，这完全是捕风捉影的主观臆想。这种现象在医学上叫做“假孕”，是一种精神因素造成的闭经。

拓展学习

想象力的培养

1968年，美国内华达州一位叫伊迪丝的3岁小女孩儿告诉妈妈，她认识礼品盒上“OPEN”的第一个字母“O”。这位妈妈非常吃惊，问她怎么认识的。伊迪丝说：“薇拉小姐教的。”这位母亲表扬了女儿之后，一纸诉状把薇拉小姐所在的幼儿园告上了法庭，理由是该幼儿园剥夺了伊迪丝的想象力，因为她的女儿在认识“O”之前，能把“O”说成苹果、太阳、足球、鸟蛋之类的圆形的东西，然而从幼儿园教她识读了26个字母后，伊迪丝便失去了这种能力。她要求该幼儿园对这种后果负责，赔偿伊迪丝精神伤残费1000万美元。

3个月后，此案在内华达州州立法院开庭，幼儿园败诉，因为陪审团的23名成员被这位母亲在辩护时讲的一个故事感动了。

她说，我曾到东方某个国家旅行，在一家公园里曾见过这么两只天鹅，一只被剪去了左边的翅羽，放在较大的一片水塘里；另一只完好无损，被放在一片较小的水塘里。

管理员告诉我，这样能防止它们逃跑，剪去一边翅羽的无法保持身体的平衡，飞起后就会掉下来；在小水塘里的，虽然没有被剪去翅羽，但起飞时因没有必要的滑翔路程，而老实地待在水里。我当时非常震惊和悲哀。

今天，我为我女儿的事来打这场官司，是因为我感到伊迪丝变成了幼儿园的一只天鹅。他们剪掉了伊迪丝的一只翅膀，一只幻想的翅膀；他们早早地把她投进了那片小水塘，那片只存在ABC的小水塘。

这段辩护词后来成了内华达州修改《公民教育保护法》的依据。现在美国的《公民权法》规定，幼儿在学校拥有两项权利：玩的权利；问为什么的权利。

参考文献

1. 彭聃龄.普通心理学[M].北京：北京师范大学出版社，2012.

2. 游旭群.普通心理学[M].北京：高等教育出版社，2011.

推荐读物

1. 陈云晓，赵霞.中国儿童想象力危机报告[J].少年儿童研究，2009(11)：4-10.

2. 理查德·格里格，菲利普·津巴多.心理学与生活[M].19版.王垒，等译.北京：人民邮电出版社，2014.

笔记

考研要点

表象的含义
想象的含义
想象的种类
想象的功能

（张丽军）

笔记

第九章　思　维

本章要点

- 思维的概述
  - 思维的概念
  - 思维的种类
  - 思维的品质
- 思维的过程
  - 分析与综合
  - 比较与归类
  - 抽象与概括
- 概念
  - 概念的含义
  - 概念的种类
  - 概念的获得
  - 概念结构的理论
  - 概念形成的研究
- 推理与决策
  - 推理概述
  - 决策
- 问题解决
  - 问题解决的概念
  - 问题解决的思维过程
  - 问题解决的策略
  - 影响问题解决的因素
- 创造性思维
  - 创造性思维的概念
  - 创造性思维的特点
  - 创造性思维的过程

关键词

思维；分析与综合；比较；抽象与概括；概念；推理；问题解决；创造性思维

思维是认知活动的高级形式，抽象思维更是人所特有的心理现象。思维能力是智力的核心，在日常生活中，我们每时每刻都离不开思维。思维总是与问题解决相联系的。当人

笔记

们对某个事情感到疑惑、感到困难，觉得不易理解、不易处理的时候，即碰到一个需要解决的问题的时候，头脑中就会出现寻求答案或方法的思维过程。思维与感知觉不同，它所反映的内容是事物，它所反映的方式是间接的和概括的。

第一节　思维的概述

一、思维的概念

思维（thinking）是对事物本质和规律的间接、概括的反映，是认识的高级形式，主要表现在概念形成、问题解决等活动中。人们常说的“考虑”“设想”“预计”“沉思”“审度”“深思熟虑”等都是思维活动的表现形式。

思维的反映形式和反映内容与感知觉都有所不同。感知觉是对事物的直接反映，它们所反映的是事物的外部特征或属性，而思维能够揭示事物的本质特征和内部规律。它是在感知基础上实现的理性的认识形式，是人类认识的高级阶段。

事物的本质和规律，往往隐藏在事物的内部，难以从外部直接认识到，需要在头脑中进行一番“由表入里、由此及彼”的间接思索，并在概括同类事物的共性的基础上加以把握。因此，思维有以下一些特征：

（一）间接性

思维的间接性是指思维能在感性认识的基础上，借助于已有的知识经验，间接地去理解和把握那些没有感知过的或无法感知到的事物。世界上有许多事物，如果单凭我们的感官是无法认识的。其原因主要有三：

第一，由于人类感官的结构和机能的限制。如内科医生不能直接看到患者内脏的病变．却能以听诊、化验、切脉等手段为中介，经过思维加工间接判断出患者的病情。思维的间接性使人们能够推知过去、认识现在、预测未来，具有无限的认识能力。

第二，由于时间和空间限制。如千百万年前发生的历史变迁和地壳变动，以及各种宏观世界和微观世界的运动状况等，由于我们没有或不能身临其境而无法直接感知。

第三，由于事物本质和规律的内隐特性。事物的本质和规律尽管是客观存在的，但又是看不见、摸不着的，如生命的本质、意识的起源等。如医生不能剖开患者的头颅直接观察大脑中的病变，却能通过条件反射、脑电波等来间接地了解大脑病变的情况。因此，对于上述事物，我们只能根据已有的感性认识，借助人类已有的知识经验或工具，在头脑中经过一番“去粗取精、去伪存真、由此及彼、由表及里”的思维加工，间接地加以认识。

（二）概括性

思维的概括性是指思维对事物本质和规律的间接反映，是以概括的方式进行的。其具体包括两个方面：

第一，将同一类事物的共同特征和本质特征抽取出来加以概括，从而把握事物的本质所在。例如，客观现实中的人形形色色，各不相同，可是对人的本质特性的思维中，我们舍弃了高矮、胖瘦、大小、体形、肤色、性别等各不相同的特性，而将直立行走、能制造和使用工具、具有抽象思维和语言等区别于其他动物的本质特性抽取出来，概括为人类所特有的本质特性。

第二，将事物之间的内在关系和普遍联系加以概括，从而把握事物发生、发展和变化的规律。例如，将一旦“月晕”就要“刮风”，一旦地砖“潮湿”就要“下雨”等现象中的关系和联系加以概括，从而把握“月晕而风”“础润而雨”的规律。

思维的间接性和概括性是相互联系，相互影响的。只有通过间接的途径，才能揭示蕴

笔记

涵于事物内部的本质和规律，实现对同类事物和现象的概括。同时，思维的间接性是以人对事物概括性的认识为前提的，人的知识经验越概括，就越能间接地反映客观事物。

二、思维的种类

思维可以从多维度去分类：

(一) 动作思维、形象思维、抽象思维

按思维时的凭借物，可以将思维分为动作思维、形象思维、抽象思维。从个体思维发展的角度来看，这三种思维也反映了思维发展的不同水平。

1. **动作思维**　动作思维是指凭借具体动作进行的思维。这种思维的特点是离不开触摸、摆弄物体的活动。例如，3 岁前的幼儿的思维就属于动作思维，即他们的思维必须在具体动作中才能产生和进行，一旦离开了具体的动作，相应的思维活动就会停止或中断。大家在日常生活中可观察到这样的现象：二、三岁的幼儿拿竹竿当马骑，同时说："骑马了!"当丢开竹竿玩其他玩具时，"骑马"的事便烟消云散。所以心理学家认为婴幼儿的智慧在手指上，要用动作来开发他们的智力。成人也有动作思维，例如检查汽车的故障时，常常要把它们拆开，凭借具体的检查动作才能发现产生故障的原因。不过，成人的动作思维与幼儿的动作思维有着明显的不同，它有形象思维和抽象思维尤其是经验的参与。

2. **形象思维**　形象思维是指凭借具体形象或表象进行的思维。例如，汽车司机在考虑走哪条路可以更快地到达目的地时，头脑中会出现若干条通向目的地的道路，并运用其形象进行分析和比较，最后选择一条最便捷的道路。形象思维是 3～6 岁儿童的主导思维，这种思维的产生使儿童的智力发生了明显的变化。例如，当皮球滚进床底时，处于动作思维阶段的幼儿只会爬进去拿，而处于形象思维阶段的儿童则会想到利用竹竿去取。

3. **抽象思维**　抽象思维是指凭借概念、判断和推理等抽象方式进行的思维。例如，数学定理的证明，科学假设提出等等。抽象思维的发展始于学龄期，其间，由于小学低年级儿童正处于从形象思维向抽象思维发展的过渡时期，因而他们的思维仍然带有较大的具体性。例如，小学低年级儿童（特别是刚入学的儿童）当听到八十岁的老人叫六十岁的老人是"儿子"时，常常感到困惑不解，他们会想："儿子是小孩，妈妈才叫我是儿子。"这说明小学低年级儿童所掌握的概念大多是具体的。只有到了小学高年级，儿童才逐渐区分出概念中本质的东西。因此，给小学低年级儿童讲课不能过多出现抽象的概念，讲抽象概念一定要提供具体事物的形象支柱。成人的思维虽然以抽象思维为主，但是也不同程度地运用动作思维和形象思维，特别是解决比较复杂的问题时，生动的形象和具体的动作有助于思维活动的顺利进行。

(二) 发散思维与辐合思维

按思维探索答案的方向的不同，可以将思维分为发散思维和辐合思维。

1. **发散思维**　发散思维是指考虑问题的思路向多方面扩散，力求寻找多种答案的思维。例如，学生解答数学题时的一题多解，建筑师构思蓝图时设想多种方案等。发散思维通常产生于没有单一答案或单一解决方法的问题情境中，其主要特点是不拘常规，求新、求异，因此也称求异思维。

2. **辐合思维**　辐合思维又称集中思维，是指从搜集的众多信息或众多可能的答案中寻求正确答案或最佳答案的思维。辐合思维通常产生于要求唯一答案或最佳解决方法的问题情境中，其主要特点是思路集中于固定方向，"万里挑一"。

在人们的实际思维过程中，发散思维和辐合思维是密切相连的。当人们在分析问题产生的原因和设想解决问题的方法时，常常需要运用发散思维；而在确定问题的真实原因和选择解决问题的最佳方案时，则需要运用辐合思维。

笔记

（三）直觉思维和分析思维

按思维活动是否有明确的逻辑步骤，可以将思维分为直觉思维（非逻辑思维）和分析思维（逻辑思维）。

1. **直觉思维**　直觉思维是指没有明确的逻辑步骤或完整的思维过程，依靠经验、灵感或顿悟而快速作出判断并得出结论的思维，也称非逻辑思维。例如，司马光砸缸救小孩时的思考；古希腊学者阿基米德在洗澡过程中时突然发现浮力定律时的思维。尽管从表面上看，直觉思维没有明晰的逻辑步骤，思维似乎是大幅度地跳跃着的，但是它在一定程度上是逻辑思维的凝聚和积累。

2. **分析思维**　分析思维是指有明确的逻辑步骤或完整的思维过程，经过一步步的推导而作出判断并得出结论的思维，也称逻辑思维。例如，学生通过一系列推理和论证来求证一道几何题时的思维，就是分析思维。

（四）常规思维和创造思维

按思维的创新程度，可以将思维分为常规性思维和创造性思维。

1. **常规思维**　常规思维是指按照惯常的方式或已有的模式来解决问题的思维。例如，学生运用已经学会的公式去解决同一类型的问题时的思维，就属于常规思维。

2. **创造思维**　创造思维是指不按照惯常的方式或已有的模式，而是以新颖、独创的方式来解决问题的思维。创造思维由于需要对原有知识经验进行“与众不同”的改组，往往会产生新的思维成果。许多心理学家认为，创造思维是多种思维的综合表现，它既是发散思维与聚合思维的结合，也是直觉思维与分析思维的结合；它不仅包括抽象思维，而且也离不开形象思维和创造想象的参与。

三、思维的品质

思维能力是智力的核心，是人们认识事物的本质和规律，解决各种问题的能力。由于每个人的遗传素质、所受教育和生活环境的不同，人的思维能力表现出个别差异。思维品质就是思维能力的个别差异在个体的思维活动中的表现，是衡量一个人思维能力强弱的标志。一个人思维能力的高低，主要由以下五个相互关联的思维品质所决定：

1. **思维的敏捷性**　是指思维活动的快捷程度，主要表现为能够敏锐地把握问题的核心所在，并迅速而正确地作出判断和得出结论。具有思维敏捷性的人善于从复杂的现象中，敏锐地发现问题的本质，明确问题的症结所在，思路顺畅，直觉判断能力强，能够迅速作出判断，但又不流于匆忙草率。与思维敏捷性相反的是思维的迟钝，它表现为思路堵塞，优柔寡断，在新情况面前没有明确的思路，而表现为束手无策、一筹莫展。

2. **思维的深刻性**　是指思维的深度，是一个人是否善于透过纷繁复杂的表面现象发现问题本质。思维深刻的人能透过事物的表面现象。它是指思维活动的深化程度，主要表现为善于全面、严谨、深入地思考问题，能够深刻、透彻地把握事物的本质和规律，并能预见事物的发展过程。抓住事物的实质，揭露事物的产生原因及事物之间的内在联系，并预见事物的发展进程及结果。与思维的深刻性相反的是思维的肤浅性。思维肤浅的人，容易为事物的表面现象所迷惑，看不到问题的本质；时常对重大问题熟视无睹，轻易放过；满足于一知半解，缺乏洞察力和预见性。

3. **思维的灵活性**　是指思维活动的灵活程度，主要表现为能够根据解题的需要和现实的条件随机变换思维方式，善于从不同角度、方向、方面思考问题并寻求解决问题的途径和方法。与思维灵活性相反的是思维的固执性，思维固执的人表现为固执、刻板、思想僵化、墨守成规，易受定势影响而固执己见，不易适应迅速变化的环境。

4. **思维的批判性**　是指思维活动的监控程度，主要表现在两个方面：一是善于随时监

笔记

察和调控自己的思维过程，能够及时发现自己思维方式和思维结果中的错误或不恰当之处，并予以调整；二是能够鉴别他人思维方式和思维结果中的正确与错误或有用与无用之处，并以辩证的方式汲取其中有益的成分，既不迷信盲从，也不故步自封。与思维批判性相反的是思维的随意性，思维具有随意性的人，考虑问题往往主观自负、自以为是，得出结论随心所欲，评判事物不能坚持客观标准，缺乏自我批判性，易受个人情感的左右。

5. **思维的广阔性**　思维的广阔性即思维的广度，指一个人是否善于全面地考察问题，从事物的多种多样的联系和关系中去认识事物。思维的广阔性是以丰富的知识经验为依据的。具有广阔思维的人，不仅注重问题的整体，还注重问题的细节；不但考虑问题的本身，而且考虑与问题有关的其他条件。与思维广阔性相反的是思维的狭隘性和片面性。思维片面狭隘的人往往只凭有限的知识经验去思考问题，思想片面，抓住一点不及其余，容易一叶障目、“只见树木，不见森林”。

思维能力的培养，实际上就是改善和优化这五种思维品质。

第二节　思维的过程

思维对事物本质和规律的间接、概括反映，是通过分析、综合、比较、抽象、概括等心智操作得以实现的。其中，分析与综合是思维的基本过程，其他过程是由分析与综合过程派生出来的，或者说是通过分析与综合来实现的。

一、分析与综合

分析是指把思维对象分解为各个部分、方面或属性，并逐一加以考察的心智操作。例如，把植物分解为根、茎、叶、花、果来加以考察，把几何图形分解为点、线、面、体来加以认识等都属于分析。分析的目的主要是了解思维对象的组成部分。通过分析，人可以进一步认识事物的基本结构、属性和特征；可以分出事物的表面特性和本质特性，使认识深化，可以分出问题的情境、条件、任务，便于解决思维问题。分析反映了事物的要素。

综合是在指在分析的基础上，把思维对象的各个部分、方面或属性联合为一个整体的心智操作。例如，把文章各段落的意义联系起来，把握文章的逻辑结构和中心思想。综合的目的主要是把握思维对象各组成部分之间的联系。通过综合，人可以完整、全面地认识事物，认识事物间的联系和规律。整体地把握问题的情境、条件与任务的关系，提高解题的技巧。综合反映了事物的整体。

分析与综合的关系是相互依存，对立统一的。分析是进一步认识整体的基础，否则认识不能深入，对整体的认识只能是空洞的。相反，只有分析而没有综合，认识只能拘泥于事物的枝节之见，而不能掌握事物的整体。有效的分析常常是将一个事物的各个部分或几个事物联系起来进行整体性分析，这种分析也叫做综合式的分析。

二、比较与归类

比较是指把几个事物或事物的组成部分加以对比，确定它们的相同点和不同点的心智操作。比较不仅是鉴别优劣、归纳类属的方法，也是认识事物本质和规律的必由途径。例如，为了使学生掌握“圆”的概念，教师可以把各种大小的圆作比较，使学生认识到凡圆都是封闭的曲线，都有一个圆心，而且从圆心至封闭曲线是等距离的，这样，学生就掌握了圆的本质属性。如果再比较各种圆的圆周与直径的关系，就会发现所有的比例均为3.141 59……，这样，就掌握了圆周与直径之间的规律性联系。

笔记

归类是在人脑中根据客观事物的异同把它们区分为不同的种类或类型的思维过程。归类必须在事物或现象有某种属性或关系的基础上进行。归类时要使用统一的标准，否则会出现逻辑错误，例如，把人分为男人、女人和小孩，这样的分类就没有采用统一的分类标准。

比较是归类的基础，通过比较，了解客观事物的共同点和差异点。根据事物的共同点，可以把客观事物归为某种较大的类别；根据事物的差异点，可以把客观事物区分为较小的类别，从而使人们对事物的认识系统化。

三、抽象与概括

抽象是将事物的本质属性抽取出来，并将非本质属性舍弃的心智操作。概括是指将同类事物所共有的本质属性综合起来的心智操作。例如，人们对各种鸟类进行比较之后，将"有羽毛""有翅膀""卵生""是动物"等本质属性抽取出来，并将鸟的形状、大小、颜色等非本质属性舍弃，就是抽象。

概括是在头脑中把抽象出来的各种对象或观念之间的共同属性结合起来，联系起来的加工方式。例如，我们在将所有鸟共有的本质属性综合起来，从而认识到"鸟是有羽毛有翅膀的卵生动物"，这就是概括。抽象与概括的实质上是更高层次的分析与综合。

抽象与概括是彼此密切联系。人们如果不能从其思维对象的差异中进行抽象，就不能在思想上进行概括；人们如果没有概括的需要，抽象也就失去了意义，因为被抽象出来的属性本身是以概括的形式被思考着的。

第三节　概　　念

一、概念的含义

概念（concept）是人脑对客观事物的本质特征的认识，是一类事物的共有特征，这些特征可将其与其他事物区分开，是思维的最基本的单位，如"花、草、树木、国家、人民"等都是概念。

概念包括内涵和外延两个方面。内涵是指概念的质，是概念反映的事物的本质特征。外延是指概念的量，是概念的范围。如"脊椎动物"这个概念的内涵是有生命和有脊椎，它的外延包括一切有脊椎的动物，如"鸟、蛇、鱼、狼、豹"等。概念的内涵增加，外延就变小，反之亦然。

概念和词是不可分的。词是概念的语言形式，概念是词的思想内容。概念是通过词来表达的。不依赖于词的概念是不存在的。但概念和词不是一一对应的。一个词可以表示不同的概念，如"千金"既可以表示"许多钱"的概念，也可表示"女儿"的概念。同一概念也可以用不同的词表示，如"大夫"与"医生"表示的是同一个概念。有些词（如虚词）一般不表达概念。

概念不是一成不变的。随着历史的发展，随着人类时客观世界认识的日益深入，概念的内涵和外延也在不断地变化。例如，武器、通信、交通工具等概念，都随着时代的改变、科学技术的发展而发生很大的变化。因此，概念是人类历史发展的产物。

二、概念的种类

（一）具体概念和抽象概念

依据概念的抽象与概括程度，概念可分为具体概念（concrete concept）和抽象概念（abstract concept）。具体概念是指按照事物指认属性形成的概念。抽象概念是指按照事

笔记

物内在的、本质的属性形成的概念。例如，给幼儿呈现香蕉、橘子、球、口琴等物品，如果幼儿将橘子、球归为一类，香蕉、口琴归为一类，说明他们是按照事物的指认属性（圆形和长形）进行的分类，由此形成的概念为具体概念。如果幼儿将香蕉、橘子归为一类，球和口琴归为一类，说明他们是按照事物的本质属性进行的分类，由此形成的概念为抽象概念。

（二）合取概念、析取概念和关系概念

依据概念反映事物属性的数量及其关系，可分为合取概念（conjunctive concept）、析取概念（disjunctive concept）和关系概念。合取概念是指根据一类事物中单个或多个相同属性形成的概念，这些属性在概念中必须同时存在。例如，“毛笔”必须同时具备“用毛制作”和“写字的工具”两个属性。析取概念是指结合单个或多个属性形成的概念。例如，“好学生”这个概念可以结合“学习自觉、成绩好”“热爱集体、有礼貌”等各种属性。一个学生同时具备这些属性是好学生，如果只具备其中一两个属性也是好学生。关系概念是指根据事物之间的关系形成的概念。例如，上下、大小、多少等。

（三）自然概念和人工概念

依据概念形成的自然性可分为自然概念（natural concept）和人工概念（artificial concept）。自然概念是指历史发展过程中自然形成的概念，例如，国家、民族、文化等概念。人工概念是指在实验室的条件下，为模拟自然概念的形成过程而人为地编制出的一种概念，它的内涵和外延常常可以人工确定。

三、概念的获得

（一）概念的获得方式

所谓概念获得就是掌握概念所反映的事物的本质属性，以及掌握概念的内涵，又称为概念学习。个体概念获得的方式有两种：概念形成和概念同化。

1. **概念形成**　概念形成是个体在日常生活中从大量具体实例出发，对得到肯定的一类实例加以概括，抽出共同的属性，从而获得概念的方式。

个体通过概念形成的方式获得的概念，称为日常概念。例如，父母叫儿童把“碗”拿来，若拿对就给予肯定，说：“对，这就是碗”；若拿错了，就予以否定，说：“不对，这不是碗。”儿童经过拿各种各样的碗，并使用它来吃饭，最终掌握了碗的共同属性，形成了“碗”的概念。由于日常概念往往受到狭隘的知识范围的限制，其内涵中或者包括有非本质特征，或者忽略了本质特征，或者概念之间的关系纠缠不清，常常存在错误和曲解，因此又称为前科学概念。

概念形成是学前儿童掌握概念的主要形式。概念的形成具有两个条件：第一是儿童必须辨别概念的正反例证；第二是成人对儿童的反应应给予肯定或否定。

2. **概念同化**　概念同化是个体利用头脑中已经掌握的概念去接受一个新的从属概念的方式。

个体通过概念同化的方式获得的概念称为科学概念。儿童入学以后，随着知识的增加，概念同化逐渐成为他们掌握概念的主要形式。例如，学生学习“矩形”的概念时，教师就是直接给出“矩形”的定义：“矩形是角为直角的平行四边形。”这是因为学生在学习“矩形”概念以前，已经掌握了“角”“直角”“平行四边形”等概念，教师正是利用这些概念来指导学生学习“矩形”的概念的。在概念同化的过程中，新概念是通过建立与已掌握的概念之间联系的方式获得的。因此，新概念一旦获得就纳入了原有认知结构，从而导致原有认知结构的扩大与改组。

以概念同化的方式获得概念，必须具备两个条件。首先，学习者必须已经掌握了与要

笔记

学习的新概念有关的概念。其次，学习者应积极地将新概念与已掌握的有关概念进行比较，找出它们之间的相同点与不同点，建立各种联系。

概念的掌握并不是通过一次学习就能完成的，需要不断深化。同时，概念并不是孤立的，而是连成体系的。因此，只有形成体系的概念，才是真正掌握的概念。

（二）概念获得的影响因素

1. 已有经验　在个体通过学习和生活所积累的经验中，既有以事物具体形象的形式存在的感性经验，也有以概念、原理的形式存在的理性经验；既有在生活中形成的日常概念，也有通过先前学习已经掌握的科学概念。它们对学生掌握新的科学概念都产生着重要的影响。

当已有经验与要掌握的概念相一致时，就会促进概念的获得。表现在：其一，已有的感性经验可以帮助理解科学概念，为概念获得提供直观素材。例如，学习者在日常生活中常常见到瓶塞的截面、树木的截面这样的“圆”的例子，因此对圆的概念就比较容易理解。其二，已有的日常概念与要掌握的科学概念内涵一致时，可以经过改造直接形成科学概念，例如，我们在日常生活中掌握的概念“树”与科学概念“木本植物”的内涵是一致的。其三，在以概念的方式学习时，已经掌握的科学概念是获得新的科学概念的基础。

2. 变式　变式就是将概念的正例加以变化，即概念的非本质属性的变化。提供概念所包括的事物的变式，对概念的形成也有显著的影响。

正确使用变式可以通过变化事物的非本质属性。突出事物的本质属性，这有助于学习者从不同角度组织感性材料，促进学习者正确理解概念。而不充分或不正确的变式，则会引起缩小概念或扩大概念的错误。当概念的内涵不仅包含事物的本质特性也包括非本质特性时，就会不合理地缩小了概念。如将“会飞”也作为鸟的本质特征时，就将企鹅、鸵鸟等局限在了鸟类之外，从而缩小了“鸟”的概念。当概念的内涵中包含的不是事物的本质而是其他特征时，就有可能不合理地扩大概念。如将“水中游的动物”作为鱼类的本质特征时，就会将虾、鲸、海豚等也认作鱼类，从而扩大了“鱼”的概念。

3. 实际运用　将概念运用到实践中去是概念的具体化过程。这在概念的学习中有着不可忽视的作用。首先，学生是否真正理解了概念以及掌握的水平如何，关键要看它能否正确而熟练地使用概念。其次，概念的实际运用可丰富与概念有关的感性经验，加深对概念的理解，深化对事物的认识。最后，运用概念本身就是概念学习的目的，我们解决生活、工作、学习中的问题的思维活动，都必须运用概念。

四、概念结构的理论

概念是由哪些因素构成的，这些因素的相互关系如何？下面介绍概念结构的几种理论。

（一）层次网络模型

层次网络模型（Hierarchical Network Model）是由柯林斯等人（Collins et al，1969）提出的第一个概念结构模型。该模型最早是针对语言理解的计算机模拟提出的，后来被用来说明概念的结构。该理论认为，概念是以结点（node）存储在层次网络中，每个概念具有一定的特征，这些特征实行分层存储。各类属概念按逻辑上下级关系组织在一起，概念间通过连线表示它们的类属关系，这样彼此具有类属关系的概念组成了一个概念的网络。在网络中，层次越高的概念，其抽象概括的水平也越高（图 9-1）。

层次网络模型较简洁的描述了概念间的关系，分级存储可以节省储存空间，体现出“认知经济”的原则。这一模型也叫“预存模型”。但是，它概括的概念间的关系类型较少。“范畴大小效应”支持了该理论，但是也有一些该理论无法解释的现象，比如熟悉相应、典型性判断、否定判断等。许多实验证实，这种概念结构不一定具有心理的实现性。

笔记

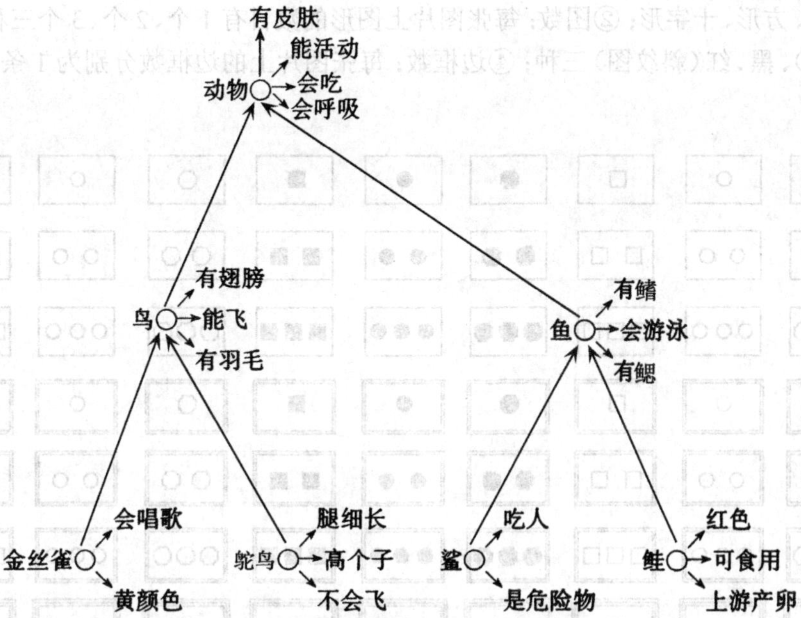

图 9-1　层次网络模型示意图

（二）特征表理论

特征表理论（feature list theory）是由波纳（L Bourne，1979）等人提出的。它把概念的语义特征分为定义特征和特异特征。定义特征是概念的实例共同具有的特征，相当于概念的本质特征。特异特征是概念的次要特征，相当于概念的非本质特征。特征表理论认为，概念是由定义特征和概念规则构成。概念规则包括肯定、否定、合取、析取、关系等。例如，"毛笔"的定义性特征为"用毛制作的"和"写字的工具"，两个定义特征的合取就构成了"毛笔"的概念。

特征表理论重视概念规则在概念结构中的作用，可以很好解释人工概念。但某些自然概念难以解释，因为有些自然概念的定义特征难以确定，如"游戏"这一概念。

（三）原型模型

原型模型主要是由茹什（E Rosch，1975）等人提出的。该理论认为原型是指范畴中最能代表该范畴的典型成员，概念是由原型和与原型有相似性特征的成员构成的。例如，概念"鸟"的原型是"麻雀"，而"乌鸦""鸽子"等成员与"麻雀"都有相似性特征，这种以原型为中心，加上与它有相似性特征的成员就构成了"鸟"的概念。

原型模型能够较好的解释自然概念，但是有的概念没有原型。因此，原型理论只对部分概念适用。

五、概念形成的研究

概念形成（concept formation）是指个体掌握概念本质特征的过程。自然概念的形成是一个较长的过程，用实验手段研究自然概念的形成过程较为困难，因此心理学家设计了人工概念，并对其形成进行了大量的实验研究。

（一）人工概念形成的实验研究

人工概念指人为制造出来的，并没有实际内涵的某种概念。赫尔（C Hull，1920）首创人工概念，用汉字的偏旁部首作概念，无意义音节命名，如 li 代表"力"等。

继赫尔之后，许多心理学家进行了类似的研究，其中最有代表性的是布鲁纳等人（Bruner et al，1956）的研究。实验材料为 81 张图片（图 9-2），所有图片分为四个维度：①形

笔记

状：有圆形、方形、十字形；②图数：每张图片上图形的数目有 1 个、2 个、3 个三种；③颜色：有绿（素图）、黑、红（斜纹图）三种；④边框数：每张图片上的边框数分别为 1 条、2 条、3 条三种。

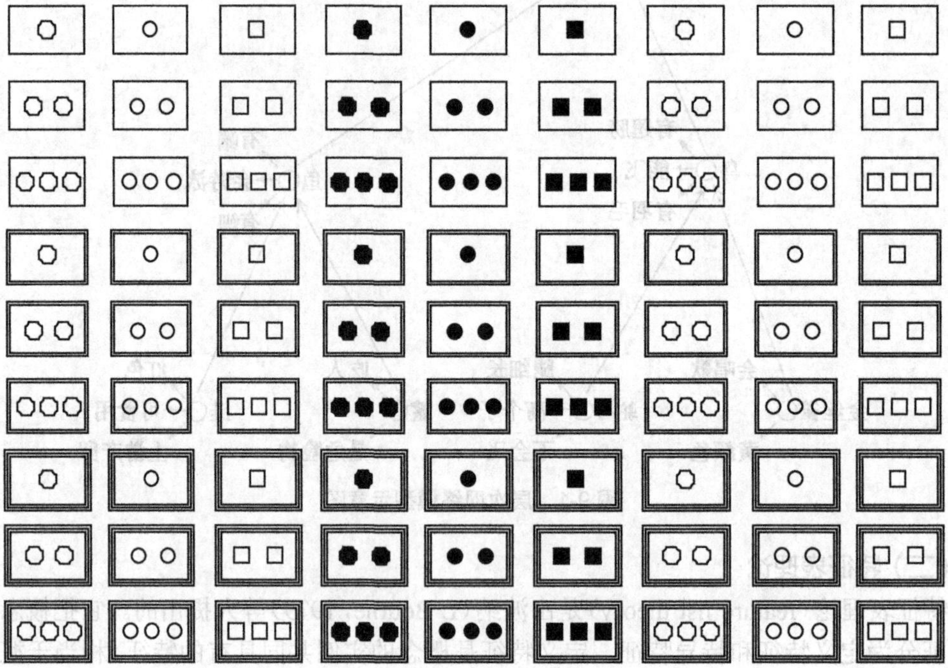

图 9-2　布鲁纳等人关于概念形成的实验材料

81 张图片上属性的不同组合，可以构成许多概念。如“两个绿色圆形”包括形状（圆形）、图数和颜色（绿）三个属性，不包括边这个属性，属于合取概念，代表这一概念的图片有三张。又如，“两条边框的图片”既可以指不同形状和数量的两条边框的图片，也可以指不同颜色的两条边框的图片，属于析取概念，代表这一概念的图片有 27 张。再如，“在两边黑色图形左侧的图形”属于关系概念。

实验程序是：①实验前，实验者事先规定某个维度的某一属性（如方形）或几个维度的属性（如方形 + 红色）为某个人工概念的特有属性。这些属性称作有关属性，其他的则称作无关属性。具有所规定的全部有关属性的卡片就是人工概念的肯定实例，否则就是否定实例。②实验开始时，主试告诉被试：本实验有一个特定的概念，这个概念是由具有某一属性或某些属性组成的，要求被试通过实验过程来发现这个概念。③主试首先取出一张肯定实例卡片给被试看，并明确告知这是肯定实例。④被试则根据自己的想法来选取属于这个概念的其他实例，每次被试选取之后，主试都要给予被试选择正确与否的反馈。实验一直进行，直到被试的选择不再出错，即说明被试形成了概念。如主试取出的肯定实例卡片是“单边、两个、红色、方形”，主试心中的概念是“红色方形”。被试可能按下列顺序发现概念。

被试选择	主试反馈
(1) 双边两个红色方形	对
(2) 单边一个红色方形	对
(3) 单边两个黑色方形	错
(4) 单边两个红色圆形	错

实验到此为止，被试说：“你心中的概念是‘红色方形’。”主试反馈：“对。”这时被试已形成人工概念。

概念形成是一个不断提出假设、不断验证假设的过程，是被试运用有目的策略的过程，

笔记

人在假设检验过程中具有主动性。

（二）概念形成的策略

1. **保守性聚焦**　保守性聚焦(conservative focusing)是对总体假设的检验策略，是指把第一个肯定实例（焦点）包含的全部属性都看作未知概念的有关属性，以后只改变其中的一个属性。如果改变这一属性后的实例被证实为肯定实例，这一属性就是未知概念的无关属性。如果被判定为否定实例，这一属性就是未知概念的有关属性。如在前面概念形成的例子中，焦点卡片是“单边两个红色方形”，被试第一次选择了“双边两个红色方形”，主试的反馈为“对了”，这时被试知道边框是未知概念的无关属性。被试第二次选取了“单边一个红色方形”，主试的反馈为“对了”，这时被试知道图形的数量是未知概念的无关属性。被试第三次选取了“单边两个黑色方形”，主试的反馈为“错了”，被试知道颜色是未知概念的有关属性。被试第四次选取了“单边两个红色圆形”，主试的反馈为“错了”，被试知道形状是未知概念的有关属性。至此被试知道所要发现的概念是“红色方形”。

2. **博弈性聚焦**　博弈性聚焦(focus gambling)也是对总体假设的检验，是指把第一个肯定实例所包含的全部属性都看作未知概念的有关属性。跟保守性聚焦不同的是，一次改变焦点卡片上一个以上的属性。这种策略带有冒险性，不能保证成功，但有可能在短时间内发现概念。例如，焦点卡片仍是“单边两个红色方形”，被试如果选取实例“双边一个红色方形”，如果主试说对，被试就可断定边框和个数是未知概念的无关属性，而发现主试心中的概念“红色方形”。冒险性聚焦有时能很快地发现概念，但失败的可能性也大。布鲁纳等人发现采用这种策略的人占少数。

3. **同时性扫描**　同时性扫描(simultaneous scanning)是指根据主试所给的第一个肯定实例的部分属性来形成多个部分假设，比如：“一条边框”或“一个图形”或“红色圆形”。在选取一定的实例后，将主试给予的反馈与这些假设进行对照，看究竟哪一个假设是正确的。这种策略由于要同时记住多个假设，给记忆带来很大负担，被试也较少采用。

4. **继时性扫描**　继时性扫描(successive scanning)是指在已形成的部分假设的基础上，根据主试的反馈，每次只检验一个假设，如果这种假设被证明是正确的，就保留它，否则就采用另一个假设。由于这种策略对假设的检验是相继的，因此被称为继时性扫描。

四种策略相比，采用保守性聚焦时，根据主试提供的反馈，被试可以获得未知概念较为明确的信息，且记忆负担较轻，因此，保守性聚焦是一种更为有效的概念形成的策略。

在个体发展过程中，主要通过两条途径掌握概念：一是日常生活中通过辨别学习、积累经验，不通过专门的教学而掌握的概念。例如，日常生活中，儿童看到燕子、麻雀、老鹰有某种共同性，它们与衣服、手表有所不同，经过分析综合形成了“鸟”的概念，尽管他们不会对“鸟”下科学定义。这类概念称为前科学概念或日常概念。二是在教学或自学过程中，通过揭露概念的本质特征而形成的概念。这一类概念，一般属于科学概念。日常概念因受个人经验的影响，常有曲解和错误，概念的内涵有时包括了非本质属性，而忽略了本质属性。随着儿童知识范围的扩大，主要通过教学的影响，日常概念才逐步提高到科学概念水平。

第四节　推理与决策

一、推理概述

（一）推理的概念

推理(reasoning)是指由已知的判断推出另一个新判断的思维活动。我们把已知判断称为前提，把推出的新判断称为结论。例如，问“铝受热会膨胀吗”，我们根据“所有金属受热

笔记

会膨胀”的前提，得出“铝是金属，铝受热会膨胀”的结论。这个过程就是推理。推理结论的正确与否取决于两个条件：一是前提要真实；二是推理过程要符合逻辑规则。推理需要提取长时记忆中的信息，并在工作记忆中把它同当前信息进行综合。

（二）推理的种类

推理有很多种类，主要有演绎推理和归纳推理两种。

1. 演绎推理 演绎推理（deductive reasoning）是指从一般知识的前提得出特殊知识的结论的推理。它实质上属于问题解决的范畴。例如，从“所有金属受热会膨胀”“铝是金属”这两个前提出发，推出“铝受热会膨胀”的结论。演绎推理的前提反映的是一般性知识、蕴涵着结论的知识。演绎推理有如下三种形式：

（1）三段论推理包括两个假定真实的前提，一个可能符合，也可能不符合这两个前提的结论组成。例如，4个三段论：①所有的A都是B，所有的B都是C，因此，所有的A都是C；②所有的A都不是B，所有的B都是C，因而所有的A都不是C；③所有的A都是B，所有的C都是B，因此，所有的A都是C；④有些A是B，有些B是C，因而有些A是C。

上述4个三段论中只有第一个推理是正确的。但许多人认为4个推理都是正确的。说明人们在推理过程中不一定遵循严格的逻辑规则。关于人们如何进行三段论推理有以下几种解释。

较早是武德沃斯和塞尔斯（Woodworth & Sells，1935）提出的气氛效应（atmosphere effect）理论，该理论认为在三段论中，前提所使用的逻辑量词（所有，一些，没有……）产生了一种前提“气氛”，使人们容易接受包含有同一逻辑量词的结论。前提的性质所造成的气氛引导人们得出一定的结论。例如，在一个实验，用下列一类习题：

如果所有的X都是Y，

所有的Z都是Y，

则所有的X都是Z。

让未受过形式逻辑训练的被试对题中的结论表示赞同或不赞同。结果有58%的被试表示赞同。它说明，人在推理时不一定遵循严格的逻辑规则。

查普曼（Chapman，1959）认为，人们的推理是合乎逻辑的。人在三段论推理中所犯的错误不是“气氛效应”造成，而是由于错误地解释了前提。如将全称肯定、特称否定前提解释为逆转亦真。例如，“所有A是B”，人们往往认为，“所有B也是A”。又如，“有些A不是B”，人们认为“有些B不是A”。由于错误地解释了前提，导致推理发生错误。他们的看法称作换位（conversion）模型。

约翰逊·莱尔德（J Laird）的心理模型（mental model，1983）更多地涉及推理的内部过程和心理机制。该模型认为三段论推理的第一步是构建一个将两个前提中的信息结合起来的心理模型，在这些前提的基础上建构起来的心理模型通常提示某个结论；然后通过搜索与该结论不相容的其他替代的心理模型来评价该结论的真实性；如果搜索不到，即没有足以破坏该结论对前提的其他解释，那么这个结论就是真实的。否则，就要建立另一个结论。莱尔德等人认为，推理中的错误，是由于人们未充分加工前提信息，或受工作记忆容量的限制。

（2）线性推理又称关系推理，在这种推理中，两个前提可以说明三个逻辑项之间可传递性的关系。如张三比李四高，李四比王五高，因此，张三比王五高。线性推理的三个逻辑项之间具有线性的特点，所以线性推理又称线性三段论。

（3）条件推理是指利用条件性命题进行的推理。例如，“如果比赛取消，我就可以在家休息”，比赛将会取消，所以我可以在家休息。

在条件推理中，人们倾向于证实某种假设或规则，而很少去证伪它们，这种现象称为证

笔记

实倾向(confirmation bias)。

英国认知心理学家沃森(P.C Wason, 1966, 1968)的"四卡片选择作业"(four card selection task)可以说明此现象。实验中,向被试呈现四张卡片。每张卡片的一面为字母而另一面为数字(图9-3)。被试必须决定翻转哪两张卡片,才能推断下述命题是否正确:如果一张卡片的一面为元音,另一面则为偶数。结果发现,大约一半的被试翻看了E和4,这种选择是错的。

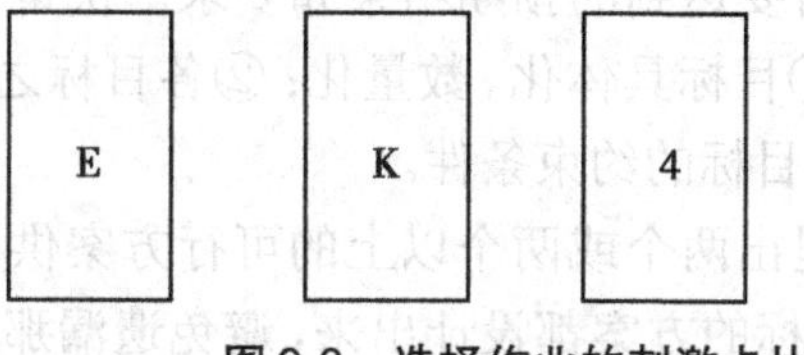

图9-3 选择作业的刺激卡片

根据此实验,沃森等人认为,被试在检验假设或规则时,有一种强烈的偏离逻辑规则的对假设的证实倾向。

为什么会出现证实倾向呢?有观点认为,卡片选择任务中的错误是由于实验采用的是抽象的材料。如果把卡片的内容改为与人的某种活动情景相联系的具体材料,推理就比较容易,且更为正确。

例如,格瑞格斯(F Griggs, 1982)等人进行实验的命题是"如果一个人在喝酒,他必定已超过19岁。"每张卡片一面写着一个人的年龄,另一面是他正在喝什么(图9-4)。这类问题在逻辑上相当于上类问题(即"啤酒"相当于"E","16"相当于"7")。但是现在大多数被试都作出了正确的选择(他们翻转了"啤酒"和"16"的卡片)。

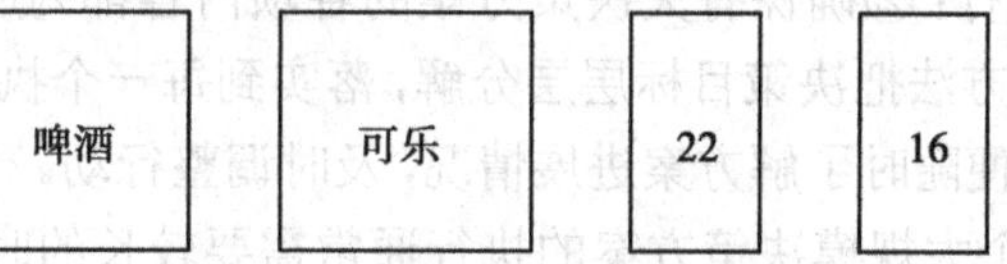

图9-4 选择作业的刺激卡片

2. 归纳推理 归纳推理(inductive reasoning)是指从特殊知识的前提得出一般知识的结论的推理。它实质上就是概念的形成。

归纳推理和演绎推理既有区别又有联系。区别在于:①演绎推理的前提是一般性知识,结论为特殊性知识,即从一般到特殊的过程;而归纳推理则相反,是从特殊到一般的过程。②演绎推理的结论超不出前提的范围,而归纳推理的结论一般超出了前提的范围。联系在于:①演绎推理离不开归纳推理。因为只有通过归纳推理才能概况出演绎推理的一般性知识。②归纳推理也离不开演绎推理。因为常常需要运用演绎推理对归纳推理的前提或结论加以论证。

二、决策

(一)决策的概念

决策(decision making)是指人在面对各种各样的问题方案时进行评估比较后作出最终选择的过程。决策是正确推理等思维过程的延续,是在多个选项之间作出抉择,并付诸行动的心理活动。

人们在日常生活、工作和学习中遇到各种各样问题时都会产生决策。例如,是去看电影还是球赛?决策对人的生活、工作、学习乃至国家发展都具有重要作用。正确的决策可

笔记

以使工作事半功倍，否则可能会造成很大损失。

（二）决策的过程

1. **确认问题**　一切决策都是从问题开始的。所谓问题，就是应有状况与实际状况之间的差距。决策者要在全面调查研究的基础上发现差距，确认问题，并抓住问题的关键。这里的问题，可以是消极的，如解决一个麻烦或故障；也可以是积极的，如把握一次发展的机会。对决策问题的准确把握，有助于提高决策工作的效率，并确保决策方案的质量。

2. **确定目标**　目标是决策所要达到的预期结果和要求。决策目标要根据所要解决问题的性质来确定，并力求做到：①目标具体化、数量化；②各目标之间保持一致性；③分清主次，抓好主要目标；④明确决策目标的约束条件。

3. **拟定方案**　拟定方案即提出两个或两个以上的可行方案供比较和选择。决策过程中要尽量将各种可能实现预期目标的方案都设计出来，避免遗漏那些可能成为最好决策的方案。当然，备选方案的提出既要确保足够的数量，更要注意方案的质量。应当集思广益，拟定出可能多的富有创造性的解决问题方案，这样最终决策的质量才会有切实的保证。

4. **选择方案**　即对拟定的多个备选方案进行分析评价，从中选出一个最满意的方案。这个最满意的方案并不一定是最优方案，只要能依据决策准则的要求实现预期目标，这样的决策就是合理的、理性的。具体来说，合理的决策必须具备三个条件：第一，决策结果符合预定目标的要求；第二，决策方案实施所带来的效果大于所需付出的代价，即有合理的费用效果比或成本收益比；第三，妥善处理决策方案的正面效果与负面效果、收益性与风险性的关系。

5. **执行方案**　方案的执行是决策过程中至关重要的一步。在方案选定以后，就可制定实施方案的具体措施和步骤。通常而言，执行过程应做好以下工作：①制定相应的具体措施，保证方案的正确执行；②确保有关决策方案的各项内容都为所有的人充分接受和彻底了解；③运用目标管理方法把决策目标层层分解，落实到每一个执行单位和个人；④建立重要工作的报告制度，以便随时了解方案进展情况，及时调整行动。

6. **评估后果**　一个大规模决策方案的执行通常需要较长的时间，在阶段时间中，情况可能会发生变化。必须通过及时、定期的检查评估，掌握决策执行的进度与效果，将有关信息反馈到决策机构。决策者依据反馈来的信息，及时跟踪决策实施情况，对局部与既定目标相偏离的状况与事态采取调整措施，以保证既定目标实现。对客观条件发生重大变化，原决策目标确实无法实现或可能导致严重后果的，则要中止决策实施进程或重新寻求可行方案。

第五节　问题解决

一、问题解决的概念

问题是一种情境，它具有三个主要组成部分：当前状态、目标状态、从当前状态向目标状态转化所需的一系列操作。

问题解决（problem solving）是指人在面临着问题这个情境时，经过一系列认知加工活动，使问题得以解决的过程。例如，证明一道几何题，已知条件和求证结果构成了问题情境，应用已知条件进行一系列认知操作，操作成功，问题得以解决。

问题解决者的最初状态称为“初始状态”，想要达到的目标称为“目标状态”。要使初始状态转变为目标状态，就要对问题空间进行搜索。问题空间（problem space）也称为中间状态，是指问题解决者对要解决的问题的一切可能的认识状态，包括对问题的初始状态和目

笔记

标状态的认识，以及如何由初始状态转化为目标状态的认识等。问题解决就是从初始状态，经过中间状态，最后达到目标状态。

二、问题解决的思维过程

思维总是与问题解决相联系的。当人们对某个事情感到疑惑、感到困难，觉得不易理解、不易处理的时候，即碰到一个需要解决的问题的时候，头脑中就会出现寻求答案或方法的思维过程。也正因为如此，有些心理学书籍甚至将思维界定为问题解决。

解决问题的思维活动一般要经历“发现问题——明确问题——提出假设——验证假设”的过程。

（一）发现问题

问题就是矛盾，矛盾具有普遍性。在人类社会的各个实践领域中，存在着各种各样的矛盾和问题？不断地解决这些问题，是人类社会发展的需要。社会需要转化为个人的思维任务，即是发现和提出问题，它是解决问题的开端和前提，并能产生巨大的动力，激励和推动人们投入解决问题的活动之中，历史上许多重大发明和创造都是从发现问题开始的。

能否发现和提出重大的有社会价值的问题，要取决于多种因素，第一，依赖于个体对活动的态度，人对活动的积极性越高，社会责任感越强，态度越认真，越易从许多司空见惯的现象中敏锐地捕捉到他人忽略的重大问题。第二，依赖于个体思维活动的积极性。思想懒汉和因循守旧的人难于发现问题，勤于思考善于钻研的人才能从细微平凡的事件中，发现关键性问题。第三，依赖于个体的求知欲和兴趣爱好，好奇心和求知欲强烈、兴趣爱好广泛的人，接触范围广泛，往往不满足于对事实的通常解释，力图探究现象中更深层的内部原因，总要求有更深奥、更新异的说明，经常产生各种“怪念头”和提出意想不到的问题。第四，取决于个体的知识经验。知识贫乏会使人对一切都感到新奇，并刺激人提出许多不了解的问题，但所提的问题大都流于肤浅和幼稚，没有科学价值，知识经验不足又限制和妨碍对复杂问题的发现和提出，只有在某方面具有渊博知识的人，才能够发现和提出深刻而有价值的问题。

（二）明确问题

所谓明确问题就是分析问题，抓住关键，找出主要矛盾，确定问题的范围，明确解决问题方向的过程。一般来说，我们最初遇到的问题往往是混乱、笼统、不确定的，包括许多局部的和具体的方面，要顺利解决问题，就必须对问题所涉及的方方面面进行具体分析，以充分揭露矛盾，区分出主要矛盾和次要矛盾，使问题症结具体化、明朗化。

明确问题是一个非常复杂的思维活动过程，能否明确问题，首先取决于个体是否全面系统地掌握感性材料，个体只有在全面掌握感性材料的基础上，进行充分地比较分析，才能迅速找出主要矛盾，否则感性材料贫乏，思维活动不充分，主要矛盾把握不住，问题也不会明朗；其次依赖于个体的已有经验，经验越丰富，越容易分析问题抓住主要矛盾，正确地对问题进行归类，找出解决问题的方法和途径。

（三）提出假设

解决问题的关键是找出解决问题的方案——解决问题的原则、途径和方法，但这些方案常常不是简单地能够立即找到和确定下来的，而是先以假设的形式产生和出现，假设是科学的侦察兵，是解决问题的必由之路。科学理论正是在假设的基础上，通过不断地实践发展和完善起来的，提出假设就是根据已有知识来推测问题成因或解决的可能途径。

假设的提出是从分析问题开始的，在分析问题的基础上，人脑进行概略地推测、预想和推论，然后再有指向、有选择地提出解决问题的建议和方案（假设），提出假设就为解决问题搭起了从已知到未知的桥梁。假设的提出依赖于一定的条件，已有的知识经验，直观的感

笔记

性材料，尝试性的实际操作，语言的表述和重复，创造性构想等都对其具有重要的影响。

（四）检验假设

所提出的假设是否切实可行，是否能真正解决问题，还需要进一步地检验，其方法主要有两种：一种是实践检验，即按照假设去具体进行实验解决问题，再依据实验结果直接判断假设的真伪。如果问题得到解决就证明假设是正确的，否则，假设就是无效的，这种检验是最根本、最可靠的手段。另一种则是通过智力活动来进行检验，即在头脑中，根据公认的科学原理、原则，利用思维进行推理论证，从而在思想上考虑对象或现象可能发生什么变化，将要发生什么变化。在不能立即用实际行动来检验假设的情况下，在头脑中用思维活动来检验假设起着特别重要的作用，如军事战略部署、解答智力游戏题、猜谜语、对弈、学习等智力活动，常用这种间接检验的方式来证明假设，当然，任何假设的正确与否，最终还需要接受实践的检验。

三、问题解决的策略

采用什么样的问题解决的策略，影响着问题解决的效率。纽威尔和西蒙（Newell & Simon, 1972）提出了几条问题解决的通用策略。

（一）算法

算法策略（algorithm strategy）就是对问题空间进行搜索，直至找到一种有效的解决问题的方法。简言之，算法策略就是随机一一尝试解决问题的方法，最终找到问题解决的答案。例如，一个密码箱有3个旋钮，每个旋钮有0～9十位数字，如要采用算法策略找到密码打开箱子，就要尝试3个数字的随机组合，直到找到密码为止。由此可见，算法策略可以保证问题的解决，但费时费力，而且当问题复杂、问题空间很大时，很难应用这种策略。

（二）启发法

启发法（heuristic method）是人根据已有经验，在问题空间进行较少的搜索，从而达到问题解决的方法。启发法虽不能保证问题的成功解决，但省时省力。下面将介绍常用的几种启发性策略：

1. **手段-目的分析法**　手段-目的分析法（mean end analysis）是将问题的目标状态分解为多个子目标，通过完成子目标达到总目标。它的一般步骤为：①初始状态与目标状态进行比较，提出第一个子目标；②找到实现第一个子目标的操作；③完成子目标，提出新的子目标，如此循环，直至解决问题。手段-目的分析法是一种不断缩小当前状态与目标状态之间的差异，从而达到目标的方法。

2. **逆向搜索**　逆向搜索（back ward search）是从目标状态反推的一种方法。它特别适合解决那些从初始状态到目标状态只有少数通路的问题，某些几何问题较适合采用这一策略。例如，"已知长方形ABCD，证明对角线AD等于BC"。运用反推法的思路如下：要证明目标状态AD等于BC，需要证明三角形ABC与ABD全等；要证明两个三角形全等，需要证明角BAC与角ABD相等，AC等于BD，AB等于AB。已知ABCD是长方形，都能满足这些条件，因此对角线AD等于BC。

3. **爬山法**　爬山法（hill climbing method）是首先考察初始状态，然后选用一定的方法，使初始状态逐步接近目标状态，以达到问题解决的一种方法。就像登山者为了从山脚达到山峰，就要通过攀登一步一步到达山顶，使问题得到解决。爬山法类似于手段—目的分析法，但后者包含这样一种情况，即人们有时为了到达目标状态，暂时会使初始状态远离目标状态。

四、影响问题解决的因素

问题解决除受策略等因素影响外，还受到其他因素的影响。

笔记

（一）问题情境

问题情境是指问题解决者所要解决的问题的客观情境或问题的呈现方式。一般说来，问题情境与人的知识经验或认知结构的差异越大，问题就越难解决；反之，问题则容易解决。问题情境对问题解决的影响，主要表现在以下几个方面：

1. 问题元素的空间集合方式影响问题解决 有一个实验，要学生解两道几何题，这两道几何题文字说明完全一样，即已知正方形的内切圆的半径为20cm，求正方形的面积；这两题的差别是半径的位置不同（图9-5）。结果显示，学生解B题比解A题快。其主要原因是：在B题中，圆的半径容易看成为正方形边长的一半；而在A题中，学生需要在心理上将圆的半径向上或向下旋转45度，才能看出圆的半径与正方形之间的关系。

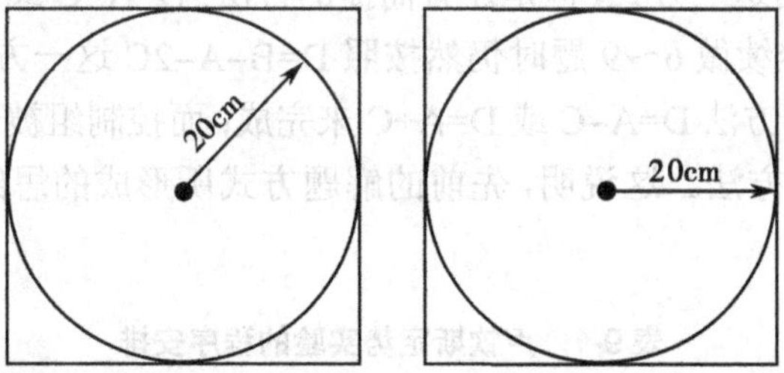

图9-5 问题元素的空间集合方式对问题解决的影响

2. 问题元素的多与少也影响问题解决 一般来说，当问题所呈现的元素太少时，会影响问题解决者对问题的已知条件的把握，进而影响对问题的分析程度；当问题所呈现的元素太多时，特别是包含某些与问题的解决无关的多余元素（多余刺激）时，则会对问题解决产生干扰作用。卡茨（D Katz）曾经研究过多余刺激对解决问题所引起的干扰作用。他以小学生做被试，让他们做一些运用加法和减法的简单算术题目。第一步，先让被试做一些无单位的纯数字题，如10.50+13.25+6.89等等，并将他们的平均计算速度记录下来；第二步，让被试做一些附加了他们所熟悉货币名称作单位的数字题，如10.50美元+13.25美元+6.89美元，结果发现被试的平均计算速度有所减慢；第三步，再让被试做一些附加了他们所不熟悉的货币名称（如克朗、盾、圆等）作单位的数字题，结果发现被试的平均计算速度减慢更多。后来。卡茨又用成人重做类似实验，发现做附加单位名称的加法计算题，要比做纯数字题用时增加12%。显然，把一些不相干的或不熟悉的因素加在一项简单和熟悉的工作上（如加法或减法），由于“心理眩惑”作用，会对问题解决产生干扰作用。

（二）原型启发

所谓原型就是与问题解决对象在结构、功能等方面有类似之处，能使人的思维受到启发作用的事物。原型启发可以使人们的思路豁然贯通，认识发生飞跃，从而找到解决问题的方法和途径。据说雷达的发明，是由蝙蝠发出超声波的启发而发明的。近年来迅速发展起来的“仿生学”，就是运用大量的生物作为原型，从生物体的结构和功能中得到启发，用来设计和创造新的技术设备。任何事物都可能作为原型，但是否能成为原型而具有启发作用，这不仅取决于事物本身的特点（即原型与思维对象之间具有某些相似之处），还取决于问题解决者自身的知识经验和思维状态。在教学中，为了帮助学生解决问题，教师可以向学生提供一些必要的范例作为原型，启发学生打开思路，但同时要注意防止学生去机械模仿范例。

（三）定势

定势是指心理活动的定向趋势，它是由于已有知识经验的作用而形成的一种心理准备状态。在问题解决过程中，由于已有知识经验的影响，人对问题性质的分析方式和解题思

笔记

路的选择方法都会预先形成某种定向趋势，亦即所谓思维定势。这种定向趋势既可能对问题解决产生积极作用，也可能产生消极作用。如果定势与问题的性质或解题的要求相一致，会提高问题解决的效率；但如果定势与问题的性质或解题的要求不相一致，则降低问题解决的效率，甚至阻碍问题的解决。

心理学家卢钦斯（A.S Luchins，1942）曾做过一个有关定势对问题解决影响的著名试验。实验中，他要求被试利用三个不同容量的杯子去量出一定量的水，实验程序见表 9-1。将被试分为两组，要求实验组从第 1 题一直做到最后一题，而对照组只需从第 6 题开始做。如此设计的目的，旨在探讨经由同样的方法解答 1～5 题之后，是否会产生一种思维定势而影响运用简捷方法解答 6～9 题。在这一系列作业中，1～5 题的解决方式都是 D=B–A–2C；6～9 题虽然也可以采用这一方式，但是还有简捷的方法：D=A–C 或 D=A+C。结果显示，实验组的大多数被试在继续做 6～9 题时仍然按照 D=B–A–2C 这一方式去做，而不会一下子发现可以用更为简捷的方法 D=A–C 或 D=A+C 来完成；而控制组被试在解 6～9 题时，除个别人外，大都采用简捷方法。这说明，先前的解题方式所形成的思维定势对解决后继问题产生了消极影响。

表 9-1　卢钦斯定势实验的程序安排

作业序列	指定测量用的容器（ml）		要求量出的水的容量（ml）	
	A	B	C	D
1	21	127	3	100
2	14	163	25	99
3	18	43	10	5
4	9	42	6	21
5	20	59	4	31
6	23	49	3	20
7	15	39	3	18
8	28	59	3	25
9	14	36	8	6

了解思维定势的作用，对于训练思维品质和方法大有好处。当问题不能很好解决时，要想一想有没有消极定势在作怪。此时，最好把问题暂时搁置一段时间，使原初的定势消散后再去思考，更有助于问题的解决。如平时写好一篇文章的初稿，不宜紧接着修改，因为会受原有的思路形成框框的束缚，等到过几天后再修改，效果可能会更好。又如一道难题暂时解不出时，不宜一个劲地死钻"牛角尖"，适当放一放，也许会在解其他题中受到启发，再回来可能迎刃而解。为防止定势的消极影响，需要培养灵活性思维，善于从不同角度、不同方向来思考问题，改变习惯思维，使问题解决有所突破。

（四）动机强度

动机强度与问题解决的效率之间存在着辩证关系。如果动机强度低下，问题解决者会因为缺乏足够的动力而不能进行有效的思维或有始有终地解决问题；但如果动机强度太大，问题解决者也会因为心情急切而产生"欲速而不达"的后果。有位心理学家曾做过一个有趣的实验：以黑猩猩为实验对象，要求它们在进食后，分别间隔 2、6、12、24、36、48 小时，用棍棒完成取食活动。实验结果显示：当进食后 2 小时，由于进食需求低，取食动机弱，黑

笔记

猩猩很容易被无关刺激干扰而完不成取食活动；当进食后48小时，由于取食动机过强，黑猩猩往往只注意食物而未注意利用棍棒，因而也不能有效地完成取食活动；只有在进食动机处于中等强度时，黑猩猩取食活动的效率最高。通过对人类思维活动的系统研究，心理学家将动机强度与问题解决效率之间的关系，描绘成一条倒置的U型曲线。

该曲线如图9-6和图9-7所显示：

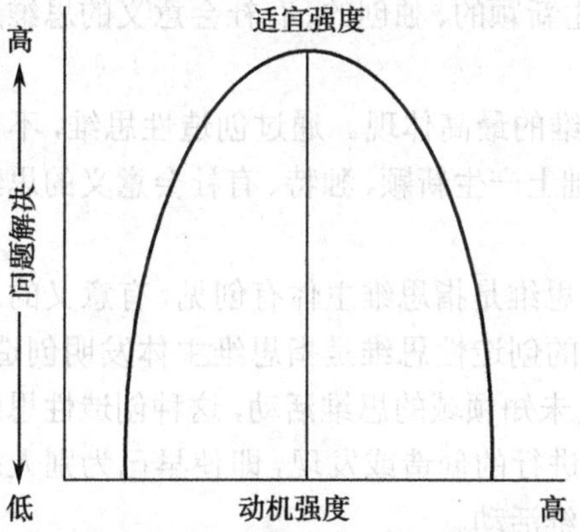

图9-6　动机强度与解决问题的关系

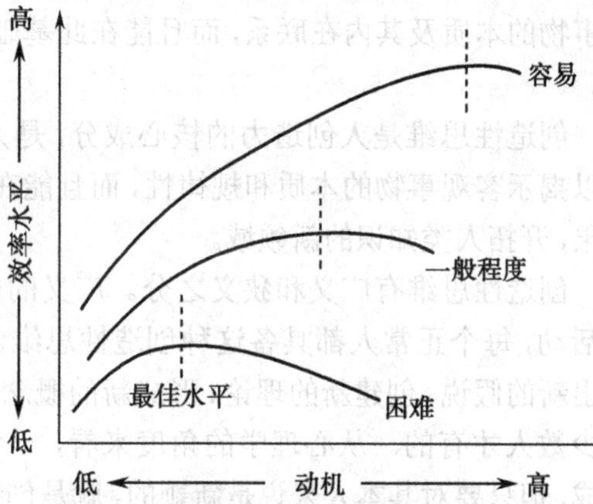

图9-7　问题性质与最佳动机水平的关系

1. 当动机太弱时，问题解决者的注意力容易被无关因素所干扰，心理活动的积极性不高，问题解决效率也很低。

2. 在一定范围内，问题解决效率随着问题解决者动机的增强而提高。

3. 当动机强度超过一定限度之后，问题解决的效率反而越来越低。这是由于心情急切，情绪过分紧张，妨碍了问题解决者的冷静思考和合理决策。所谓欲速则不达，就是由于这种动机状态造成的。

4. 在一般情况下，动机适中才能获得最佳问题解决效率。

因此，动机太弱或太强都不利于问题解决，而中等强度的动机则最有利于提高问题解决效率。有利于问题解决的10种方法见专栏9-1。

专栏9-1

有利于问题解决的10种方法

1. 增加相关领域的知识。

2. 使问题解决中的一些成分自动化。

3. 制订比较系统的计划。

4. 作出推论。在解决问题之前，要根据问题中给定的条件作出适当的推论。这样，既可避免使问题解决走入死胡同，又可消除对问题的错误表征。

5. 建立子目标。

6. 逆向工作。

7. 寻找矛盾点。在诸如回答时，可采用寻找矛盾点的方法。

8. 寻找当前问题与过去相关问题的联系性。在解决问题时，要积极考虑当前的问题与你曾经解决的问题或者你熟悉的问题有哪些相似性，然后利用类似的方法解决目前的问题。

9. 发现问题的多种表征。新形成问题的表征。当问题解决遇到障碍时，回到问题的初始状态，重新形成问题的表征。

10. 多多练习。解决代数、物理和写作等课堂中遇到的问题，多练习是一种良好的方法。

笔记

第六节　创造性思维

一、创造性思维的概念

创造性思维是指以新颖、独创的方法解决问题的思维。通过这种思维，不仅能揭示客观事物的本质及其内在联系，而且能在此基础上产生新颖的、独创的、有社会意义的思维成果。

创造性思维是人创造力的核心成分，是人类思维的最高体现。通过创造性思维，不仅可以揭示客观事物的本质和规律性，而且能在此基础上产生新颖、独特、有社会意义的思维成果，开拓人类知识的新领域。

创造性思维有广义和狭义之分。广义的创造性思维是指思维主体有创见、有意义的思维活动，每个正常人都具备这种创造性思维。狭义的创造性思维是指思维主体发明创造、提出新的假说、创建新的理论、形成新的概念等探索未知领域的思维活动，这种创造性思维是少数人才有的。从心理学的角度来看，一个人所进行的创造或发现，即使早已为别人所完成，但只要对其本人来说是新颖的，就是创造性思维活动。

二、创造性思维的特点

创造性思维是在一般思维的基础上发展起来的多种思维的综合。它是发散思维和聚合思维的辩证统一，是创造想象和现实定向的有机结合，是分析思维和直觉思维的对立统一。创造性思维既具有一般思维活动的某些特点，又具有不同于一般思维的独特特征，它主要有以下四个特点：

（一）新颖性与独特性

创造性思维不同于一般的思维活动，它要求打破惯常的解决问题的方法，将已有的知识经验进行改组或重建，创造出个体前所未知的或社会前所未有的思维成果。创造性思维最本质的特征是新颖性与独特性。它在综合前人智慧与创造的基础上，在思维活动中通过摄取与排除、改造与适应、联想与储备、理解与运用，从而产生一系列思维活动的飞跃。以新颖性与独特性的思维，达到新的发现、新的突破。在社会创造方面建树新成果。

（二）发散与辐合结合

众多的心理学家认为，创造性思维是发散思维与辐合思维两种思维活动相结合的产物。在创造性思维活动中，既需要运用发散思维以开阔思路、多向思索，提出多种假设或解决问题的方案；又需要根据一定的标准运用辐合思维，从众多方案中筛选出一种最合适的方案。创造性思维常常是按照“发散——集中——再发散——再集中”的思维方式，经多次循环、不断深化才得以完成的。

（三）创造想象参与

创造想象是创造性思维的重要成分。创造想象的积极参与，能使人的创造性思维具有很大的自由度，使之驰骋于无限的现实世界，与神奇的幻想境地，透过有限而深入无限，越过现今而推测过去和预测未来。没有创造想象的积极参与，人就不可能突破个体经验的局限而创造出具有新颖、独创价值的思维成果。

（四）灵感状态

灵感状态是创造性思维活动的又一典型特征。所谓灵感状态，是指人在创造性思维活动中，某种新思想、新概念、新方法或新形象突然在脑海中闪现，从而使思维活动处于豁然开朗的亢奋状态的一种心理状态。灵感状态是创造性思维活动中必然性与偶然性的统一，

笔记

是认识上的飞跃。强烈的探索需要、丰富的知识积累、长期的专注思考、原型的启发刺激，是灵感得以产生的条件。

三、创造性思维的过程

创造性思维的过程是指在问题情境中，创造性思维从萌发到完成的整个过程。心理学家通过对发明家们的自述、日记、传记以及其他相关资料的分析研究，发现无论是科学研究还是艺术创作，创造性思维的过程大体上都要涉及以下四个阶段：

（一）准备期

所谓准备期，是指创造活动前，创造者积累有关知识经验，搜集有关资料和信息，为创造性思维活动做准备的阶段。创造性思维的准备期一般比较长，因为任何新生事物的创造，必须对前人经验有较深刻了解，然后才有可能从旧问题中发现新问题，从旧关系中发现新关系，进而才有可能出现创造性的思维成果。例如，司马迁撰写出《史记》，前后经过数十年的准备时间；爱因斯坦的著名论著《相对论》，写作仅花了五个星期，但是准备工作却花了七年之久。

（二）酝酿期

酝酿期是指在已积累的知识经验的基础上，对问题和资料进行深入探索和思考的时期。这一时期是创造性思维最为艰苦阶段，因为创造者虽然对某方面的知识经验已有了相当的基础，但是对于如何形成创造成果依然处于苦思冥想的尝试之中，以至创造者的创造活动没有任何看得见的进展，并伴有情绪上的烦躁。比如，处于这个时期的作家，尽管头脑中萦绕着各种问题，但是不知如何表述是好，看着面前的稿纸一个字也写不出来，或者写了一段又极不满意地撕碎扔掉。此时，创造者最盼望的就是灵感。由于缺乏灵感，创造者可能不得不把问题暂时搁置一边而从事其他活动，但对问题的思考可能仍在断断续续地进行着，并且常常在不自觉的潜意识活动中酝酿着。

（三）豁朗期

豁朗期是指思路豁然开朗，创造者对所思考的问题一下子“恍然大悟”的时期，也称灵感期。豁朗期常常是从突如其来的顿悟开始的，而且往往是在创造者意想不到的时刻，相当富有戏剧性。此时，某种新思想、新观念、新方法或新形象突然涌现，构思的各个部分一下子各就各位，使得长时间苦思冥想的问题随之迎刃而解，以致创造者处于一种充满创造激情的亢奋状态之中。

（四）验证期

验证期是指对创造成果进行验证补充和修正，使其趋于完善的时期。验证可以有两种方式：一是从理论上求证其准确、周密；二是付诸实践，用行动加以检验。在验证期，部分否定或全盘否定情况也是会有的，如被否定可提出新的合乎现实的假设，使得解决问题的方法更符合客观实际。

复习思考题

1. 名词解释：思维，思维的间接性，思维的概括性，思维的种类，分析，综合，比较，抽象，概括，概念，推理，问题解决，定势。
2. 思维的品质包括哪些方面？
3. 思维的过程包括哪些？
4. 简述分析与综合的关系。
5. 概念结构的理论有哪些？
6. 概念形成的策略有哪些？

笔记

7. 问题解决的思维过程包括哪些？
8. 问题解决的策略有哪些？
9. 解决问题的思维活动有何规律性特征？
10. 问题情境对思维的影响，主要表现在哪些方面？
11. 定势对思维有什么影响？
12. 动机强度与思维效率有什么关系？
13. 创造性思维有哪些主要特点？
14. 举例说明创造性思维的过程。
15. 结合你的经验和体会，谈谈培养学生创造性思维的有效途径或方法。

案例分析

强迫思维案例分析

聪聪是一个强迫症患者，今年已经22岁了，症状是反复地想问题，一切必须尽善尽美，一切必须在自己的掌握之中。经过很多治疗无效，最后走进了家庭治疗的诊室。

他从小由母亲带大，父亲工作很忙，即使管他，也是说教。聪聪对父亲的说教与严厉不满，自己的愿望得不到满足，这种被控制的感觉，使他产生强迫思维。

在开始的治疗中，孩子的母亲总说父亲不了解孩子，过分严厉，不体谅孩子的痛苦，总要保护孩子。孩子的父亲则总是不停地说教，侃侃而谈，完全不顾孩子有没有在听，他表面上很民主，实际上很专制，没有给孩子以充分长大的空间。

母亲在对父亲失望之余，把全部精力都投入到孩子身上，形成牢固的母子联盟。对丈夫的说教同样也显露出不满的情绪，变成孩子背后的支持力量。

当丈夫主动与妻子交流时，妻子好像已经不太习惯和丈夫面对面地交流，还总是亲密地看着孩子的一举一动，不太理会丈夫的意见。认为丈夫不管孩子不理解孩子。

孩子既埋怨母亲没有给他成长的空间，又离不开母亲生活上的照顾，与母亲纠结在一起，但他已经意识到这一点，只是还不知该如何分开。

在治疗中，我与聪聪探讨了如何和父亲讨论自己的要求，什么让父母管，什么不让父母管的问题。并把孩子的症状解释成为是为了帮助母亲获得父亲的关注才生病的，他的强迫行为是在母亲面前才做得比较多的，在外人面前做得少。

父亲只关心孩子的学习，对孩子要求严，但对其他方面给予的自主权不足，说教多，独立少，孩子感到被父亲控制。把强迫行为重新框定为孩子想引起父亲的关注，满足自己的需求。这样就解除孩子对行为问题的责任，赋予行为新意义，以改变他们的沟通模式。

逐渐地，我开始积极地要求家庭成员改变，例如当父亲认识到不与孩子的母亲讲话，就会影响到孩子时，他就主动与孩子母亲讲话，共同商讨孩子的问题。这样就改变了家庭中的关系结构，使孩子能够认识到他与母亲之间的界限。

对于聪聪，我则鼓励他要像一个22岁的“男子汉”一样，与父母面对面地进行沟通，学习通过谈判和协商来达到他们所希望的改变。这种的空间结构表示他们需要分开他们心理上的距离，也就是要建立某些界限。

在对家庭的关系进行一系列的探讨后，我首先挑战了孩子的强迫症状的意义，从为什么孩子的症状在母亲面前重，而在外人面前轻开始，把孩子的症状视为给寂寞的母亲演戏。当发现这个说法家庭较难接受时，又把孩子的问题引入帮助母亲引起父亲的关注，以满足母亲的需要上。

我让孩子与父亲比个子，暗示他已经长大，要用一个22岁的男子汉的方式去看问题。

笔记

我让与母亲亲密地坐在一起的孩子离开原来的座位，变成坐在父亲的对面，鼓励孩子与父亲面对面地沟通、对话，表达自己的愿望。然后再让母亲坐在父亲的身边，与父亲讨论如何对待孩子的要求。通过这样的调整，从空间上重整了家庭的结构。父亲的悟性很好，当时就顺着治疗思路主动要求妻子与自己多谈如何处理孩子的问题，主动拉近与妻子的距离。

妻子不理会丈夫，认为丈夫不理解孩子的心理，我着重放大了母亲独自持家得不到丈夫帮助的痛苦，使她学会不再孤军奋战，学会寻求支持。

这时，我提升了孩子的力量，问他还要做父母之间沟通的桥梁多久？还是已经决定要做自己该做的事？把孩子从夫妻的关系中拉出来，独立地成长。

最后，我给夫妻留了作业，利用孩子住院不在身边的机会一起做些他们原来喜欢做的事，好好地沟通一下如何在孩子出院后对待孩子的问题。

在治疗中，着重揭示了"男主外，女主内"的观点，将父母对家庭的贡献等同起来，不分高低、大小，这种处理使全家都较容易接受，同时又使父亲感到他以前对妻子的工作的忽视和对孩子教育的僵化、刻板，自由度不足。

这次治疗后，家人感到治疗给了全家很大的冲击，对孩子有了很深的了解，懂得了如何放手给孩子以成长的机会，夫妻之间也学会了如何共同商量解决孩子的问题，夫妻感到彼此互相增进了理解，能感受到对方的工作之不易，不管是在外工作，还是持家为主，都是对家庭的一种贡献，不存在谁高谁低的问题，教育孩子是共同的责任。

孩子也能学会独立地处理问题，不再纠缠母亲。随访至今，孩子的情况良好，已经能独立地在外地上学，症状也控制良好。

拓展学习

奇思怪想与将错就错

（一）

世界上许多著名的在经营管理上卓有成效的大企业家，为了在越来越激烈的竞争中能不断有所创新，他们总是从多方面采取措施，积极鼓励和刺激职工"敢发奇想""勇闯新路"。他们都非常器重那些"不正常的人"，特别重视发挥"怪才""奇才"的作用。日本本田汽车公司有一次招收职工，主考人在对两个基本条件都较好的应征者感到难以取舍时，向公司的领导人本田宗一郎请示，本田宗一郎不假思索便回答道："录用那个比较不正常的人。"在本田宗一郎看来，一般"正常的人"发展有限，而"不正常的人"常有惊人之举，反倒不可限量。有位学者曾这样说过："人虽然不必为了希望得到一个创造性的构想而变得疯狂，而狂人却往往能够得到极佳的构想。"英国政治家丘吉尔也曾说："任何思想都应予以考虑，哪怕是看上去稀奇古怪的思想。"下面的几则奇思怪想引发的创造之举，也许会让我们学会用一种新的角度看待"反常"。

◆ 由于种种原因，有的患者往往需要再次或多次开刀剖腹。常有人对此发出笑谈："要是能在人的肚皮上安一根拉链就好了！"有一位比利时外科医生由此引起了一番认真思考。他看到，患严重胰腺病的人手术以后，因为胰腺仍会不断出血，一段时间内每天都要换药和在胰腺周围放点新的药棉以减缓出血。这就得每天都要把缝好的伤口打开一次。如此治疗方式，不但患者太痛苦，而且死亡率高达90%，他决心试探在人的肚皮上安装拉链的可能性。经过他反复研究，笑谈终于成为现实。这位比利时医生在患者身上安装的是一条长18厘米的塑料拉链。它大大减轻了患者的痛苦，同时使严重胰腺病的治愈率提高了90%。

◆ 有一天，日本富士公司的销售部长同开发部长一起察看公司堆放胶卷的仓库，销售部长对开发部长说了一句笑话："为什么不在这些胶卷上装上镜头和快门呢？那拍起照来不就更方便了吗。"这只不过是销售部长的一句笑谈而已，开发部长却没有一笑置之。他抽

笔记

调了8名技术人员要他们就此进行研究。经过对照相机一再减少零部件，最后他们把一般照相机上的几百个零件减少到只剩下26个，真的实现了销售部长所说的“在胶卷上安上镜头和快门”。这也就是人们所说的“一次性相机”。这种相机上市后很快便被旅游者所接受。据统计，富士公司生产的这种相机，每年在日本销售250万个，向海外的销售量则在1千万个以上。

◆ 有个吃过饭最怕洗碗的懒人曾开玩笑说：“吃了饭还要洗碗，真烦人！用洗碗机也够啰嗦的。最好是吃完饭根本不用洗。”有人根据这样的笑谈，果然就设计了用后不需要洗的碗。这种碗是用特制的纸制成的，分许多层，用一次撕去一层，不用洗涤，下次再用依然是干净的。这种碗，对一般人在家里使用也许代价太高了一点，而它对于旅游者、勘探队员来说，倒的确是很理想的。

（二）

重视发明、创造中出现的一些错误性的结果，并设想、研究它们有没有可能用作他用。由此产生的创造方法称为将错就错法。

◆ 德国造纸厂的一位技师，有一次由于一时疏忽大意，在造纸的某道工序中少放进去一种原料，结果生产出大批不能书写的“废纸”。正当他想着会被老板解雇的时候，一位朋友向他建议说：“考虑一下这样的纸还有没有别的用途？”于是，这位技师和他朋友一起，对这批纸反复观察琢磨，终于发现：这种纸吸水的性能很强，蘸在这种纸上的墨水很容易被吸掉。他们发现这一点以后，便对这种纸加以剪裁装订，把它作为一种专门供书写后吸干墨水用的“吸墨纸”出售，竟然大受用户们的欢迎。后来这位技师还为这种“吸墨纸”的制造申请了专利。

◆ 有位美国科学家原想研制一种黏性很强的胶水，但由于在研制过程中出了差错，生产出来的胶水黏性很差。可他不肯就此认输，总希望能想出个什么办法来对这种胶水加以利用。后来他想到，这种胶水虽然黏性不强，不能当一般胶水使用，但正好可以利用它黏性不强这一特点，将它涂在信纸便笺的上方或一角，如果要随意把信纸或便笺粘贴在什么地方，或把它们粘贴在一起，那就不需要再涂浆糊、胶水，更不必用别针、票夹。而要取下涂了这种胶水的某一张信纸、便笺时，只需轻轻一提，不仅不会撕坏，连胶水的痕迹都不会留下一点。这种不干胶上市之初虽然处处碰壁，但最后还是得到用户们的认可，逐渐成为一种颇有销路的新产品。

◆ 日本有一家纤维公司，有一次生产出来的布尽是“毛毛头”，全成了不能称其为“布”的次品。公司的人都视此为倒霉的灾祸，而有一位N先生头脑中却冒出一个想法：“能不能用这布做成可以用来刷去衣服上灰尘的毛刷呢？”他抱着试试看的态度，买下了这些布做成了一批毛刷。因为，布上的“毛毛头”都整齐地朝向一边，他给这种毛刷取了一个名字叫“规则毛刷”，销售时很受欢迎。由于N先生是这家公司的经销商，他的这一产品能独占市场，所以没过多久他就赚了几十亿日元。

◆ 国外有个叫克拉伦斯的商人，主要经营巧克力生意。巧克力在夏天容易融化，因而夏天巧克力的销量会大大下降。克拉伦斯设计了一种适合夏天经营的圆形薄荷糖。当他请一家制药厂将薄荷糖压制成圆形时，由于机器出了毛病，压出来的不是扁平的小圆块，而成了中间有一个小圆洞的小圆圈。面对薄荷糖压制过程中的这一“错误”，克拉伦斯没有叹息埋怨，而是决定来它个“将错就错”。他根据已压成的中间有个小圆洞的圆形形状，将其命名为救生圈薄荷糖。这种救生圈薄荷糖上市以后，大受欢迎。人们感到它不仅味道清凉可口，而且形状新奇有趣，没过多久就成为一种畅销食品。

参考文献

笔记

1. 彭聃龄．普通心理学[M]．北京：北京师范大学出版社，2014.

2. 梁宁建.心理学导论[M].上海：华东师范大学出版社，2013.

3. 王甦，汪安圣.认知心理学[M].北京：北京大学出版社，2006.

推荐读物

1. 丹尼尔卡尼曼.思考，快与慢[M].胡晓姣，李爱民，何梦莹，译.北京：中信出版社，2012.

2. 斯科特·G.艾萨克森，K.布莱恩·多瓦尔，唐纳德·J·特雷芬格.创造性——问题解决之道[M].孙汉银，译.北京：北京师范大学出版社，2017.

考研要点

思维的含义
思维的特征
思维的种类
思维的过程
概念的含义
概念
推理
问题解决的思维过程
创造性思维

（潘　玲）

笔记

第十章　语　言

本章要点

语言的概念与表征
　语言的概念
　语言的结构
　语言的种类
　语言的表征
语言的生物基础
　语言的发音器官与机制
　语言的中枢神经机制
语言的知觉与理解
　词汇的理解与理论模型
　句子的理解与理论模型
　语篇的理解与理论模型
语言的产生
　语言产生的单位
　语言产生的过程
　语言产生的理论模型

关键词

语言概念与表征；语言中枢；语言知觉；语言理解

语言是人类文明起源与发展、演变的产物与见证。语言是人类心理活动的表现形式，个体在社会中的生活、学习、工作，交往或独处都离不开语言，它陪伴着人们的一生。语言也是心理学的重要内容。

第一节　语言的概念与表征

一、语言的概念

（一）语言的定义

语言（language）作为人类特有的一种能力，在社会发展中起着重要的作用。它传承文明，记录历史，是人们交流思想、进行思维活动的重要工具。

一方面语言是一种社会现象，是人类从社会成员的语言交流中抽象概括出来的一套符

笔记

号系统。词是语言的符号，每个词又具有一定的意义。把这些语言符号按照一定的规则组合起来，就能够形成短语、句子甚至语篇，这些规则就是语法。另一方面，语言又是个体运用这套符号系统进行交流活动的行为。例如，我们交谈、演讲、写文章，这些都是不同形式的语言行为。狭义上，一些学者将第一个方面称为语言，而将第二个方面称为语言。由于本章既涉及对于这套符号系统的介绍，又涉及人们如何利用这套符号系统完成日常交流，因而统称之为语言。

（二）语言的特征

世界上使用的语言有5500多种。从表面上看，不同的语言在语音、语法规则等方面差异甚大，但是在这些差异背后，所有的语言都具有以下这些基本特征。

1. **语言的创造性**　语言的创造性体现在两个方面。首先，人们使用数量有限的词语和组合这些词语的语法规则，便能够理解和产生无限数量的句子。另一方面，同样一种思想观点可以用各种不同的语言来表达，例如用汉语表达的观点，同样可以用英语、法语或者日语来表达。某种具体语言还可以使用不同的变体，例如汉语这种具体语言下面

2. **语言的结构性**　任何一种语言中的词汇都不是随意组合的，而是受到一定规则的约束。例如在汉语中，我们说“明天会下雨”，而不是“下雨明天会”。只有符合一定规则的语言，才能被人们理解和接受。语言种类不同，结构规则也有所不同。

3. **语言的意义性**　语言中的每个词汇都能传达一定的意义，比如“香蕉”“草莓”代表一种具体水果，而“民主”“自由”则是一种抽象词汇。词汇组成句子、句子组成篇章之后表达更加复杂的意义。语言的意义性保证人们能够通过语言相互理解和交流。语言符号和意义之间的关系是约定俗成的，不具有逻辑关系。

4. **语言的社会性与个体性**　语言具有社会性，语言现象是在社会中产生的，也只能在社会中生存和发展。人们只能使用社会中已经存在的语言，遵从社会对这种语言制定的语法规则，词语的意义也是约定俗成的。语言的社会性更加体现在，人与人的交流过程中，一个人表达的内容常常会受到其他人的影响。语言行为同时也是一种个体的行为，具有个体性。不同的个体往往具有不同的语言风格，即便是同一个体，在不同的场合，也可能使用截然不同的语言表达方式。

二、语言的结构

语言表达的基本形式是句子。在句子的下面可分为短语、单词、语素和音位等不同层次（图10-1）。每个层次又都包含一定的语言成分和将这些成分组织起来的语言规则。人们按照这些规则可以将音位组成语素，然后由语素组成单词，再由单词组成短语和句子。音位（phoneme）是能够区别意义的最小的语音单位。语素（morpheme）是语言中最小的音义结合单位，是词的组成要素。词（word）是语言中可以独立运用的最小单位。句子（sentence）是独立表达比较完整语义的语言结构单位。

乔姆斯基（N Chomsky，1957）在转换生成语法理论中指出，句子包含表层结构（surface structure）和深层结构（deep structure）。我们实际看到、听到的，或者我们说出来、写出来的句子的形式就是表层结构，表层结构决定句子的语音。句子抽象的句法表达形式就是深层结构，深层结构决定句子的语义。每个句子的表层结构都会对应一个深层结构，但是一个深层结构可以通过不同的表层结构来表达。例如下面两个句子：

（1）小张打了小李。

（2）小李被小张打了。

这两个句子的表面结构是不一样的，但是描述的是同样一件事情。因此，可以用不同的表层结构来表达同一个深层结构。除此之外，我们的一个汉语句子可以用不同的地方

笔记

方言，或者不同国家的语言来描述，同样反映了句子的深层结构可以用不同的表层结构来体现。

反过来，如果句子的表层结构对应多个深层结构，那么这个句子的表达就存在问题。例如下面这个句子：

Flying planes can be dangerous.

对于这个句子，我们可以理解为“飞行中的飞机很危险”，也可以理解为“开飞机很危险”。这样一来，这个句子就对应了两个深层结构。我们理解这个句子时如果没有上下文的帮助，就很容易产生歧义。因此在自然语言中，我们需要尽量避免这种情况。

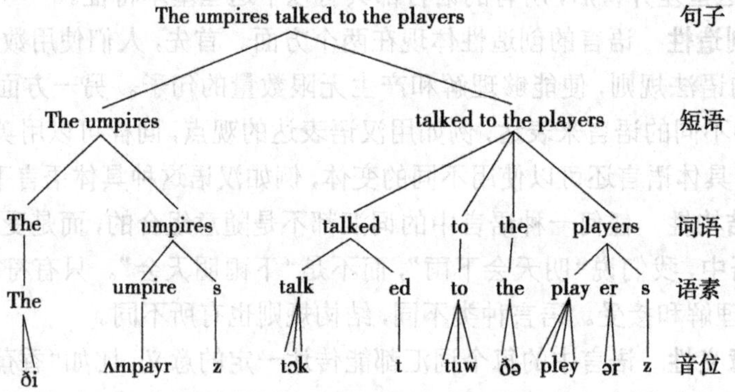

图 10-1　语言结构的层次

三、语言的种类

日常生活中，有的人擅长口若悬河、侃侃而谈，有的人擅长奋笔疾书、激扬文字。它们具有各自不同的特点。语言活动一般有两种类型：外部语言和内部语言。

（一）外部语言

外部语言（external speech）是指通过声音或者文字直接与别人进行交流的语言。外部语言一般包括口头语言（对话语言和独白语言）和书面语言。

1. **对话语言**　对话语言（dialogue speech）是指由两个或几个人直接进行交际时的语言活动，如聊天、座谈、辩论等。它们是通过相互谈话、插话、问答的形式进行的。对话语言是由一种具体的情境引起的，通常未进行事先准备，因而具有很强的反应性。在这种情境之下，对话双方说出的句子可能句法结构并不完善，但这并不会妨碍对方的理解。比如一方说，“今天的天气晴朗又舒适”，另一方可能会简洁地回答三个字，“是这样”。

2. **独白语言**　比如作报告、讲演、讲课等，由个人独自进行的表达思想与情感的较长而连贯的语言活动，就是独白语言（monologue language）。与对话语言不同，独白语言是说话者独自进行的一种语言活动。在表达之前，说话者通常会对说话内容进行精心细致的准备。此外，与对话语言相比，独白语言的逻辑性更强，用词造句也更加严谨。

3. **书面语言**　书面语言（writing language）是指一个人借助文字来表达思想、交流情感的语言活动。书面语言是在文字出现以后才为人们所掌握和利用的，因此它的出现比口头语言要晚得多。口头语言和书面语言最大的区别在于，口头语言随时间展开，具有不可重复性，而书面语言可以进行反复的推敲。比如对于口头语言中的对话语言，一方在说话时，另外一方必须集中精力完成即时的语言理解活动。而我们进行文本阅读时，一句话没有读懂，我们可以进行反复的阅读，或者联系上下文进行重新加工。

（二）内部语言

内部语言（inner language）是一种自问自答或不出声的语言活动。内部语言是在外部语

笔记

言的基础上产生的，语言主体虽不直接与别人交际，却也是人们语言交际活动的组成部分。一方面，没有外部语言就不会有内部语言，内部语言的发展离不开外部语言的发展；另一方面，若没有内部语言的参与，人们就不能顺利地进行外部语言的活动。内部语言在语音上具有隐蔽性，但是如果将电极放在被试的下唇或者舌头等发音器官上，仍然会发现发音器官的参与。另外，由于内部语言通常用来辅助执行任务，因而比对话语言更加简洁。

四、语言的表征

语言表征（language representation）就是语言材料在头脑中的存在方式。语言材料可能以命题的形式存在，也可能以表象的形式存在。比如“鸟”这个概念的存储方式，可能是一个命题，“鸟是一种有羽毛，无齿有喙的动物”，也可能是麻雀、老鹰等不同鸟类的表象。语言表征究竟通过何种方式进行仍然有待进一步的研究。

在语言表征研究中，词汇的表征形式受到了研究者们的持续关注。词汇在头脑中的表征通常称为心理词典（mental lexicon）。心理词典中的词语是按什么方式组织起来的？早期模型一般将声学特征、音节、词汇等看作网络中的节点，每个单词的表征都对应与某个或某几个节点。这种表征方式称为局部表征（localist representation）。但是局部表征存在一个严重的问题，就是特定节点受损会导致该节点的信息完全消失。随后的分布式表征（distributed representation）彻底抛弃了词汇节点和节点激活的概念，认为词汇的形、音、义等特征并不是存储在某一个节点上，而是分布在网络的各个单元中，可以与其他单词共用每一种特征。因而分布式表征认为词汇表征表现为神经网络的整体激活，这种表征方式具有更强的抗损伤能力。

专栏 10-1

语言与认知：沃尔夫假设

语言和认知之间的关系引起了广泛关注和争论。一些人认为语言决定认知，沃尔夫（B.L Whorf）就是其中的典型代表，他提出了著名的沃尔夫假设。

沃尔夫假设由两部分组成，分别是语言决定论和语言相对性。语言决定论认为人们的语言不同，对世界就会有不同的看法，即学习一门语言会改变一个人的思维方式。语言相对性指的是，这些被语言决定的认知，会随着语言的不同而不同，即不同语言有不同的决定认知的方式。假设得到一些实验证据的支持。比如在一种墨西哥印第安语中，蓝色和绿色用的是同一个单词，而在英语中使用的是不同的单词。研究者向被试呈现 3 种颜色，其中两种是明显的蓝色和绿色，另外一种是介乎蓝绿之间。要求被试指出第三个颜色更接近第一种颜色还是第二种颜色。结果发现，英语母语者能够很快区分蓝绿界限这一边的色片或者那一边的色片，而印第安语被试难以进行区分（Kay & Kempton，1984）。

第二节　语言的生物基础

人类的语言活动的发生，从其生理机制来看，主要包括两个方面：发音器官和脑机制。

一、语言的发音器官与机制

语言活动的发音器官由三部分组成：呼吸器官，喉头和声带，口腔、鼻腔和咽腔（图 10-2）。呼吸器官包括喉头以下的气管、支气管和肺。通过呼吸器官产生的气流是我们发音的原动力。声带是人类主要的发音体，它长在喉头里面。当呼吸器官产生的气流经过声门时，引起声带振动，声音由此发出。口腔、鼻腔和咽腔起到共鸣的作用，其中口腔作用最大。口腔通过嘴唇和舌头的不同变化，形成不同形状的共鸣器。当气流通过这些不同形状的共鸣器时，就能发出不同的声音。正是人类发音器官协同活动，才形成了语音的不同声调、音强和音色。

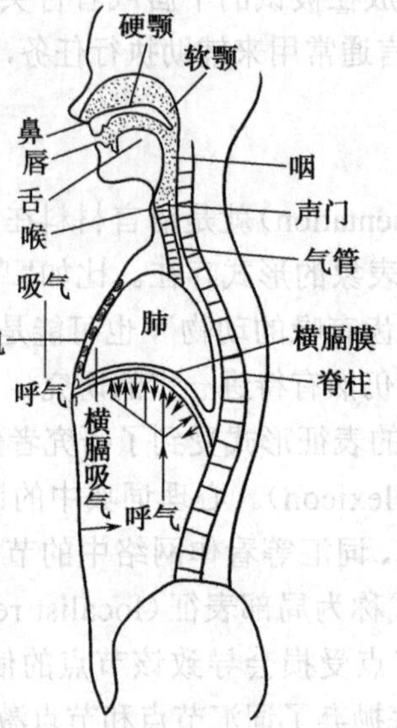

图 10-2 发音器官示意图

二、语言的中枢神经机制

发音器官的运动指令是由大脑发出的。人类的语言活动具有异常复杂的脑机制，是大脑中不同区域相互整合的结果。我们把语言活动的脑机制称为语言活动的中枢机制。主要包括：大脑左半球额叶的布洛卡区（broca's area）——语言运动中枢、颞上回的威尔尼克区（wernicke's area）——语言听觉中枢和顶 - 枕叶的角回（angular gyrus）——语言视觉中枢等。研究这些脑区病变或损毁造成的语言活动异常，在一定程度上有助于我们理解语言活动的脑机制。

（一）语言运动中枢

1. 语言运动中枢的由来 19 世纪 60 年代的法国医生布洛卡接诊了一位严重失语患者，这位患者右侧身体瘫痪，有语言理解能力，嘴唇和舌头运动正常，但在 31 年内除了仅能发“tan”音外不能说话，对他所提出的各种问题和陈述都用单音节“tan”作回答。从尸体解剖中布洛卡发现，患者左额叶部位的组织有严重病变。据此他推测语言运动应该定位在大脑左半球第三额回后部、靠近大脑外侧裂处的一个区域。其后的 Wada 实验[是一种将异戊巴比妥钠（sodium amytal）注入一侧颈总动脉以导致该侧脑活动短暂地失活的方法。如果在实验时注射侧出现语言障碍，则表明该被试的语言优势半球在注射侧]和临床病例也证明这个脑区的功能与语言的生成有关。因此，人们就把这个脑区确定为语言运动中枢（motor speech center），并以这位医生的名字命名——布洛卡区。

2. 语言运动中枢的功能 语言运动中枢定位在大脑左半球第三额回后部、靠近大脑外侧裂处的一个区域。它的主要功能有：提供语言活动的语法结构；语言生成；语言表达；包括布洛卡区在内的大脑左半球额叶，特别是前额部皮质，还和语言活动的动机和愿望的形成有关。

3. 语言运动中枢受损或病变引起的障碍 布洛卡区病变或者损伤所引起的失语症通常称为运动性失语症（motor aphasia）或表达性失语症（expressive aphasia）。这种失语症的

笔记

患者，发音器官完整无损，功能正常，阅读、理解和书写能力不受影响，但语言生成不流畅。也就是说，他们知道自己想说什么，但发音困难，从几乎完全无语到慢速的、费力的，仅由很简单的语法结构组成的语言。

（二）语言听觉中枢

1. 语言听觉中枢的由来 1874年由德国神经病学家威尔尼克发现了与语言活动有关的另一个脑区。该区位于大脑左半球颞叶和顶叶交界处的颞上回的后上方，接连角回的部位。这一脑区的功能与语言的接受有关，因此人们把它命名为语言听觉中枢（auditory speech center），并用该神经病学家的名字命名——威尔尼克区。

2. 语言听觉中枢的功能 语言听觉中枢的主要作用是分辨语音，形成语义，因而和语言的接受性或印入性有密切的关系。

3. 语言听觉中枢受损或病变引起的语言障碍 威尔尼克区损伤或病变引起的语言失认通常称为威尔尼克失语症（wernicke' s aphasia）或接受性失语症（receptive aphasia）或听觉性失语症（auditory aphasia）。这种失语症的患者听觉器官正常，说话时语音与语法正常，谈吐自由、语流很快，但不能分辨语音和理解语义，几乎不能提供任何信息。也就是说，他们能够听到声音，复述声音，但无法正常的表达或交流语义。

（三）语言视觉中枢

1. 语言视觉中枢的大脑定位 第三个重要的语言中枢位于威尔尼克区上方、顶-枕交界处——角回，称为语言视觉中枢（visual speech center）。这是大脑后部一个重要的视-听联合区。角回与语言视觉功能密切相关。

2. 语言视觉中枢的语言功能 角回实现着语言视觉信息与语言听觉信息的跨通道联合、口头语言与书面语言的相互转化。当看到一个单词时，词的视觉信号先从视觉初级区到达角回，然后转译成语言听觉模式；同样，在听到一个单词时，由威尔尼克区所接受的听觉信号传送到角回后再转译成语言视觉模式。其他一些人的研究也说明，角回部位存储着语法和拼写的规则。

3. 语言视觉中枢损坏或病变引起的语言障碍 当角回损伤时，单词的视觉意象与听觉意象失去联系，患者能够说话，能够理解口语，能够看到字形，却不能理解字词的意义，不能转化或理解书面语言，从而产生阅读障碍，称为视觉性失语症（visual aphasia）。视觉性失语症可以表现在视-听失语方面。这种患者在看到的物体和听到物体名称的声音之间失去联系，丧失了正确综合即作出正确匹配的能力。例如，让患者指地板，他却指窗户；对他说梳子，他却拿起一串钥匙。

如果角回和缘上回同时发生病变的话，由于这个脑区的功能是对视觉、听觉语言的信息进行整合，产生语义以及可以表达语义的语言符号和句法编码。鲁利亚曾经指出：大脑左半球的顶-枕部以及颞-顶-枕部都密切参与语言视听的解码过程；若这些部位受损伤，将导致同时性的空间图式受到破坏，从而使得语言（符号）水平上的理解逻辑语法关系的破坏，出现语义性失语症（semantic aphasia）。语义性失语症患者对有逻辑语法关系的词与词、短语与短语、句子与句子丧失了理解能力。例如，不能理解“儿子的母亲”与“母亲的儿子”；弄不清楚“麦子被牛吃了”这句话中到底是谁吃了谁。

专栏 10-2

语言研究的经典和前沿技术手段

1. 眼球追踪技术 人类眼球运动有3种基本类型：注视、眼跳和追随运动。19世纪70年代开始，科学家就注意到语言加工过程中的眼动特征，使用多种眼动技术考查人们加工不同类型语言信息时的眼动规律并探索其内在认知驱动机制。当代眼球追踪一般包括三

笔记

大系统：支架和光学系统、视景和眼球信息在线处理系统、图像与数据的离线叠加与分析系统。眼动测量指标主要包括时间、空间和生理三个维度。时间指标主要包括注视停留时间、眼跳时间、回视时间、追随运动时间，以及注视过程中的微动时间，包括自发性高频眼球微颤、慢速漂移和微跳时间。空间指标主要包括眼动轨迹图、眼动方向和距离；生理指标主要指瞳孔直径。较之于传统的行为测量方法，眼动记录方法生态效度高；时间精度和空间分辨率高，采样率可以达到 2000Hz，空间精度＜0.01°，凝视位置误差＜0.2°，可以与 EEG 等设备高效融合采集数据。

2. 脑电图和脑磁图　脑电图（EEG）通过电极帽记录头皮电位随时间的变化。在实验中多次呈现同一条件的刺激，将这多次得到的 EEG 片段抽取出来叠加平均，即可获得这一条件的平均波形。这种分析称为事件相关电位（event-related potentials，ERP）分析，MMN、N400、P600 等是常见的 ERP 成分。EEG 具有很高的时间分辨率，但是空间定位较差。

脑磁图（MEG）记录神经元活动产生的微弱磁场。与 EEG 中的 ERP 分析一样，MEG 也可以进行事件相关磁场（event-related field，ERF）分析。MEG 不仅具有 EEG 一样的高时间分辨率，而且具有较高的空间分辨率，能够对信号进行更好的源定位。

3. 功能磁共振成像　功能磁共振成像（fMRI）是一种特殊的 MRI 扫描，通过测量大脑中的血氧反应来推测认知活动涉及的脑区。fMRI 技术的明显优点是具有极高的空间分辨率，达到 1～2mm，可以精确地提供大脑不同区域的活动状况，并且能提供多方向的切面影响。但是时间分辨率与 EEG 和 MEG 相比要差很多。

4. 正电子断层扫描　正电子断层扫描（positron emission tomography，PET）是一种核素示踪影像技术，与其他分子成像方法相比有明显的优势。第一，PET 具有较高的空间分辨率（3～4mm）；第二，PET 可以获得秒数级的动力学资料，能够对生理、药理过程进行快速显像；第三，PET 具有高灵敏度，能够测定 p- 摩尔甚至 f- 摩尔数量级的配体浓度。

第三节　语言的知觉与理解

语言的知觉与理解，指的是我们阅读或者听别人说话时，对于文本和话语的理解过程。根据语言单位的大小，语言的知觉和理解可以分为三级水平，分别是词汇理解、句子理解和语篇理解。

一、词汇的理解与理论模型

词汇理解（word recognition）也称词汇识别或词汇通达，是指人们通过听觉或视觉，接受输入的词形或语音信息（词的辨别），并在人脑中揭示词义（词的含义）的过程。词汇理解得到了国内外研究者们的大量关注。

（一）词汇理解的影响因素

1. **单词的使用频率**　单词的使用频率，即词频，被认为是最具一般性的个体词汇经验。大约可以解释超过 40% 的词汇判定时间的变异（Rastle，2009），从而影响着主体对词汇的理解。行为和神经电生理研究发现，高频词比低频词的注视时间和阅读速度更快，会诱发更大的 P200 或者 N400。

2. **词汇情境多样性**　词汇情境多样性（contextual divesity）是单词所出现的情境数量。艾德曼（M.B Adelman）等通过词汇命名和词汇判断任务发现，在控制情境多样性的情况下，词频的作用消失，然而在控制词频的情况下，情境多样性的作用仍然存在。Chen 等（2017）在自然句子阅读中进一步证实了词汇情境多样性效应。这表明，词汇情境多样性决定了词汇识别的认知过程，而不是词频，从而对已有视觉词汇识别的计算模型提出了挑战。

笔记

3. **单词的部位信息** 在拼音文字中，字母位置和字母长度都对单词识别有影响，例如词长效应说明单词包含的字母数量影响词汇识别。汉字是一种表意文字，大量研究发现，词汇识别的时间随着笔画数量的增加而增长（笔画数效应）。此外，汉字的偏旁部首和字形结构也影响词汇识别，例如彭瑞祥等人发现，左右结构的汉字较上下结构、独体结构的汉字，再认较容易。

4. **语音的作用** 人们对语音在词汇识别中的作用有不同的观点和看法。在拼音文字中，有相关的研究证明语音在词义的提取过程中起着非常重要的作用。不过在汉语文字中，语音是否对词汇识别起重要的作用，研究结果很不一致。因此仍需要进一步研究这一问题。

5. **语境的作用** 词汇识别受到语境的影响。图尔温等人发现，在单词与语境有意义联系时，随着前行单词数量的增加，识别最后一个单词的时间显著下降。相反，当最后一个单词与语境无联系时，随着前行单词数量的上升，识别最后一个单词的时间明显增加了。

6. **语义的作用** 近年来的研究发现单词的语义特征也会影响词汇的识别。例如，詹姆斯用词汇判断法研究发现，低频具体词的识别比低频抽象词的识别容易。黑诺等人的研究发现，在词汇判断任务中，意义较多的词（多义词）比意义较少的词或者单义词更容易识别。

（二）词汇理解的脑机制

1. **视觉词汇加工的脑机制** 词汇的识别过程，需要经历一系列的认知加工阶段，每个阶段都具有相应的神经基础。Bolger 等（2005）等对多种语言的实验研究进行元分析，揭示出了跨语言的普遍语言网络包括 3 个大的脑区。分别是负责正字法加工的左侧枕颞区域（BA19）和梭状回的中部区域（BA37），负责语音加工的左侧颞上回后部及顶下小叶，以及参与语音和语义加工的左侧额下回。

与拼音文字不同，汉字具有复杂的空间结构分布。因此，阅读汉字时除了会激活与拼音文字相同的脑区以外，还会激活一些特定的脑区。比如，汉字阅读需要更多的额中回（BA 9）的参与，并且表现出梭状回双侧化激活的趋势。

2. **听觉词汇加工的脑机制** 在各种神经生理学证据的支持下，Hickok 和 Poeppel 类比视觉系统中的“what”和“where”通路，认为听觉系统也存在背侧通路和腹侧通路，提出了双通路模型（dual-stream model）。该模型认为语言知觉过程包括三个阶段。第一阶段，对输入刺激的时间和频率参数进行解析，该过程在双侧颞上回的背部进行。第二阶段，将声学参数的分析结果转换为抽象的音系表征并激活语音网络，在双侧颞上沟的中后部进行。第三阶段，音位信息激活后沿着背侧通路和腹侧通路进行后续加工，背侧通路完成语音加工，腹侧通路完成词汇意义加工。

（三）词汇理解的认知模型

1. **视觉词汇加工模型**

（1）自动序列搜索模型：自动序列搜索模型由福斯特（J Forster，1976，1979）提出。该理论认为，每个词条在心理词典中都是根据视觉特征来排列的。词条中贮存着词汇的所有信息，包括语音信息、词类信息和语义信息等。词汇识别过程就像查字典，词汇的理解就是在心理词典中进行序列搜索，直至找到最合适的词条。这个模型受到了一些质疑，因为大量的序列搜索和比较需要耗费大量时间，而实际上人们的词汇理解是非常迅速的。

（2）词汇发生模型：词汇发生模型（logogen model）假设心理词典中包括很多小的抽象单元，即词汇发生。词汇发生中存储的不是特定词汇本身，而是组成词汇的不同特征信息，比如词形、词的语音和语义等信息。当刺激和语境中的信息与某个词汇发生属性一致，并且随着属性的累积使得激活水平高于阈限水平时，这个词汇发生就被激活，于是这个词汇就被识别出来。词汇发生被激活之后，阈限值就会降低，之后激活就会更容易。因而该模型能很好地解释词频效应。

笔记

(3) 轨迹模型：轨迹模型（trace model）是联结主义模型的典型代表。模型由三层神经元组成，其中输入层是视觉特征单元，中间层是与字母对应的单元，输出层是与词汇对应的单元。每个单元与上下层单元之间存在即时的全联结，联结存在兴奋和抑制两种类型。例如，字母单元“S”与上层单词“SAME”“SUCH”之间是兴奋性联结，与“MOON”“MAKE”之间是抑制性联结。每个单元都具有相应的激活阈限，词汇的选择取决于众多被激活词汇之间的竞争，优胜者成为最终被选择的词汇。

2. 听觉词汇加工模型

(1) 交股模型：交股模型（cohort model）认为听觉词汇识别依次包括三个阶段。第一阶段是初步接触阶段。语音知觉表征激活词汇表征，词首信息与语音输入相符合的一系列词汇首先得到激活，这些词汇组成候选词群（交股）。第二阶段是词汇选择阶段。随着语音信息的继续输入，候选词群中依旧符合新输入语音信息的词汇将得到进一步的激活，另外那些不符合的词汇的激活水平则急剧下降。最终候选词群中只有一个词汇与刺激输入完全匹配，这时候目标词汇就得到了识别。第三阶段是整合阶段。人们利用目标词的句法和语义信息将目标词汇整合到先前语境之中。在这三个阶段中，前两个阶段是前词汇水平，第三个阶段是词汇水平。交股模型可以解释实验研究中发现的一些现象，例如词首信息的重要性，词汇信息以及语境对词汇理解的影响等。

(2) 邻域激活模型：邻域激活模型与交股模型存在一些类似之处，区别在于邻域激活模型强调整体相似性，而交股模型更关注词首部位的相互匹配。邻域激活模型认为，词频和邻域密度对词汇选择过程有重要的影响。邻域是邻近词的集合，而邻近词指的是在发音上与目标词相似的所有词汇，邻域中包含的邻近词的数量就是邻域密度。由于邻近词与目标词在词汇选择阶段存在相互竞争，因而当目标词的邻域词密度大时，目标词的识别就更加困难；反之当邻域词相对稀疏时，词汇识别更加容易，表现为反应时更快，正确率更高。

二、句子的理解与理论模型

句子是能完整地表达意义的最小单位。句子理解过程中，需要即时的整合句法、语义、语用、韵律等不同层面的语言信息。这些语言信息各自有怎样的加工特点？它们如何相互作用，共同完成句子的理解过程？

（一）句法加工

1. 句法加工的理论　句法在句子理解过程中扮演着重要的角色。两个句子的词汇信息完全相同，句法结构不同，也能表达完全不同的意义，比如“我看见了她”与“她看见了我”。对于句法加工在语言理解中的地位，存在两种理论。这两种理论的争论主要在于：句法结构的加工是平行的还是序列的？句法加工是否优先于语义加工？

第一种是模块化理论。模块化理论认为认知加工在大脑中是由一些模块组成的，每个模块负责一种加工过程（Fodor，1983）。我们理解句子时，句法加工和语义、语用等加工过程是相互独立的。在加工顺序上句法加工具有优先性，在句法加工完成之后，语义和语用的信息才开始发挥作用。

第二种理论是基于制约的理论（constraint-based theory）。与模块化理论不同，基于制约的理论认为加工器能够立即同时加工句子所有的可用信息，包括句法结构的频率信息、话语语境信息、语义信息等。

2. 句法加工的时间进程　对于句法加工的时间进程，研究者们开始使用时间分辨率较高的ERP技术进行考察。实验中一般采用句法违反范式，发现句法加工存在不同的加工阶段。

最初的句法结构分析发生在关键词出现之后的150～200毫秒，句法违反相比句法合理在大脑左半球的前部区域诱发更大的负波ELAN（early left anterior negativity），在这个阶

笔记

段主要是对词类（比如名词、动词）的加工。句法加工的第二个阶段发生在关键词出现之后300～500毫秒，句法违反条件此时会诱发更大的负成分LAN（left anterior negativity），头皮分布与ELAN类似，反映对于形态句法的加工（比如名词的单复数）。晚期的句法加工阶段出现在关键词出现600毫秒甚至更晚阶段，在ERP成分上表现为P600效应，在这个阶段主要完成句法整合或者再分析过程。

（二）语义加工

与句法加工一样，语义加工也是语言理解的一个重要方面，得到了研究者们的广泛关注。语义加工是一个复杂的加工过程，涉及词汇与语义背景的整合，语义与句法的整合，句子的论旨角色分配过程，信息结构的加工等一系列加工过程。其中词汇与语义背景的整合得到最多关注。

关于背景信息如何影响当前词汇的加工，存在几种不同的观点。一种观点认为由于背景信息的作用，当前词汇在未呈现时已经被预先激活（Collins & Loftus，1975）。另外一些观点从整合机制出发，认为当前词汇和背景信息之间存在交互作用（Neely & Keefe，1989）。在词汇与语义背景的整合研究中，研究者们通常采用语义违反范式，发现当关键词与背景信息语义不一致时，相比语义一致条件，会在关键词出现400毫秒处诱发更大的负波N400（Kutas & Hillyard，1980）。当词汇与背景信息的语义一致性越低，N400波幅就越大，反映词汇与语境信息之间的整合就更加困难。

（三）韵律加工

句子理解不仅需要加工句法和语义信息，还需要加工韵律信息。韵律是口头语言的一个典型特征，包括语言韵律和情绪韵律两种类型。语言韵律包含各种语言信息。比如重音可以凸显说话者强调的内容。语调可以显示说话者是在陈述一件事情，还是在提出问题。停顿时切分连续语流的有利线索。语言速度则影响着可利用的听觉线索的多少。情绪韵律传达说话者的情绪状态，例如高音调的语言反映出说话者积极的情绪，而低音调反映出消极的情绪状态（杨洁 & 舒华，2009）。

近些年研究者们围绕韵律开展了大量认知神经研究，发现了很多反映韵律加工的脑电成分，其中最稳定的是反映韵律边界加工的中止正漂移CPS（closure positive shift）。韵律边界是指将连续语流切分成不同的韵律单元，比如韵律词、韵律短语、语调短语等，促进话语的理解。韵律特征和其他语言成分之间还存在相互作用。比如Chen等人（2016）一项以诗歌为题材的研究发现，诗歌的押韵特征会在早期影响诗歌语音加工，会在中晚期促进诗歌意义的理解。

（四）句子理解的理论模型

句子理解的理论模型着力于探讨句子加工中句法和语义的关系，下面我们介绍其中两种影响力最大的理论模型。

1. 三阶段认知神经模型　基于电生理和脑成像的研究结果，弗里德里西（H Friederici，2002）提出了句子理解的三阶段模型。在最初阶段，完成句法加工中的词汇类别分析，表现为ELAN成分的出现。第二个阶段平行分析句法关系和语义关系，分别体现为LAN成分和N400成分。最后一个阶段是对句法、语义信息进行整合，解决两者之间的冲突，以P600的出现为标志。显然，三阶段认知神经模型认为句法加工优先于语义加工。

2. 记忆-整合-控制模型（memory，unification，and control，MUC）　这个模型主要由哈古尔特（N Hagoort，2003）提出。他认为句子理解包含3个成分，分别是记忆、整合和控制。记忆是指贮存在长时记忆中的词汇信息，整合包括对句法、语义、音系三个层面的整合，控制是指在语言加工中执行控制功能的参与。MUC模型反对句法优先性假设，认为句法、语义哪种信息先从记忆中提取出来，就先进行哪种加工。

笔记

专栏 10-3

乔姆斯基与语言的转换生成理论

美国语言学家乔姆斯基(N Chomsky)是转换生成语言学的创始人。1957 年乔姆斯基出版《句法结构》一书,标志着转换生成语言学的诞生。他主张语言学家的研究对象应从语言转为语法,研究范围应从语言使用转为语言能力,研究目标应从观察现象转为描写和解释现象,从而在语言学界掀起了一场革命——乔姆斯基革命。

转换生成说又称"先天语言能力学说",学说的基本观点包括:

第一,语言是创造的,也即获得语言并不是去学会特定的句子,而是利用组句规则去理解和创造句子,句数是无限的。

第二,语法是生成的,儿童生下来就具有一种普遍语法,这种普遍语法的实质就是一种大脑具有的与语言知识相关的特定状态,一种使婴儿能学会人类任何语言的物理及相应的心理机制。婴儿就是凭借这个普遍语法去分析和理解后天语言环境中的语言素材。婴儿语言获得过程就是由普遍语法向个别语法转化的过程。这个转化是由先天的"语言获得装置"(language acquisition device, LAD)实现的。

第三,每一个句子都有两个结构层次——深层结构和表层结构。深层结构显示基本的句法关系,决定句子的意义;表层结构则表示用于交际中的句子的形式,决定句子的语音等。句子的深层结构通过转换规则变为表层结构,从而被感知和传达。

乔姆斯基的理论使我们在一定程度上摆脱了行为主义语言获得理论的束缚,认识到婴儿语言获得过程中神经系统的重要作用,同时也向我们提出了研究语言过程的心理机制的问题,这是很有理论意义和借鉴价值的。当然,他的"语言获得装置"仅仅属于一种假设,要证实这个假设并不容易。事实上,目前它也没有得到有力的研究证据,而只是对科学事实的一种解释性假说而已。另外,他强调天赋观念,强调先天性,低估了环境和教育在语言获得过程中的重要作用,忽略了语言的社会性,这也是片面的。

三、语篇的理解与理论模型

在现实生活中,句子一般不会单独存在,而是出现在语篇或者话语之中。语篇理解是语言理解的最高水平。

(一)语篇理解的认识

语篇理解(discourse comprehension)也称话语理解(跨句子的语言理解),是在理解字词、句子等基础上,通过主体已有的经验,运用推理、整合等方式揭示话语意义的过程。关于语篇理解研究不像句子理解研究那么成熟,可以说是方兴未艾的领域。

(二)语篇理解的影响因素

语篇理解除了有赖于正确理解词汇和句子外,还需要拥有语言知识和对世界的知识。因此影响语篇理解的因素除了词汇和句子之外,还包括下面几个方面:

1. **语篇连贯** 语篇连贯(discourse coherence)是指语篇的理解不仅依赖语篇中各个句子的意义,还依赖于组成语篇的句子的安排。我们把组成语篇的句子的安排称为语篇结构。它包括两个方面:一是局部结构,亦称微结构,这和语篇中个别句子的关系有关系;另一是全面结构,又称宏结构,这和语篇中句子与句子、语篇与语篇有关。两个层次的结构都有助于建立语篇的连贯—语篇的不同部分(词语、句子和段落)的互相联系。连贯是"用来连接前面提到的东西的各种可能性"。如果连接的句子或者语篇之间存在着语义关系,那么这个语篇或者语篇与语篇之间就是连贯的。也就是说,只有连贯的语篇,我们才能够理解句子与句子、段落与段落所表达的连续的、整体的、真实的意义。这是理解语篇的首要条件。

笔记

2. **语篇记忆**　语篇记忆（discourse memory）是指我们通常在读报或随便交谈时，主要的认知活动是辨认语篇的话题、组合句子弄清楚谈话的中心，一般没有任何记忆语篇内容的意图。不过，当我们在听演说、阅读文章或教科书时，主要的认知活动则试图记忆语篇的部分或全部内容。因为理解和记忆密切相关。理解的越深刻则记忆的就越容易，记忆的越牢固则理解的就越全面、透彻。所以，语篇记忆是影响语篇理解的重要因素。其中，激活命题、进行有效推理、在适当时候运用工作记忆都有助于语篇的理解。

3. **语篇情境**　语篇情境（discourse situation）是指语篇所处于的语言环境。它既包括文字形式，也包括图画等其他形式。语篇情境能使读者头脑中已有的知识和当前话语的信息很好地整合起来，促进对话语的理解。

4. **语篇图式**　语篇图式（discourse schema）是知识的心理组织形式。它对一组信息的最一般的排列和可以预期的排列作出规定。语篇中，图式的存在反映了语篇的自身特征的结构，也有人把这些称为脚本。语篇的体裁不同，其知识组织形式就不同。因此，图式可以预先告诉我们语篇中的信息是怎样安排的，到语篇的什么地方去寻找需要的信息，那么语篇的理解也就能够顺畅进行并得到改善。

（三）语篇理解的理论模型

语篇理解的研究可追溯到 19 世纪 50 年代，在 19 世纪 80 年代和 90 年代发展迅速，多个语篇理论被相继提出。

1. **建构 - 整合模型**　建构 - 整合模型由金茨（W Kintsch，1988）提出，将语篇研究的关注点从语篇结构的描述转向了理解过程。该模型认为，语篇的表征可以分为三个不同的层级：表层表征、命题性文本基础表征和情境模型。其中，情境模型是文本表征的高级形式，它是在前两个表征的基础上与读者背景知识整合而成的深层次表征。

2. **事件标记理论**　兹万（R.A Zwaan，1995）等提出了事件标记模型，认为读者在文本加工过程中，会根据五个维度对事件进行编码。事件的五个维度分别是：时间、空间、人物和物体、因果、意图。在加工语篇的第一个事件时，读者就建构起了这五个维度，之后新的事件出现时，读者会注意已经建立起的维度是否需要进行更新。

3. **风景模型**　布鲁克（P Broek）等人（1994，1999）提出的风景模型（landscape model），模拟了阅读中概念激活的动态过程。风景模型认为阅读是一个动态变化的过程。人们借助背景信息对语篇进行加工，背景信息的变化导致阅读的表征也因此不断发生变化，变化的心理表征又反过来为随后的阅读理解提供资源，如此反复直至阅读结束。

第四节　语言的产生

语言产生，指的是人们利用语言表达思想的心理过程，包括从思想转换成语言代码，再转换成生理和运动代码，即利用发音器官发出表达某种意义的声音（彭聃龄，舒华 & 陈烜之，1997）。语言产生包括口头语言的产生（speech production）和书面语言的产生（writing production）。口语产生是以话语来表达思想，而书写产生则是指以手执笔将所要表达的思想用文字写出来的过程。在现有心理语言学研究中，人们研究的最多的、最深刻的是语言理解领域，语言产生领域的研究相对较少。

一、语言产生的单位

（一）口语产生的单位

在口语的发生过程中，没有失误的口语活动是很少存在的。使用口语失误（speech error）来观察语言单位在口语产生中的作用，是当前语言心理学家致力进行的研究活动。

笔记

在口语交际活动中，常见的口语失误可以分为三类：一类是口语表达失误，例如在口语表达过程中，重复或改正一些词，插入一些感叹词，停顿、口吃等；另一类是"讲错了话"，即在话语内容中失误导致意义的变化，也就是失言，可称为失言类型；第三类是口语失误单位类型，人们常常把口语产生过程中发生错误的单位当作口语产生的单位。

研究口语产生的单位主要是通过语误分析（speech error analysis）来进行的。语误分析表明，口语产生的单位主要有：音段又叫音素、语音区别性特性、音节、重音、语素、词、语法规则、短语等。

除了语误分析的研究方法之外，人们还采用其他方法进行口语产生单位的研究。比如：布默在1965年收集和分析一些自发性语言的样本中发现，人们的话语停顿常常发生在语法的连接处；在这些地方停顿的时间比别处的长。格罗斯金等人在1979年细心研究了阅读中的停顿结构。结果发现，说话人大部分停顿时间发生在句子的主要成分的前面或后面。这些研究结论表明，句子也是口语产生的非常重要的单位。

（二）书写产生的单位

研究者们最初通过分析书写过程中的时间模式，来研究书写过程中加工单元的大小。早期研究者认为书写产生过程是以字母为单位的线性加工，即按照从左到右的顺序一个一个将字母依次写出。来自失语症患者的症状支持这种假设。卡拉马扎（A Caramazza）等人（1987）发现，失语症患者LB的书写障碍表现为字母的缺失、添加、移至、替代或这些错误的组合，可以看出这些错误都是发生在字母水平的，未受到其他水平因素的影响。然而卡拉马扎等（1990）对于LB书写错误的进一步分析发现，书写单元是多维度的：第一层是字母，第二层是字母的CV组合信息，第三层是字母组成的音节结构，第四层是重复字母。目前大量研究也支持书写单位受到更高层语言学单元的调控，而并非简单的线性顺序。

最近坎德尔（S Kandel）等人的一系列研究探讨儿童的书写单元，发现儿童在书写时可能是以音节为单位。实验中采用抄写任务，要求不同年级的学生在数字书写板上抄写真词和假词。结果显示，低年级学生首先抄写第一个音节，然后再去看单词获得第二个音节的信息，对真词的注视时间少于假词。高年级学生则直接抄写整词，在书写过程中不需要再去注视单词。这些结果说明在书写之前，所有的学生都已经产生了第一个音节，低年级学生以音节为单位书写，高年级学生运用整体的视觉单元，在书写过程中同样按照"哦"音节结构来组织书写过程。

二、语言产生的过程

（一）口语产生过程

口语的生成大体上可以说经历了四个阶段。

1. 把意念转换成要传递的信息 即口语信息的生成。莱威尔特（W.J.M Levelt）认为口语信息的生成有两个途径：一是通过交际意图生成口语信息；二是通过保存记录（说话人把他说过的东西和他和对话人的信息交换储存起来）生成语篇信息（主体所有语篇信息的总和被称为语篇记录。语篇记录中保存了语篇类型、语篇题目、语篇内容、焦点、原话记录等）。

2. 把信息形成为口语计划 口语计划有两大类：宏计划和微计划。宏计划就是用口语行为来实现交际意图的整体计划；微计划是指说话人计划如何分配主题、焦点和新信息，认定信息要满足哪些特定口语要求的活动。宏计划的输出是一系列安排好的口语行为，微计划的输出就是前语言信息。

笔记

3. 执行口语计划 也就是将口语信息从大脑传递到口语系统里的肌肉，以执行必需的动作，产生所要说的声音。口语计划的执行是在一定时间内进行的，因此发音时要规定音段、音段的次序、音段的时间和节奏。

4. **自我监察**　在口语活动过程中，在制订计划和执行计划之间有一个编辑过程，编辑的运作可以检查所计划的话语是否在语言和社会使用上可以被接受。这一过程是口语产生的自我监察阶段，又被称为自我纠正。它包括三个部分：首先是在我们发现口语失误后自行打断说话；其次是我们通常说一些表示编辑的插入语，可称为编辑语，如："呃，对不起"，"我的意思是……"；最后是纠正话语。

（二）书写产生过程

在探讨书写产生过程时，很多研究者关注书写产生过程是否存在语音中介。早期观点认为，书写过程依赖于先前语音代码的提取，这一观点被称为语音中介假设（phonological mediation hypothesis）。这个假设认为，我们在完成书写之前，必须首先提取词汇的语音信息。婴幼儿口语获得时间早于书面语，整个人类口语出现时间也比书面语更早，这些现象似乎为语音中介假设提供了依据。除此之外，语音中介假设也获得了一些实验证据的支持。例如在书写时，会出现同音替换错误（将"there"写成"their"）和准同音替换错误（将"dirth"写成"dearth"），这些错误说明人们在书写过程中产生了语音激活。

尽管如此，语音中介假设最近受到了神经心理学实验结果的严峻挑战。对脑损伤患者的研究发现了书写产生和口语产生的双分离现象，表现为一些患者能够写出图画名称却不能说出来，另外一些患者能够说出图画名词却不能写出来（Rapp et al，1997）。对失写症患者的研究也发现，他们出现的大量拼写错误并没有表现出语音上的联系。语音中介假设难以解释上述现象，基于此，研究者们提出了正字法自主假设（orthographic autonomy hypothesis），认为书写过程不需要语音表征作为中介，正字法信息能够直接从词汇的语义表征中得到激活。

三、语言产生的理论模型

（一）口语产生模型

在研究者们还未能认真地观察口语失误或其他不流畅口语数据之前，人们关于口语产生的模型都侧重考虑口语理解。和口语声音的产生相比，"我们对语言产生所知甚微"（MacNeilage & Ladefoged，1976）。随着研究的深入，有的学者把口语产生看成是先后发生的一个个不同层面的阶段——串行的模型，还有的学者认为口语处理各个层面同时发生——并行的模型或连接主义的模型。

1. **串行模型**　串行模型的观点都认为口语产生的计划单位是独立的，口语产生的各个阶段也是相对独立的。

（1）弗罗姆金（V.A Fromkim）的六阶段模型：弗罗姆金把自己的模型称为的话语生成器模型，随后加勒特（M. Garrett）对弗罗姆金的模型加以补充，对一些原来比较隐含的东西说得更明白。两个模型都将口语产生区别为3个层次：概念层面、句子层面、控制发音的肌肉层面。同时，都认为口语产生的口语计划单位是独立的。这两个模型将口语产生分为六个阶段：①生成一个要传递的"意义"。加勒特把这称为"信息源"。②把信息映现到句子结构。即对信息建立一个句子的轮廓。他认为在这个阶段，信息中的"语义"因素选择词汇构形成分和语法关系。在这个阶段会产生词语义的替换和融合；词和短语也可以互换。③在句子表征的基础上生成语调轮廓（句子和短语重音）。加勒特称这个阶段为表征的功能层面。④从词汇里选择词语。加勒特认为这是一个表征的位置层面。在这个阶段会发生组合形式的互换和声音互换；也会发生词和词素的移动。⑤规定语音。加勒特认为这是表征的语音层面。这个阶段会发生语音的调节，简单和复杂的声音省略。⑥生成口语的肌肉活动。这

笔记

个阶段把整个话语体现为语音形式。

(2) 莫帖斯(D. R Moates)的四阶段模型：莫帖斯在1980年提出了口语产生的四阶段模型。①选择意义阶段。说话者根据自己的目的选择要表达的意思。②句法结构产生阶段。将选择的意义分配到一定的句法结构中，包括选择子句的句法结构（弗罗姆金的第二阶段），把名、动词的词干嵌入句法结构（弗罗姆金的第三阶段）和说明单词的形态学形式（弗罗姆金的第四阶段）。③产生语音的阶段。已选定的子句获得了语音的形式（弗罗姆金的第五阶段）。④运动阶段。将上一阶段形成的语音表征编码成一系列动作指令，并支配发音器官（舌、唇、颚）的运动，从而发出句子的声音（弗罗姆金的第六阶段）。

2. 并行模型

(1) 戴尔(G. S Dell)的激活扩散模型：戴尔在1986年提出：在永久记忆里有4个节点层面：语义、句法、形态和语音。它们是一个语篇分别在每个层面上的表征。这些表征是并行地工作的。当一个层面上的节点被激活，它就可以激活在同一层面或别的层面上的节点。假定一个人在句法层面激活了"reset"这个词，这意味着他企图把这个词放在正在展开的句子框架里。这个在句法层面上的激活触发了在形态层面上的词素成分"re"和"set"，而这些形态节点又把激活传到语音层面，激活了音素 / r / 的节点。所有这些激活随着时间变化按指数衰减，一直到激活减到零。由此，戴尔认为：口语的产生包括语义、句法、语素、语音四种不同的加工水平。语义水平的加工是确定口语要表达的意义；句法水平的加工是为词语选择适当的句法结构；语素水平的加工包括确定名词单复数以及动词时态等过程；语音水平的加工包括提取语音和发出语音等过程。这四种水平的加工彼此之间存在相互作用。

(2) 莱威尔特(W Levelt)的口语产出模型：莱威尔特在1989提出了口语产出模型。根据这一模型，莱威尔特认为口语产生包括三个主要的阶段：①概念化阶段：对所要表达的概念产生前口语的信息。②公式化阶段：把前口语的信息映射到语言形式表征中。这一阶段又划分为两个小阶段：第一阶段是选择适当的词注（词汇里的语法和语义特性的捆绑）以表达语义，并确定词注的句法特征；第二阶段为确定词注的语音。与戴尔观点不同的是，莱威尔特认为，这两个小阶段是严格按前后顺序加上的，两者不存在相互作用。③发音阶段：把语音通过发音器官说出。

（二）书写产生模型

书写产生的心理运动模型（psychomotor model）由冯·加伦（Van Galen，1991）提出（图10-3）。该模型认为，书写产生是不同模块平行加工的结果，这些模块以层级结构的形式组织起来。

书写一个单词时，首先我们要明确所要表达的意图和概念，根据意图提取相应的语义词条，并且产生符合句法规则的单词。这些模块完成之后，我们开始拼写单词，即将单词的基本单位分解成形素。最后再进行字形选择，主要包括字体和大小写的选择，控制书写笔画的大小，最后控制手臂肌肉协调完成书写动作。每个阶段的输出结果都暂时保存在工作记忆中，是书写过程中的存储缓冲器。存储缓冲期有两个作用：第一，调整不同模块中各种信息加工的时间误差；第二，处于底层的加工器能够从缓冲器中识别该阶段的信息。

心理运动模型有两个主要的特点。第一个特点是它的多模块层级结构。书写产生中的每个模块，都接受上级模块的输出品作为"原料"，而它本身的加工产物又成为下一级加工的"原料"。在层级结构之中，从高级模块到低级模块，处理的信息单元依次减小。第二个主要特点是多模块平行加工。书写过程中各个模块的加工是同时进行的，在时间上没有先后之分。

笔记

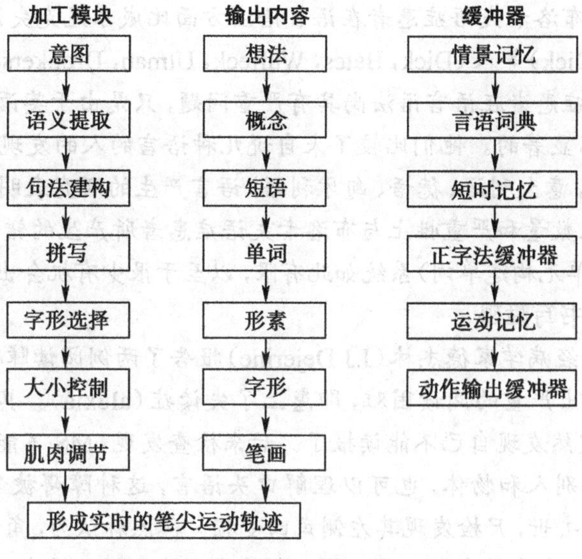

图 10-3　书写产生的心理运动模型

复习思考题

1. 名词解释：语言，语言的种类，语言的结构，语言的表征，语言理解，语言产生。
2. 哪些因素影响词汇理解？
3. 语言的中枢神经机制主要包括哪些脑区，各脑区的主要功能是什么？
4. 举例说明语言的表层结构和深层结构之间的关系。
5. 结合自己的经历和体会，谈谈语音在词汇通达中的作用。

拓展学习

认知神经科学视域下的语言障碍研究

一、布洛卡和威尔尼克失语症

早在 19 世纪以前，研究者就对布洛卡失语症和威尔尼克失语症进行了区分。布洛卡失语症患者具有缓慢、不流畅的语言。另外他们产生句法（语法）正确句子的能力也很差，即使他们的语言理解能力相当完好。威尔尼克失语症患者具有流畅、较符合语法但缺乏意义的语言。另外，他们具有非常严重的语言理解障碍。

根据传统的观点，这两种不同的失语症涉及大脑左半球的不同脑区。布洛卡失语症据称源于左侧额叶（即布洛卡区）受损，威尔尼克失语症源于后颞叶（即威尔尼克区）出现损伤。

目前的研究只为传统的观点提供了有限的证据。德布莱泽（R DeBleser，1988）研究了 6 例症状非常明显的流畅性失语症或威尔尼克失语症患者和 7 例症状非常明显的非流畅性失语症或布洛卡失语症患者。脑损伤区域可以通过 CT 扫描（计算机断层扫描）进行评估。6 名流畅性失语症患者中仅有 4 名损伤了威尔尼克区，其他 2 名既损伤了布洛卡区也损伤了威尔尼克区。在 7 名非流畅性失语症患者中，有 4 名损伤了布洛卡区，其他 3 名损伤了威尔尼克区。

正电子发射断层扫描（PET）研究为威尔尼克区参与语言理解提供了更为清晰的证据。例如，霍华德等人（Howard et al，1992）比较了两种实验条件，其中正常被试重复真实单词或听倒序词，并对每一刺激说出相同的单词。在前一种条件下，威尔尼克区的激活水平更高。

笔记

根据传统观点，布洛卡失语症患者在语言语法方面比威尔尼克失语症患者具有更严重的问题。但迪克（F Dick）等人（Dick，Bates，Wulfeck，Utman，Dronkers&Gernsbacher，2001）认为，威尔尼克失语症患者在语言语法尚具有严重问题，只是由于英语本身的性质，这些问题对于讲英语者是不显著的。他们比较了来自说几种语言的人的发现，得出以下结论："对丰富的屈折语（例如，意大利语、德语、匈牙利语）语言产生的研究表明，威尔尼克失语症患者产生的语法错误在数量和严重性上与布洛卡失语症患者所产生的错误类似……英语语法形态（由意义的基本单元构建单词）系统如此有限，以至于很少有机会出现语法替代错误。"

二、阅读障碍与书写障碍

1892年，法国神经病学家德杰林（J.J Dejerine）报告了两例阅读障碍患者的症状。与失语症不同，患者表现出严重的阅读困难，即患上了失读症（alexia）。其中一名63岁的患者MS，一天早晨醒来突然发现自己不能读报了。后来检查发现，MS不能辨认字母或词语，也不会听写，但能够识别人和物体，也可以理解口头语言，这种障碍被命名为伴失写的失读症。九个月之后MS去世，尸检发现其左侧角回受损。德杰林认为，角回是接受视觉信息输入的一个最佳位置，它负责将书面语言转化为相应的语音和语义信息。

另一位68岁的患者MC，是巴黎的一位建筑设计师。MC能读数字，但不能识别字母和词汇，因此存在阅读书面语言的困难。但是MC却能正确地抄写词语，也可以自由书写或者完成听写。如果有人帮他将词语中地字母一个个大声朗读出来，他就可以识别这个词语了。这种障碍被命名为不伴失写地失读症。检查发现MC看不见右视野中的物体，这提示左侧视觉皮质存在损伤。另外患者的胼胝体后部也有损伤，这个发现很重要，因为胼胝体可以在左右半球之间交流视觉信息。MC虽然可以用正常的右侧视皮质看到字母和词汇，但是不能把这些信息传递给有语言加工优势的左侧角回，因而他虽然能够看到词语，但是不能根据词语的视觉特征进行识别和理解。MC之所以能够抄写书面语言，是因为右侧视觉皮质与控制手运动的运动皮质之间连接完好。

三、口吃的"双环路"神经机制

Foundas等人根据大量患者的脑成像研究资料，提出了用"双环路"语言产生模型来解释发展性口吃的神经机制，这两条环路由外环语言通路和内环发音通路构成（图10-4）。

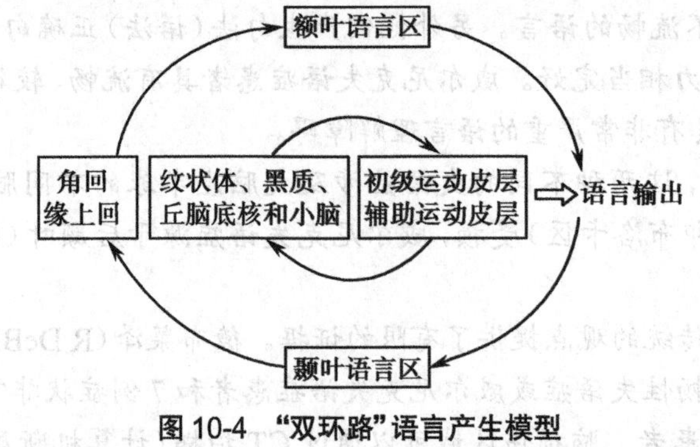

图10-4 "双环路"语言产生模型

外环语言通路是由大脑外侧裂语言区（布洛卡区、威尔尼克区、角回和缘上回等）与一些相互连接的白质通路组成。这条通路负责语音、词汇、语法等语言功能，以及听觉口语信号的初步加工，并且选择和监控语言发声。内环发音通路由皮质和皮质下的运动区组成，包括初级运动皮质和前运动皮质，以及纹状体、黑质、丘脑底核和小脑。内部通路参与发音器官的运动程序编码，在语言输出的运动控制中起着重要作用。

两条通路在最后的语言输出路径上相互联系，语言输出也有反馈传入颞叶听觉区。理论上，这个"双环路"构成的神经网络中任何一个环节的故障都可能干扰环路中的信息流，

笔记

导致调节语言产生的肌肉活动激活不同步，从而诱发口吃。因此，口吃可能反映“双环路”的激活同步性受到干扰，导致系统的暂时不稳定，比如颞平面增大或白质纤维异常都会干扰外环路的信息流。

参考文献

1. 桂诗春 . 新编心理语言学［M］. 上海：上海外语教育出版社，2000.
2. 彭聃龄 . 普通心理学［M］.4 版 . 北京：北京师范大学出版社，2012.
3. 杨玉芳 . 心理语言学［M］. 北京：科学出版社，2015.
4. Chen Q，Huang X，Bai L，et al. The effect of contextual diversity on eye movements in Chinese sentence reading［J］. Psychonomic Bulletin &Review，2017，24：510-518.
5. Chen Q，Zhang J，Xu X，et al. Prosodic expectations in silent reading：ERP evidence from rhyme scheme and semantic congruence in classic Chinese poems［J］. Cognition，2016，154：11-21.
6. Friederici AD. Towards a neural basis of auditory sentence processing［J］.Trends in Cognitive Sciences，2002，6：78.
7. Hagoort P. Interplay between syntax and semantics during sentence comprehension：ERP effects of combining syntactic and semantic violations［J］. Journal of Cognitive Neuroscience，2014，15：883-899.
8. Hickok G，Poeppel D. The cortical organization of speech processing［J］. Nature Reviews Neuroscience，2007，8：393.

推荐读物

Hickok G，Small S. Neurobiology of Language［M］. London：Academic Press，2015.

考研要点

语言的含义
语言的特征
语言的种类
语言运动中枢与功能
语言听觉中枢与功能
语言视觉中枢与功能
语言信息处理的神经模型
词汇理解的影响因素
词汇理解的脑机制
词汇理解的认知模型
句法加工的理论
句子理解的理论模型
语篇理解的影响因素
语篇理解的理论模型
口语产生过程
语言产生的理论模型

（陈庆荣）

笔记

第十一章　情　绪

本章要点

- 情绪的概述
  - 情绪的概念
  - 情绪与情感的关系
  - 情绪的维度与两极性
  - 情绪的生理机制
  - 情绪的功能
- 情绪和情感的表现形式
  - 基本情绪
  - 情绪状态
  - 社会情感
- 表情
  - 面部表情
  - 微表情
  - 体态表情
  - 语调表情
- 情绪理论
  - 情绪的早期理论
  - 情绪的认知理论
  - 情绪动机-分化理论
- 情绪调节
  - 情绪调节概述
  - 情绪调节的基本过程

关键词

情绪；表情；情绪理论；情绪调节

情绪是一种常见且复杂的心理现象，包含三个不可分割的基本成分——主观体验、生理唤醒和外显表情。情绪是人类社会的一笔巨大的精神财富，是人类生活丰富性和生动性的重要内容。从心理学的角度看，情绪既是人的心理活动中动力机制的重要组成部分，也是个性形成的重要方面。科学认识情绪的含义与功能，是近年来心理科学发展的重要成果之一。

笔记

第一节 情绪的概述

一、情绪的概念

情绪(emotion)是一种由客观事物与人的需要相互作用而产生的包含主观体验、生理唤醒和外显表情的整合性心理过程。情绪包含三个不可分割的基本成分。

1. **情绪的主观体验** 主观体验是个体对不同情绪的自我感受，具有愉快、忧愁或悲伤等多种享乐色调。每种具体情绪主观体验色调都不相同，给人以不同的感受。从发生上来看，情绪与人的需要或主观态度密切相连。情绪活动不同于认识活动，它不是对客观事物本身特性的反映，而是对客观事物与人的需要之间的关系的反映。凡是与人的需要有关的事物，由于对人有着一定的意义，必然使人对其产生一定的态度，并以带有某种特殊色调的主观体验或内心感受的形式表现出来。从这个层面来看，情绪是以个体的愿望和需要为中介的一种心理活动。当客观事物或情境符合个体的需要和愿望时，就能引起积极、肯定的情绪，如考了好成绩会感到开心，结交志同道合的朋友会感到欣慰等。当客观事物或情境不符合个体的需要和愿望时，就会产生消极、否定的情绪，如失去亲人会感到悲痛，工作失误会感到懊恼等。由于情绪体验的意义和特有的“色调”是从人与客观事物相互作用中的需要满足与否的感受状态发展而来的，因此亦可以把情绪定义为“人对客观事物与其自身需要的关系的反映”。

2. **情绪的生理唤醒** 情绪的生理唤醒(physiological arousal)包括在情绪活动中产生的所有生理变化。任何情绪都有其生理基础，并发生在一定的生理唤起水平上。神经系统某些部位的激活为情绪的发生和活动提供能量；网状结构的下行纤维又把信息输送回来，协调着脑被激活水平和情绪状态。与此同时，有机体的内脏器官也会产生一系列的生理变化，并突出地表现在呼吸系统、循环系统、消化系统、内分泌系统以及新陈代谢过程的自然节律等活动的改变上。这些生理变化不仅支持和维持着情绪，而且影响着情绪的强度和持续时间。此外，其变化的梯度还提示着各种具体情绪之间的性质差异。正因为如此，研究者可以通过直接测定由体温、心率、脑电波、肌肉收缩和皮肤传导等身体信号显示出的生理状况来确定是否产生情绪。

3. **情绪的外显表情** 情绪的外显表情是指表征具体情绪的面部表情和身体姿势。在情绪活动中，人的面部、四肢和躯干的动作、姿态会发生明显的模式性变化，如目瞪口呆、捶胸顿足、咬牙切齿和手舞足蹈等。这些变化因可被他人直接观察到，往往成为情绪活动的表面特征，所以人们亦把它们统称为表情。从种系发生的角度来看，表情是人类祖先在生存适应过程中残留下来的遗迹，是源于特定生存活动有关的身体变化。因此，人的基本情绪的表情具有跨文化的先天性质和模式化的对应结构。表情在情绪活动中具有独特的作用，它既是传递具体情绪体验的鲜明标记，也是情绪体验的重要发生机制。表情(主要是面部表情)的反馈是情绪体验的激活器，即表情活动对大脑的信息反馈，是构成情绪体验的物质基础。同时，表情尤其是面部表情是人际交流的重要手段，起着传递信号和沟通信息的作用，对个体的生存和发展起到重要的作用。

主观体验、生理唤醒和外显表情这三种成分的共同活动构成完整的情绪过程。任何单一的成分都不足以构成情绪，只有当三种成分整合时，情绪才能产生。同时，在情绪活动中，这三种成分以反馈的方式相互影响或循环往复地相互作用；彼此间相互加强或减弱，相互补充或改变。

笔记

二、情绪与情感的关系

在日常生活中，情绪与情感这两个概念出现频率都较高，但它们实质上是在同一范畴内有所区别的心理过程。情绪与情感在理论层面的不同是比较明确的。

情绪这一概念来自拉丁文 e（外）和 movere（动），意指从一个地方向外移到另一个地方。它最初在物理学范畴上用来描述一种运动的过程，现在已被严格地限定在心理活动范畴中，用以表示那种不同于认知和意志的心理活动的过程。情感（feeling）这一概念，其基本含义是指在情绪基础上的主观感受或主观体验。情绪通常与人的生理需要相联系，是具有特定生理唤醒和外显表情的心理体验过程。情绪具有较大的情境性、冲动性和暂时性，往往随着情境的改变和需要的满足而转移、减弱或消失，代表了感情的种系发展的原始方面，所以情绪的概念可用于动物和人。而情感是指情绪过程中的主观感受或主观体验，这是人类特有的心理活动，通常来自那些具有社会意义的主观体验与感受。情感不轻易外显，而是以内蕴的形式体现。相对于情绪，情感的特点具有稳定性、深刻性和持久性。

需要说明的是，情绪与情感概念上的区分，丝毫没有削弱两者的紧密联系，而是突出了两者的依存性。在情绪的三个基本成分中，生理唤醒属于情绪的生理成分，外显表情属于情绪的行为成分，而情感则属于情绪的心理成分。在日常生活中，情绪对人心理和行为的影响，常常通过情感而发挥作用。

三、情绪的维度与两极性

无论不同情绪之间的差异程度如何，所有的情绪都处于某一特定的维度结构中。

（一）情绪的维度与两极性的内涵

情绪的维度（dimension）是指情绪所固有的某些特征，主要指情绪的动力性、紧张度、激动性和强度等方面。这些特征的变化又具有两极性（two polarity），即每个特征都存在两种对立的状态。情绪的两极性是情绪的主要特征之一。

1. **增力 - 减力**　在情绪的动力性方面有增力和减力两极。一般来说，需要得到满足时产生的积极情绪是增力的，可提高人的活力；需要得不到满足时产生的消极情绪是减力的，会降低人的活动能力。

2. **紧张 - 轻松**　在情绪的紧张度方面有紧张 - 轻松两极。情绪的紧张程度取决于当前事件的紧迫性、个体心理的准备状态及应变能力等因素。在事件十分紧急或处于关键时刻，人们一般会有高度的紧张感。如果事件不太紧急，个体心理准备比较充分，应变能力又比较强，人就不会紧张，而觉得比较轻松。

3. **激动 - 平静**　在情绪的激动性方面有激动 - 平静两极。激动水平在很大程度上反映着个体的机能状态，激动是一种强烈的、外显的情绪状态，它由一些重要的事件所引起。平静是指一种平稳安静的情绪状态，是人们正常生活、学习和工作时的基本情绪状态。情绪激动对人的影响是复杂的，它可以催人奋进，推动人的行为；也可阻碍人的活动，如愤怒得失去理智。

4. **强 - 弱**　在情绪的强度方面有强 - 弱两极。人们常用情绪表现的强弱作为划分情绪和情感水平的标准。例如，喜可以从适意、愉快、欢乐到大喜、狂喜；怒可以从不满、生气、愤怒到大怒、暴怒。情绪强度的大小既与情绪事件对于个体的意义大小有关，又与个体的目的和动机强度有关。情绪的强度越大，自我被卷入的倾向也越大，人的整个精神状态为情绪所支配的程度也越大。

由于情绪具有以上四个方面的两极性，每两极之间又有不同程度的变化，所以情绪的表现是复杂而多样的。

笔记

（二）情绪维度的结构模式

在迄今出现的各种情绪维度结构模式中，普拉契克（R Plutchik，1970）的情绪三维模式具有一定的代表性。他经过分类排列，把情绪分为相似性、两极性和强度三个维度。他认为，任何情绪在与其他情绪相类似的程度上都有不同（如快乐与期待比厌恶与惊奇更相似）；任何情绪都有与其在性质上相对立的另一情绪（如厌恶与接受相对立）；任何情绪都能够表现出强度的不同（如悲可从忧郁到悲痛）。普拉契克用一个倒立的锥体表示情绪的三维结构（图 11-1），其垂直方向表示强度，每一块截面代表一种基本情绪；在圆锥切面上处于相邻位置的情绪是相近似的，处于切面对角位置的情绪是相对立的；圆锥轴心从上向下表示强度由强到弱。

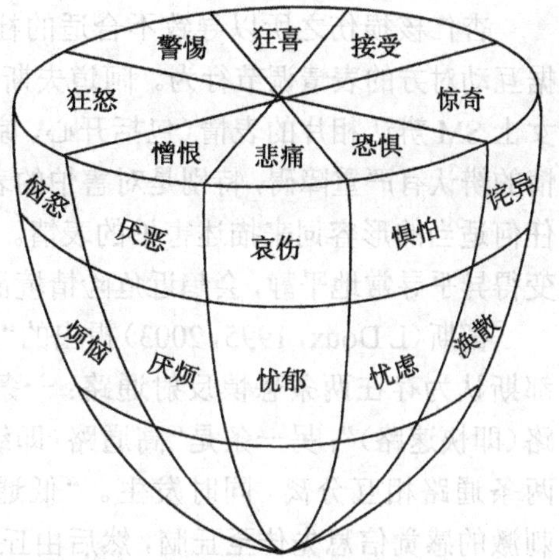

图 11-1　普拉契克情绪三维模式图

在此基础上，普拉契克又提出了非基本情绪的产生模式。他通过内省研究指出，8 种基本情绪是其他情绪产生的基础，即其他情绪都是 8 种基本情绪的不同混合或组合的产物。这种混合方式类似颜色的混合：像色调环上任何相邻的两种颜色相混合可以得出一个介于其间的颜色一样，任何相邻的两种基本情绪的混合将产生一种居间的情绪（如，快乐 + 接受 = 爱，快乐 + 诧异 = 欣喜）；像色调环上位于对侧的两种颜色互为补色一样，任何处于对角位置的两种基本情绪的混合将导致情绪冲突。三种基本情绪的混合也遵循同样的原理。总之，按照普拉契克的三维结构模式，8 种基本情绪的二轴复合产生 24 种情绪，三轴复合产生 32 种情绪，从而在一个强度水平上共发生 56 种情绪，四个强度水平上总发生 224 种情绪。

四、情绪的生理机制

情绪是人脑的高级功能，保证着有机体的生存和适应，对个体的学习、记忆、决策有着重要的影响。情绪也是个体差异的来源，是许多个性特征和心理病理的关键成分。随着神经成像技术的快速发展，有以电信号为基础的方法，如脑电图分析（EEG）和事件相关电位分析（ERP），以功能成像为基础的方法，如正电子发射断层扫描技术（PET）和功能性磁共振成像技术（fMRI），允许更准确地测量大脑的结构和机能。这些技术的发展，产生了当代情绪研究的前沿学科——感情神经科学（affective neuroscience）。它是考察情绪和心境神经基础的生物行为科学的分支，与认知神经科学类似。如果把人类的情绪比喻成一棵树，那么情绪的生理特性就似树干和树根，作为情绪的基础和重要组成部分，感情神经科学研究从另一层面揭示了情绪的本质。

（一）边缘系统的作用

边缘系统（limbic system）指位于前脑底部环绕着脑干形成的皮质内边界，围绕并延伸到大脑的全部领域。其结构包括扣带回、海马、杏仁核、膈核、下丘脑、丘脑上部、丘脑前核和基底神经节的一部分，以及松果体和脑垂体。边缘系统的主要功能在于调节自主神经系统的活动，控制某些本能行为，诸如探究、喂食、攻击、逃避；对那些与保存种属相联系的情绪具有整合作用。

1. 杏仁核　尽管杏仁核（amygdala）只是边缘系统中的一个微小结构，却接收着来自各感觉通道的信息，在情绪加工中起到了十分重要的作用。杏仁核主要负责负性情绪如恐惧和焦虑等的加工。若以电流刺激人类杏仁核，会引发恐惧情绪。杏仁核的损伤又严重妨害了情绪和社会行为，最明显的是对社会和情绪刺激失去辨认能力，以致在社会环境中不能

笔记

正常反应，这也是反社会人格障碍的脑物质基础之一。

杏仁核损伤之所以导致不合适的社会行为，是因为患者对表情的辨认有障碍，不能根据互动对方的表情调节行为。阿道夫斯（R Adolphs，1995）等曾经让一名杏仁核双侧受损的女士SM辨认相片的表情（包括开心、惊讶、害怕、生气、厌恶、难过等），结果证实SM对表情的辨认有严重障碍，特别是对害怕的表情，经常误以为是生气、惊讶、厌恶等，有时找不出任何适当的形容词来描述害怕的表情。杏仁核的损伤除了表情辨认困难外，也可能使患者变得异乎寻常地平静，会趋近危险情境而不知回避。

都斯（L Doux，1995，2003）提出的"双通路"理论更加确定了杏仁核是情绪的重要机制。都斯认为存在两条恐惧反射通路：一条是"低通路（即快速路）"；另一条是"高通路（即绕行路）"，两条通路相互分离，同时发生。"低通路"是将刺激的感觉信息先传至丘脑，然后由丘脑直接传至杏仁核。这条通路绕过了皮质，对刺激信号进行的是粗糙加工，但是这条通路加工速度更快，可以保证对恐惧刺激作出迅速反应，这对人类和动物的适应生存是非常重要的。"高通路"是丘脑在向杏仁核传递信息的同时也将信息输送到了扣带回和腹内侧额叶等皮质结构进行高级加工，该通路加工速度虽然稍慢但却比"低通路"的加工更全面更彻底，对刺激进行精细加工（图11-2）。

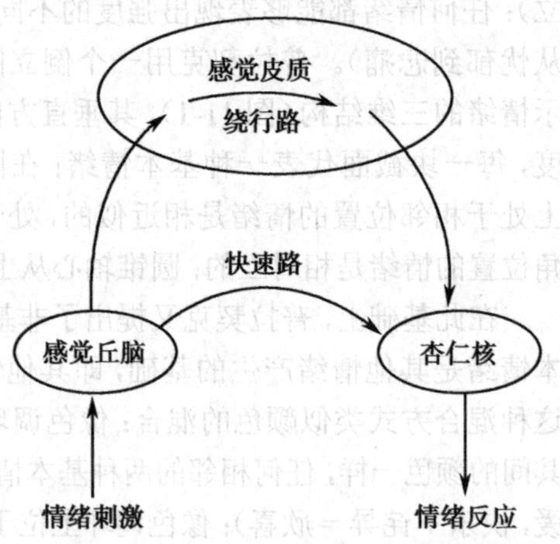

图11-2　杏仁核的感觉输入双通路略图

2. **下丘脑**　下丘脑（hypothalamus）一般被认为是情绪表达的重要结构。研究指出，背部下丘脑对产生怒的整合模式是关键部位。这个部位被损坏，动物只能表现一些片断的怒反应，而不能表现协调的怒模式；如果下丘脑保存完好，其上部的脑组织无论去掉多少，仍能表现协调的怒模式。

20世纪50年代，美国心理学家奥尔兹（J Olds）和米尔纳（P Milner）首创用脑内埋藏电极法进行"自我刺激"的实验技术，在斯金纳箱内对动物进行"自我刺激"实验。他们发现，在下丘脑、边缘系统和丘脑许多部位都存在着"奖励"（也称"愉快"）中枢和"惩罚"（也称"痛苦"）中枢，其中以下丘脑最为明显。实验是这样进行的：将电极埋藏在老鼠的相应脑部位，电极的另一端与连接电源开关的杠杆相连。动物按压杠杆时，微弱的电脉冲刺激即传达到脑。实验表明，电极埋藏的部位不同时，老鼠按压杠杆的反应也不同。当电极埋藏在某些脑部位时，老鼠便不停地重复这一行动以得到电刺激；尤其当电极埋藏在下丘脑背部时，老鼠按压杠杆的频率高达每小时5000次，并连续按压15～20小时，直到因筋疲力尽而入睡为止。由此推断，老鼠的下丘脑中存在一个"奖励"或"愉快"中枢。而对另一些脑部位，老鼠会通过按压杠杆去截断电刺激，这些部位被标示为"惩罚"或"痛苦"中枢。后来发现，将这种刺激方法运用于某些患者，也发现有类似愉快的情况出现。

3. **扣带回与海马**　扣带回（cingulate cortex）皮质是位于大脑两半球中央两侧从前到后的长条地带。它的前部与情绪有关，并涉及临床上抑郁、焦虑和其他痛苦状态反应。PET和fMRI研究显示多种形式的疼痛和痛苦，甚至疼痛的预期，都会引起前扣带回右侧皮质的fMRI激活（Davidson，2000）。切除了扣带回前部的患者表现为失去恐惧情绪，并在社交活动中变得冷漠无情。可见，扣带回皮质对负性情绪起作用。

海马（hippocampus）是大脑中有很高葡萄糖皮质激素类受体密度的部位，在情绪调节中起重要作用。动物研究证明，葡萄糖皮质激素类受体对海马神经元有巨大影响。研究者

笔记

报告，在创伤后应激障碍和抑郁患者中，海马体积显著减小。很可能是过度高水平皮质醇引起海马细胞死亡，导致海马萎缩。有研究认为海马在情绪行为的背景调节中起关键作用。海马损伤的个体，其正常背景调节作用受到损害，因而在不适当的背景中表现出情绪行为，且其体积与特质焦虑等负性情绪呈正相关。

（二）网状结构的作用

美国心理学家林斯里（D Linsley）系统地阐述了一个情绪的激活学说，该学说突出了网状结构（network structure）的作用。他指出网状结构的功能在于唤醒，是情绪产生的必要条件。他认为从外周感官和内在组织来的感觉冲动通过传入神经纤维的旁支进入网状结构，在下丘脑被整合与扩散，兴奋间脑觉醒中枢，激活大脑皮质。激活的作用包括唤起一般的警戒、注意和情绪。有学者推论，精神病患者的情绪障碍，可能是由网状激活系统的活动失常引起的。抑郁症患者情绪低沉、淡漠，对一切都提不起兴趣，内心体验极为贫乏，在行为表现上沉默不语，不吃不喝不动等，这些表现可能和网状结构的机能减弱或损坏有关。

（三）大脑皮质的作用

大脑皮质（cerebral cortex）是最外层的脑部组织，也是个体的“思维盖”，它在意识情绪通路中起到了领军的作用。意识情绪系统会对事件进行解释，并对其与记忆好恶感觉联系在一起。就像不同的感觉是由大脑皮质的不同区域产生的一样，积极和消极情绪也与大脑皮质的不同区域有关。大体上讲，右脑负责像愤怒和抑郁这样的消极情绪，而左脑则处理更加积极和快乐的情绪。左右大脑司职不同种类情绪的现象叫做情绪偏侧化（lateralization of emotion）。有关正常人情绪反应的脑电波记录可以证实这一点。此外，还有一些研究发现，右脑或者左脑受损的患者在情绪表达上存在特定障碍，这些研究结果也能证实情绪的偏侧化。

进一步的研究发现，两半球的前部和背部也有不同的功能。例如，左右额叶有不同的情绪功能，在左额叶语言区受损伤的患者中，患抑郁症者较多，这意味着左额叶受损伤，右半球释放负性情绪。这一现象被解释为，额叶同边缘系统有广泛的、解剖上的联系。额叶受损伤后，失去随意地和自发地调节面部表情的能力，从而表现为抑郁反应，实际上失去了调节情绪的能力。

（四）自主神经系统的作用

自主神经系统（autonomic nervous system）的活动是不随意的，不受中枢神经系统的支配，它与情绪活动有密切的关系。当个体处于某种情绪状态时，自主神经系统内部会发生一系列的变化，生理唤醒水平和器官激活程度都会明显不同于常态生理节律。测量这些变化的指标就是生理指标。在某些情绪状态下，自主神经系统的变化主要表现为交感神经系统活动的相对亢进，如激动紧张时心率加速、血压上升、胃肠道抑制、出汗、竖毛、瞳孔散大、脾脏收缩而使血液中红细胞计数增加、血糖增加、呼吸加深加速等。突然的惊惧可出现呼吸暂时中断、外周血管收缩、脸色变白、出冷汗、口干。焦虑、抑郁可抑制胃肠道的蠕动和消化液的分泌，引起食欲减退。在某些情绪状态下也可表现为副交感神经系统活动相对亢进。如食物性嗅觉刺激可引起动物“愉快”的情绪反应，表现为消化液分泌增加与胃肠道运动加强。目前，考察情绪的自主神经反应的研究主要从心血管系统、皮肤电系统、呼吸系统、肠胃系统和瞳孔等方面进行，并得到了一些非常有意义的研究成果：心率和血压对不同效价的情绪变化比较敏感但结果并不稳定；皮肤导电水平与情绪唤醒度关系密切，二者基本呈正相关；呼吸反应测量和分析复杂情绪的呼吸反应模式尚需要进一步研究；肠胃系统（胃电）和瞳孔的情绪变化反应模式作为较新的测量目标还需要进一步的探讨。总之，每一种基本情绪都有自己特异性的变化，并且不同情绪间的自主神经反应模式是有差异的。

笔记

（五）激素的作用

情绪会引起内分泌腺相应的变化。一般认为，在不同的情绪状态下肾上腺素、胰岛素、肾上腺皮质激素、抗利尿激素的分泌会出现增多或减少。如在激烈紧张的情绪状态中，肾上腺素分泌增加可导致血糖、血压、消化以及其他腺体活动的变化；在焦虑情绪下，抗利尿激素分泌受到抑制，引起排尿次数增加。

总之，任何情绪体验都伴随着一系列的生理唤醒，并且这种生理唤醒会反过来增强个体的情绪体验。情绪的生理唤醒包括了大脑脑区的活动变化、外周自主神经系统的反应以及体内激素的改变。以往的研究多采用分离的思路考察不同情绪的外周模式或中枢机制，并不能全面阐述情绪的复杂性及情绪体验与身体反应的交互影响。近几年有研究者提出，应从整合的视角将情绪的外周生理反应模式与中枢神经机制进行有机联系，试图更全面的理解情绪的生理机制。

五、情绪的功能

想象一下，如果人类没有情绪体验——没有彻底的绝望，没有抑郁，没有悔恨，同时没有喜悦、快乐和爱，那么生活会是什么样子。显然，如果人类缺乏感知和表达情绪的能力，生活会缺乏快乐，甚至是沉闷而乏味的。除了令生活有意义之外，情绪在日常生活还有一些重要的功能。

（一）适应功能

情绪和情感是有机体生存、发展和适应环境的重要手段，有机体通过情绪和情感所引起的生理反应能够发动其身体的能量，使有机体处于适宜的活动状态，便于有机体适应环境的变化。有学者（Otaley & Johnson-Laird）认为，情绪是在进化过程中个体对来自环境的各种挑战和机遇的适应。此外，面部表情在动物和人类进化过程中有重要的适应性功能。例如，人类婴儿在出生时，由于脑的发育尚未成熟，还不具有独立行动和觅食等维持生存的基本能力，主要通过情绪信息的传递得到成人的哺育。成人正是通过婴儿的情绪反应体察他们的需要，并及时调整他们的生活条件的。随着人类社会生活的丰富和发展，许多具有适应意义的表情动作获得了新的社会性功能，成为一种交际手段，用来表达思想和感情。例如，用微笑表示友好，情绪起到了促进社会亲和的作用。

（二）动机功能

情绪是动机系统的一个基本成分，能够激发和维持个体的行为，并影响行为的效率。研究表明，适度的情绪兴奋，可以使身心处于活动的最佳状态，进而推动人们有效地完成工作任务。同时，情绪对于生理内驱力也具有放大信号的作用，成为驱动人们行动的强大动力。有时人们会努力去做某件事，只因为这件事能够带来愉快与喜悦。从情绪的动力性特征看，情绪分为积极增力的情绪和消极减力的情绪。快乐、热爱、自信等积极增力的情绪会提高人们的活动能力；而恐惧、痛苦、自卑等消极减力的情绪则会降低人们活动的积极性。有些情绪同时兼具增力和减力两种动力性质，如悲痛可以使人消沉，也可以使人化悲痛为力量。

（三）信号功能

情绪的信号功能是指在人际交往中，人们除借助语言进行交流之外，还通过情绪的流露来传递自己的思想和意图。情绪的这种功能是通过表情来实现的。表情具有信号传递作用，属于一种非语言性交际。人们可以凭借一定的表情来传递情绪信息和思想愿望。在社会交往的许多场合，人们之间的思想、愿望、态度、观点，仅靠语言无法充分表达，有时甚至不能言传，只能意会，这时表情就起到了信息交流的作用，或者作为语言交流的重要补充。在许多情景中，表情能使语言交流所造成的不确定性和模棱两可的情况清晰起来，成为人

笔记

的态度和感受的最好注解。其中，面部表情和体态表情更能突破一些距离和场合的限制，发挥独特的沟通作用。从信息交流的发生上来看，表情的交流比语言的交流要早得多，婴儿与成人相互交流的唯一手段就是情绪，情绪的适应功能也正是通过信号交流的作用来实现的。

（四）健康功能

情绪具有健康功能。一方面，情绪会直接影响人的身体健康，我国古代医书《黄帝内经》中就有“怒伤肝，喜伤心，思伤脾，忧伤肺，恐伤肾”的记载。现代医学研究也发现，紧张、悲哀、抑郁等不良情绪，会激活体内有害物质，击溃有机体的保护机制，破坏人体免疫功能，最终致病。一项有关冠心病患者的研究表明以怀有敌意情绪为主要特征的A型行为是冠心病发病的危险因子。一项长达30年的关于情绪与健康关系的追踪研究发现，年轻时性情压抑、焦虑和愤怒的人患结核病、心脏病和癌症的比例是性情沉稳的人的4倍。

另一方面，情绪也是探查一个人心理健康的窗口，情绪健康是心理健康的最重要的评价标准之一。情绪健康者对现实持有积极的态度、热爱生活、乐观开朗、学习和工作效率高；而消极不良的情绪的持续作用则会使心理活动失去平衡，出现喜怒无常、焦虑、抑郁，导致理智和自制力降低，甚至出现心理疾病。

第二节　情绪和情感的表现形式

一、基本情绪

从进化的角度看，快乐、愤怒、恐惧和悲哀等情绪是人与动物所共有的，并且在发生上有着共同的或原型的模式，因此被视为基本情绪或原始情绪。

（一）快乐

快乐是需要得以满足、内心紧张状态得以解除时产生的带有愉悦、舒适体验的情绪。需要的满足是激起快乐的根本源泉。需要的满足意味着愿望的实现，并同时使内驱力得以释放、紧张得以解除、身心得以平衡，因而会使人产生心理上的愉快感和舒适感。快乐是给人们带来“心理享受”的重要来源。快乐的程度依赖于满足需要的过程中人所付出努力的程度，以及需要满足的急迫程度和意外程度。

（二）愤怒

愤怒是愿望或利益一再受到限制、阻碍或侵犯，内心紧张和痛苦状态逐渐积累而导致的带有反抗和敌意体验的情绪。愤怒常常因不良的人际关系而产生。如个人愿望受到他人的持续阻挠或侵犯，被强迫去做自己不愿做的事情，或受到不公平的待遇等。愤怒的原型意义在于激发人的攻击性行为去反抗来犯者，但在现代社会中，除了出于自我防御，愤怒所导致的攻击行为多数为社会规范所不容。因此，愤怒的功能与表现也有所改变。它更多的是作为一种表达自身反抗意向的标志，而不必然与攻击行为相联系。

（三）恐惧

恐惧是面临或预感到危险而又缺乏应付能力时所产生的带有受惊和危机体验的情绪。引起恐惧的关键因素是缺乏应付危险情境的能力。假若一个人不知道怎样击退威胁，特别是当他发现逃避的途径已被阻塞的时候，恐惧之情通常不可避免。恐惧的原型意义在于构成警戒信号，使有机体采取退缩或逃避的适应行为，以保护自身的安全。但是，恐惧引起的心理震荡对人（特别是儿童）具有伤害性，而且伴随恐惧而出现的退缩、逃避行为也会阻抑人的智力活动。

笔记

(四) 悲哀

悲哀是失去热爱或盼望的事物所产生的带有痛苦、失落或无助体验的情绪。亲人去世、贵重物品丢失、高考落榜、失恋等等，都会引起悲哀之情。悲哀的强度取决于所失去事物的价值。忍耐不住的悲哀导致哭泣。悲哀的哭泣使人感到失去力量、失去激励、失去希望，处于无助、孤独之中。哭泣之后，当事人会出现精力疲乏，甚至神志不清的现象，但也会因释放了痛苦和紧张而感到一定程度的轻松。

二、情绪状态

情绪状态是指在特定时间内，情绪活动在强度、紧张度和持续时间上的综合表现。

(一) 心境

心境(mood)是一种使人的整个心理活动都染上某种色彩的、微弱而持久的情绪状态。心境的突出特点是具有感染性。当一个人处于某种心境时，他会以同一种情绪倾向去看待他所遇到的事物和他所从事的活动，仿佛使所有事物和活动都染上了同一种情绪色彩。所谓"人逢喜事精神爽""感时花溅泪，恨别鸟惊心"，就是心境的绝好写照。心境按其强度来说较为微弱，但持续时间却相当长。因此，心境对人的生活、工作、学习乃至健康有比较久远的影响。

引起某种心境的原因是多种多样的。家庭的境遇、事业的成败、工作的顺逆、人际间的关系、往事的回忆、未来的遐想、身体状况等等，都能引起某种心境，甚至连季节时令、自然景物也会影响人的心境。

(二) 激情

激情(passion)是一种暴风雨般的强烈的、爆发式的、短暂的情绪状态。激情的突出特点是爆发性。它突然笼罩着人的整个身心，且强度极大，并伴有剧烈的外显行为，但持续时间比较短暂。暴怒、狂喜等都是激情的表现。激情通常是由一个人生活中的重大事件、对立意向的极度冲突以及过度的抑制或兴奋所引发。处于激情状态的人，一般会出现认识范围缩小、分析能力降低、自我控制减弱的现象。从这个意义讲，激情需要控制，以防作出不理智或将来后悔的事情。但是，并不是所有的激情都是消极的，也有积极的激情存在，从事某些活动非得有激情不可。艺术家没有激情就难以创作出激动人心的作品，运动员没有激情就难以有超水平的发挥。

激情与心境有着密切的联系。一方面，激情过后其影响往往以心境的形式存在，例如悲痛之后会使人处于长久的忧伤之中；另一方面，心境常常容易导致某种激情，例如在烦躁的心境中人容易产生暴怒。

(三) 应激

应激(stress)是指在出乎意料的紧张或威胁性情境出现时，个体迅速产生的高度紧张的情绪状态。应激状态要求人立即作出反应，并调动自己的全部力量以应付之，因此应激过程伴随着有机体全身性的能量消耗。在应激状态下人的心理和行为反应如何，主要与人的能力、意志及是否具有类似经验有关。有的人在突如其来的紧迫事件面前，清醒冷静、急中生智、当机立断、行动有力，甚至能做平时做不到的事情；有的人则为突如其来的刺激所笼罩、目瞪口呆、手足无措、语无伦次，陷入一片混乱之中。

由于应激状态伴随着全身性的能量消耗，因此长时间处于应激状态之中会降低和损害人的免疫能力，以至为疾病所侵袭。例如，许多调查结果显示，遭受洪涝灾害的地区的居民，在抗洪救灾期间长时间处于应激状态之中，因而灾情解除后，各种心身疾病的发病率显著高于平时或其他地区。

笔记

三、社会情感

道德感、美感、理智感被认为是人类普遍的情感状态。因为这些情感都是针对人类独有的社会事物——具体的或抽象的——而发生的，反映着人们的个体生活与社会生活的一致性以及人们的精神面貌，并且调节着人们的社会性行为，又称为高级社会性情感。

（一）道德感

道德感（moral feeling）是因客观事物与人的道德需要之间的关系而产生的情绪感受。每个人都有一定的道德需要，它反映了人对善与恶、正义与非正义、公正与偏私、诚实与虚伪等道德准则或道德规范的认识与需求。因此，在日常生活中，每个人都会据此对自己及他人的言行举止进行道德评价，并因其与自身道德需要的关系而产生相应的道德情绪感受，如对符合道德准则的行为感到敬佩、赞赏或自豪，对不符合道德准则的行为感到厌恶、愤恨或内疚等。就像社会生活的方方面面都涉及道德问题一样，人的道德感也可以从社会生活的各个方面表现出来，并因而具有多种类型，诸如爱国主义情感、集体主义情感、责任感、荣誉感、尊严感、同情感、友谊感等等。道德感具有明显的社会历史性，它受制于社会生活条件。不同的历史时期，不同的文化背景，不同的社会制度，有着不同的道德准则或道德规范，因而人们也就有着不同的道德感。

（二）理智感

理智感（rational feeling）是因客观事物与人的智力活动需要之间的关系而产生的情绪感受。理智感总是产生在智力活动中，与人的求知探索、问题解决、科学研究、真理追求等密切相连，体现着人对自己智力活动的过程与结果是否符合或满足自己的需要而产生的情绪感受。例如，学生在问题解决过程中因出现的新问题而产生的疑惑感，因多次失败而产生的焦虑感，因问题终于得到解决而产生的欣喜感以及因有所发现而产生的陶醉感等，都属于理智感的范畴。

在智力活动中发生、发展起来的理智感，对人的智力活动又是一种新的动力。对知识的热爱、对自己专业的热爱，可以促使学生去克服智力活动中的各种困难和障碍，锲而不舍，并从中感受到快乐与幸福。热爱知识、热爱真理，是学有所长、学有所成的重要条件之一。

（三）美感

美感（aesthetic feelings）是因客观事物与人的审美需要之间的关系而产生的情绪感受。美感产生于人的审美活动中，即人根据自己的审美标准对客观事物、人的行为以及艺术作品予以评价时产生的情感感受。从主观体验来看，美感具有两个主要的特点：其一是愉悦性，即美感本身是一种使人愉悦的感受，如对辽阔海洋、壮丽河山的美感体验使人心旷神怡，乐而忘返；其二是倾向性，即美感会使人产生一种心理或行为倾向，如对秀丽景色、优美音乐的美感体验会使人一而再地去感受它、欣赏它，甚至对它产生迷恋。

人的美感对象与水平受多方面的因素影响。首先，美感受事物与人之间的关系制约。美感的产生不仅取决于事物本身，也取决于事物与主体之间的关系，即事物对主体的意义。俗话说“情人眼里出西施”，就是明证。其次，美感受人的审美能力的制约。如果一个人对某种事物缺乏必要的审美能力，即使这个事物很美，他也不会产生深刻的美的体验。最后，美感受不同的审美标准的制约。美感既具有共同性，也有差异性。不同的历史时期、不同的地区、不同的民族、不同的阶级，有着不同的审美标准，因而对同一事物也有着不同的美的体验。例如，对于女性形体美，现代社会普遍以匀称、苗条为美，而大洋洲的汤加国曾经以肥胖为美。

笔记

第三节　表　　情

表情（expression）是情绪活动所特有的外显表现，是人际交往的重要工具，也是研究情绪的重要客观指标。在情绪活动中，人的面部、体态和语音、语调会发生一系列明显的变化，例如，面红耳赤、目瞪口呆、手舞足蹈、语无伦次等等。这些变化因为可被他人直接观察到，往往成为情绪活动的表征，所以统称为“表情”。按照表达情绪的身体部位来区分，表情可以划分为面部表情、体态表情和语调表情三种类型，同时也介绍逐渐成为情绪心理学研究热点之一的微表情。

一、面部表情

面部表情（facial expression）是指在情绪活动中人的面部肌肉和腺体的变化。人的面部有约 80 块肌肉，可表达近七千种情绪感受，是传递具体情绪体验的鲜明标记。具体来说，人的面部除了耳朵以外，眼、眉、嘴、鼻及颜面肌肉皆能随意或不随意地表达特定情绪。其中，眼睛以及嘴巴是面部最能表达情绪的部位。

人们常说眼睛是心灵的窗户，表明眼睛是人类个体在社会交往中表达和理解情绪及思想的重要外表部位，是反映人的情感的重要依据。《红楼梦》中，曹雪芹对贾宝玉初见林黛玉时的情绪活动描写，就是通过眼睛来刻画的：“睛若秋波，虽怒时而似笑，即视而有情”“天然一段风韵，全在眉梢；平生万钟情思，悉堆眼角”。眼睛是心灵的窗户的奥秘在于瞳孔。美国心理学家赫斯经过长期研究后认为，瞳孔的收缩与放大，既与光线刺激的强弱有关，也与心理活动机制有关，而且瞳孔的变化是无法自觉地、有意识地加以控制的，这就是说，它必然会透露你内在的秘密。不同的眼部肌肉特征同样具有这些特征，可以表达各种不同的情绪状态。我国学者莫书亮和苏彦捷（2004）以儿童为被试，采用不同面孔部位单独呈现方式，识别高兴、难过、生气和害怕表情的研究；隋雪和任延涛（2007）以大学生为被试，采用识别判断实验范式，对不同部位（眼睛、嘴）等进行遮蔽，要求被试进行表情识别，这两个研究均发现眼睛部位正确判断率显著高于嘴部。

嘴巴是面部另一最能表达情绪的部位。有关研究表明，在某些类别的情绪（如喜悦类情绪）的表达上，嘴部区域所提供的表情线索明显优于眼部区域；以“眉－眼”区为主要代表的上半部脸和以“口－唇”区为主要代表的下半部脸都是面部最富于表情的部位，它们都为面部表情的判别提供了重要的依据；二者的相对重要性依不同类别情绪的面部表情判别而异。嘴部的表情主要体现在口型和嘴部肌肉的变化上。如愉快时嘴角上翘，并向后收，上唇稍抬；悲伤时嘴角拉向下方，下巴向上推起，有明显的下唇褶和嘴角沟；惧怕时稍张，向后撤；惊奇时口张开，呈椭圆形或圆形。

在面部表情表达和识别过程中，眼睛与嘴部线索哪个更为重要呢？它们之间的比较不是简单的，针对不同情绪类型会发生变化，而且具有跨文化性。美国情绪心理学家艾克曼（P Ekman）的实验证明，人脸的不同部位具有不同的表情作用。例如，眼睛对表达忧伤最重要，口部对表达快乐与厌恶最重要，而前额能提供惊奇的信号。中国心理学家林传鼎（1913—1996）的实验研究（1944）也发现，口部肌肉对表达喜悦、怨恨等情绪比眼部肌肉重要；而眼部肌肉对表达如忧愁、惊骇等情绪，则比口部肌肉重要。最近以美国和日本成人为被试的研究中发现，美国人在识别面孔为高兴表情时，嘴部线索作用高于眼睛线索作用，这可能是因为倡导含蓄文化的日本人关注眼睛情绪线索，而主要倡导开放文化的美国被试则会更多的关注嘴部。

笔记

专栏 11-1

我能读懂你的面部表情

无论你在哪里成长，有什么样的学习经历，我都能轻松地辨认出你所表现出来的以下六种基本情绪：快乐、愤怒、悲伤、惊讶、厌恶和恐惧。心理学家保罗·艾克曼令人信服地证明了这一点，他研究了与世隔绝的新几内亚的丛林部落，这个部落和西方人几乎没有接触（Ekman，1972）。该部落的人不说英语，也不懂英语，从来没有看过电影，在艾克曼到达之前与白种人仅有有限的接触。然而他们对引发情绪的故事的非语言反应，以及他们辨认基本情绪的能力和西方人十分相似。

新几内亚人如此与世隔绝，他们不可能从西方人那里学习辨认并做出同样的面部表情。相反，他们似乎天生具有同样的情绪反应能力和方式。也许有人认为，两种文化下的同样体验导致了每一个成员学会同样类型的非语言行为，但这似乎不可能，因为这两种文化是如此的不同。看来不同文化背景下基本情绪的表达似乎是共同的。

二、微表情

哈伽德和伊萨克斯（Haggard & Isaacs，1966）率先发现了一种快速的不易被觉察的面部表情，认为其与自我防御机制有关并且表达了被压抑的情绪。艾克曼和弗里森（P Ekman & W Friesen，1969）也独立发现了这种面部表情，并将其命名为微表情（micro-expression）。所谓微表情，是人类试图压抑或隐藏真实情感时泄露的非常短暂的、不能自主控制的面部表情。与普通表情不同，微表情是一种非常快速的表情，持续时间仅为1/25～1/5秒。微表情既可能包含普通表情的全部肌肉动作，也可能只包含普通表情肌肉动作的一部分。微表情的呈现具有碎片化特征。已有的研究发现的微表情都在主要的基本情绪范畴：高兴、厌恶、愤怒、恐惧、悲伤、惊讶等，尚未发现超出基本表情的微表情。相对于普通表情，微表情表现为持续时间短、表情中断和对面部肌肉运动的抑制，由于它是自动的自然情感表达，因此更难以控制。

由于持续时间的短暂性，大多数人往往难以觉察到微表情的存在。有研究者考察了政治领袖演讲时的微表情对听众情绪的影响。他们将美国总统布什动员海湾战争的录像中存在的7个快乐的微表情去掉，做成了另外一段录像，将制作的新录像与原录像分别给不同的学生观看，结果发现观看原录像与新录像的学生的情绪状态有所不同：观看原录像的学生感受到更少的愤怒和焦虑。也就是说，原录像中存在的快乐的微表情削弱了布什演讲的感染力。该结果提示，即使人们常常很难觉察到微表情，但事实上已经受到了微表情的影响。

近年来，微表情的研究逐渐成为情绪心理学研究的热点之一。微表情的相关研究主要集中在三个方面，分别是：微表情识别研究、微表情识别的应用研究和微表情表达的研究。在微表情识别研究领域，由于微表情表达的是人们想要压抑、隐藏的真实意图，所以往往在说谎的时候出现，且本人难以觉察。艾克曼等人对微表情开展了一系列研究并进行了总结，结果发现50%的被试在撒谎条件下会出现微表情，他进而认为微表情是识别谎言的有效线索，其重要性显著高于姿势、声音、语言内容等线索。有研究表明，在伴随说谎的高风险和高奖励的实验情境中，人们试图做出欺骗性的动态表情时，常常会发生微表情。此时，说谎者会表现出更少的愉悦，更多的下巴上扬和紧咬嘴唇等紧张动作。另外，如眉毛下垂或上扬，微笑时嘴唇伸张等的幅度也大于正常表情。即使说谎者故意采用掩饰策略，仍然无法阻止真实表情的泄露，从而导致微表情的产生。这说明在说谎的情境下，主观刻意去隐藏自己的真实表情是无效的，仍然会被微表情出卖。此外，有研究发现微表情识别能力与谎

笔记

言识别的准确性以及社交能力呈正相关，还有研究发现微表情识别能力与犯罪情景模拟水平相关。因此，微表情的识别在情报和安全、司法和执法、临床和心理健康等领域有着非常广阔的应用前景。

总之，微表情所具有的特点，使它可能成为人们了解人类真实情感和内在情绪加工过程的一个窗口。但迄今为止，人们对微表情的心理与神经机制的认识、对微表情的实际应用都还十分有限，有待未来开展更系统深入的研究进行探索。

三、体态表情

体态表情（body expression）是指在情绪活动中，人的四肢和躯干的姿势和动作变化。如心情沉重时，步履迟缓，哈腰驼背，双臂无精打采地垂在两边，整个人似乎都萎缩了；心情愉快时，步履矫健，胸挺腰直，两臂有节奏地前后摆动，整个人都显得精神。

在体态表情中，手的动作或手势尤为传情。情绪心理学家认为，手是人体器官最灵敏的部位，不仅活动范围大，而且灵活自如，既可以传情达意，又可以摹形状物；在表达内心的情绪体验上，手比脸更直接、更坦白无忌，因为一般人想不到去控制、去掩饰它。

在日常生活中，手势的表现方式十分丰富，且因人而异。但从其表达的内容来归纳，大致可以分为四类：一是象形性手势，主要用于比划摹拟某些事物的形状、大小、高低、方圆、粗细等等；二是象征性手势，主要用于表现或显示某种特定的意义，或具有某种特殊意义的具体事物；三是情绪性手势，主要用于表达对某些事物和现象的情绪感受和态度反应，如愉悦、欣喜、责怪、惋惜、赞同、反对、疑问、感叹等等；四是号召性手势，主要用于表达指示、要求、命令或召唤等意思。

另外，心理学家还研究了手势的活动区域，发现手势的活动区域会由于讲话内容和自身情绪的变化而有所不同，并将之分为上、中、下三个区域：上区主要是指肩部以上，手势在这一区域的活动，多表示理想的、宏大的、张扬的内容和激昂的情绪；中区主要是指肩部至腹部，手势在这一区域的活动，多表示记叙事物和说明事理，一般心情比较平静；下区主要是指腹部以下，手势在这一区域的活动，多表示不愉快、瞧不起、不耐烦等情绪。

四、语调表情

语调表情（intonation expression）是指在情绪活动中，人们说话时声音的高低、起伏、节奏、音域、转折、速度，以及腔调和口误等方面的变化。例如，激动时，说话声音高而尖，语速快，音域高低起伏较大，带有颤音；悲哀时，语调低沉，节奏缓慢，语言断续，音域高低差别小；喜悦时，语调高昂，语速较快，音域高低差别明显；紧张时，音调有突然变化，节奏前后不一，常发生语言中断和明显口误。

语调表情的重要性并不低于面部表情和身段表情。情绪心理学实验表明，让被试判断以各种腔调念的英文字母的录音，他们的正确率几乎与辨认面部表情一样高。在听广播剧时，人们完全可以在没有视觉形象的条件下，凭借剧中人物的语言表情来理解和感受他们的喜怒哀乐、悲欢离合。更有甚者，即便是同一个单词，如“嗯”，用不同的语言表情，可以表达赞同、疑惑、生气、不耐烦和鄙视等等不同的情绪。

有必要指出，在人的日常情绪活动中，面部表情、体态表情和语调表情之间并不是孤立的，而是相互联系的一个整体。以“笑”为例。笑似乎与面部表情的关系特别密切，其实不然，笑也牵及全身。“眉开眼笑”“笑得合不上嘴”固然可见，但是“笑不可抑”“笑弯了腰”也不算少，甚至“笑得肚疼”“笑得喷饭”也时有发生。另外，笑常有声，这个“嘻嘻”，那个“哈哈”，还有“噗嗤”“咯咯”之类。总之，人们的任何一种情绪活动都会不同程度地表现在面部、体态和语言上。

笔记

第四节　情 绪 理 论

一、情绪的早期理论

（一）詹姆斯 - 兰格理论

詹姆斯 - 兰格情绪学说是有关情绪的生理机制方面的第一个学说。19 世纪美国心理学家詹姆斯（W James）和丹麦生理学家兰格（C Lange），分别于 1884 年和 1885 年不约而同地提出了同一种关于情绪的生理机制的观点。他们强调情绪的产生是自主神经系统活动的产物，后人称他们的理论为情绪的外周理论，即詹姆斯 - 兰格情绪学说。

詹姆斯根据情绪发生时引发的自主神经系统的活动和由此产生的一系列机体变化提出，情绪就是对身体变化的知觉。一般人认为人是先害怕后逃跑，詹姆斯则认为是先跑后怕；一般人认为是先怒后斗，詹姆斯则认为是先斗后怒。兰格认为，情绪是内脏活动的结果。他特别强调情绪与血管变化的关系，情绪决定于血管受神经支配的状态、血管容积的改变以及对它的意识。

兰格和詹姆斯在情绪产生的具体描述上虽有所不同，但他们的基本观点是一致的，即情绪刺激引起身体的生理反应，而生理反应进一步导致情绪体验的产生。詹姆斯 - 兰格理论看到了情绪与机体变化的直接关系，强调了自主神经系统在情绪产生中的作用；但是，他们片面强调自主神经系统的作用，忽视了中枢神经系统的调节、控制，因而引起了较多争议。

（二）坎农 - 巴德学说

美国生理学家坎农（W.B Cannon，1927）反对詹姆斯 - 兰格的情绪理论，并建立了自己的理论。坎农对詹姆斯 - 兰格理论提出了三点疑问：①机体上的生理变化在各种情绪状态下差异不大，很难作为依据去分辨各种不同的情绪；②机体的生理变化受自主神经系统支配，变化缓慢，不能说明情绪的骤变；③机体的某些生理变化可由药物引起，但药物只能使生理状态激活，却不能产生某种情绪。

坎农认为，情绪的中心不在外周神经系统，而在中枢神经系统的丘脑。由外界刺激引起感觉器官的神经冲动，通过内导神经传至丘脑；再由丘脑同时向上向下发出神经冲动，向上传至大脑，产生情绪的主观体验，向下传至交感神经，引起机体的生理变化，使个体进入应激状态。因此，情绪体验和生理变化是同时发生的，它们都受到丘脑的控制。

坎农的情绪学说得到巴德（P Bard）的支持和发展，所以后人称坎农的情绪理论为坎农 - 巴德学说。

那么，这两种早期的理论哪个是正确的呢？它们都只对了一半。一方面，现代的神经科学已经证实，生理状态会影响个体的情绪，正如詹姆斯 - 兰格理论所描述的那样。例如，晚上没有睡好觉会让人觉得焦躁，而饥饿会让人容易发火。与此类似，像酒精和尼古丁这样的精神活性药物能够改变大脑的生理状态，进而改变个体的心境。这些情绪反应源于脑部深处对生理状态进行自动反应的回路。

另一个新发现也支持了詹姆斯 - 兰格理论，因为个体会在头脑中记忆与特定事件相关的生理状态。所以，如果你在路上看见一条蛇，你会迅速在脑海中回想起以前碰到类似情况时的生理反应，也就是人们常说的“一朝被蛇咬，十年怕井绳”。这就有效地回应了坎农提出的认为生理变化的速度太慢而无法产生情绪的观点。

另一方面，生理反应并不是导致情绪的唯一原因。被潜意识系统探测到的外部线索也能引起情绪。所以，当出乎意料地听见响声或看见血时，这些刺激会让人应激，并同时引发

笔记

体内的生理反应，许多心理学家现在都相信，这一潜意识情绪系统发生的条件反应能够导致焦虑和恐惧。

二、情绪的认知理论

（一）沙赫特的三因素理论

沙赫特（S Schachter）认为，在情绪体验的产生过程中，环境、生理和心理三方面的因素均起着重要的作用。首先，从环境方面来看，任何情绪及其生理反应，都是因某种环境刺激物的作用而产生；但是某种环境刺激物是否能引发情绪以及引发何种情绪，因人、因地、因时而异。其次，从生理方面来看，所有情绪体验的产生都不可缺少一定强度的生理激起。因为人们体验到某种情绪本身，就意味着人们感受到了某种生理上的变化，或处于某种生理激起状态，所以，一定程度的生理激起是情绪体验产生的必要条件，它决定着人们是否能体验到或感受到情绪。最后，从心理方面来看，虽然人们有知觉自身生理激起的某些能力，但是这种知觉是含糊的和不精确的，因此生理激起的反馈不可能为情绪体验的产生提供充分的信息来源；除了生理激起之外，情绪体验还依赖于人们对这种生理激起的产生原因的认知，即对外界刺激是否是引发情绪的诱因的评估。一个完整的情绪体验需要这样三方面的因素的综合：一是环境刺激，二是生理激起，三是把生理激起归因于一个引发情绪的事件的认知。其中，生理激起决定人们是否能体验或感受到情绪，认知决定人们体验或感受到什么情绪。任何一个因素本身都不足以产生情绪。

相比较而言，三因素理论更强调认知因素在决定情绪体验中的作用。在沙赫特看来，决定情绪体验产生的关键性因素是归因性认知，即特定情绪体验产生的关键，取决于能否把生理激起归因于一个情绪性的刺激。如果能，那么人们就会体验到一种与这种归因相一致的情绪；如果不能，那么人们除了感受生理激起本身之外，将不会产生任何情绪。

沙赫特和辛格（J Singer）用一个著名的实验验证了这个理论。在这个实验中，三组被试均被告知实验的目的是为了测验一种新的维生素化合物对视觉敏感度的效果，但实际注射的是肾上腺素，以使被试处于一种典型的生理激起状态。药物注射后，对三组被试分别给予不同的指示语：甲组（正确告知组）被告知，由于药物的作用，会产生发抖、心率加快、脸上发热的感觉；乙组（错误告知组）被告知，由于药物的作用，会产生身体麻木、发痒和头痛的症状；丙组（未告知组）则被告知，药物是温和的，不会有副作用。然后，将三组被试的各一半人安排于一个人为的“欣快”环境中，另一半人安排于一个人为的“愤怒”环境中。进入“欣快”环境的被试看见一个小丑似的人物正在纵情地表演一系列滑稽的欣快行为，并一再被邀请同他一起玩耍。而进入“愤怒”环境的被试，则看见一个人正在对其填写着的一张调查表表现出极大的愤怒，最后把调查表撕成碎片，愤然离去；其间，被试也被要求填写同样的调查表，表中的问题是按能使脾气再好的人也会被激怒而设计的。

结果显示，甲组被试由于知道自己的生理激起（正如被告知的发抖、心跳和脸上发热）的真正原因是药物的作用，所处的环境（实验室同伴的欣快或愤怒行为）与之没有关系，因此没有什么情绪反应；而乙、丙两组被试由于对他们所体验到的发抖、心跳和脸上发热等生理激起没有现成的解释，因而受到实验室同伴行为的暗示，将这种生理激起归因于欣快或愤怒环境，于是表现出相应的快乐或愤怒情绪。

据此，沙赫特得出三点主要结论：

第一，无论是环境因素还是生理因素，都不能单独决定情绪。如果环境因素能单独决定情绪，那么在各组被试中，凡处于“欣快”环境中的都应产生欣快的情绪体验，凡处于“愤怒”环境中的都应产生愤怒情绪体验。如果生理因素能单独决定情绪，那么所有各组被试都应产生相同的情绪体验。

笔记

第二，环境因素与生理因素的结合，也不能决定情绪。如果环境因素与生理因素的结合能决定情绪，那么在上述实验中，由于生理因素相同，凡处于“欣快”或“愤怒”环境中的被试都应产生相应的欣快或愤怒情绪。

第三，在环境因素和生理因素的基础上，只有当认知因素介入时，即把生理激起归因于一个情绪性的环境刺激时，才能决定情绪。认知因素是联系环境、生理和情绪的中介环节，它将生理激起导向一个确定的情绪。在环境因素和生理因素的基础上，人们是否能产生情绪体验以及产生什么性质的情绪体验，由认知因素所决定。

专栏 11-2

危桥上的约会

1974 年，达顿和阿伦（Darton & Alan）开展了一项研究，研究小组请一位漂亮的女助手协助研究。当一些男大学生走在大峡谷上的一座摇摇摆摆的吊桥时，或者走在一座又低又结实的大桥时让这位漂亮的女助手走近他们。在这两种情形下，女助手都谎称她为了一个研究项目需要他们填一张问卷，并就一张照片编一个简单的故事。她把自己的名字和电话号码都告诉给每一个男大学生。这样，当男大学生想更详细地了解本项目时，就可以给她打电话。实验控制了各被试对测验的兴趣因素。结果显示，那些走过危险吊桥的男大学生编的故事比走过安全大桥的男大学生编的故事包含更多的性幻想，也更有可能打电话与女助手约会。因此，实验者得出结论：经过危险吊桥的男大学生首先体验到的是恐惧和焦虑，由此引发高度的生理唤醒，而他们后来则可能将这种唤醒解释为“被漂亮的女性所吸引”。

（二）阿诺德的评价 - 兴奋理论

评价作为一种介于环境刺激、生理激起和情绪反应之间的认知因素，主要是指人对环境刺激与自身关系的价值判断和控制判断，它赋予作用于人的环境刺激某种主观意义。从评价的角度研究情绪与认知关系的情绪心理学家认为，评价是情绪产生的根本条件。这里，着重介绍其代表人物阿诺德（M.B Arnold）的相关理论。

阿诺德理论的出发点，是力图通过将认知变量插入对环境 - 生理 - 情绪间相互关系的分析中，以确定其间发生的心理调解过程，进而为情绪研究开辟一条新的途径。她设想：通过认知分析，人们能够更多地获知大脑在情绪中所起的作用一如果人们能够发现在知觉、情绪和行为之间进行的心理上的活动，人们就能处在更好的位置上去推测可能存在的生理机制。这种研究方法类似于认知科学的“黑箱”理论：既然人们对大脑的功能所知甚少，那不妨将它看作一个黑箱子，通过研究有什么东西进去，又有什么东西出来，推测其中发生的生理和心理活动。

因此，阿诺德的评价 - 兴奋理论是以现象学和生理学的混合面目出现的，其基本思路是将环境影响从客观刺激引向认知评价，将生理影响从自主神经系统的唤醒活动推向大脑皮质的高级认知活动。

其一，在环境影响方面，阿诺德指出，一个刺激事件是否能引发情绪以及引发何种情绪，只有经过人的认知评价才可能确定。这种对刺激事件的认知评价，是一个确定刺激事件与人自身关系的过程，或者说是一个确定刺激事件对人的意义的过程，它主要涉及价值判断（有益与有害、好与坏、美与丑、满意与不满意等）。只有当人认识了刺激事件与人的关系或对人的意义之后，情绪及其体验才会产生；而且，人对这种关系或意义在认识上有差异，才会导致其情绪活动在性质和程度上的不同。例如，在森林里碰到一只熊，人会感到极大的恐惧；而在动物园里看见一只熊，人不但不会感到恐惧，相反还可能吓唬吓唬它。这样，阿诺德的评价理论就为分析环境 - 情绪间的关系提出了一个启动情绪反应的解释机制。

笔记

这也正是阿诺德对情绪理论最突出的贡献。

其二，在生理影响方面，阿诺德强调，自主神经系统的唤醒活动只是情绪产生的必要条件，而在大脑皮质水平上进行的认知评价过程才是情绪（体验）产生的关键，并试图通过研究一种认知评价 - 皮质兴奋模式，将认知评价与来自自主神经系统的反馈结合起来，以解释生理 - 情绪间的关系。阿诺德认为，情绪产生的神经生理结构包括大脑皮质、丘脑系统和自主神经系统，它们在情绪产生中具体机制是：刺激事件的影响到达大脑皮质之后，大脑皮质的高级中枢对之进行评价，确定其与自身有什么关系或有什么意义，如是否符合人的需要、意图、利益等；一旦确定刺激事件与人有关或对人有意义，皮质兴奋立即下行激活丘脑系统，并通过丘脑系统改变自主神经系统的活动，进而引发机体器官和运动系统的活动变化；此后，自主神经系统的活动经丘脑上行反馈至大脑皮质，这时，纯粹的意识经验就转化为情绪体验。

（三）拉扎勒斯的认知 - 评价理论

美国心理学家拉扎勒斯（R Lazarus）对评价在情绪产生中的作用的认识，较之阿诺德又进了一步。他指出，在情绪活动中，评价不是一次完成的，而是反复进行的。因为情绪活动是人与环境之间相互作用的产物，在情绪活动中，人不仅要反映环境中的刺激事件对自己的影响，而且要调节自己的反应以反作用于刺激事件。所以，在情绪活动中，人需要不断地评价刺激事件与自身的关系。具体来说，评价包括三个层次：

1. **初评价**　初评价（primary appraisal）是指刺激事件作用于人时，人对其与自身关系的价值判断或评估，主要涉及刺激事件与自己是否有利害关系，以及有多大的利害关系等。在生活中，只要人处于清醒状态，初评价过程就随时随地不断地发生和进行着，因为及时对周围环境中的各种刺激事件作出解释，对人的生存适应至关重要。一旦确认某种刺激事件与自己有着利害关系，情绪活动立即产生。

2. **次评价**　次评价（secondary appraisal）是指当人要调节自己的行为反应以反作用于刺激事件时，人对其与自身关系的控制判断或评估，主要涉及自己能否控制刺激事件，以及能在多大程度上控制刺激事件。阿诺德在论述评价的含义时，仅侧重于价值判断或评估，而拉扎勒斯则认为评价不仅包括价值判断而且包括控制判断。因为当人要对刺激事件作出行为反应时，需要根据自身的条件和社会的规范等来考虑行为的后果，并据此选择有效的方式或手段。例如，当人受到他人的侵犯或伤害时，是回应以攻击行为还是回应以防御行为，以及采取什么方式或手段，取决于人对刺激事件与自身关系的控制判断。在次评价过程中，人的过去经验起着重要作用，因为控制判断主要是建立在过去类似经验的基础上的。

3. **再评价**　再评价（reappraisal）是指当人对刺激事件作出行为反应之后，人对其与刺激事件相互作用的结果的评价，主要涉及自己情绪和行为反应的有效性、适宜性。再评价实际上是一种反馈性评价，如果再评价的结果表明人对刺激事件的情绪和行为反应是无效的或不适宜的，人就会立即调整自己对刺激事件的次评价（甚至初评价），并且相应地调整自己的情绪和行为反应。

拉扎勒斯对情绪与评价关系的深入分析，旨在强调：人与环境中的某种刺激事件的相互作用是动态的，而不是一次完成的，也不是一成不变的，因此，情绪的发生和变化是与初评价、次评价、再评价融为一体的。

三、情绪动机 - 分化理论

伊扎德（C Izard 1972）提出的情绪动机 - 分化理论，被认为是多年来对情绪所做的较为完满、杰出的论述之一。伊扎德从种族进化的观点出发，一方面强调情绪是进化的产物，进而引申出情绪的分化观点；另一方面强调情绪的适应价值和动机功能，明确提出情绪是基

笔记

本动机系统。在此基础上，伊扎德建构了一个以情绪为核心，包容整个心理结构以及它们之间相互关系的理论体系。伊扎德将自己的理论称为分化理论或动机 - 分化理论，是因为它强调不同的情绪在主观体验上和动机效果上是有差异的，即不同的情绪在反映机能和调节机能上是彼此分化或分立的。

（一）情绪的进化与分化

伊扎德认为情绪具有生理、表情和体验三种成分，并将情绪分为基本情绪和复合情绪。伊扎德的分化理论运用达尔文的进化观来解释人类情绪，明确提出情绪是进化的产物，情绪的分化是进化的自然结果。

其中，伊扎德特别强调情绪的进化、分化与神经系统的进化、分化的内在联系，认为在人类的种族进化过程中，随着神经系统、特别是大脑皮质的进化和发展，大脑的感觉系统、运动系统以及联系感觉 - 运动系统的联合区的高级结构和功能不断形成和分化，机体其他部位的器官、组织（如骨骼 - 肌肉系统和心血管系统）的结构和功能也不断分化并精细化。其结果自然导致大脑的高级心理加工能力的产生，以及高级的认知和情绪活动的不断形成和精细分化。例如，新生婴儿出生时并不具有愤怒的表情，只会表现出单一的痛苦表情。随着环境事件的不断刺激，婴儿不断地学习处理或应付环境事件，到 4 个月时才会表现出愤怒表情。因此情绪的复杂程度会发生分化，并表现出不同的模式。在此基础上，伊扎德指出，由于情绪的进化、分化是与神经系统和脑的进化、分化平行的、同步的，说明情绪在有机体的适应和生存上起着不可或缺的、核心的作用。伊扎德在阐明这一点时强调，情绪在发生上处于心理活动的前沿，是有机体力求应付和控制生存环境的心理衍生物；每一种基本情绪都具备独特的动机的和现象学的特性，会导致不同的主观体验和行为后果；不同情绪的适应作用有所不同；每一种具体的情绪都有助于保证有机体对环境变化产生敏锐的感知，有助于增加身体反应的活力并以不同的方式促使有机体提高行为的转换力；在人类的进化发展过程中，随着每种新的情绪的产生，具有新质的动机功能和认知、行为倾向都随之增长。

（二）情绪与人格的动机结构

伊扎德对情绪与动机之关系的进一步探讨，是从情绪在人格结构中的地位入手的。伊扎德认为，人格是包括六个相对独立又相互作用的子系统的复杂组织，这六个子系统是：体内平衡系统，内驱力系统，情绪系统，知觉系统，认知系统和动作系统。这些子系统既具有一定程度的独立性，又都有着复杂的相互作用。前二个子系统主要为维持、再生和调节生理性功能提供基础，后四个子系统则共同为高级的人类社会性功能提供基础。伊扎德进一步指出，人格的六个子系统的相互结合，构成四种类型的动机系统，即内驱力、情绪、情绪与认知相互作用以及情绪 - 认知结构。其中，情绪起着核心的作用。

内驱力是由于自然的、周而复始的生理缺乏而产生的，它的动机作用在机体组织的生理需求短缺或生存的物质条件受到威胁时，表现得十分明显；但是在其他情况下，内驱力的动机作用则显得微不足道。然而，即使在前一种情况下，内驱力的动机作用也受到情绪活动的制约。

情绪作为一种“经验的 / 动机的”现象，具有独立于生理需求的适应性机能。因此，情绪与内驱力相比，是行为的更强有力、更为广泛的驱动因素。伊扎德在分析情绪的动机结构时，特别强调情绪体验的重要性。他认为，情绪之所以具有动机作用，是因为它具有一种个体主观上可以体验到的独特色调，这种主观体验色调强烈而鲜明地在意识中出现，并被个体所觉知。每种情绪的主观体验色调都不相同，它们给人以欢快或沉闷、紧张或从容、激动或平静、享受或痛苦等等不同的感受，并使人对周围环境产生不同性质的意识和行为。因此，这种主观体验的产生和消失、起伏和变换时刻控制、指导和改变着人的行为的动机状

笔记

态，直接影响人的行为方向和行为方式，从而对人的活动起着驱动或阻碍、组织或破坏、促进或延缓的作用。

情绪与认知之间的相互作用是伊扎德动机系统的重要组成部分，也是伊扎德动机理论的主要内容。伊扎德认为，人类多数动机是情绪因素与认知因素二者共同构成的。例如，婴儿对陌生人的躲避动机，是其对父母的依恋情绪与对陌生人的认知辨别相结合的产物；学者对某一学科的刻苦钻研和不懈追求的动机力量，来源于其对该学科价值的认识以及伴随研究的收获而产生的快乐和兴奋的情绪体验。在现实生活中，情绪与认知的相互作用占据着人脑心理加工的大部分内容，人的多数活动是在这种相互作用的驱使下进行的。

情绪 - 认知结构是指某些特定的情绪模式同特定的认知定势在长期的相互作用中形成的心理倾向或人格特质，它体现着情绪因素与由信仰、价值观、理想等所制约的认知因素之间的相对稳定的动力关系，因而不仅能对人的注意指向、目标选择、行为方式和认知加工具有经常而稳定的动机影响，而且能起到预示的作用。

伊扎德认为，以上这四种动机类型中的任何一种，在特定环境下和特定时间内，都可以成为行为的主要决定因素。同时，它们还可以彼此相互结合，从而构成动机系统的多样化。另外，伊扎德强调，在人格的诸系统中，情绪系统实际上很少完全独立于其他系统，通常总是与其他系统一块出现和相互作用，并倾向于将机体活动组织成一个整体；而且，有效的人格机能源于情绪系统与其他系统之间的平衡和协调。

总之，在伊扎德看来，情绪不仅是基本的动机系统，而且是赋予人类存在以意义和价值的人格过程。

第五节 情绪调节

一、情绪调节概述

（一）情绪调节的内涵

近年来，情绪调节（emotion regulation）逐渐成为心理学研究的热点问题之一。在各个理论和流派的争论中，被普遍接受的定义是：情绪调节是指个体对情绪发生、体验与表达施加影响的过程。具体分析，情绪调节有以下几个方面。

1. **具体情绪的调节** 情绪调节包括所有消极和积极情绪，例如抑郁、焦虑、愤怒、快乐、喜悦等。关于情绪调节，人们很容易想到对消极情绪的调节，当悲伤的时候需要转换环境，当愤怒的时候需要克制等。其实，积极情绪在某些情况下也需要调节。当学生在学校里取得了好成绩时，不能表现得过分高兴，以免影响到其他同学的情绪。

2. **唤醒水平的调节** 情绪调节是个体对自己情绪的唤醒水平（arousal level）的调节。一般认为，主要是调节过高的唤醒水平和强烈的情感体验，但是，一些较低强度的情绪也需要调节。研究表明，高唤醒对认知控制起到瓦解和破坏的作用，如狂怒会使人失去理智，出现越轨行为。成功的情绪调节就是要管理情绪体验和行为，使之处在适度的水平。

3. **情绪成分的调节** 情绪调节的范围相对广泛，它不仅包括情绪系统的各个成分，也包括情绪系统以外的认知和行为等。情绪系统的调节主要是指调节情绪的生理反应、主观体验和表情行为，如情绪紧张或焦虑时，控制血糖和脉搏；体验痛苦时，离开该情境使自己开心一点；过分高兴时，掩饰和控制自己的表情动作等。此外还有情绪格调的调节、动力性的调节等，如调节情绪的强度、范围、不稳定性、潜伏期、发动时间、情绪的恢复和坚持等。

（二）情绪调节的特征

1. **情绪调节的个体特征** 情绪调节可以发展为一种能力，就是情绪智力，不同个体的

笔记

情绪智力是有差异的。情绪调节的个体差异还表现在情绪的激活阈限、情绪的易感性、情绪的生理唤醒等方面。情绪的激活阈限主要取决于神经内分泌的特征；情绪的易感性决定于个体后天的情感经历，它表现为有的个体更容易陷入某种消极情绪，而有的个体则不太容易受到情绪的影响；情绪的生理唤醒的差异主要表现在个体情绪的强度和反应性上的不同。

2. **情绪调节的文化特征**　情绪调节受到文化规范的影响。西方和非西方文化特征的差异一般认为是独立和相互依赖这两种自我的差异。西方文化强调独立自我，鼓励个体的独特性和自我表现、强调直接的沟通，将个人目标的实现归因于内部；而东方文化强调相互依赖，鼓励个体致力于适应，占据适当的位置，强调间接沟通，参与促进他人的目标和适当的社会行动。独立定向型文化的个体比依赖定向型的个体更关心情绪状态的调节。研究结果显示：美国学生比日本学生体验情绪时间更长，要求更多的情绪应答时间。在重视自我独立性的文化中，表达愤怒是相当普遍的，而在相互依赖的文化中，表达愤怒被看成是一种损害社会和谐的行为，是不适当的。

（三）情绪调节的类型

对于情绪调节，可以从不同的角度进行分类。

1. **内部调节和外部调节**　根据情绪调节过程的来源分类，可以分为内部调节和外部调节。内部调节来源于个体内部，例如个体的生理、心理和行为等方面的调节。由于认知与情绪体验存在密切的关系，因此，通过某种情绪体验引起某种认知，或通过某种认知激活某种情绪体验，就可以对情绪进行调节。例如母子分离可以引起消极情绪，但只要让幼儿确信母亲只是暂时离开他，就可以帮助幼儿克服这种情绪。

外部调节来源于个体以外的环境，如人际的、社会的、文化的以及自然的等方面的调节。外部环境对个体情绪的调节有支持和破坏两种可能性。如在课堂教学中，教师如果能满足学生的动机行为，将使学生产生良好的情绪，反之会引起不良的情绪。因此，环境的刺激特征与个体内部状况的关系是影响外部调节的重要因素。

2. **减弱调节、维持调节和增强调节**　减弱调节是指对强度过高的情绪，尤其是消极情绪所进行的调整、修正和减弱。维持调节主要针对那些有益的积极情绪，如兴趣、快乐，主动地去维持和培养，使这些情绪维持在一定的程度或范围。增强调节是努力使某些情绪增强，这种类型的调节在日常生活中可能出现频率较少，但在临床上是非常有意义的。例如，对抑郁或情绪淡漠症的患者进行增强调节，使其调整到积极的情绪状态。

3. **原因调节和反应调节**　原因调节是针对情绪的原因进行调整，包括对情境的选择、修改，注意调整以及认知策略的改变等。人们可以通过改变自己的注意来改变情绪，对诱发情绪的情境进行重新认识和评价等。反应调节发生在情绪激活或诱发之后，是指通过增强、减少、延长或缩短反应等策略对情绪进行调整。

4. **良好调节和不良调节**　情绪调节是为了使个体在情绪唤醒情境中保持功能上的适应状态，使情感表达处在可忍耐且具有灵活变动的范围之内。当情绪调节使情绪、认知和行为达到协调时，这种调节叫良好调节。相反，当调节使个体失去对情绪的主动控制，使心理功能受到损害，阻碍认知活动，并导致作业成绩下降时，这种调节就是不良调节。

5. **有意调节和自动调节**　情绪调节既包括意识的、努力的、控制的调节，也包括无意识、无需努力的、自动的调节，可以将它理解为一个从意识到无意识的连续体。有脑成像研究表明，有意情绪调节和自动情绪调节二者之间是相互独立并行的关系。以往研究大多聚焦于有意情绪调节，而自动情绪调节却较少受到关注。实际上，自动情绪调节在日常生活中非常普遍并对人们具有积极意义。例如，在儿童早期社会化过程中，个体习得“愤怒是破坏性的”“大声讲话是粗鲁的”等情绪反应，从而在社会规范并未进入意识层面时自动减少

笔记

这些情绪，或者当个体在极度愤怒或极度悲伤时，大多基于潜在内化的社会文化规范而无需有意自我控制却仍能保持镇静等等。

二、情绪调节的基本过程

（一）格鲁斯的情绪调节过程模型

格鲁斯（K Gross）认为情绪调节是在情绪发生过程中展开的，在情绪发生的不同阶段，会产生不同的情绪调节，据此，他提出了情绪调节的过程模型。依据格鲁斯的情绪调节过程模型，在情绪发生过程中每一个阶段都会有情绪调节，即情境选择、情境修正、注意分配、认知改变和反应调整。

1. **情境选择** 情境选择（situation selection）指个体对自己将要遭遇的人和事作出回避的或接近的选择，从而对可能产生的情绪作出一定的控制，情境的选择并不是随机的行为，它往往反映了个体对适当环境的一个选择，可能是有意识的，也可能是无意的。如有社交焦虑的人会尽量避开社交场合以减少焦虑的发生。当个体已处于某种情绪诱发的情境中，对情境反应调节发生在情绪激活之后，是指通过增强、减少、延长或缩短反应等策略对情绪进行调整，即使对情绪作出一定修改，仍然可能对情绪进行调节。

2. **情境修正** 情境修正（situation modification）是通过改变和修正诱发情绪的情境的某一个方面和特点，而使情绪发生改变的努力和策略。例如当个体处于令人尴尬的境地时，会努力改变令人尴尬的事情等。情境的选择和情境的修正需要个体去改变所处的环境。然而，在不改变情境的前提下，调节情绪也是有可能的，因为每种情境也存在着不同的方面，并具有不同的意义，这样个体可以通过调整自己的注意和认识来改变情绪的产生过程。

3. **注意分配** 注意分配（distribution of attention）是通过转移注意和有选择地注意，对同一情境中的多方面进行注意上的调配，仅注意某一方面而忽视其他方面。例如当谈到令人不愉快的话题时，个体会转移话题，转而注意别的事情。分心和专心是两种主要的注意分配策略。分心是将注意集中与情绪无关的方面，或将注意从目前的情境中转移开。专心是对情境中的某一方面长时间地集中注意，这时候个体可以创造一种自我维持的状态，将注意力集中在情感体验和这些情绪的结果上。

4. **认知改变** 认知改变（cognitive change）是通过改变认识而进行的情绪调节的努力。情绪的产生需要个体对知觉到的情境赋予意义，并评估自己应付和管理该情境的能力。每一种情境元素都可以有多种意义，存在多种认识，对不同意义的确定和选择，可以改变情绪产生的过程从而调节情绪。如与朋友相约他却迟到了，你解释为他不是故意的，而是因为一些意外的状况导致的，则会避免生气。从情境的选择到认知改变，反映情绪调节所产生的信息加工过程的不断深入。

5. **反应调整** 反应调整（reaction adjustment）是指情绪已经被激发以后，对情绪反应趋势如心理体验、行为表达、生理反应等施加影响，表现为降低或增强情绪反应的行为表达。如果别人踩了你的脚，他没有表示歉意，尽管你很生气，但你会努力控制自己的愤怒情绪就属于降低性的反应调整。如果你的情绪被一个热烈的群众性公益活动场合所激起，增强了你的热情。这就是增强性的反应调整。

格鲁斯依据情绪调节发生在情绪反应发生之前或情绪反应发生之后，把情绪调节分为先行关注情绪调节（antecedent-focused regulation）和反应关注情绪调节（response-focused regulation）两个方面。情境选择、情境修正、注意分配、认知改变发生在情绪反应激活之前，属于先行关注情绪调节，而反应调整发生在情绪已经形成，情绪反应激活之后，因此属于反应关注情绪调节。

笔记

（二）情绪调节的策略

1. **认知重评**　认知重评（cognitive reappraisal）即认知改变，是指改变对情绪事件的理解，改变对情绪事件个人意义的认识，如安慰自己不要生气，是小事情，无关紧要等。认知重评试图以一种更加积极的方式理解使人产生挫折、生气、厌恶等负性情绪的事件，或者对情绪事件进行合理化。认知重评是先行关注情绪调节的策略。

2. **表达抑制**　表达抑制（expressive suppression）是反应调整的一种，是指抑制将要发生或正在发生的情绪表达行为，是反应关注情绪调节的策略。表达抑制调动了自我控制能力，启动自我控制过程以抑制自己的情绪行为。例如，当遇到不愉快的事件时，人们常会抑制自己不满的行为表现，如愤怒，以免影响人际关系。当遇到一些非常愉快的事件时，也会抑制表现，如成功时避免得意忘形，以免对他人表现出一种炫耀之感。

3. **自我暗示**　作为认知重评的一种特殊形式，自我暗示指有意识地将某种观念暗示给自己，从而对情绪和行为产生影响的一种方式。例如，在上场演出或比赛前，为了降低紧张的情绪，可以对自己说“我是最棒的”；为了克服考试焦虑，可自我安慰“我怕，别人也许更怕，没有什么好怕的”；当遇到忧愁，可自我暗示“忧愁于事无补，还是振作起来面对现实吧”。

4. **注意转移**　注意转移是指有意识地将注意从当前对象转至其他对象，从而使情绪得到调节的一种先行关注策略。例如，当遇到不愉快的事物时，转移注意对象，如看电影、听音乐或做些其他自己感兴趣的事情等，都可以很好地调节不愉快的情绪。

5. **情绪宣泄**　如果说表达抑制是基于社会需要的话，那么情绪宣泄则是基于生理需要。情绪宣泄指对自己情绪释放的适应性表达。适度宣泄则可以把不良情绪释放出来，从而使紧张情绪得以缓解、轻松。发泄的方法包括哭泣、运动、放声大叫或唱歌、向他人倾诉等等。

格鲁斯指出，在情绪发生的整个过程中个体进行情绪调节的策略很多。他进行了大量的实验与测量研究，探讨了不同情绪调节策略的影响，结果发现最常用和有价值的降低情绪反应的策略有两种，即认知重评和表达抑制。

复习思考题

1. 名词解释：情绪，心境，激情，应激，道德感，理智感，美感，表情，面部表情，体态表情，语调表情，微表情，情绪调节。
2. 情绪与情感有什么区别？
3. 简述情绪的维度和两极性。
4. 举例说明情绪的功能。
5. 举例说明表情的三种类型及其相互关系。
6. 结合沙赫特和辛格的实验，论述情绪与认知的关系。
7. 举例说明认知评价在情绪活动中的作用。
8. 什么是情绪调节？情绪调节有哪些策略？

拓展学习

情 绪 智 力

自从1990年心理学家梅耶和萨拉维（Mayer & Salovey）提出“情绪智力”的概念以来，情绪智力的研究就受到广泛重视，研究者对情绪智力的认识就不断深化，从情绪智力概念的发展、理论的提出，测验的编制和验证等方面，均取得了有价值的成果。

一、情绪智力的概念的发展和理论模型

1990年，梅耶和萨拉维首次在学术文献中将情绪智力作为一个理论概念提了出来，他

笔记

们这样定义：情绪智力属于社会智力的一部分，包括：监控自我和他人的情绪和情感的能力；辨别情绪并运用情绪信息指导自己的思维和行为的能力。他们总结出情绪智力包括了三个心理过程：①评价和表达自己、他人的情绪；②调节自己、他人的情绪；③适应性地利用情绪。

1995年，美国《时代周刊》（*Time*）杂志的专栏作家，哈佛大学心理学博士戈尔曼（D Goleman），基于梅耶和萨拉维的理论，同时搜集了许多关于大脑、情绪和行为的有趣信息和日常生活素材，撰写并出版了《情绪智力》（*Emotional Intelligence*）一书，将情绪智力定义为"自我意识、自我管理、自我激励、认识他人情绪以及处理人际关系"。该书并非学术性专著，但是由于《时代周刊》使用"情商（EQ）"为封面进行宣传，宣称"它是成功的最好预测指标"，该书立即成为风靡全世界的畅销书，情绪智力和情商的概念很快传遍世界。以戈尔曼为代表的通俗观点扩展了情绪智力的含义，典型的是给情绪智力列出了一组人格特点菜单，如"同情、动机、坚持性、温情和社会技能"。由此可以看出，媒体的宣传和科普读物尽管对某个科学概念的传播具有较快的推动作用，但是也给情绪智力的科学意义造成了混乱。梅耶和萨拉维多次在著述中对二者进行区分。1999年9月，梅耶在美国心理学会在线网上发表题为"情绪智力：通俗或科学的心理学？"一文，明确指出：情绪智力是两个世界的产物，一个是畅销书、新闻报纸和杂志中的通俗文化世界；另一个是科学杂志、学术专著和同行评审的世界。不过，这两个世界的定义都扩展了人们对智力的认识。

1997年，梅耶和萨拉维认为最初提出的情绪智力根据其所包含的能力来定义，颇显单一，缺少了对情绪感受的思考，因此对最初提出的情绪智力的定义进行了修订和拓展，提出情绪智力包括：①准确觉察、评价和表达情绪的能力；②使用和（或）产生促进思维的情绪的能力；③理解情绪和情绪知识的能力；④调节从而促进情绪和智力成长的能力。同时，梅耶和萨拉维进一步提出了情绪智力的层级四维模型。该模型的提出为后来情绪智力的评估工具提供了理论基础，也为研究与加工情绪信息相关的能力的个体差异提供了很好的框架。

在情绪智力的层级四维模型中，梅耶和萨拉维认为情绪智力有四个分支，分别为：情绪认知、情绪使用、情绪理解和情绪管理。此理论认为，以上四种能力有一个从低到高的发展过程，情绪认知是情绪智力的最基本过程，情绪管理是情绪智力最复杂的过程。四层的内容具体为：

第一层，感知和表达情绪。该维度关心的是个体如何准确和快速表达情绪，识别、觉察和解读情绪体验和情绪表现。该维度有四种特定能力：①能识别他人感受到的情绪的能力。该能力指个体如何准确地识别情绪，尤其是通过加工非语言信息，比如面部表情和声音、语调。这种能力也叫非语言接受能力、情绪再认能力和移情准确性。②觉察他人情绪表达的真实性。该能力指个体如何快速区分真假情绪表情。这能帮助个体决定他们是否依赖他人的表情来推论态度、目标和意图或决定他们是否应该谨慎作出这些推论。③评价自己情绪的能力。当个体对事件有情绪反应的时候，有些人更可能意识到自己正在经历情绪并且更可能确认自己的心理感受。④清晰地向别人表达自己情绪的能力。当观察者能够准确识别传递者想传递的情绪的时候，那么个体就是在清晰地传递情绪。

第二层，使用情绪的能力。该维度主要是个人如何使用情绪对认知活动的综合效应，如创造力和冒险等。主要由两个能力组成：①情绪对认知过程的综合效应的认识。这种能力主要与个体对情绪如何系统地指导认知活动的知晓有关。例如，在决策时，感到焦虑和风险规避有很强的相关，因为焦虑提示当前环境不确定，而人们在不确定环境下更加偏好风险规避。②利用情绪指导认知活动和问题解决的能力，即个体如何有效地根据认知活动的需要产生情绪，从而使认知活动适应于当前情景。

笔记

第三层，理解情绪的能力。该维度与个体如何准确推理各种情绪有关，如当他们定义情绪、在事件和情绪反应之间建立联系的时候。该维度包含三种能力：①理解情绪语言的能力。这种能力指个体如何准确识别语言和情绪之间的关系。如何准确用语言描述自己和他人的情绪。②分析事件和情绪的因果关系的能力。梅耶和萨拉维将这种能力描述为“解释情绪传递关于关系的意义的能力，如伤心经常伴随着损失”。③理解简单情绪如何组合成复合情绪的能力。

第四层，调节情绪的能力。该维度与个体能多大程度上增加、保持或降低自己或他人的情绪的强度或持续时间有关。主要包括三种能力：①设置情绪调节目标的能力。该能力指个体多大程度上决定他们目前的情绪是否在当前环境种是最佳的，从而视需要设定修改情绪的目标。如果不是最佳的情绪，个体将设置改变情绪的目标。②选择情绪调节策略的能力。这种能力指个体选择能够激发想要的情绪的策略的程度。③使用情绪调节策略的能力。这种能力指个体如何使用情绪调节来产生想要的情绪结果。

情绪智力的层级四维模型的四个分支按照从基本心理过程到高级心理过程排列。首先，最底层是相对简单的觉察和表达情绪的能力；最高一层与有意的、反省性的情绪调节有关。该模型明晰了情绪智力的理论内涵，从而有可能将情绪智力与传统智力进行比较研究；并根据以往传统智力的研究标准界定情绪智力的能力结构，从而为进一步补充和扩展人类智力范畴提供了新的理论假设。

二、情绪智力的测量及相关研究

心理学家们在探讨情绪智力理论的同时，也在尝试编制能够准确地测量情绪智力的工具，包括：多维度情绪智力量表（MEIS）、Mayer-Salovey-Caruso 情绪智力测验（MSCETI），情绪智力量表（EIS）等。其中，目前使用最为广泛，最具影响力的是 Mayer-Salovey-Caruso 情绪智力测验（MSCETI）。该量表有 141 个项目，用 8 项任务测量情绪智力四个维度上的能力（知觉、使用、理解和管理情绪的能力）。MSCETI 采用同感评估技术，其具体操作是由几位熟悉某一领域的评价者根据自己的主观想法对被试的作品或反应独立地作出评价。MSCETI 的四个维度分互为中等程度相关，维度分和总分都非常可靠，且有研究发现 MSCETI 与大五人格中的宜人性和尽责性具有正的低相关。另外，今年来国内研究者针对不同人群也编制了很多情绪智力测验，如张辉华和凌文辁开发的管理者情绪智力行为问卷（MEIB），徐小燕编制的大学生情绪智力问卷等。

近年来，有大量实证研究来考察情绪智力与个体发展的关系，结果发现，情绪智力体现在生活中的方方面面，它与工作绩效、学业成绩、心理健康、主观幸福感等密切相关。情绪智力的确可以对个体的生活和工作绩效作出有意义的预测。

另一方面，继测量研究之后，有研究者开始对情绪智力的可提高性实施了干预研究。布拉克特（M.A Brackett），里菲斯（S.E Rivers）和耶鲁大学心理学家萨洛维（P Salovey），玛伊尔（D.J Mayer）设计了情绪素养课程（RULER）。该课程主要是采用基于能力的方法培养社会、情绪和学业能力。在课程中，教会学生认识自己和他人的情绪，理解很多情绪的因果，使用复杂的词汇给情绪标签并用社会适合的方式表达和有效调节情绪。多项研究结果发现，RULER 课程提高了学生的学业、社会、情绪能力。

参考文献

1. 彭聃龄 . 普通心理学［M］. 北京：北京师范大学出版社，2004.
2. 叶奕乾，何存道，梁宁建 . 普通心理学［M］.4 版 . 上海：华东师范大学出版社，2010.
3. 孟昭兰 . 情绪心理学［M］. 北京：北京大学出版社，2005.
4. 陈少华 . 情绪心理学［M］. 广州：暨南大学出版社，2008.
5. 傅小兰 . 情绪心理学［M］. 上海：华东师范大学出版社，2016.

笔记

6. Michelle N. Shiota，James W. Kalat. 情绪心理学[M].2 版 . 周仁来，等译 . 北京：中国轻工业出版社，2016.
7. DennisCoon，JohnO. Mitterer. 心理学导论：思想与行为的认识之路[M].13 版 . 郑刚，等译 . 北京：中国轻工业出版社，2014.

推荐读物

1. Hock RR. 研究 22：我能读懂你的面部表情 // 改变心理学的 40 项研究[M]. 白学军，等译 . 北京：中国轻工业出版社，2004：225-335.
2. Carr DA. 情绪智力 // 积极心理学：关于人类幸福和力量的科学[M]. 郑雪，等译 . 北京：中国轻工业出版社，2008：97-130.
3. 保罗·艾克曼 . 心理学家的面相术：解读情绪密码[M]. 何小力，译 . 长沙：湖南科学技术出版社，2016.

考研要点

情绪和情感的含义
情绪和情感的维度
情绪和情感的功能
表情的含义
表情的种类
情绪的脑中枢机制
早期的情绪理论
情绪的认知理论

（覃玉宇）

笔记

第十二章　意　志

本章要点

意志的概述
　意志与意志行动
　意志与认知、情绪的关系
意志行动过程
　采取决定阶段
　执行决定阶段
意志的品质
　自觉性
　坚韧性
　果断性
　自制力
意志行动中的挫折
　挫折及其产生的原因
　挫折承受力

关键词

意志；意志行动；采取决定阶段；执行决定阶段；意志品质；挫折；挫折承受力

意志是一种复杂的心理过程，它与认知过程、情绪情感过程共同构成心理过程，三者相互联系、互相影响。认知过程是前提和基础，协助意志确定目的、制定方案、克服困难达到目标；情绪情感对意志活动具有动力作用，既能激发也能阻碍意志行动；意志活动推动认知活动的深入，同时对情绪情感活动具有调控作用。人的意识行为是在意志的调节作用下进行的。意志具有能动性，对人的活动产生直接影响，对个体的成长具有重要作用。

第一节　意志的概述

一、意志与意志行动

（一）意志

意志（volition）是指人们自觉确定目标，根据目标有意识地支配、调节行为，克服困难，实现预定目标的心理过程。意志体现了个体对客观世界的反映是积极能动的。个体在反映世界的过程中，不仅通过接受刺激产生认知和情绪情感，而且要积极采取行为反作用于世

笔记

界。意志过程包括采取决定和执行决定两个阶段。采取决定阶段是初始阶段，主要包括依据对事物的认知确定行动目标，选择行动方案并作出行动决定；执行阶段是完成阶段，个体坚持执行既定方案或修改不利方案力求实现目标。

意志过程总是伴随着具体行动，同时指向特定的外部目标。意志行动是人类特有的、由意志支配的行动，它是个体有目的、有计划地主动调节行为、努力克服困难的行动。意志是人的主观活动，意志表现在意志行动之中；意志行动则受意志支配，它是意志的外显表现。意志行动具有以下三个特征。

1. **有明确的预定目的**　意志的首要特征是具有自觉的目的性。人类的所有行为并非都是有预定目的的，譬如吞咽反射、眨眼反射等无条件反射活动，以及一些无意识动作，这些都不受意志控制，没有明确目的性，所以不属于意志行动。只有那些有明确目的、且受意识支配和调节的行动才是意志行动。人类在认识世界和改造世界过程中不是被动适应的，而是积极主动地改造，并且随着认识的深入和改造的进步，意志行动不断发展。个体在活动之前，通过思考对行动目的进行充分认识，预想活动结果，其后用行动观念来指导具体行为。在活动中，依据已经确立的目标选择行动方法与步骤，评价活动结果，表现出明确自觉的目的性。

2. **以随意运动为基础**　运动分为不随意运动和随意运动。不随意运动是指不受意识支配的运动。随意运动，则是指受意识调节和支配，具有一定目的方向性的运动。随意运动是意志行动的基本单位，意志行动通过随意运动来表现。但是，随意运动并不都是意志行动。因为，意志行动除了以随意运动为基础，还必须与克服困难相联系。

3. **克服困难是核心**　意志行动与克服困难相联系，这是意志活动的核心。并不是所有的目的行动都是意志行动，有些行动虽然有明确目的但却没有明显困难，故不属于意志行动。只有需要克服困难才能完成的行动，才是意志行动。比如个体在身体不适的情况下依然坚持按时完成工作。意志行动中的困难分为内部困难和外部困难。内部困难指来自个体自身的不利因素，如消极情绪、自信心不足、经验不足、缺乏持久的毅力等。外部困难指来自外部环境的不利因素，如环境恶劣、缺乏基础工作条件、周围人的不理解与不支持等。个体需要克服的困难越大，其克服困难越努力，他的意志水平越高。

在具体的意志行动中，上述三个特征是密切联系的统一体，缺一不可。判断某种行动是否属于意志行动，就看其是否具备这三个特征。

（二）意志对行动的调节作用

意志对行动具有调节作用，表现为个体能够按照预期目的主动调节自己的心理活动和行动。意志对行动的调节作用保证了人的行为目的性和方向性，调节的最终结果表现为预定目标的实现。

意志对行动的调节作用主要表现在两个相互联系的方面：一是促进，即依据预期目标和主客观条件积极行动，选择有效的步骤与措施，并调节自己的行动以实现目标；二是抑制，即抑制阻碍目标实现的认知与情绪障碍、行为冲动和环境诱惑，以保证预期目标的顺利实现。在人的实践活动中，意志对行动的促进和抑制作用是互相联系和统一的。为了达到预期目标，意志通过促进和抑制两方面，调控与预定目标相矛盾的行动，推动与预定目标的实现有关的行动，从而实现着对人的行动的调节和支配。

二、意志与认知、情绪的关系

在人的心理活动中，认识、情绪和意志是既有区别又有联系的统一整体。

（一）意志与认知的关系

意志是在认知活动的基础上产生的，同时又影响着认知活动的进行，二者之间有着相

笔记

互依赖关系。一方面，意志的产生以一定的认识活动为前提，并随着认识活动的深化而不断发展。在意志活动中，预期目的的确立，实现目的的方法、手段的选择等，依赖于人对自身需求与客观实际和事物发展规律之关系的正确认识，依赖于人对自身能力与可能遇到的问题和困难的冷静分析。如果人对主客观条件和事物发展规律的认识越全面、越深刻，提出的行动目的就越有针对性，选择的方法、手段就越有可行性。离开了对主客观条件和事物发展规律的正确认识，就会造成主观上的盲目性或"唯意志论"，提出不切实际的行动目的，最终导致事与愿违的结果。另一方面，认识活动的顺利进行依赖意志的支持。人在认识客观事物的过程中，总会遇到这样或那样的困难和挫折，需要依靠意志的力量加以克服，以保证认识活动的持续与深入。离开了意志的支持，就可能在困难面前退缩、动摇，使认识活动半途而废。同时，也正是由于有意志的支持，才使个体对事物的认知不断深入。

（二）意志与情绪的关系

意志与情绪有着密切的相互作用关系。一方面，情绪伴随着意志行动，并给予意志行动以动力影响。情绪作为一种与人的切身需要和主观态度密切相连的、并具有主观体验、生理基础和行为表现多种成分的心理活动，必然卷入任何旨在满足某种目的的活动之中。在意志活动中更是如此。意志的每一环节、每一步骤，都必然引发某种情绪。当意志行动进行顺利或预期目的得以实现时，人必然会产生满意、快乐、兴奋等积极情绪；当意志行动受到阻碍或未达到预期目的时，人必然会产生失望、愤怒、沮丧等消极情绪。情绪始终伴随着意志行动，它是意志行动是否顺利的及时反应和信号。同时，已产生的情绪又会给予意志行动以动力影响。积极情绪给人带来的愉悦感受，能增强人的积极性和活动能力，激励人精力倍增地将意志行动进行到底；消极情绪给人带来的痛苦感受则会降低人的积极性和活动能力，从而构成一种内部困难阻碍意志行动的顺利进行，甚至会削弱人的意志。另一方面，意志可以调节、控制情绪。人的某些情绪活动的产生和表现，不是在所有的场合和时机下都是适宜的，有时甚至会干扰或阻断既定的工作和学习。这时，人可以通过意志的力量，努力调节自己的情绪，使之与周围现实和既定目的相一致，或努力控制自己的情绪，使之不致影响正在进行的工作和学习。日常生活中人们所说的"理智对情感的驾驭"，实际上就是意志根据理智的要求对情绪活动作出调节和控制。

认知过程、情绪情感过程和意志过程是密切联系的。认知过程、情绪情感过程中包含着意志的成分；同样，意志过程中也包含着认知过程和情绪情感过程。三者统一于人的心理活动中。

专栏 12-1

尼克·胡哲的励志故事：永不放弃的人生

他是全球著名残疾人励志演讲家，他凭借强大的意志力创造了生命的奇迹，他的足迹遍布全球34个国家，演讲2000余场，让无数人备受鼓舞激动落泪，他的座右铭是"没手，没脚，没烦恼"。他就是尼克·胡哲（N Vujicic，1982—）（图12-1）。

尼克·胡哲1982年出生于澳大利亚墨尔本，生下来就没有四肢，医学上称这种罕见的现象为"海豹肢症"，他也被人们称为"海豹人"。狄更斯曾说过："顽强的意志可以征服世界上任何一座高山"。的确，尼克在人生道路刚开始时就遇到了残疾这座高山挡路，在普通孩子还在享受美好童年的时候，就已经开始慢慢攀爬，但这也在磨炼他的意志，并使他知道要想战胜挫折，征服高山，就要有坚强的意志。

"海豹人"尼克不能走路，唯一能利用的只是一只长着两根脚趾的小脚，这一度使他非常绝望。他曾想过自杀，但在最后一刻他想到父母哭泣的样子，放弃了。不经一番寒彻骨，

笔记

哪来梅花扑鼻香，尼克说："只有一次又一次的尝试，没有失败，没有失败者"。

尼克告诉自己永远不要放弃。他当选为中学学生会副主席，并通过不懈努力获得大学本科双学位。他想成为演说家，身体的缺陷磨灭不了他的意志，相反，更给了他成为演说家坚定的决心，他想用自己的经历去激励他人，鼓舞人心，他总是能用幽默的话语来调侃自己所经历的事情，他永远对自己充满自信。巴尔扎克说过："没有伟大意志力，便没有雄才大略。"孟子也曾说过："天将降大任于斯人也，必先苦其心志，劳其筋骨，饿其体肤，空乏其身，行拂乱其所为，所以动心忍性，增益其所不能。"而"海豹人"尼克也凭借伟大意志力开启了他更加精彩的人生。

尼克19岁的时候向学校一次又一次推销自己的演讲，终于在被拒绝52次之后成功了，他获得了一个5分钟的演讲机会和50美元的薪水。从此，他的演讲生涯拉开了序幕。有些人可能会被他富有磁性的嗓音、思路清晰的演讲、幽默风趣的语言所吸引，但大多数人被他吸引的原因是他与众不同的人生经历——他身体残障，但他是生命斗士；他就像一尊残破的雕像，但他可以给人坚持下去的力量。他用自己的努力告诉大家精神力量可以弥补身体上的缺陷，每个人只要拥有强大的意志力和异常坚韧成熟的心智，便能活得很好。

尼克在演说中曾表示盼望将来能找到一个神所为他预备的妻子，如今他的美梦实现了，对很多粉丝来说，这是一个很大的鼓舞。他于2012年2月12日与宫原佳苗结为夫妇，他们的结合收到了来自世界各地粉丝的祝福。而得知尼克喜得贵子的消息后，全球粉丝更是按捺不住心中的喜悦给他留言送上祝福。

天生没有四肢的尼克·胡哲向我们证明，能经历磨炼生命才能变得坚韧，能经得起挑战才会变得勇敢；虽然没有健全的四肢，只有一个"小鸡腿"，但他有一个健全的心灵，他会思考，有强大的内心，他有意志力支撑他走下去，让他充满自信。他的演说激励了无数的生命，鼓舞了人心，给无数人希望，让听众知道"天生我材必有用"。即使我们的身体有诸多限制也没关系，一样可以凭借强大的意志力寻求其他突破口。

尼克·胡哲认为所有的痛苦都是人生的宝贵财富，他教人们不要把阻碍看作麻烦、困难，相反的，应该把它们看作自身成长和学习的机会，就是在这些残酷的磨炼中，使得人们练就了坚强的意志，造就了一个又一个奇迹。

面对荆棘的人生道路，我们需要坚强的意志。让我们像尼克一样直面生命中的挫折，练就坚强意志，铸就成功人生。

图12-1　尼克·胡哲

笔记

第二节 意志行动过程

一般而言，意志行动过程包括两个阶段：采取决定阶段和执行决定阶段。

一、采取决定阶段

采取决定阶段是意志行动的初始阶段。这个阶段虽然不易被外界觉察，但对具体行动的发动和目标的实现有着非常重要的作用。在采取决定阶段，包括以下四个环节。

（一）动机冲突

人的意志行动是自觉性、有目的性的，单纯的动机可以使行动目的简单明确，使意志行动顺利实施，如为了考大学而用功读书等。但在现实生活中人的动机却并非如此单一。个体在某种活动中，同时存在着一个或多个目标或愿望，或存在两个或两个以上互相排斥的动机，当处于相互矛盾的状态时，个体难以决定取舍，表现为行动上的犹豫不决，这种相互冲击的心理状态，称为动机冲突。

动机冲突有以下四种表现形式：

1. **双趋冲突** 指个体在意志行动中同时面对两个并存的目标，而且这两个目标对其具有同样强度的吸引力，能引起同样强度的动机。"鱼与熊掌不可得兼"就是双趋冲突的体现。在社会生活中双趋冲突经常可见。很多时候人们面临多种选择，却又难以取舍。例如，某学生要参加学生会组织安排的活动，此时间又有他很想观看的篮球比赛。最后他必须作出选择。双趋冲突若要解决，必须要权衡轻重，作出非此即彼的选择，选出更有价值或更可行的目标。

2. **双避冲突** 指个体在意志行动中面临两个具有同等强度威胁性的事物，都不愿意接受。但迫于情势，必须在二者中选择一个，此时个体产生的动机冲突就是双避冲突。所谓"前怕狼后怕虎"指的就是双避冲突。

3. **趋避冲突** 指同一个事物对于个体而言既吸引又排斥，此时个体形成矛盾心理和内部冲突。面对这种矛盾情境，当事人必须作出选择其一决定。例如，某学生既想竞选班委锻炼自己，又顾虑班委工作任务重会影响学习，就会在趋避行为中冲突。

4. **双重趋避冲突** 这种类型的动机冲突是双趋冲突与双避冲突的混合。即个体面对两个或两个以上的事物时，其性质相似，利弊相当；每个独立事物既对个体具有吸引力又有排斥性，从而无法简单地选择，这时引起的心理冲突较为复杂。例如，即将毕业的大学生面临就业与考研两个选择。既想直接求职找工作，因为工作后可以有经济收入；但又担心此时放弃考研，以后会难有机会继续深造。如果选择考研，可以提高学历；但必然有经济压力而且可能会失去好的就业机会。

大部分情况下，个体可能存在着复杂多样的动机，但这些动机在意志行动中所起的作用不同。一个人最强烈最稳定的动机，往往成为主导动机；其余动机是辅助动机。主导动机不仅决定着行动方向和个体的活动坚持性，还决定着意志行动的结果。

（二）确定目标

在动机冲突解决之后，或明确主导动机后，行动的目标和方向就更加明确。确定行动目标在意志行动中非常重要，目的越深刻、越清晰，激发行为的力量就越大。缺乏明确目标而盲目行动的人，往往患得患失，不能坚持。在行动前往往可能会有多个相互抵触的目标，个体需要依据目标的远近、主次不同作出权衡选择。

（三）选择行动方式

经过动机冲突、确定行动目标后，需要解决如何实现目标的问题，这就需要选择适宜的

笔记

能够达到目标的方式和方法。选择的方法和策略需要考虑到其合理性和合法性，既要具备实际条件，也要符合社会准则及要求。

（四）制订行动计划

决策是意志行动的重要成分。选定行动方法后，便是进行决策，制订行动计划。要在调查研究的基础上，综合考虑各种因素，从中选出最切实可行的方案。

二、执行决定阶段

在一系列决策完成之后，下一步就是执行所做出的行动方案。即使动机再高尚，目标再明确，方法再完善，如果不付诸实际行动，一切都毫无意义。因此，执行决定阶段是意志行动的关键阶段，决定着意志行动是否有效。

执行决定过程中需要不断克服困难，需要积极的意志努力。需要克服的困难有很多方面的因素。从内部因素来说，在执行过程中可能需要克服内心冲突，如前一阶段的动机冲突未能解决好而导致之前被压抑的动机与当前的主导动机相冲突；由于环境的变化而产生了与原有动机相矛盾的新动机；消极的心境，懒惰等不良性格会成为行动障碍，动摇人的意志行为。从外部因素来说，时间、空间上的不利因素或人为的干扰和破坏都会阻碍活动目标的实现。对此，我们需要锻炼自己的意志以解决可能出现的冲突与干扰。我们必须承受巨大的体力和智力上的负荷；要克服原有知识经验及内心冲突对执行过程产生的干扰；要在新情况与预定目标、计划、方法发生矛盾时努力作出果断决策；要在出现预料不到的外部压力时，咬牙坚持；要调控和完善自己的个性品质或情绪状态，顺利执行行为决定；要依据执行过程中反馈获得的新情况合理修正原先方案，获得更符合规律与实际的决定，以更好地达到目标。

第三节　意志的品质

意志品质是人在意志行动中形成的比较稳定的意志特点或特征。意志品质反映一个人意志的优劣、强弱和发展水平。优良的意志品质包括自觉性、坚韧性、果断性、自制力等；不良的意志品质包括易受暗示性和独断性、动摇性、寡断性、冲动性等。具有优良意志品质的人，通常被称为意志坚强的人；具有不良意志品质的人，通常被称为意志薄弱的人。

一、自觉性

意志的自觉性是指个体在行动中对行动目的及其意义具有明确而深刻的认识，能使自己的行动服从目标要求，并能支配行动以达到既定目的的意志品质。自觉性高的人有坚定的立场，坚信自己的行动目的是正确的，能积极投入自己的热情和力量，克服困难，在行动中不会轻易因为外在因素而改变行为目的、计划和方法，积极吸收有益的意见和建议，以更好地达到行动目标。个体在行动过程中表现出的独立自主、执行准则、坚持真理、抗拒干扰等，都是自觉性的表现。与自觉性相反的意志品质是易受暗示性和独断性。易受暗示性表现为缺乏主见，容易受他人的思想和行为的影响，行为决定容易发生动摇。独断性则表现为盲目地自作主张，对自己坚信不疑，不管他人的建议和规劝合理与否，一概拒绝，一意孤行。易受暗示性和独断性都是缺乏对事物自觉、正确的认识，而去盲目遵从的倾向。

二、坚韧性

意志的坚韧性也称顽强性，是指一个人能长时间保持充沛的精力和毅力，战胜各种困难，向既定目标前进的品质。坚韧性高的人，善于承受巨大压力，克服重重困难，抵制不符

笔记

合行动目标的诱因，目标专一，始终不渝。所谓“富贵不能淫，贫贱不能移，威武不能屈”就是意志坚韧性的表现。与坚韧性相反的意志品质是动摇性。动摇性是指见异思迁、虎头蛇尾，容易动摇妥协，遇到困难便放弃对预定目的的追求，不能有始有终。

三、果断性

意志的果断性是指人在行动决定过程中善于辨明是非、抓住时机，迅速合理地采取决定，并不断调整决策以适应变化的环境的意志品质。果断性高的人，能全面而深刻地考虑行动的重要性；能在动机斗争时迅速而坚决地作出决定；能在需要时敢作敢为；能在情况发生变化时根据需要立即停止或调整已作出的决定。与果断性相反的品质是寡断性，这是指在采取和执行决定时，总是顾虑重重，犹豫不决，不能很好地处理动机冲突而作出明确决定，一旦作出决定后又患得患失、踌躇不前。

四、自制力

自制力是指在意志行动中能够克制自己的情绪，有意识地调节和支配自己的思想、语言和行动的品质，以实现预期目标。自制力强的人，一方面善于驱动自己去执行所采取的决定；另一方面表现出较强的忍耐性，善于自我控制，能够排除与自己的目的相违背的内外干扰。与自制力相反的品质是冲动性。冲动性是指控制自己情绪与行为的能力差，对自我动作和语言约束能力差。冲动性是意志薄弱的表现。

上述四种意志品质并非彼此孤立，而是相互联系的统一体，其中自觉性是核心和前提。缺少任何一种品质，都会给人的性格带来缺憾。

第四节　意志行动中的挫折

古人云：“天将降大任于斯人也，必先苦其心志，劳其筋骨，饿其体肤，空乏其身，行拂乱其所为，所以动心忍性，增益其所不能。”这句话是对挫折与意志关系的恰当体现。对于意志坚强的人而言，挫折能够磨炼人的意志，丰富人的生活经验，增强性格的坚韧性，提高解决问题的能力，引导人更加适应生活，进而创造生活之路。反之，意志薄弱的人，在挫折面前会变得情绪低落、灰心丧气、消极倦怠、甚至被挫折打倒，彻底放弃目标。挫折是对个体意志品质的严峻考验。

一、挫折及其产生的原因

（一）挫折的概念

挫折（setbacks）是指个体在有目的的活动中，遇到不能克服的阻碍时所产生的一种紧张、消极的情绪反应。个体的行为总是从一定的动机出发，经过努力奋斗达到一定的目标，如果在实现目标的过程中，碰到了障碍，遇到了困难，挫折就产生了。

具体来说，挫折包含了三个要素。

1. **挫折情境**　指阻碍个体的目的性活动的各种干扰的情境状态或各种干扰条件，形成刺激情境的因素非常多，可能是各种自然、社会环境，也可能是人或物。

2. **挫折认知**　指的是对挫折情境的认知、判断、评价。

3. **挫折反应**　指个体在挫折情境下产生的困惑、忧虑、愤怒、焦虑等许多负面情绪交织而成的心理感受。在这三要素中，引发挫折的相关因素是挫折情境和挫折认知，其中核心因素是挫折认知，而挫折的外在表现是挫折反应，它的性质及程度，由挫折认知所决定。挫折认知的差异会引起个体不同的情绪和行为反应。如有些学生满足60分的成绩，而有些学

笔记

生面对90分的成绩仍会感到郁闷和失败。

挫折三要素之间有着相互影响、相互制约的关系。首先，挫折反应的程度由挫折情境决定，挫折情境愈严重，挫折反应就愈强烈；反之，挫折反应就愈轻。其次，由挫折认知来判断挫折情境的程度是否严重。只有当个体感知到挫折情境时，个体才会在心理上出现挫折反应；反之，即使是客观的挫折情境十分严重，但是个体从主观上并没有意识到它，或者并不把它视为严重的挫折，这时挫折反应也不会出现。例如，对于一次考试的失利，从客观的角度来看这是挫折情境，有些同学认为这是一个重大的挫折，而有些同学却只把它作为成长中的一次经历。这正是挫折认知角度的不同所导致的挫折反应的差异。所以，挫折反应的性质、程度由个体对挫折情境的认知所决定。综上所述，在挫折三要素中，处于核心地位是挫折认知，挫折反应的性质、程度取决于个体对挫折的认知。

（二）挫折产生的原因

挫折产生的原因非常多，主要分为客观原因和主观原因两大方面。

1. 客观原因

(1) 自然环境因素：指受到自然的或物理环境的限制，使个体需要无法获得满足。主要指的是非人力所能及的一切客观因素。例如：台风、酷热、地震、疾病、事故、洪水、自然灾害等。上述由自然规律与时空的限制而产生的挫折，对人类来说往往是无法抗拒的。

(2) 社会环境因素：指人在社会生活中受到的人为因素的限制，其中包括了社会的政治、经济、文化、法律、道德、教育、宗教信仰、风俗习惯、社会风尚等各方面因素对个体产生的影响。这些要素在家庭、学校与工作环境中所结合的方式与发挥的作用不同，对个体产生的挫折影响也各不相同。家庭的自然结构、经济状况、教育方式、抚养方式、人际关系等都有可能成为个体产生挫折的原因，特别是成长早期家庭环境中的不良因素对个体所造成的负面影响，都有可能会成为个体日后遭遇挫折的潜在因素。例如父母如果过于强调孩子的学业发展，同时又忽略孩子的人际适应能力培养的话，等孩子成年后走上工作岗位时，很可能会遭受因人际适应不良而产生的挫折。以上的各种社会环境因素，与自然环境因素相比，不仅更加容易引起个体的挫折感，而且后果也要严重得多。

2. 主观原因 主观原因又称内部原因，是指由于个体生理因素和心理因素带来的阻碍和限制所形成的挫折。

(1) 个体生理因素：主要是指个体与生俱来的容貌、身体、健康状况、生理缺陷等先天素质所带来的限制，导致需要无法满足或目标无法实现。例如，一名高考生很想考临床医学专业，但由于自身是色盲而不能如愿；有生理缺陷的人在社会活动中会由于其特殊的身体特征而处于弱势，并且无法在社交场合中正常地发挥自己的才能，由此产生出被嘲笑、被孤立的挫折感。

(2) 个体心理因素：个体因需求、动机、性格、气质等心理因素可能导致活动失败、目标不能实现。心理因素引起的挫折十分复杂，主要有以下几个方面：①动机强度：挫折的形成与否和个体的动机、需要等因素有密切的关系。动机行为受到阻碍使个体不能达到目标而感到受挫。所以，需要愈迫切、动机愈强烈，受挫后挫折感愈强。②动机冲突：在现实生活里，一个人常常同时产生两个或多个动机。假如这些并存的动机因受到条件限制不能同时得到满足，就会使个体产生较大的心理冲突。如果这种心理冲突的持续时间过长，程度过于强烈，或是其中某个动机得到满足而其他动机受阻则会产生强烈的挫折感。③自我期望值：主观期望和客观现实之间总会有一定的差异，但个体若是一味地片面强调主观愿望而脱离实际，就会形成挫折感。④个人抱负水平：抱负水平指个体依据自己所要达成的目标所制定的标准。标准愈高则抱负水平愈高；反之，则抱负水平愈低。个体的挫折感与其个

笔记

人抱负水平紧密相关。同抱负水平低的人相比，抱负水平高的人更容易出现挫折感。⑤个人容忍力：指的是遭受挫折时个体的适应能力。个人容忍力的差异，使得个体对挫折的感受程度也有所差异。影响挫折容忍力的因素主要有下列四种：一是遗传及生理条件。身体条件差的人比身体条件差好的人容忍力要低。二是生活经历和文化修养。文化修养高、生活经历丰富的人要比文化修养低、生活经历不足的人容忍力强。三是对障碍或困难知觉程度。对于相同的挫折情境，不同的个体有不同的认知，获得的情绪体验也有差异，因此受到的打击和压力也有所差异。四是性格特征。意志坚强、性格开朗、有自信心的人，比意志薄弱、性格孤僻、自信心差的人对挫折的容忍力要强。有些人几经挫折，却愈败愈勇，而有些人遇到轻微的挫折就意志消沉，自暴自弃。这就是个人容忍力差异的表现。

（三）挫折反应

个体在遇到挫折后，或弱或强、或少或多都会作出一定的反应。个体对挫折的反应具体表现为以下三个方面，即情绪性反应、理智性反应和个性的变化。

1. **情绪性反应**　情绪性反应是指人在遇到挫折时出现的特定行为反应或强烈的内心体验。情绪反应的形式一般有攻击、退化、冷漠、幻想、固执、逃避等。其中最常见的情绪反应是攻击，即个体受到挫折后发泄愤怒情绪的过激行为。而攻击又分为两种类型：一是直接攻击，个体的攻击行为直接指向挫折源（引起挫折的人）；二是间接攻击，由于直接攻击不合理、不可能，个体把不满、愤怒等情绪发泄到与挫折产生无关的其他人或物上。

（1）冷漠：冷漠是和攻击行为相反的一种常见的行为反应。指的是个体受挫以后，为求得心理的解脱与宽慰，表现出漠不关心、无动于衷的态度。个体会放弃之前的追求，甚至开始厌弃人生。冷漠并不是不包含愤怒的情绪成分，而是个体把愤怒暂时压抑，用间接方式表现出来而已。这种现象表面上冷漠，内心深处却往往隐藏着极深的痛苦，是一种深受压抑的反应。冷漠经常是绝望的表现。当事者丧失了一切勇气与信心，这种反应的后果是极其可怕的。

（2）退行：又称倒退或回归。指的是个体在受挫后回复到幼时不成熟的心理水平，表现出与自身的身份、年龄不相称的幼稚行为，常会有失去理智，胡乱发泄的行为。人们在从儿童成长为成人的过程中，渐渐学会如何控制自己，在适当的场合、适当的时候作出合乎常理的行为和情绪反应，这是日益成熟的社会化表现。然而，当个体遇到挫折，体验到极强烈的情感时，可能会破坏这种控制，反而以幼稚简单的方式应付挫折，来求得别人的照顾和同情。退行便是一种由成熟向幼稚倒退的反常现象，其个体无法意识到。例如：有时可以看到老年妇女被偷钱后，在大街上号啕大哭、捶胸顿足、满地打滚。平时举止文雅的成人，身处挫折情境时，有时会表现出粗鲁低俗的行为，可能咒骂、大声叫喊或挥拳相斗。这些都是退行的表现，其根本目的是发泄心中的不满和博取别人的关注和同情。

（3）固执：是指个体受挫后，盲目、刻板地重复某种无效行为。一般来说，个体受挫后需要有一种灵活变通的能力来逃离所处的困境。但是有些人在重复碰到类似的困境后，依旧坚持用先前行不通的方法，盲目地处理已经变化了的问题。固执的最好注释是“撞上南墙不回头”。

（4）幻想：是个体通过虚幻的、想象的情境来应对挫折。

（5）逃避：是个体遇到挫折后，因为无法面对现实，而放弃了原来的目标。

（6）自责：是个体承受挫折能力差，总是把原因归结于自己，把自身作为宣泄的对象，甚至伤害自己或出现自杀等极端行为。

2. **理智性反应**　理智性反应实际上体现的是积极的意志行动，指当个体遇到挫折后，能采取积极态度，克服种种困难，审时度势，排除干扰，毫不动摇地、坚定地朝预定目标奋斗努力。许多重要的创造发明，都是科学家在经历多次失败后，仍坚持不懈奋斗努力的结果。

笔记

理智性反应不仅是表现在为坚持目标，反复尝试，改变行为，继续加强努力，更表现在人能以理性的态度剖析挫折，适时调整行动方案、降低目标或改变行动方案，来实现最终的目标。

3. **个性的变化**　重大或持续的挫折不仅会使个体产生持续性的挫折反应和紧张情绪，而且某些行为反应还会逐渐固定下来，形成个体某些突出的个性特点和相应的习惯，甚至还会影响个性的形成与发展。例如挫折可能会使一些人冷漠无情，缺乏行动的积极性，而使另一些人粗暴残忍，有强烈的攻击倾向等。

二、挫折承受力

挫折在日常生活中是不可避免的。增强挫折承受力是培养个体良好意志品质的重要方面。挫折承受力是指个体遇到挫折情境时能够摆脱和排解困境以避免心理与行为失常的能力，亦即个体适应挫折、抵抗和应付挫折的能力。不同的个体对同一挫折情境的承受力存在着差异；同一个体对不同挫折情境的承受力亦存在差异。增强挫折承受能力，是获得对挫折的良好适应和保持心理健康的重要途径。增强个体的挫折承受力可以通过以下几条途径来培养：

（一）正确对待挫折

挫折认知是指对挫折情境的知觉、认识和评价，它是影响挫折及挫折承受力的重要因素。个体首先要认识到各种挫折是人生中普遍存在的，这就要求我们在日常的学习、工作和生活中要有良好的心理准备来面对挫折。要用全局的观点看待挫折，把挫折看成是人生历程中的每一个里程碑。要用发展的观点看待挫折，把挫折看成是完善自己的试金石。其次要用辩证的观点看待挫折，应认识到挫折具有两重性，消极性与积极性并存。提高挫折承受能力就是要从挫折中提取它的积极方面。我们要认识到挫折能促使个体为了克服困难而更加的努力奋斗，能锻炼人的性格和意志，增长个体的能力和智慧，也会使个体对人生意义理解得更深刻。同时，个体在要认真总结经验教训，以避免下次出现不必要的挫折。

（二）改善挫折情境

挫折情境是产生挫折及挫折感的重要原因，如果挫折情境得到改善，挫折感也会随之消除。

对挫折情境进行改善，首先要做的是预防挫折的产生，即对一件事情的成功或失败要作出正确的估计，设置正确对待和处理的预备方案。做计划时，要从实际出发，既切实可靠，又留有余地，并且及时检查执行和完成情况，根据情况适当调整计划。挫折产生后，要认真分析引起挫折的原因，并设法改变、消除或降低其作用的程度；另一种办法是暂时离开挫折情境。

（三）总结经验教训，使用正确归因模式

善于总结挫折失败的历史教训，是增强挫折承受力的另一条重要途径。一方面是从失败中吸取教训，从综合角度分析受挫的主客观原因，及时找出失败的关键所在，发现不足并力促改进。另一方面，也要发现自己的优点和长处，振作精神，鼓起勇气战胜挫折，规避“一朝被蛇咬，十年怕井绳”和“失败绝对论”带来的恐惧和气馁等不良认知和情绪。

使用正确的归因模式。如伯纳德·韦纳（B Weiner，1974）的归因模式，用全面综合的思维来考察挫折的原因、过程和结果，执果索因，由因追溯偶然性到必然性，并从挫折现象中发现避免挫折和因素。

（四）调节抱负水平

抱负水平指个体在从事活动前，对自己所要达到的目标或成就设定的标准。它是人们进行成就活动的动力，而能否成功则取决于抱负水平的高低是否适合个体的能力或条件。抱负水平过高或过低都不利于增强个体的自信心和自尊心。在过低的抱负水平下，即使成功了，人们也不能产生成就感；抱负水平过高，在达不到预定的目标时，容易产生受挫感。

笔记

因此，要使个体在活动中产生成就感又不至于受到挫折，就要提出既适合个体能力水平又具有挑战性的标准。

（五）建立良好的社会支持系统

建立良好的社会支持系统是增强挫折承受力的有效措施。当个体遭受挫折后，如果具备良性社会支持系统，便能够获得及时有效的积极性支持力量。比如，个体在受挫后向亲人和朋友倾诉，宣泄不良情绪，得到他们的理解和支持，有利于较快地调整负性情绪，从挫折中解脱出来，重新振奋精神，战胜困难达到目标。

复习思考题

1. 解释概念：意志，意志行动，动机冲突，意志的品质，挫折。
2. 举例说明意志行动的特征。
3. 论述意志与认知和情绪的关系。
4. 论述意志过程的两个阶段及其相互关系。
5. 请举例说明意志的四项品质。
6. 论述挫折三要素及其相互关系。
7. 举例说明挫折产生的原因。
8. 如何提高个体的挫折承受力？
9. 如何培养良好的意志品质？

拓展学习

怎样培养意志力

对于每一个要克服的障碍，都离不开意志力；面对一个艰难的决定，我们所依靠的是内心的力量。事实上，意志力并非是生来就有或者不可能改变的特性，它是能够在社会实践中培养和发展。

词典上将“意志力”解释成“控制人的冲动和行动的力量”，其中最关键的是“控制”和“力量”这两个词。“力量”是客观存在的，问题在于如何“控制”它。下面几条有助于增强你的意志力，不妨一试。

1. 积极主动　积极主动地将意志力应用于正确的目标时，将会变成一种巨大的力量。美国东海岸的一位商人知道自己喝酒太多，然而他从事的是一种压力很大的工作，而在进餐前喝几杯葡萄酒似乎能让紧张的心情得到放松，可酒和累人的活又使得他昏昏欲睡。有一天，这位经理意识到自己是借酒浇愁，浪费时光。于是他决定不再举杯，而是把时间用在交易上。刚开始时不习惯，常常想起那香气四溢的葡萄酒，但他看到自己现在所做的事将有所得而不是有所失。后来的事实证明，他越是少喝酒，工作起来的干劲也就越大。

主动的意志力能让你克服惰性，把注意力集中于未来。在遇到阻力时，想象自己在克服它之后的快乐；积极投身于实现自己目标的具体实践中，你就能坚持到底。

2. 下定决心　美国罗德艾兰大学心理学教授詹姆斯·普罗斯把实现某种转变分为四步：①抵制——不愿意转弯；②考虑——权衡转变的得失；③行动——培养意志力来实现转变；④坚持——用意志力来保持转变。

有的人属于“慢性决策者”，他们知道自己应该做某些事，但决策时却优柔寡断，结果常常无法付诸行动。

为了下定决心，可以为实现自己的目标规定期限。柯林斯是加州的一位教师，对如何使自己臃肿的身材瘦下来十分关心。后来她被选为一个市民组织的主席，便决定减肥6kg。

笔记

为此她购买了比自己身材小两号的服装，要在3个月之后的年会上穿起来。由于坚持不懈，柯林斯终于如愿以偿。

3. 目标明确　普罗斯教授曾经研究过一组打算从元旦起改变自己行为的实验对象，结果发现最成功的是那些目标最具体、明确的人。其中一名男子决心每天做到对妻子和颜悦色、平等相待。后来，他果真办到了。而另一个人只是笼统地表示要对家里的人更好一些，结果没几天又是老样子，照样吵架。

不要说诸如此类空空洞洞的话："我打算多进行一些体育锻炼"，或"我计划多读一点书"。而应该具体、明确地表示——"我打算每天早晨步行45分钟"，或"我计划一周中一、三、五的晚上读一个小时的书"。

4. 权衡利弊　如果你因为看不到实际好处而对体育锻炼三心二意的话，光有愿望是无法使你心甘情愿地穿上跑鞋的。

普罗斯教授对以往在他那儿咨询的人劝告说，可以在一张纸上画好4个格子，以便填写短期和长期损失和收获。假如你打算戒烟，可以在顶上两格上填上短期损失："我一开始感到很难过"和短期收获："我可以省下一笔钱"；底下两格填上长期收获："我的身体将变得更健康"和长期损失："我将失去一种排忧解闷的方法"。通过这样的仔细比较，聚集起戒烟的意志力就更容易了。

5. 改变自我　然而光知道收获是不够的，最根本的动力产生于改变自己形象和把握自己生活的愿望。道理有时可以使人信服，但只有在情感因素被激发起来时，自己才能真正加以响应。

汤姆每天要抽三盒烟，尽管咳嗽不止，但依然听不进医生的劝告，而是我行我素，照抽不误。"有一天，我突然意识到自己真是太笨了。"他回忆说，"这不是在'自杀'吗？为了活命，得把烟戒掉。"由于戒烟能使自己感觉更好，汤姆产生了改掉不良习惯的意志力。

6. 注重精神　法国17世纪的著名将领图朗瓦以身先士卒闻名，每次打仗都站在队伍的最前面。在别人问及此事时，他直言不讳道："我的行动看上去像一个勇敢的人，然而自始至终却害怕极了。我没有向胆怯屈服，而是对身体说，'老伙计，你虽然在颤抖，可还是得往前冲啊！'"结果毅然地冲锋在前。

大量的事实证明，想象自己可以顽强地去行动，有助于使自己成为一个具有优良意志力的人。

7. 磨炼意志　早在1915年，心理学家巴雷特曾经提出一套锻炼意志的方法。其中包括从椅子上起身和坐下30次，把一盒火柴全部倒出然后一根一根地装回盒子里。他认为，这些练习可以增强意志力，以便日后去面对更严重更困难的挑战。巴雷特的具体建议似乎有些过时，但他的思路却给人以启发。例如，你可以事先安排星期天上午要干的事情，并决心不办好就不吃午饭。

来自新泽西州的布拉德利是纽约尼克斯职业篮球队的明星，除了参加正常的训练之外，他每天一大早来到球场，独自一个人练习罚球投篮。"功夫不负有心人"，他终于成为球队里罚球投篮得分最多的人。

8. 坚持到底　俗话说"有志者事竟成"，其中含有与困难作斗争并且将其克服的意思。普罗斯在对戒烟后又重新吸烟的人进行研究后发现，许多人原先并没有认真考虑如何去对付香烟的诱惑。所以尽管鼓起力量去戒烟，但是不能坚持到底。当别人递上一支烟时，便又接过去吸了起来。

如果你决心戒酒，那么不论在任何场合里都不要去碰酒杯。倘若你要坚持慢跑，即使早晨醒来时天下暴雨，也要在室内照常锻炼。

9. 实事求是　如果规定自己在3个月内减肥25kg，或者一天必须从事3个小时的体育

笔记

锻炼，那么对这样一类无法实现的目标，再坚强的意志力也无济于事。而且，失败的后果会将自己再试一次的愿望化为乌有。

在许多情况下，将单一的大目标分解成许多小目标不失为一种好办法。打算戒酒的鲍勃在自己的房间里贴了一条标语——“每天不喝酒”。由于把戒酒的总目标分解成了一天天具体的行动，因此第二天又可以再次明确自己的决心。到了周末，鲍勃回顾 7 天来自己的一系列“胜利”时信心百倍，最终与酒“拜拜”了。

10. 逐步培养　坚强的意志不是一夜间突然产生的，它是在逐渐积累的过程中一步步地形成的。中间还会不可避免地遇到挫折和失败，必须找出使自己斗志涣散的原因，才能有针对性地解决。

玛丽第一次戒烟时，下了很大的决心，但以失败告终。在分析原因时，她意识到需要做点什么事来代替拿烟。后来她买来了针和毛线，想吸烟时便编织毛衣。几个月之后，玛丽彻底戒了烟，并且还给丈夫编织了一件毛背心，真可谓“一举两得”。

11. 乘胜前进　实践证明，每一次成功都将会使意志力进一步增强。如果你用顽强的意志克服了一种不良习惯，那么就能获取与另一次挑战决斗并且获胜的信心。每一次成功都能使自信心增加一分，给你在攀登悬崖的艰苦征途上提供一个坚实的“立足点”。或许面对的新任务更加艰难，但既然以前能成功，这一次以及今后也一定会胜利。

参考文献

1. 彭聃龄 . 普通心理学[M]. 北京：北京师范大学出版社，2012.
2. 张积家 . 普通心理学[M]. 北京：中国人民大学出版社，2015.

推荐读物

闫燕 . 意志力[M]. 北京：中国画报出版社，2010.

考研要点

意志的含义
意志行动的特征
意志行动过程
意志行动中的动机冲突
意志品质

（龚　茜）

笔记

第十三章　个性及其倾向性

本章要点

概述
　个性的概念及结构
　个性的特征
　个性倾向性
个性的理论
　个性的精神分析理论
　个性特质理论
　个性的人本主义理论
　个性的学习理论
需要
　需要的概述
　需要的分类
　需要层次理论
动机
　动机的概述
　动机的理论
兴趣与价值观
　兴趣的概述
　价值观的概述

关键词

个性；个性倾向性；特质理论；需要；需要层次论；动机；兴趣；价值观

个性作为个体的稳定而独特的整体心理面貌，一直是众多学者研究的对象。多数心理学家认为，个性主要由个性倾向性和个性心理特征两个相互联系的部分构成。其中，个性倾向性是反映人对事物的稳定的心理倾向和行为趋向的个性成分，主要包括需要、动机、兴趣、价值观等。

第一节　概　　述

一、个性的概念及结构

个性指人的稳定而独特的整体心理面貌，反映了人与人之间稳定的差异的特征。

笔记

个性（personality）一词来源于拉丁语 persona，原指戏剧演员在舞台上扮演角色时所戴的面具。心理学家沿用其含义，把一个人在人生舞台上所扮演的角色及其各种心理活动都看作个性的表现，即把个性界定为一个人“外表的样子”或“在他人心目中的印象”。后来，随着心理学研究的深入，心理学家发现，个体表现出的心理活动和他人对其的评价常常因人、因事、因地而异，并不能反映一个人的真实自我；只有把握其心理活动中的那些稳定的心理倾向、心理特征及其独特组合，才能反映其真实自我，才能形成对其整体心理面貌的认知。

个性与人格的概念内涵，既有联系也有区别，二者关系密切却也容易混淆。在西方心理学的译著中，personality 一词常常被翻译为“人格”。这是因为，西方心理学中的“人格”概念在结构组成上通常主要指“性格”和“气质”，这和我国心理学中的“个性”概念的组成有部分的相同。但不同的是，个性不仅仅只包括性格和气质，个性是在心理过程的基础上形成和发展，由人在认知、情绪和意志活动中的那些稳定的心理倾向、心理特征及其独特组合所构成。另有一层关联，“人格”在中文里有伦理学的含义，容易引起混淆。关于个性的结构，心理学界有多种见解。多数心理学家认为，个性主要由个性心理特征和个性倾向性两个相互联系的部分构成。

（一）个性心理特征

个性心理特征是人在心理过程中经常表现出来的稳定的心理特点的独特组合，它集中反映了个体间精神面貌方面的稳定的类型差异，具体包括能力、气质和性格。其中，能力是直接决定人的活动能否顺利进行必需的个性心理特征。人要进行某种活动或完成某种任务，必须具有相应的能力，否则，即使有满腔的热情和崇高的愿望，也将一事无成。气质是反映人的心理活动动力特征的个性心理特征。气质使人的心理活动带有明显的个体风格，使人在不同场合、不同活动中表现出相同性质的心理活动动力特征。性格是反映人对现实的稳定态度和与之相应的行为方式的个性心理特征。性格具有很强的社会制约性，主要是在社会环境的影响下形成和变化的。

（二）个性倾向性

个性倾向性是反映人对事物的稳定的心理倾向和行为趋向的个性成分，主要包括需要、动机、兴趣、价值观等。人在与周围事物的相互作用中，选择与舍弃什么、看重与轻视什么、趋向与回避什么、接受与拒绝什么，等等，都由个性倾向性所决定。个性倾向性是人的心理和行为的积极性的源泉，它可以促使人朝着一定的方向，追求一定的目标，以行动求得心理上的满足。因此，个性倾向性也被认为是一个以需要为基础的动机系统。

二、个性的特征

个性具有以下基本特征：

（一）个性的整体性

个性是由各种稳定的心理倾向、心理特征构成的有机整体，而不是其简单堆积，即构成个性的各个组成部分是相互联系、彼此制约的，其组成部分的意义只有在个性这一整体中才能得以确定，个性的统合性是心理健康的重要指标。即当一个人的个性结构在各方面和谐一致时，其个性就是健康的。

（二）个性的稳定性

个性具有稳定性，表现在人的心理活动中经常出现、比较稳定的心理倾向和心理特征。并且，正因为个性具有稳定性，人们才能把一个人与其他人在心理面貌上区分开来，才能预测个体在某种情境中会作出何种心理活动。当然，个性的稳定性并不是指个性是一成不变的。人的个性主要是在生活环境和社会实践影响下逐渐形成的，随着环境和实践的变化，

笔记

个性也会发生相应的改变。

(三) 个性的独特性

正所谓"人心不同，各如其面"，这句话就恰如其分地反映了个性的独特性。世界上没有个性完全相同的两个个体。因为，个性是在遗传、环境教育等众多因素交互作用下形成的，因而人与人之间的个性的组成结构及构成方式都不尽相同。因此，即使是遗传素质完全一样的同卵双生子，他们的个性也不完全相同。当然，强调个性的独特性并不是说人与人之间在个性上毫无相同之处。那些家庭、年龄、民族、职业等生活环境和社会实践因素具有相同或相似性的个体，在心理面貌上的确会有不少共同或类似的特征。但作为一个整体而言，个性具有独特性。

(四) 个性的社会性

个性的形成和发展，虽然离不开由遗传素质构成的生物基础，但是社会生活和社会实践起着决定作用。遗传素质只为个性的形成和发展提供了可能性，社会生活和实践则为个性的形成和发展提供了现实性。

三、个性倾向性

个性可分为个性心理特征和个性倾向性两大部分。个性倾向性是推动个体进行活动的动力系统，是个性结构中最活跃的因素。个性倾向性是个性中的一部分，决定了个体对周围世界认识和态度的选择和趋向。个性倾向性主要包括需要、动机、兴趣和价值观，它们较少受到生理因素的影响，主要是在后天的社会化过程中形成的。

需要是个性倾向性的基础，是人为了求得个体和社会的生存与发展，必须获得一定的事物，需要是整个个性积极性的源泉。

动机是个性发展的内驱力，是内因和外因相互作用的结果。其中，内因是人的各种需要，外因是那些能够满足需要的事物。

兴趣是人力求认识某种事物或从事某项活动的心理倾向。兴趣与动机都源于需要，但兴趣是动机的进一步发展，其对人的心理和行为的动力影响比动机更稳定持久。

价值观是个体按照客观事物对其自身及其社会意义或重要性进行评价和选择的原则、标准及信念。价值观是用来区分事物重要性的标准，构成指导自身思想和行为的依据。

个性倾向性的各个成分之间不是彼此孤立的，而是存在着相互联系、相互影响的关系。

第二节 个性的理论

个性的特征和结构，表明个性可以对个体行为产生重要影响。而个性发挥作用的机制又是如何呢？下面介绍的个性理论将有助于了解其作用机制。

一、个性的精神分析理论

(一) 弗洛伊德的个性理论

弗洛伊德于19世纪末20世纪初，构建了心理学史上第一个个性心理学的理论体系，并强调个性结构的动力性质，从而最先对个性差异作出了心理学解释。

弗洛伊德先后提出过两种不同的个性结构理论。在早期，他提出以潜意识为核心的个性结构说。他把个性划分为意识、前意识和潜意识，并以冰山中露出水面的山尖为例比喻意识，而将人类内心大量的真实想法视为人们无法接触到的潜意识存在，并以水面下的巨大冰山来比喻潜意识。在后期，弗洛伊德认识到早期关于个性结构的描述存在一定的局限性，从而又将个性划分为本我(id)、自我(ego)和超我(superego)三部分。其中，本我是由

笔记

潜意识中的本能、冲动与欲望构成，属于个性的生物层面，按“快乐原则”行事，无节制地寻找满足感并且不考虑后果；而自我则遵循着“现实原则”，在现实的可能性和本我的非理性需要之间起着调节作用，从而决定着本我的要求能否得到及时满足；超我是个性中的最高层面，代表着社会的价值观标准，属道德化的自我，大致与良知等概念相对应。超我遵循着“至善原则”指导自我、限制本我的私欲。

本我、自我和超我之间相互关联，并始终处于冲突与调节的矛盾运动之中。其中自我既要考虑本我的欲望，并且要接受超我的监督，还要平衡客观现实，分析现实的条件和自我的处境，以促使个性内部协调并保证与外界互动顺利进行，当三者不平衡时则易产生心理异常。

（二）艾里克森的个性发展阶段理论

艾里克森（E.H Erikson，1902—1994）是著名的发展心理学家和精神分析学家。他把个体的心理发展划分为八个阶段，指出每一阶段的特殊社会心理任务，并认为每一阶段都有一个特殊矛盾，矛盾的顺利解决是个性健康发展的前提。该理论被称为个性的社会心理发展理论。

表 13-1　艾里克森的社会心理发展阶段

发展顺序	年龄阶段	发展的关键任务
婴儿期（infancy）	0～1.5 岁	信任对不信任（trust vs mistrust）：婴儿需要通过与看护者之间的交往建立对环境的基本信任感； 如看护者经常不出现，婴儿可能发展出强烈的不信任感
儿童早期（early childhood）	1.5～3 岁	自主对自我怀疑（autonomy vs shame and dou）：幼儿习得对自己身体和周围环境的控制； 过度的约束和批评可能导致幼儿自我怀疑
游戏期（play age）	3～6 岁	主动对内疚（initiative vs guilt）：儿童表现出主动性和想象力，尝试新事物； 如发展不顺利，可能导致儿童产生内疚感，感到没有能力进入成人的世界
学龄期（school age）	6～12 岁	勤奋对自卑（industry vs inferiority）：儿童学习知识技能，系统地发展各项能力； 儿童如果经历了太多失败，或作为旁观者不参与，可能产生自卑感
青春期（adolescence）	12～19 岁	同一性对角色混乱（identity vs identity confusion）：面对不同人扮演不同角色，并在这种混乱中发现自己的正确身份； 如果失败则可能缺乏稳定的自我形象
成年早期（young adulthood）	19～25 岁	亲密对疏离（intimacy vs isolation）：发展对他人作出充满情感、道德和性的承诺的能力； 如果失败可能导致疏离感和没有能力与他人交流的感觉
成年期（adulthood）	25～50 岁	再生力对停滞（generativity vs stagnation）：个体通过生产活动对家庭、工作、社会以及后代作出贡献； 反之则停滞于之前的发展，追求自我中心和无拘无束
老年期（old age）	50 岁以上	自我实现对失望（integrity vs despair）：可以回顾往事没有遗憾； 反之则产生绝望感和失落感

艾里克森的社会心理发展理论，阐述了个性发展的 8 个阶段。艾里克森认为，在每一个阶段中，解决了核心问题之后所产生的个性特质，都包括了积极与消极两方面的品质，如“信任对不信任”，只要在积极品质与消极品质中取得平衡，让积极品质占主导地位，就算完

笔记

成了这阶段的任务，否则就会产生心理社会危机，形成不健全的个性。

二、个性特质理论

特质(trait)是决定个体行为的基本特性，是个性的结构单元。特质理论假定特质具有跨时间跨情境的稳定性。特质理论已被广泛应用于社会生活的各领域以预测个体的行为。

(一)奥尔波特的特质论

奥尔波特(G.W Allport，1897—1967)最先提出了个性特质理论，并将特质视为个性的根源。他将个性特质分为两类：共同特质和个人特质。共同特质是在某种社会文化下，一个群体所具有的相同的、共性特质。个人特质是个体所独有的特质。奥尔波特又将个人特质分为3类：首要特质、核心特质和次要特质。首要特质是一个人最显著，最具概括性的特质，包含了个体最有代表性的特点并能影响到个体行为的诸多方面。如多愁善感是林黛玉的首要特质。核心特质则代表一个人的主要特征，通常有5～10个之多。例如，雷锋的爱岗、好学、责任心、活泼、乐观都是他的核心特质。次要特质对于理解个体特性的帮助要小得多，通常是一些并不重要的特质。例如对衣着色彩的偏好，就属于个体的次要特质。奥尔波特认为，特质可以作为一种中介变量，使相同的刺激，产生出不同的反应，从而对个体的行为产生不同影响。

(二)卡特尔的特质论

卡特尔(R.B Cattell，1905—1998)是特质论的另一位先驱，他在奥尔波特研究的基础上，将个人特质区分为表面特质和根源特质。表面特质是可以直接从外部行为中观察到的特质；根源特质是隐藏在表面特质深处并制约其外部行为的特质，是个体行为的最终原因且具有稳定性，而表面特质是根源特质的外在表现，因而其数量更多。卡特尔认为个体的根源特质只有量的差别而无质的差异，因此可以对个性进行量化分析。他运用因素分析法得到了16种根源特质，并编制了《卡特尔16项个性因素调查表》(Sixteen Personality Factor Questionnaire，简称16PF)，用于测量16项特质。分别为乐群性、聪慧性、情绪稳定性、恃强性、兴奋性、有恒性、敢为性、敏感性、怀疑性、幻想性、世故性、忧虑性、激进性、独立性、自律性、紧张性。

(三)艾森克的特质论

艾森克(H.J Eysenck，1916—1997)在特质论的基础上运用因素分析法研究个性的维度。首先，艾森克在对个性数据大量因素分析的基础上提出了两个因素：内外倾(I-E)和神经质(N)。内外倾反映了个体是由内源或外源导向行为的，外倾的人不易受周围环境的影响，具有渴求刺激、爱交际、情绪冲动、冒险和粗心大意的特点。内倾的人容易受周围环境的影响，不爱社交、喜欢安静、情绪稳定、深思熟虑、喜欢秩序感的生活。神经质反映了个体情绪的稳定与否，这一维度反映从异常到正常的连续性特征。艾森克指出，情绪不稳定的人表现出焦虑，喜怒无常，情绪稳定的人不易焦虑，容易自我克制。最初艾森克认为这两个维度可以涵盖所有的个性特质，但后来他在其他统计分析基础上提出了第三个维度——精神质(P)。精神质表明从异常到正常的连续性特征。低分精神质者代表了个体具有善良体贴的特点，而高分精神质者则具有攻击性和反社会的特点，该维度是指心理病态的倾向性而非精神病。艾森克将认为，个性维度代表着一个连续体，每个人都具有上述三种维度上的特征，只是表现程度因人而异。他根据内外倾、神经质和精神质这三种维度加入效度量表(L)，编制了《艾森克人格问卷》(Eysenck Personality Questionnaire，简称EPQ)。

(四)五因素模型

五因素模型又称为“大五人格”。麦克雷(R.R Mc Crea)与科斯塔(P.T Costa)用词汇学的方法对卡特尔的特质变量进行了再分析，发现约有5种因素可以涵盖个性描述的所有方

笔记

面，并在不同文化情境中均发现其存在。这5种特质被称为五因素模型（five-factor model）。在5个维度中，每个维度都具有两极性，分别代表对不同分数特质的描述，以下是5个维度描述的内容。

外倾性（extraversion）：好交际对不好交际，爱娱乐对严肃，感情丰富对含蓄；表现出热情、社交活跃、果断、冒险、乐观等特质。

神经质或情绪稳定性（neuroticism）：烦恼对平静，不安全感对安全感，自怜对自我满意；包括焦虑、敌对、压抑、自我意识、冲动、脆弱等特质。

开放性（openness）：富于想象对务实，寻求变化对遵守惯例，自主对顺从。具有想象、审美、情感丰富、求异、创造、智慧等特质。

宜人性（agreeableness）：热心对无情，信赖对怀疑，乐于助人对不合作；包括信任、利他、直率、谦虚、移情等特质。

尽责性（conscientiousness）：有序对无序，谨慎细心对粗心大意，自律对意志薄弱；包括胜任、公正、条理、尽职、成就、自律、谨慎、克制等特质。

由于五因素的首字母组成了"OCEAN"（海洋），因此也说明了个性内涵的丰富性。可以通过麦克雷和科克斯塔（1989）编制的"大五个性因素量表"（NEO- Personality Inventory，NEO-PI-R）加以评定。

三、个性的人本主义理论

人本主义理论主张人性本善，强调人们都具有朝向更高水平发展的愿望，认为个性并非受无意识冲突和对焦虑的防御所驱使，而是由适应、学习、成长和成功的积极需求所驱动的。人本主义心理学家，例如卡尔·罗杰斯、亚伯拉罕·马斯洛和凯伦·霍妮等（K Homey，1885—1952）认为，个体追求自我实现的动机，无论先天还是后天的，会驱动个体一直向积极的方向发展和变化。

亚伯拉罕·马斯洛（A Maslow，1908—1970）是人本主义理论的代表人物，对人本主义的发展有着重要的贡献。马斯洛人本主义理论的核心是需要层次理论。马斯洛认为，人类的基本需要可以分为七种，分别为生理需要、安全需要、归属和爱的需要、自尊需要、认知需要、审美需要和自我实现需要。

人本主义的另一代表人物卡尔·罗杰斯（C Rogers，1902—1987）与马斯洛的观点相同，罗杰斯也认为个体有追求自我实现的需要。并且，罗杰斯提出，在个体的成长过程中，无条件的积极关注对于个性的形成十分重要。

无条件的积极关注指的是以一个观察者的身份看待他人，接受和尊重对方的言行。而与之相反，有条件的积极关注则是通过了某些先决条件才能获得认可。罗杰斯认为，对成长中的个体，应尽量提供无条件的积极关注，使其在自然的情境中形成自我和谐的观念，从而奠定自我实现的个性基础。通过无条件的积极关注，个体会认为，尽管他们可能有错误或失败，但是一直是被爱和接受的，他们不必努力争取爱和认可。罗杰斯相信在无条件积极关注的指导下，个体会感到安全和自信，从而充分显露自己的潜能，朝向自我实现的目标发展。

四、个性的学习理论

不同于其他个性理论直接关注个体行为差异的特点，个性的学习理论认为人们的大多数行为都可以被环境事件所预测，个性被看作个体显性和隐性反应的总和，这些行为反应由个体曾经受到的强化所引起。个性学习理论的代表人物有斯金纳、班杜拉和罗特（J.B Rotter ）等。

笔记

（一）斯金纳的行为学习理论

美国心理学家斯金纳（B.F Skinnerd，1904—1990）作为新行为主义学习理论的创始人，其行为学习理论的核心是操作性条件反射理论。在操作条件反射理论中，斯金纳把行为分成两类：一类是应答性行为，这是由已知的刺激引起的反应；另一类是操作性行为，是有机体自身发出的反应，与刺激物无关。并且，斯金纳把条件反射也分为两类，分别为应答性反射和操作性反射。应答性反射是强化与刺激直接关联，操作性反射是强化与反应直接关联，个体行为主要是由操作性反射构成的操作性行为，操作性行为是作用于环境而产生结果的行为。

根据斯金纳的观点，个性是习得行为模式的集合，个体由于受到不同的强化，导致出现个性的差异。

（二）班杜拉的社会学习理论

根据美国心理学家班杜拉（A Bandura，1925-）的理论，个体可以通过观察学习别人的行为以及行为的结果来获得学习，人们可以预知在特定情境下某种行为可能带来什么结果，而不需要实际地作出这些行为。在社会学习理论中，班杜拉将自我效能感作为理论的核心概念，其代表了个体对自身能否利用所拥有的技能去完成某项工作行为的自信程度。

社会学习理论强调，认知参与到获得和保持某种行为的过程中，个性就在通过观察学习和模仿他人的行为过程中逐步建立起来。

第三节　需　要

一、需要的概述

需要是有机体内部的一种不平衡状态，是个体和社会的客观需求在人脑中的反映。人为了求得个体和社会的生存与发展，必须获得一定的事物。例如，食物、服装、睡眠、劳动、交往等等。这些事物反映在其头脑中，就形成了他的需要。

需要是个性倾向性的基础，与人的活动有着密切联系。一方面，需要是推动人活动的基本动力，它促使人朝着一定的方向，追求一定的对象，以行动求得自身的满足，而且需要越强烈、越迫切，所引起的活动就越有力。另一方面，需要也是在人的活动中不断产生和发展的。随着已有需要的满足，人与周围现实的关系就发生了变化，又会产生新的、更高的需要，从而促使人的活动不断向更高、更大的目标迈进。因此，需要在个性倾向性中居于重要地位，是个体行为积极性的源泉，并常以动机、兴趣、信念、理想、价值观等形式表现出来。

二、需要的分类

人的需要具有多样性，可以从不同角度加以分类：

（一）生理性需要与社会性需要

根据起源，可以将需要分为生理性需要和社会性需要。

生理性需要是指维持生命和种族延续所必需的事物在人脑中的反映，如对空气、热量、食物、饮水、运动、休息和性的需要等。这种需要也叫本能需要，是人与动物共有的，但人与动物的生理性需要有着本质差别，前者更多受到社会生活条件和社会道德规范的制约。

社会性需要是与社会生活相联系的需要，如对劳动、学习、娱乐、交往、自尊等的需要。这种需要是后天获得的，具有社会意义，是人类所独有的。

笔记

（二）物质需要与精神需要

根据需要对象的性质，可以把需要分为物质需要和精神需要。

物质需要是指人对物质产品的需要，如对衣、食、住、行等的需要。在物质需要中，既包括生理性需要，也有社会性需要。例如对服饰的需要就既有生理性需要，也包含社会性需要。

精神需要是指人对社会精神生活及其产品的需要，如对知识、对文化艺术、道德、审美的需要等等。这类需要有时亦称为认识的需要。它是人们学习科学知识、探索自然和社会发展规律的动力。如对美的需要使人努力去美化自己的生活，创造文学艺术，使人的生活丰富多彩。随着科学技术的进步，人们物质生活水平的提高，人对精神的需要会越来越多样化。

上述关于人的需要的分类，仅具有相对的意义，因为需要往往是相互联系的。例如人类对食物的需要既是生理性需要也是物质性需要，同时又具有社会性的成分。满足精神需要往往要以一定的物质条件作为基础，但满足物质需要的同时还必须满足一定的精神需要，因此，这些需要很难截然分开。

三、需要层次理论

马斯洛的需要层次理论是以他对人类基本需要的理解为依据的。马斯洛认为，驱使人类的是若干始终不变的、遗传的、本能的需要，这些需要具有 5 个特点：①缺少它引起疾病；②有了它免于疾病；③恢复它治愈疾病；④在某种非常复杂的、自由选择的情况下，丧失它的人宁愿寻求它，而不是寻求其他满足；⑤在一个健康人身上，它处于静止的、低潮的或不起作用的状态中。

在马斯洛看来，这些需要是人类天性中固有的东西，反映了人类真正的内在本质；文化不能扼杀它们，只能抑制它们。因此，这些需要被马斯洛视为人类的基本需要。

在此基础上，马斯洛认为，人类的基本需要可以分为 7 种，分别为生理需要、安全需要、归属和爱的需要、自尊需要、认知需要、审美需要和自我实现需要。这 7 种需要以层次（或称层梯）形式分布（图 13-1）。

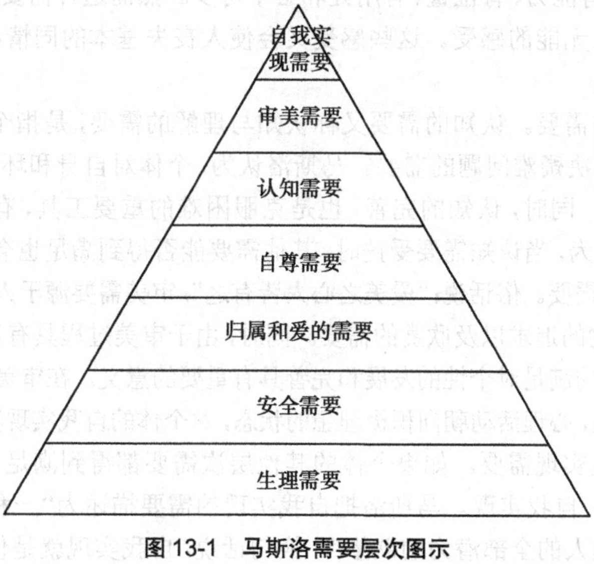

图 13-1　马斯洛需要层次图示

第一层次，生理需要。马斯洛认为，生理需要是人的需要中最基本、最强烈、最明显的一种。假设一个人在生活中所有需要都没有得到满足，那么生理需要而非其他需要最有可

笔记

能成为其主要动机。一个同时缺乏食物、安全、爱和尊重的人，对于食物的需要可能最为强烈。此时，其整个身心状态和动机行为几乎完全为满足饥饿这一目的所决定，而与达到这一目的无关的其他需要可能会全然消失，或者退居幕后。马斯洛还认为，当人的机体被生理需要主宰时，人关于未来的人生观也有变化的趋势——对于一个长期极度饥饿的人而言，乌托邦就是一个食物充足的地方。假如确保他余生的食物来源，他就会感到幸福并且不再有其他奢望。对他来说，生活本身的意义就是拥有食物，其他任何东西都是不重要的。自由、自尊、哲学等都被当作无用的奢侈品弃置一边，因为它们不能填饱肚子。可以说，这种人仅仅是为了食物而生存。

第二层次，安全需要。当生理需要得到相对满足后，安全需要便作为支配性动机显露出来。它包括对组织、秩序、安全感和可预见性等的需要。处于这一需要层次中的人，首要目标是减少生活中的不确定性，以确保自己能生活在一个免遭危险的环境之中。这在儿童身上表现得尤为明显。儿童需要一个生活较固定、有规律、对未来有计划的家庭环境，需要可以信赖、可以为其提供保障的人，否则儿童就会出现焦虑不安、惊慌失措、寻求安定等行为。因此父母之间的争吵、斗殴、分居、离婚，以及父母对孩子的粗暴、体罚等等，都会给儿童造成不安全感，影响他们的健全发展。

第三层次，归属和爱的需要。当生理和安全的需要得到基本满足时，对归属和爱的需要就开始支配人的动机和行为。马斯洛曾说，“现在这个人会开始追求与他人建立友情，即在自己的团体里求得一席之地。他会为达到这个目标而不遗余力。他会把这个看得高于世界任何别的东西，他甚至会忘了当初他饥肠辘辘时曾把爱当作不切实际或不重要的东西而嗤之以鼻”。具体来说，处于这一需要层次中的人，会强烈地感受到爱的可贵，希望能有美满的家庭，渴望在一定的社会集体中建立紧密的关系。如果这一需要得不到满足，他会强烈地感到孤独、寂寞，甚至产生被抛弃的痛苦体验。

第四层次，自尊需要。当前三种需要都得到基本满足之后，自尊的需要便开始支配人的生活了。这类需要包括两个方面：一是要求得到他人的重视和尊敬，具体包括对声望、地位、荣誉、赏识、威信等的欲望；另一是要求自尊，具体包括对获得信心、本领、实力、成就、独立和自由等的欲望。自尊需要的满足会导致一种自信的情感，使人觉得自己在这个世界上有价值、有力量、有能力、有位置、有用处和必不可少。然而这种需要一旦受挫，就会使人产生自卑、弱小以及无能的感受。这些感受又会使人丧失基本的同情心，使人要求补偿或者产生异常心理。

第五层次，认知需要。认知的需要又称认知与理解的需要，是指个人对自身和周围世界的探索、理解及解决疑难问题的需要。马斯洛认为，个体对自身和环境的认知，是走向自我实现的重要阶段。同时，认知的完善，也是克服困难的重要工具，有助于其他需要的完成。因此，马斯洛认为，当认知需要受挫时，其他需要能否得到满足也会受到威胁。

第六层次，审美需要。俗话说：“爱美之心人皆有之”，审美需要源于人的内在冲动，每个人都有对周围美好事物的追求以及欣赏的需要。同时，由于审美过程具有形象性和主客体交融性的特点，审美需要的满足对个性的发展和完善具有重要的意义。在审美活动的过程中，个体主动创造美和欣赏美，心理活动朝向积极理想的状态，对个体的自我实现奠定了重要的基础。

第七层次，自我实现需要。如果个体的其他层次需要都得到满足，那么他或她就可达到需要层次之巅——自我实现。马斯洛把自我实现的需要描述为“一种想要变得越来越像人的本来样子、实现人的全部潜力的欲望”。换句话说，自我实现就是使自己成为自己理想的人、把自己的潜能全部变成现实的需要。满足这一需要所采取的方式存在着个体差异。例如有的人想成为一位理想的母亲；有的人想在体育上大显身手；还有的人表现在绘画或创造发明上。由于自我实现需要的产生有赖于前面基本需要的满足，因而对大多数人而言，

笔记

自我实现的需要是人们追求奋斗的终极目标，但只有少数人能达到真正的自我实现。

对于上述七种基本需要，马斯洛把其中较低的前四层，即生理需要、安全需要、归属和爱的需要、自尊需要称为匮乏性需要，其共同性质是，均系由于生理上或心理上的某些欠缺而产生。并且，马斯洛把较为高级的后三层，即认知需要、审美需要和自我实现需要称为成长性需要。不同于匮乏性需要，成长性需要更多的是在个体主动追求人生价值中产生，是更高级的需要。

在谈到一种需要得到满足后会出现新的需要时，马斯洛指出，他所谓的满足仅具有相对的意义，而且新的需要也不是突然出现的，而是逐渐发生的。大多数人在正常情况下，只能得到基本需要的部分满足，此时，新的需要就有可能出现，个体的动机就有可能受新的需要支配。

虽然七种需要层次有所不同，但这种层次顺序并非固定不变。马斯洛认为，这只是一种一般的模式，在实际生活中，这绝非刻板不变的，而是存在很多例外。例如，有些人把自尊看得比爱更重要；有些天赋较高的人尽管缺乏基本的满足，仍孜孜于创造活动；有些富有理想和崇高价值观念的人，会为追求某种理想或价值而牺牲一切。

专栏 13-1

博采众长的马斯洛

作为人本主义心理学的奠基人之一，马斯洛用毕生的精力发展出了一系列理论，这些理论塑造的学科不仅仅有心理学，同样还有教育学、社会学、神学、市场营销学和管理学，就他的影响力来说，有证据表明，马斯洛关于人类行为的激烈的思想已经成为人们共同意识的一部分。

马斯洛是在对十几位杰出人物的研究中提出他的健康人格模型的。他的研究对象包括他的两位老师和他的两个研究生（马斯洛认为这些研究生是“部分”自我实现者），以及一些杰出人物，如林肯、杰弗逊、爱因斯坦、埃莉诺•罗斯福、阿尔贝特•施韦泽、威廉•詹姆士、简•亚当斯、贺胥黎、斯宾诺莎等，他从他们身上发现了自我实现者的诸多性格特点。

1954 年，马斯洛的《动机和人格》发表，这部著作被公认为是 20 世纪 50 年代应用心理学领域最重要的成果之一。这本书具有极为广泛的应用价值，它不仅在心理治疗、心理卫生以及教育学上有重要的指导意义，在管理学上有极为特殊的贡献，而且对社会学、经济学等学科也有十分重要的影响。48 年前马斯洛逝世之际，遗留了大量等待发表的论文，随笔和信件，待后人研究。

由于马斯洛把发展人本主义心理学作为他毕生的事业，并以一种宗教般的热情去实践，因而他最终被公认为人本主义心理学的代言人，并使人本主义心理学成为心理学中继精神分析和行为主义学派之后的第三种势力。

第四节　动　机

一、动机的概述

动机（motivation）是推动人去从事某种活动或行动的原因和内在动力。

动机一词，来源于拉丁文 movere，即推动的意思，是一个解释性概念，用以说明个体为什么会表现出这样或那样的行为。人从事任何活动都有一定的原因，这个原因就是人的行为动机。动机可以是有意识的，也可能是无意识的。

动机的产生是内因和外因相互作用的结果。其中，内因是人的各种需要，外因是那些能够满足需要的事物。从内因来看，人的任何行为的动机都是在需要基础上产生的，都是为了直接或间接地满足某种需要；从外因来看，单有需要还不足以产生动机，只有当需要和

笔记

能够满足需要的事物同时存在时，人才会产生动机并付诸行动。

那些能够满足需要的事物，因为常常能诱发动机，又被称为诱因。诱因有正负之分：凡使个体趋向或接受之而获得满足者，称为正诱因；凡使人逃离或躲避之而获得满足者，称为负诱因。例如，对于饥饿的人来说，食物是正诱因，电击是负诱因。诱因可以是物质的因素，也可以是精神的因素。例如，教师对学生的表扬，就是一种激发学生学习动机的正诱因。

从动机的产生条件可见，人的任何动机都是为了满足某种需要或实现一定目的。因此，动机对人的活动具有如下调控功能：第一，引发功能，即引发或发动某种活动；第二，指引功能，即使活动指向特定的目标；第三，激励功能，即对活动起维持和加强的作用。

动机的种类是多样性。根据起源，可以把动机分为生理动机和社会动机；根据社会意义，可以把动机分为正确的、高尚的动机与错误的、低下的动机；根据作用，可以把动机分为主导动机和辅助动机；根据持续时间，可以把动机分为长远动机和短暂动机；根据学习在动机形成和发展中所起的作用，可以把动机分为原始动机和习得动机；根据动机的意识水平，可以把动机分为有意识的动机和无意识的动机。

在具体活动中，不同的动机可以通过相同的活动表现出来；不同的活动也可能是由相同或相似的动机所支配，并且人的同一种活动还可以由多种动机所支配。例如，学生努力学习，其学习动机可能是不同的，有的可能是理解到自己对祖国的责任；有的可能是想考取高一级的学校；有的可能是出于个人的物质要求；有的可能是怕辜负教师和父母的期望；有的可能同时具备上述几种动机。

二、动机的理论

为什么不同的生物有其自身的行为方式？部分答案可能是由于生物遗传的本能所决定的。19 世纪末 20 世纪初，在达尔文进化论的影响下，人的大部分行为被认为也是由本能所决定的。于是，作为最早对动机的研究理论——本能论（instinct theory）被引入了心理学。

早期研究过高地估计了本能对人类行为的重要性。美国心理学家詹姆斯（W James，1890）认为，人的行为比动物更多地依赖于本能。另外，人除了与动物一样具有生物本能外，还具有许多社会本能，如同情、谦虚、诚实、爱和社交等。而人类与动物本能的目的，都是为了适应环境。另一位本能论的支持者弗洛伊德提出，人类行为源于生本能（包括性欲）和死本能（包括敌对行为），如果本能的需要没有得到满足，就会产生紧张感，这种紧张驱使人朝向消除紧张的活动和事物。

20 世纪 20 年代末，本能论因它的局限性开始受到批评与怀疑。一些跨文化研究发现了许多不同文化间行为的变化和差异，这与本能论只考虑基因遗传的观点相冲突。而随着行为主义的研究深入，本能论受到了更加致命的打击，行为主义心理学家证实了人类重要的行为和情感是后天习得的，而非先天具有的。本能论的统治地位开始受到动摇。

（一）驱力理论

由于本能论对人类行为的解释不够全面，美国心理学家赫尔（C.L Hull，1943）提出新的观点，即最重要的行为是由内驱力而激发的。所谓驱力（drive）是指个体由生理需要引发的一种紧张状态，它能激发个体作出反应，采取消除紧张的行为，从而维持机体的动态平衡。

人类的一些行为看起来很简单，比如饿了，就需要食物；渴了，就需要饮水。这些通过身体的内部刺激驱使，不需要通过学习获得的驱力，称为原始性驱力。同时，赫尔还指出，人类的驱力主要是由习惯支配而来，并不只是由原始性驱力支配的。因此，那些通过外部刺激，由习惯、学习和经验获得的驱力，称为获得性驱力。赫尔认为，驱力（D）、习惯强度（H）、共同决定了个体的有效行为的潜能（P），以下公式说明了三者之间的相互关系：

笔记

$$P=D\times H$$

相比本能理论，驱力理论对动机有了更全面的解释，但对于某些行为动机的解释，仍然不能适用。例如，为什么人们喜欢跳伞或蹦极等一些极限运动？用以上理论很难理解这种行为，因为从高处跳下只能增加而不是消除紧张。下面的理论将有助于解释这种行为。

（二）逆转理论

美国心理学家阿普特尔（M Apter，1982）提出的逆转理论（reversal theory）认为，人的行为总是存在两个状态相对立的动机，其中只有一个动机被激活。在实施行为的过程中，会从一种动机转向反向的一种动机。该理论假定有4对元动机状态：有目的的——超越目的的；顺从的——逆反的；控制——同情；自我中心的——他人取向的。每对状态派生出不同的动机模式，每对动机都是向着相反的反向对应排列的，逆转理论力求解释人类是如何从对立的一端转向另一端的。以有目的的和超越目的的状态为例，人们进行跳伞活动或其他一些高度危险的活动时，在有目的的状态下，跳伞等高度刺激的活动会使个体产生紧张焦虑的情绪体验，但在超越目的的状态下，高度刺激会转化成兴奋的感受，这样从有目的的状态到超越目的的状态实现了从焦虑向兴奋的逆转。阿普特尔的一个实验能够有效的证明这种逆转的存在，实验从两个跳伞俱乐部的会员那里采集资料，测量了他们在跳伞前、跳伞时和跳伞后的情绪体验。实验结果表明，这些会员在跳伞前是焦虑的，并且没有兴奋感；而当降落伞打开后他们感到兴奋，却没有了焦虑感（Apter & Batler，1997）。由此看出，人们总是处于一种状态中，而不是同时处于两种对立的状态之中。逆转理论为人类行为的动机提供了更加全面的解释。

第五节　兴趣与价值观

一、兴趣的概述

兴趣是人力求认识某种事物或从事某项活动的心理倾向。兴趣具有认知和情绪双重特征。从认知特征来看，兴趣表现为人对认识某种事物或从事某种活动的选择倾向和主动探究的态度。例如，一个对某门课程感兴趣的学生，会对该门课程的学习产生偏爱，不仅优先予以注意，而且积极探究其原理。从情绪特征来看，兴趣伴随着愉悦的情绪体验，即人在从事感兴趣的活动时会觉得“乐在其中”。

兴趣与动机两者既有联系又相区别。尽管兴趣与动机都源于需要，都是需要的派生形式，但兴趣是动机的进一步发展，其对人的心理和行为的动力影响比动机更稳定持久。对某一事物产生了动机，未必一定能发展为兴趣；而一旦产生了兴趣，必然有与之相应的动机伴随。因此，激发和培养兴趣，常常是动机形成与发展的心理基础。

“知之者不如好之者，好之者不如乐之者”。在学习过程中，兴趣不仅是驱动学生积极学习的内在动力，而且其对学生学习的影响明显优于智力的作用。美国心理学家拉扎勒斯（A.L Lazarus）曾做过一项语文学习的比较研究，将高中学生按照智力和兴趣分成智力组和兴趣组，智力组的学生平均智商为120分，但对语文阅读和写作不感兴趣；兴趣组的学生平均智商为107分，但对语文阅读和写作很感兴趣。研究结果显示，兴趣组学生的学习成绩明显优于智力组。例如，兴趣组学生平均每人阅读了20.7本课外书，写了14.8篇文章；而智力组学生平均每人只阅读了5.5本课外书，写了3.2篇文章。

兴趣有直接和间接之分。所谓直接兴趣，是指对认识事物或从事活动本身的兴趣；所谓间接兴趣，是指对认识事物或从事活动的结果的兴趣，即对事物或活动本身虽没有兴趣，但对认识事物或从事活动的结果有兴趣。例如，对学外语的兴趣，有人是指向学外语本身，对掌握一种新的语言系统感兴趣；而有的人则指向学外语的结果，即对考大学、考研究生必

笔记

须外语过关感兴趣。在学习过程中，这两种兴趣对于学生的学习都是必要的。如果学生缺乏直接兴趣，会使学习成为一种沉重的负担；没有间接兴趣，又会使学生丧失学习的目标和恒心。因此，直接兴趣与间接兴趣有机地结合，是提高学习效果的重要条件。

二、价值观的概述

价值观是主体按照客观事物对其自身及其社会意义或重要性进行评价和选择的原则、标准及信念。价值观一旦形成，就构成人用来区分事物重要性的标准，构成指导自身思想和行为的依据，并通过兴趣、愿望、态度、观点、理想、信念等方式表现出来，从而构成指导自身行为的心理倾向系统。

价值观有社会历史性。处于同一历史时代，同一社会环境的人们，其价值观有着共同的特征，通常会反映出该时代的精神风貌；处于不同历史时代、不同社会环境中的人们的价值观则可能具有显著差别。中国古代不同时期的思想家，就曾提出过多种人生价值观，如孔子的“义以为上”，墨子的“国家百姓之利”，庄子的“物无贵贱”，孟子的“良贵说”等。这些各具特色的人生价值观，都是对当时社会历史条件的某种反映。我国当代提倡的“八荣八耻”，正是社会主义初级阶段价值观的体现。

价值观作为一种心理倾向系统，具有多维度和多层次的特性。国内外许多学者针对价值观的内在结构或分类做过探讨。例如，罗克奇（M Pokeach，1982）认为，价值观可以分为终极性价值和工具性价值两类；布莱斯怀特等则将价值观按个人目标、社会目标、行为方式进行分类；李德顺认为，价值观由关于主体地位和意义的价值观念、关于理想社会秩序和状态的价值观念、关于社会规范的价值观念、关于社会实践过程中的价值观念和价值本位观念 5 部分构成；江畅认为，价值观的结构可划分为目标系统、手段系统、规则系统和制约系统 4 个子系统。尽管目前对于价值观的结构和分类尚无一致性见解，但多数学者认为，就个体而言，追求幸福是其人生的终极目标，是具有普遍意义的价值取向，且在不同领域、不同文化、不同时代的不同个体之间存在高度的一致性；在关注这种普遍性和一致性的同时，必须保持对价值取向的差异性和由此引发的行为差异的关注。因为不同个体对于幸福的理解存在明显的差异，因而他们为实现终极目标而确立的具体目标或次级目标及其方式与手段也必然有所不同，而上述差异和不同，应该是价值观研究的核心。

复习思考题

1. 名词解释：个性，个性倾向性，个性心理特征，需要，动机，兴趣，价值观。
2. 举例说明个性的基本特征。
3. 个性结构中包含了哪些组成部分？
4. 试述马斯洛的需要层次理论及其对教育和管理工作的意义。
5. 如何理解不同个性理论的异同？
6. 动机与需要有什么关系？
7. 为什么说兴趣具有认知和情绪双重特性？

拓展学习

时间观与个性

生活中充满了抉择，或大或小，或微不足道或至关重要。学习还是和朋友参加派对？在开车回家之前再喝一瓶啤酒，还是把车钥匙交给可靠的司机？周六玩新的电子游戏还是写学期论文？在某种意义上，你在所有这些抉择上采取的行动共同构成了你的个性。但是，影响你决策过程的主要因素是什么呢？

笔记

大多数人在进行这些决策时会采取三种方式。事实上，这些决策位于三个不同的时区。对一些人而言，最大的影响来自即时情境的刺激：感觉（嗅觉、味觉、视觉、触觉），生理因素（唤起、饥饿、疲惫），以及社会因素（别人在做什么、说什么、模仿什么）。以这些输入信息为主要基础的决策关注当下，如果是某人有这种典型的决策方式，那么我们可以称其为现在时间导向（present-oriented）。另一些人在面对同样的决策时，会回顾以往的相似情境，参考过去的经验来决定如何行事。如果这是某人典型的决策方式，那么这个人可以称为过去时间导向（past-oriented）。还有一些人在处理那些决策问题时并不只是参考现在或过去的经验，他们的注意力集中于想象行为在未来造成的后果。他们常常快速地进行收支估算，在收益大于损失时采取行动。我们可以认为有着这种决策习惯的人是未来时间导向（future-oriented）。

这些主观的时间观念有力地影响着我们的价值观、判断、决策和行为。这种影响是无意识的，我们难以觉察到，因为这种时间倾向是我们从小习得的，通过文化与社会模仿、教育、社会阶层、宗教、家庭与国家稳定性等经验形成。举个例子，那些教育程度较高、来自工业化国家、有着新教信仰、家庭稳定的人最有可能形成未来时间导向。而那些住在赤道附近的人由于地方气候从不变化，所以人们更关注当下，形成现在时间导向。

这些观点被转换成一套包含56个问题的5点量表，招募大学生回答这些陈述在多大程度上符合自己的典型行为。从中提取的5个时间因素构成了一个信度与预测效度都很高的量表，也就是人们熟知的“津巴多时间观量表”。

以下是5种时间观因素以及每个因素在量表中的典型问题。

◆ 未来时间观：“完成明天截止的任务以及其他必要的工作优先于今天的玩乐。”

◆ 享乐主义的现在时间观：“我认为与朋友在一起参加派对是生命中最重要的乐趣之一。”

◆ 宿命主义的现在时间观：“没必要为未来担心，因为怎么做都无济于事。”

◆ 积极的过去时间观：“我喜欢有规律的家庭仪式。”

◆ 消极的过去时间观：“我常想起那些曾经错过的美好事物。”

时间观是一种个性特质吗？若要回答这个问题，我们还需要知道其他哪些信息呢？“是的”或者“可能是的”这样简单的答案就足够了吗？不如看看这5种时间观因素是否与NEO问卷中的大五个性因素显著相关吧。一位立陶宛学者的学位论文对此进行了研究，并发现了惊人的支持证据（Kairys，2010）。

这项研究对七百多人进行了测试，包括男性与女性，分为三个年龄组。这项研究基于一个欧洲国家的大量人口，结论具有跨年龄和性别的推广性。研究结论是：“时间观与大五模型中的个性特质高度相关，而大五个性特质与相似的个性特质之间也存在着这样的相关。”此外，“时间观与个性特质有关，它应当属于个性特质的范畴”。时间观与大五特质之间的关系具体是怎样呢？

◆ 责任感与未来时间观呈显著正相关。

◆ 开放性和外倾性与享乐主义的现在时间观相关，持享乐主义的现在时间观的个体责任感得分较低。

◆ 神经质不出意外地与宿命主义的现在时间观呈正相关。

◆ 外倾性和宜人性与积极的过去时间观高度相关。

◆ 神经质与消极的过去时间观呈正相关，但是消极的过去时间观与外倾性和责任感都呈负相关。

需要注意的是，时间观因素与个性特质的关系并不存在跨年龄组的差异。虽然享乐主义随年龄增长而增加，但是人们的时间观随时间变化仍然保持相对稳定。

我们想让你更深入地思考：你的时间观体现在何处？那些存在于你头脑中但并未被

笔记

你意识到的东西如何影响着你的行为？现在，既然你已经意识到了这一点，那就创造一个更理想的时间观，让你可以根据你所面对的生活情境灵活地切换时区。你也可以变成对时间盲目的奴隶，陷于过去，执迷未来，或者在当下游手好闲。我们对你的建议是：及时行乐——前提是考试取得了好成绩。

参考文献

1. 彭聃龄 . 普通心理学[M]. 北京：北京师范大学出版社，2001.
2. 菲利普·津巴多 . 津巴多普通心理学[M].7 版 . 钱静，等译 . 北京：中国人民大学出版社，2016.

推荐读物

1. A·H·马斯洛 . 动机与人格[M]. 许金声，程朝翔，译 . 北京：华夏出版社，1987.
2. 理查德·格里格，菲利普·津巴多 . 心理学与生活[M].19 版 . 王垒，等译 . 北京：人民邮电出版社，2014.

考研要点

个性的含义
个性的理论
动机的含义
动机的功能
生理动机和社会动机
动机理论
需要的含义
需要的种类
需要的层次理论

（吕璐莎）

笔记

第十四章　能　力

本章要点

- 能力的概述
  - 能力的概念
  - 能力与知识、技能的关系
  - 能力的分类
- 能力理论
  - 智力因素说
  - 智力结构理论
  - 智力的信息加工理论
- 能力的个体差异
  - 能力发展水平的差异
  - 能力的类型差异
  - 能力表现早晚的差异
  - 能力的性别差异
- 影响能力形成和发展的因素
  - 遗传素质的作用
  - 社会环境的作用
  - 生活实践的作用
- 智力测验
  - 智力测验的由来与发展
  - 标准化智力测验量表
  - 客观认识智力测验

关键词

能力；智力；智商；智力测验

在个性心理特征中，能力与知识、技能有着密切的关系，它既是掌握知识、技能的结果，又是掌握和运用知识、技能的前提。人的能力多种多样，我们经常谈论的智力，就是一般能力的综合，其中的核心是抽象思维能力。为了深入探究能力的本质，心理学家提出了许多理论设想，并开发出了多种测量工具。

笔记

第一节　能力的概述

一、能力的概念

能力(ability)是顺利地完成某种活动所必须具备的个性心理特征，能力影响活动效率。

能力直接制约活动的可能性。尽管一个人能否顺利完成某种活动受多种因素的制约，除能力外还有气质、性格、知识技能、物质条件、身体状况以及人际关系等，但是，能力是其中最基本的制约因素，而且，在其他条件相同的情况下，能力强的人要比能力弱的人更能使活动顺利进行，更容易取得成功。

能力与活动紧密相连。一方面，个人的能力总是在活动中形成和发展起来的，并在活动中得到表现。另一方面，从事某种活动又必须有一定的能力作为条件和保证。人若离开了活动，其能力不仅无法形成与发展，而且也将失去它存在的意义与作用。

在实际生活中，要完成一项比较复杂的活动，仅具备某一种能力往往不够，而是需要多种能力的有机结合。如画家作画需要有色彩鉴别能力、形象记忆能力、视觉想象能力、形象思维能力等多种能力的有机结合；而教师上课则需要逻辑思维能力、语言表达能力、注意分配能力、观察能力等多种能力的有机结合。这种为了成功完成某种活动的多种能力的有机结合也称为才能。

能力的高度发展称天才。天才往往结合着多种高度发展的能力。天才不是天生的，它离不开社会历史的要求、时代的机遇，也离不开个人的勤奋和努力。

智力(intelligence)又称智能，指人们在获得知识以及运用知识解决问题时所必须具备的心理条件或特征，其核心是理解、判断或抽象思维能力。智力就是一般能力。

二、能力与知识、技能的关系

(一) 能力与知识、技能是不同的概念，它们之间既有区别又有联系

能力与知识、技能的区别主要表现在四个方面：

1. 所属的概念范畴不同　能力是人的个性心理特征，知识是社会和个人对历史经验的总结和概括，技能是个人经过练习而形成的动作方式。例如，学生在证明几何题时所用的定律、定理属于知识，在物理实验中掌握实验程序的操作是技能，而在证明和操作中所表现的思维的灵活性、严密性则属于能力。

2. 形成与发展速度不同　能力的形成与发展要比知识、技能慢得多。一个人可在一节课内学会某方面的知识，也可能在几天之内掌握某种技能，但却难以在短时间内形成或发展某方面的能力。因此，知识、技能的掌握和能力的形成、发展往往不同步。

3. 迁移范围不同　能力作为顺利地完成某种活动所必须具备的个性心理特征，迁移范围广泛，特别是一般能力，在所有活动中都用得上；相比较而言，知识、技能的迁移范围就要狭窄得多，一般只能在经验、活动类似的范围内迁移。

4. 现实表现不同　知识、技能都具有现实性，即都是指已经掌握和学会了的东西；能力则既具有现实性又具有潜在性，即能力既包括已经发展并表现出来的现实能力，又包括可能发展但尚未表现出来的潜在能力。

(二) 能力与知识、技能的联系主要体现在两个方面

1. 能力在掌握知识和技能的活动过程中形成和发展　知识、技能是能力形成、发展的基础，能力的形成和发展是在掌握和运用知识、技能的过程中实现的。一般来说，有了较丰富的知识、技能，才有可能形成、发展较强的能力。离开知识、技能的掌握，能力的形成、发

笔记

展就成为无源之水、无本之木。但是，能力的形成、发展并不是在掌握知识、技能的过程中自发地进行的，知识、技能向能力的转化需要具备一定的条件。否则，就会出现“高分低能”现象。

2. 能力的发展水平直接制约掌握知识、技能的速度和程度，并制约知识、技能的运用　例如，没有一定的认知能力（如感知能力、记忆能力、思维能力等）就不能掌握知识、技能；没有一定的语言表达能力，就难以将已掌握的知识、技能有效地传递给学生。能力既是掌握知识、技能的结果，又是掌握和运用知识、技能的前提。因此，教育界普遍提倡，在教学过程中要将知识、技能的掌握与能力的培养有机统一起来，不仅要授人以“鱼”，更要授人以“渔”。

三、能力的分类

人的能力多种多样，从不同角度、用不同标准，可以把能力分为以下几类：

（一）一般能力和特殊能力

按照能力的适用性，可将能力分为一般能力和特殊能力。

1. 一般能力　又称为共同能力，是指大多数活动都需要的能力，是为人所共同具备的基本能力。人们在广泛的活动中都需要这种能力。一般能力可以让人们有效地学习和掌握知识。注意力、观察力、记忆力、想象力、思维力等都属一般能力。我们经常谈论的智力，就是一般能力的综合，其中的核心是抽象思维能力。

2. 特殊能力　又称为专门能力，是指为某项专业活动所必需的能力。人们在进行特殊的活动时需要这种能力。如在进行音乐、绘画、飞行活动中，就需要相应的音乐能力、绘画能力以及高空机械操作能力等。

一般能力和特殊能力的关系是辩证统一的。在完成某种活动中，二者是相互联系，共同起作用的；在彼此的发展上，二者又是相互作用的。一方面，一般能力的发展，为特殊能力的发展创造了有利的条件；某些一般能力在专门活动中的特别发展，有可能成为特殊能力。例如，本属于一般能力的注意分配能力，在飞行员的专门活动中常常因为特殊需要而发展成为特殊能力。另一方面，在各种专门活动中，特殊能力的发展同时也会促进一般能力的发展。

（二）现实能力和潜在能力

按照能力的外显表现，可将能力分为现实能力与潜在能力。

一个人的能力既可以在已经完成的活动或正在完成的活动中体现出来，也可能在将来所从事的活动中体现出来。前者被称为现实能力，即已经发展并表现出来的能力；而后者则被称为潜在能力，即可能发展但尚未表现出来的能力。现实的能力和潜在的能力是不可分割的，是相互统一的。潜在的能力在外部环境和教育条件许可的情况下，就能发展成为现实的能力。比如，若儿童从小就有很强的节奏感，有很强的肢体语言的表现能力，那么就可能具备舞蹈的潜能，这种潜能在一定的教育条件下就会转化为现实的舞蹈才能。

（三）模仿能力和创造能力

按照能力所参与的活动的性质来分，可将能力分为模仿能力和创造能力。

模仿能力指仿效他人的言行举止而引起的与之相类似的行为活动的能力。模仿能力的大小，表现为个人的行为方式与被模仿者的相似程度，两者愈相似，则表明模仿能力愈强。

创造能力指产生新思想、新发现和创造新事物的能力，是成功完成某种创造性活动所必需的条件。一般来说，创造能力对于个体或社会具有独特性和有价值性。在创造能力中，创造思维和创造想象起着十分重要的作用。

模仿能力和创造能力相互联系、相互渗透。创造能力是在模仿能力的基础上发展而来，

笔记

人们通常先模仿，然后进入创造。模仿是创造的前提和基础，创造是模仿的发展。这两种能力的划分是相对的，模仿能力中包含创造能力的成分，创造能力中也有模仿能力的成分。

（四）认知能力、操作能力和社交能力

根据功能的不同，可以将能力分为认知能力、操作能力和社交能力。

认知能力是人脑加工、储存与提取信息的能力，即我们一般所讲的智力，如观察力、记忆力、形象力等。人们认识客观世界，获取各种各样的知识，主要依赖认知能力。

操作能力指操纵肢体完成活动的能力，如劳动能力、艺术表演能力、体育运动能力、实验操作能力等。操作能力是在操作技能的基础上发展起来的，又成为顺利掌握操作技能的重要条件。操作能力和认知能力不能截然分开。不通过认知能力积累一定的知识和经验，就不会有操作能力的形成和发展。反过来，操作能力不发展，人的认知能力也不可能得到很好的发展。

社交能力是反映在社会交往活动中的能力，如组织管理能力、语言感染能力、人际沟通能力、处理意外事故的应变能力等。这种能力对组织团体、加强人际交往和促进信息沟通起到十分重要的作用。

第二节　能力理论

鉴于心理学界对能力本质有多种不同的理解，分析能力的结构，对于深入理解能力的本质，进行能力测量，从而了解个体的能力结构和差异，科学制定能力培养计划，都有十分重要的意义。关于能力的结构，不同心理学家提出不同的理论。下面介绍几种有代表性的能力理论。

一、智力因素说

（一）二因素理论

英国心理学家斯皮尔曼（C Spearman，1940）在因素分析的基础上提出了智力的二因素理论。他认为，人的能力由一般因素（G 因素）和特殊因素（S 因素）构成，人完成任何一种作业都是由这两种因素决定的。例如，完成算术推理作业是由 G+Sa 来实现的，完成语言测验是由 G+Sb 来实现的。一般因素是个人的基本能力，也是一切智力活动的共同基础，是能力结构的关键和基础。虽然人人都具有一般能力，但这种能力的大小却是不同的。特殊因素是个人完成各种特殊活动所必需具备的能力。一个人可能有几种特殊因素，这些特殊因素之间可能彼此独立，也可能彼此有些重叠，但是它们必定都含有一部分的 G 因素。斯皮尔曼还认为，G 因素是能力结构的基础和关键，各种智力测验的目的就是通过广泛的取样来求得 G 因素（图 14-1）。

（二）群因素理论

美国心理学家塞斯顿（L.L Thurstone）认为，智力是由七种彼此相对独立的原始能力或因素所组成，包括：①语义理解（V）了解词的意义的能力；②语句流畅（W）正确迅速地拼字和词义联想敏捷的能力；③数字运算（N）正确迅速地解答数学问题的能力；④空间关系（S）运用感知经验正确判断空间方向及各种关系的能力；⑤机械记忆（M）对事物强记的能力；⑥知觉速度（P）迅速而正确地观察和辨别的能力；⑦一般推理（R）根据已知条件进行推理的能力。他认为，这七种基本能力的不同搭配，便构成每一个独特的智力结构（能力群）（图 14-2）。

塞斯顿认为，他的七种因素结果是与斯皮尔曼的 G 因素假设相矛盾的。但后来人们认为，如果能在塞斯顿的 7 个因素中进行第二因素分析并且能够找出一个一般因素，那么将支持斯皮尔曼的 G 因素。也就是说，假如塞斯顿的七个因素中都有第 2 因素的话，这个因素就可以被认为是一般因素。

笔记

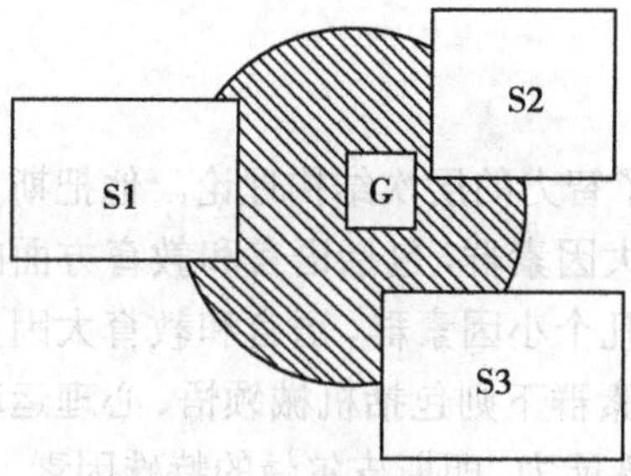

图 14-1　二因素理论模型

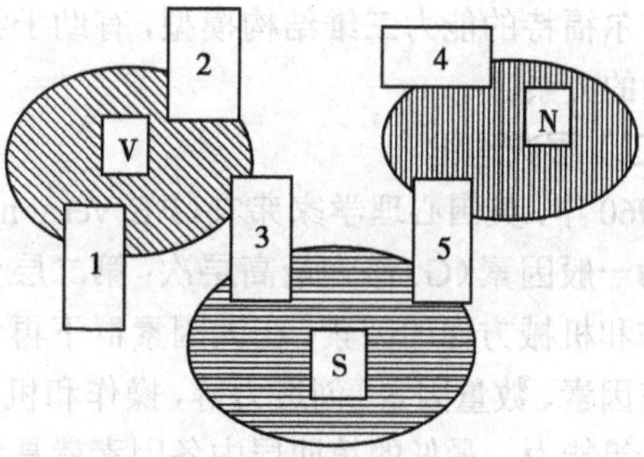

图 14-2　群因素理论模型

塞斯顿的贡献在于用测验统计的方法找出智力中的主要因素，证明这些因素与智力有很大的关系。1941 年，根据其理论编制的"基本能力测验"成为著名智力测验之一。

二、智力结构理论

（一）三维结构理论

1967 年，美国心理学家吉尔福特（J.P Guilford）提出智力的三维结构模型。他坚持能力因素的独立性，认为能力的结构应从操作、内容、产物三个维度去考虑。

能力的第一个维度是操作，即能力活动或过程，也就是个体对原始信息材料的处理。操作有 5 种：认知（发现和认识）、记忆（保持已经认知的信息）、发散思维（由给定信息而产生的信息）、辐合思维（逻辑演绎能力）和评价（根据一定的标准进行比较的过程）。

第二个维度是能力活动的内容，即活动对象和信息材料的类型。内容分为 5 种：视觉（通过视觉器官感知到的具体信息）、听觉（通过听觉器官感知到的具体信息）、符号（指字母、数字等）、语义（语言含义或概念）、行为（与人交往的能力）。

第三个维度是能力活动的产物，即信息加工所产生的结果。产物有 6 种：单元（指字母、音节、单词、熟悉事物的图案和概念等）、类别（指一类单元，如名词、物种等）、关系（指单元与单元之间的联系）、系统（用逻辑方法组成的概念）、转化（指改变，包括安排、组织和意义修改）和蕴含（指从已知信息中观察某些结果）。

吉尔福特把这些构想设计成立方体模型，共有 150 个立体方块，每一个立体方块代表一种独特的能力因素（图 14-3）。

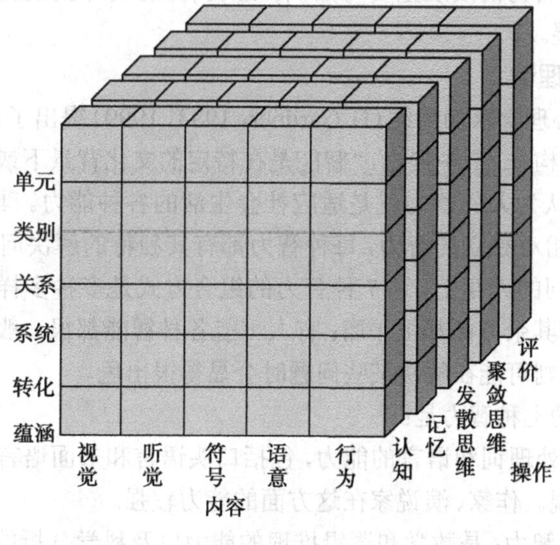

图 14-3　能力的三维结构

笔记

吉尔福特的能力三维结构模型，有助于我们认识能力结构的复杂性，把握各种能力要素之间的关系。

（二）层次理论

1960年，英国心理学家弗农（P.E Vernon）提出了智力的层次结构理论。他把斯皮尔曼的智力一般因素（G）作为最高层次；第二层分为两大因素群，包括语言和教育方面的因素及操作和机械方面的因素；在大因素群下再划分为几个小因素群，语言和教育大因素群下有语言因素、数量因素、创造力等，操作和机械大因素群下则包括机械领悟、心理运动及空间关系等能力。最低的第四层中各因素就是各种特殊能力，即斯皮尔曼的特殊因素。可见，弗农的智力层次理论只是综合了各个理论的不同发现和解释，即把斯皮尔曼的二因素理论加以深化，同时又把塞斯顿的基本心理能力和吉尔福德的智力结构归纳为G的下级层次，弥补了将一般能力与特殊能力对立的缺陷，指出了特殊能力上升为一般能力过程中的有机联系（图14-4）。

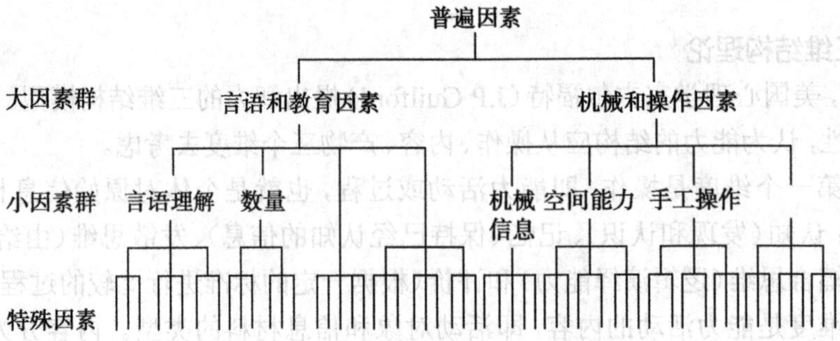

图14-4　弗农的智力层次结构模型

（三）型态理论

1966年，美国心理学家卡特尔（R.B Cattell）与霍恩（J.L Horn）对塞斯顿的七个因素进行了第2因素分析，结果发现不是有一个而是有两个主要因素，即液态智力和晶态智力。他们认为，液态智力是指与基本心理过程有关的能力，如知觉、记忆、运算速度和推理能力；这些能力大部分是先天的，多半不依赖于学习。而晶态智力则是对液态智力应用的结果，大部分是通过学习语言和其他经验而发展起来。液态智力是晶态智力的基础。进一步研究发现，液态智力的发展与年龄有密切关系，一般在15～20岁达到顶峰，30岁以后将随年龄的增长而降低；晶态智力的发展主要与知识和经验有关，与年龄的变化关系不大，即使到了老年依然有可能发展。

（四）多元智力理论

1983年，美国心理学家加德纳（H Gardner，1983，1999）提出了多重智力理论。他在该年出版的《智能的结构》一书中提出，“智能是在特定的文化背景下或社会中，解决问题或制造产品的能力”，即认为人的智力就是适应社会生活的各种能力。具体来说，加德纳认为，智力结构包括7种相对独立的智力，每种智力都有其独特的解决问题的方法，都有其自身的符号系统。在不同的人身上，这7种智力的组合方式是多种多样的。有人可能在某一、两个方面是天才，而其余方面却很平庸；有人可能各种智能都很一般，但若他的各种智能被巧妙地组合在一起，则可能在解决某些问题时会显得很出色。

加德纳所提出的七种智力是：

(1) 语言智力：处理词和语言的能力，包括口头语言和书面语言。能说会道、妙笔生花是语言智力高的表现。作家、演说家在这方面的能力较强。

(2) 逻辑 - 数学智力：是数学和逻辑推理的能力以及科学分析的能力。数学家的逻辑 -

笔记

数学智力很高。

(3) 视觉 - 空间智力：是在脑中形成一个外部空间的模式并能够运用和操作该模式的能力。画家、雕塑家、建筑师大多视觉 - 空间智力发达。

(4) 音乐智力：感知并创造音调和旋律的能力。加德纳认为这种能力多来自天赋。

(5) 身体 - 动觉智力：是运用整个身体或身体的一部分解决问题或制造产品的能力。出色的舞蹈家、运动员、外科医生具有很强的身体动觉能力。

(6) 人际智力：就是理解他人的能力。人际智力高者善于处理人际关系，善于与人交往。推销员、教师、心理咨询医生、政治家的人际智力往往很高。

(7) 自知智力（自我内省智力）：深入自己内心世界的能力。善于了解自己的内心感受，进行自我内省。

此后，加德纳又提出了认识自然的智力，即认识自然，并对我们周围环境中的各种事物进行分类的能力。生物学家、化学家等是这种智力发达的人。

多元智力理论的提出，对于人们的生活和教育实践都产生了重大影响。根据智力多元化的理论，在现实生活中，人们就可以根据自己的智力结构将各种智力有机地结合在一起从事工作。在学校教育中，就需要发现和开发学生的多种智能，帮助学生发现和选择适合其智能特点的职业和业余爱好。对于发现和培养人才来说，这都有着积极的意义。

三、智力的信息加工理论

（一）三元智力理论

美国心理学家斯腾伯格（R.J Sternberg）从信息加工心理学的角度出发，提出了三元智力理论。他认为一个完备的智力理论必须说明智力的 3 个方面，即智力的内在成分、这些智力成分与经验的关系、智力成分的外部作用。换句话说，斯腾伯格认为，智力包含三个方面，即成分智力、经验智力和情境智力。与之相应，三元智力理论包括三个亚理论：智力成分亚理论、智力经验亚理论和智力情境亚理论（图 14-5）。

1. 智力成分亚理论　成分智力是指人们在计划和执行一项任务时的心理机制，具体包含 3 种成分：一是元成分，指用于计划、控制和决策的高级执行过程，如确定解决问题的性质，选择解题步骤，调整解题思路，分配心理资源等；二是执行成分，指实际执行任务的过程，负责执行元成分的决策；三是知识获得成分，指筛选相关信息并对已有知识加以整合而获得新知识的过程。在 3 种智力成分中，元成分起着核心作用。

2. 智力经验亚理论　经验智力包括两个部分，一是处理新任务和新环境时所要求的能力，二是信息加工过程自动化的能力。关于经验智力，可从例子中得到更好的理解：一个具有经验智力的人能更有效地适应新环境，较好地分析情况解决问题，并在多次解决某个问题后，能不假思索、自动地启动程序来解决该问题，而把节省下来的心理资源用在别的工作上；而不具备经验智力的人则很难做到这些。斯腾伯格认为，应对新异性的能力和自动化的能力是完成复杂任务时两个紧密相连的方面。当个体初次遇到某个任务或某一情境时，应对新异性的能力就开始了，在多次实践后，人们积累了关于任务或情境的经验，自动化的能力才开始起作用。

3. 智力情境亚理论　情境智力是指获得与情境拟合的心理活动，有 3 种形式：一是适应，指人们通过发展有用的技能和行为使自己适应环境的能力；二是选择，指人们在环境中找到自己适当位置的能力；三是塑造，即改变旧环境的能力。在日常生活中，个体总是努力适应他所处的环境，力图在个体及其环境之间达到一种和谐。当和谐的程度低于个体的满意度时，就是不适应。当个体在一种情境中感到不能适应或不愿适应时，他会选择能够达到的另一种和谐环境。在这种情况下，人们会重新塑造环境以提高个体与环境之间的和谐程度，而不只是适应现存的环境。

笔记

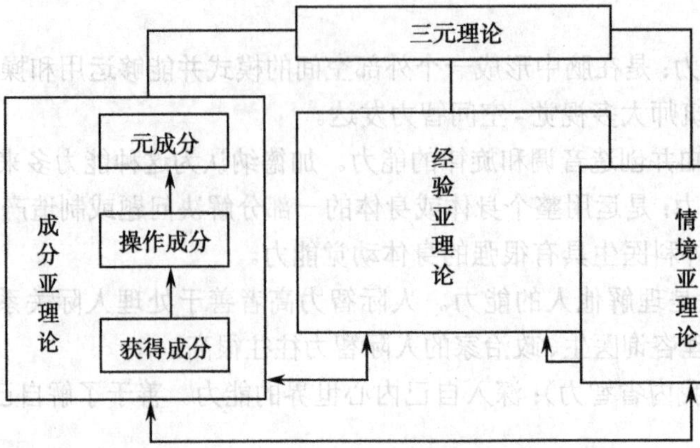

图 14-5　三元智力理论模型

（二）智力的 PASS 模型

加拿大学者戴斯（J.P Das）等人把信息加工理论和认知研究新方法与因素分析法相结合，并以前苏联心理学家鲁利亚的大脑三级功能学说为理论基础，通过大量的实验研究，探讨了智力活动中的信息加工过程，提出了三级认知功能系统的智力模型。PASS 是指计划 - 注意 - 同时性加工 - 继时性加工（planning-arousal-simultaneous-successive，PASS）。它包含了三层认知系统和四种认知过程。其中注意系统又称注意 - 唤醒系统，它是整个系统的基础，主要功能是使大脑处于一种适宜的工作状态；同时性加工和继时性加工统称为信息加工系统，处于中间层次，负责对外界输入信息的接收、解释、转换、再编码和存储，这一系统在 PASS 模型中处于关键地位，智能活动的大部分操作都在该系统发生；计划系统处于最高层次，它执行的是计划、监控、调节、评价等高级功能，在智能活动中确定目标、制定和选择策略、决定和修改解决问题的方法，以及对方法及其结果作出评价，实现对整个操作过程的监控和调节。三个系统协调合作，保证了一切智力活动的运行。

三个机能系统之间有一种动态的联系，注意、信息编码和计划之间是相互作用和相互影响的。第 1 机能单元和第 3 机能单元关系非常密切，计划过程需要一个充分的唤醒状态，以使注意能够集中，进而促使计划的产生。编码和计划过程也是密不可分的，因为在现实生活中的任务往往能以不同的方式进行编码，个体如何加工这种信息也是计划的功能，所以同时性或继时性加工要受到计划功能的影响。

第三节　能力的个体差异

尽管每个人都有各种各样的能力，但是不同人之间在能力上又存在着明显的个别差异。能力的个别差异主要表现在四个方面：能力发展水平的差异、能力的类型差异、能力表现早晚的差异和能力的性别差异。

一、能力发展水平的差异

能力发展水平的差异主要是指智力差异（即一般能力的差异）。在人与人之间，智力表现为一种具有普遍性的同质而不同量的事物，即在智力发展水平上有着明显的个体差异。心理学家经过大量测验研究，基本上得到一个共同的结论，智力的个别差异在一般人口中都呈常态曲线式的分布，即居于中间的人多，处在两头的人要少。智力发展水平的差异可以用智力测验所得到的智商分数表示出来（参见本章第五节）。智商超过 130 的，叫做智力超常，智商低于 70 者称作低常，普通人的智商在 100 左右，称为中常。表 14-1 说明了个体

笔记

智力发展的水平差异。

表 14-1　韦氏智力测验的分级表

智商	类别	占总人口的百分比(%)
139 以上	极优秀	1
120～139	优秀	11
110～119	中上	18
90～109	中等	46
80～89	中下	15
70～79	临界	6
70 以下	智力落后	3

若将表中的百分比和智商分别作为纵坐标和横坐标，则可画出一条基本上呈常态分布的曲线。

根据智力发展水平的不同，可以把儿童分为超常儿童、普通儿童和低常儿童。

（一）超常儿童

超常儿童指智商在 130 以上的儿童。我国心理学家对超常儿童的调查研究表明，这些儿童能力超常的表现虽然多种多样，但都有着共同的心理特点，并主要表现在 5 个方面：①有浓厚的认知兴趣和旺盛的求知欲。这类儿童较早表现出强烈的好奇心，喜欢追根究底，很早就有浓厚的学习兴趣且兴趣广泛；②注意集中，记忆力强。超常儿童的注意既广又能高度集中，识记快，保持久；③感知敏锐，具有良好的观察力；④思维敏捷，理解力强，有独创性；⑤自信、好胜、有坚持性，做事有主见，不易受暗示，能不受外界干扰坚持完成学习任务。

超常儿童往往会被一些人视为“神童”，其实超常儿童并不神秘，超常儿童的发展离不开优越的遗传素质及后天的早期教育环境。至于超常儿童今后能否在事业上作出成就，高智商不是唯一的因素，更重要的在于逐步完善其健全的个性以及良好的适应社会的能力。

（二）低常儿童

低常儿童是指智商在 70 以下的儿童，又称为智力落后儿童。我国学者 1990 年调查了 0～14 岁的 85 170 名儿童，城市儿童智力发育迟滞的患病率为 0.70%，农村为 1.41%。2001 年全国 0～6 岁儿童调查，城市和农村儿童智力发育迟滞患病率分别是 0.83% 和 1.03%。

低常儿童的主要特点是心理发育迟滞，自理和社会生活适应显著困难。如①知觉：低常儿童知觉范围狭窄，速度缓慢，内容笼统而不够分化。②注意：轻度智力低常儿童可以有被动注意，对有兴趣的事物也能有主动注意，但注意力不稳定，注意广度较窄；重度的智力低常儿童完全缺乏注意力，对周围事物漠不关心。③语言：低常儿童语言出现迟且发展缓慢，意义含糊，词汇量小，缺乏连贯性。④记忆：低常儿童对词和直观的材料识记都很差，再现时会出现大量的歪曲和错误，缺乏逻辑和意义的联系。记忆保持也差，视觉表象贫乏、缺乏分化、不稳定。⑤思维：低常儿童的思维带有具体性，概括水平低，在归纳、推理和概念化上都有困难，从而限制了其对抽象材料的学习。⑥个性：低常儿童在个性上表现为缺乏信心、对人有敌意，情绪易紧张、压抑。

造成儿童智力落后有多方面的原因。其中 80% 是产前原因，如染色体异常、父母近亲婚配、母亲孕期患病、经放射性照射、情绪不佳、营养不良等。有产程原因，产程过长或过短都可能造成智力落后。产程过长容易造成新生儿缺氧而导致智力低下；产程过短则容易造

笔记

成婴儿颅内毛细血管破裂出血，影响脑的正常发育。胎位不正，造成脑损伤或缺氧，也会影响智力的发展。也有的是因为产后的疾病、脑创伤、营养不良、或缺乏早期教育等造成的。

由于低常的原因不同，常分为弱智型与病理型两大类：①弱智型：是指家族性智力发育不全，是家族里制约智力的许多遗传因子不良组合的结果。②病理型：智力低常是疾患的一种体征。按其病因，又可分为遗传性和外因性两种，遗传性的如染色体畸变或代谢缺陷；外因性的如妊娠期损伤、分娩损伤等。也有一些智力低常者不是生理疾病所致，也无脑损伤的病史。这些人的父母智力水平较低，家庭中往往缺乏良好的学习环境，或者在成长过程中营养条件较差，可能是造成这一类型智力落后的原因。

低常儿童可分为四个等级：

(1) 轻度：智商 69～55，生活能自理，可以从事简单劳动，但对新奇复杂的环境适应有困难，学习上难以领会抽象的科目，在一定指导下能适应社会，能比较恰当地与人进行交往。

(2) 中度：智商 54～40，生活能够半自理，基本动作可以有或部分有障碍，阅读和计算能力很差、对周围环境辨别能力差，只能以简单方式与人交往。

(3) 重度：智商 39～25，生活不能自理，动作、说话都有困难。

(4) 极重度：智商 25 以下，需要监护。

智力落后是一个医学和社会问题。在对低常儿童进行病理诊断和治疗的同时，形成正确对待智力落后儿童的社会环境尤为重要。我国目前设置的特殊教育机构，采取相应的科学教育措施，能使大部分低常儿童回归正常的社会生活。

二、能力的类型差异

人的能力类型差异主要表现在知觉、记忆、语言和思维等能力类型方面。

在知觉能力方面的类型差异主要有：

(1) 综合型：具有概括性和整体性，但有些人分析能力较弱。

(2) 分析型：对事物的细节能清晰地感知，分析能力较强，但有些人整体性不够。

(3) 分析综合型：具有上述两种类型的特点。

在记忆能力方面的类型差异主要有：

(1) 形象记忆型：这类人对于物体、图画、颜色和声音的记忆较好。

(2) 抽象记忆型：这类人擅长记忆数字、概念等抽象的事物。

(3) 混合记忆型：对于两种材料的记忆效果都较好。

在思维能力方面的类型差异主要有：

(1) 形象思维型：这类人在思维和语言中具有丰富的形象和情绪因素。

(2) 抽象思维型：在这类人的思维和语言中富有概括性和逻辑性。

(3) 中间型：多数人兼有上述两型的特点，在思维中没有突出的形象性和抽象性方面的优势。

以上是人的一般能力的类型差异。人的特殊能力也存在类型差异。例如，同是擅长音乐的儿童，有的可能具有较强的听觉表象能力和很强的节奏感，有的则可能在曲调感和韵律感方面能力很强。

此外，从加德纳的多元智力结构理论也可以清楚地看出，个体的能力差异在活动类型上表现得非常突出。有的数学家，其逻辑 - 数理智力发展水平非常高，而人际智力、身体 - 动觉能力可能很差；有的文学大师，其语言智力发展水平很高，而空间智力、逻辑 - 数理智力等却很差；而许多普通人，其逻辑 - 数理智力可能优于某些文学家，语言智力可能优于某些数学家，但发展水平都不高，这也是一种很普遍的能力类型。

笔记

三、能力表现早晚的差异

能力的个体差异还表现在能力发展的早晚上。有的人在童年期就表现出某些方面的非凡能力，被称为“神童”；有的人则是年少时表现平平，到了中年、甚至老年才脱颖而出，取得了卓越的成就，即所谓“大器晚成”。翻一翻历史，读一读名人传记，这样的事例不胜枚举。

古今中外，人才早慧、智力早熟的神童举不胜举。唐代诗人王勃 6 岁善文辞，10 岁赋诗，25 岁时写成不朽名篇《滕王阁序》。白居易 6 岁显诗才，9 岁通声律，16 岁就写下“海内存知己，天涯若比邻”的千古名句。德国大诗人、思想家、政治家歌德，4 岁前就识字读书，能朗诵诗歌，8 岁时已经能用德语、意大利语、法语、拉丁语和希腊语阅读和书写。美国著名科学家维纳（N Wiener）在 3 岁时就会阅读，14 岁从哈佛大学毕业，19 岁获得博士学位，成为“控制论”的创始人。智力早熟现象在文学、音乐、绘画方面最为常见。能力的早期表现不仅需要有良好的素质基础，同时还与其所接受的家庭教育和实践活动有密切的关系。

不属于早熟的人，并不意味着不能成才。事实证明有些人的智力表现得比较晚，即所谓“大器晚成”。著名画家齐白石先生，40 岁才表现出他的卓越绘画才能；明代著名医学家李时珍 61 岁才完成药学巨著《本草纲目》；达尔文在 50 多岁时才开始发表研究成果，后来写出名著《物种起源》；摩尔根发表基因遗传理论时已经 60 岁了。能力表现较晚有多方面原因，可能因早期接受教育的环境不良，也可能是后来奋发图强的结果。

中年是成才和发明创造的最佳年龄，是人生的黄金时期。有关研究发现，科学人才发明创造的“最佳年龄”是在 25～45 岁之间。人到中年往往积累了丰富的知识和经验，同时精力充沛、感觉敏锐，是个人成就最多、对社会贡献最大的时期。对 301 位诺贝尔奖奖金获得者的统计结果显示，70% 的获奖者科学发明的年龄是在 30～50 岁之间。

四、能力的性别差异

许多研究发现，男女在一般能力因素上没有差异，性别差异反映在特殊能力因素上。

对数学能力的性别差异研究集中在计算能力和解决问题上，海德（F Hyde，1990）曾总结 40 年来 100 个有关研究，经元分析发现，女生在计算能力上具有一定优势，但这种优势只表现在中、小学阶段；在问题解决上，中学时期女生略好，高中和大学时期则表现出男生的优势。

对语言能力的性别差异研究没有完全一致的结论，胡弗尔（H Hoover，1987）的系列研究发现，女生语言能力普遍比男生好，在各种语言能力中，以词的流畅性所显示的女生优势最明显，而语言推理则显示男生有优势。

林恩（S Linn，1986）等人对空间能力的研究表明，在空间知觉和心理旋转测验中，男生明显优于女生，在空间想象力测验中，男女差异不明显。

第四节 影响能力形成和发展的因素

影响能力形成和发展的因素是复杂的，概括而言，主要是在遗传与环境两大因素的支配下，通过成熟与学习的交互作用而形成的。关于遗传和环境对能力影响的科学研究已有一百多年的历史，但由于研究的复杂性及不同的立足点，历史上形成了两大对立的派别：遗传决定论和环境决定论。目前绝大多数心理学家已完全抛弃这两种极端的观点，将智力看作遗传与环境共同作用的结果。

一、遗传素质的作用

关于智力的许多研究表明，遗传与智力有着很大的联系，血缘关系越近，智力也越相

笔记

似，即使分开教育培养，智力仍相似；反之，血缘关系越远，智力相似越小，即使生活在一起，智力相关性也不太高，这是遗传决定论者最有力的依据。由养父母抚养的小孩，他们之间智商的相关仅有 0.20；孩子与亲生父母的相关可达 0.50；异卵双生者之间的相关与兄弟姐妹的相关比较接近，在 0.49～0.53 范围内；生活在同一家庭中的同卵双生子的智商相关为 0.87，分开养大的同卵双生子智商相关也达到 0.75。格尔（M Guel，1981）综合了 30 项研究，发现同卵双生子智力测验成绩的相关为 0.86，异卵双生子为 0.60，总的遗传系数为 50%，即智力有 50% 是由遗传因素决定的。

二、社会环境的作用

国内外有很多关于环境与智力关系的研究资料。有一项研究发现，同卵双生子在一起养大，环境相同，智力相关近 0.9，若分开养大，环境不同，则降为 0.8。有研究发现，缺乏刺激的环境对儿童的心理发展是有害的，如人际环境剥夺可以直接阻碍儿童的智力发展，自幼与世隔绝的孩子，大都是智力发育不全者。辛格牧师 1920 年在印度加尔各答附近的山谷里发现了约 8 岁的“狼孩”卡玛拉，当时她的行为如同狼一般，只有相当于 6 个月婴儿的心理发展水平，经过 4 年的学习才学会 6 个词，7 年学会 45 个词，勉强能说几句话。卡玛拉去世时 17 岁，据估计近 10 年的学习她的智力水平也只相当于 3～4 岁的孩子。

学校教育是对年轻一代施加有目的、有计划、有组织的影响。学生通过系统的接受教育，不仅掌握知识和技能，而且要发展能力和其他心理品质。在学校中，课堂教学的正确组织有利于学生能力的发展。优秀的教师往往要求学生必须准确、严密、迅速，作业一丝不苟，经过长期的训练，学生的思维和语言有明显的提高。吸引学生参加课外科技、绘画、体操等兴趣小组，丰富校内外生活内容，也有利于学生能力的发展。

此外，行为遗传学家们发现，遗传对简单的行为容易产生影响，环境则对复杂心理行为的影响比较多。一般来说，得到好的智力遗传的个体，如果生活在一个良好的环境中，其智力发展水平就会高；相反，得到差的智力遗传的个体，生活环境差，则其智力发展的可塑性会很差。根据该理论，遗传好、环境差的个体与遗传中等、环境好的人在智力测验成绩上将会很相似。目前，行为遗传学已经受到心理学界的高度重视，其研究成果对于解释遗传与环境如何相互作用于智力将会产生很大影响。

三、生活实践的作用

人的各种能力是在社会实践活动中最终形成起来的。离开了实践活动，即使有良好的素质、环境和教育，能力也难以形成和发展。由于实践的性质、广度和深度的不同，会形成各种不同的能力。长期从事管理工作的人，组织领导的能力得到发展，他们善于观察群众的情绪和思想动向，善于处理人群中的各种人际关系；长期工作在高炉前的炼钢工人，发展了根据火焰颜色判定壁炉温度的能力；经常和油漆打交道的油漆工人，能分辨的油漆颜色达 400～500 种。这些都说明，长年累月、坚持不懈地参加某种社会实践，相应的能力就能得到高度发展。

第五节　智力测验

一、智力测验的由来与发展

笔记

智力测验是在一定的智力理论和测量理论的指导下，通过测验的方法来衡量人的智力水平高低的一种科学方法。

（一）中国古代的心理测验思想

中国在心理测验应用方面居于世界前列，早于古希腊。布斯（D Bois）在《近代心理测验史》中，记叙了公元前11世纪西周天子采用“六艺”即礼、乐、射、御、书、数为内容的能力考试选拔官员。隋炀帝大业二年（公元606年）出现的科举考试被认为是世界最早的能力测验。而法国直到1791年，才参考中国的科举制度，建立了文官考试制度。公元6世纪南北朝时期的文学家刘昼，设计了“使左手画方，右手画圆，无一俱成”的测验，这是一种注意分配测验。我国民间流传的“七巧板”训练能提高智能；“九连环”备受美国心理学家伍德沃斯（R.S Woodworth）的推崇，被称为“中国式的迷津”。

（二）现代的智力测验

近代，自冯特创立了实验心理学以后，实验控制的思想孕育了现代标准化的测量概念。英国学者高尔顿（F Galton）对心理测量技术作出了重要贡献，他首先使用了等级评定量表和问卷法作为测量的辅助方法，提出了“测验”和“心理测量”术语。他最早从事测验的应用工作是在1884年万国博览会上设立人类学测量实验室，对参观者进行时间和视听敏锐度等测查，被誉为差异心理学之父。美国心理学家卡特尔（J.M Cattell，1890）在莱比锡大学冯特教授的心理实验室进修时，就对差异性的研究感兴趣。他受到好朋友高尔顿的影响，也从事个体差异的研究。卡特尔编制了很多成套心理测验，在不同人群中大量使用。1890年，他发表了著名的《心理测验与测量》，首次使用了术语“心理测验”（mental test）。

用科学的方法编制成测验量表来测量人的智力，始于法国心理学家比内（A Binet）。1905年，为甄别有智力缺陷的儿童，比内受法国公共教育部的委托与西蒙（T Simon）一起编制了世界上第一个智力测验量表：比内-西蒙儿童智力量表。此量表是世界上第一个智力测验量表。该量表最初由30个项目构成，并编制了年龄量表，提出心理年龄的概念，用以表示智力达到某一年龄水平。比内-西蒙量表经过两次修订，后被介绍到许多国家，仅在美国，就有5个修订版，其中以斯坦福-比内量表最为成功（又称S-B量表）。S-B量表由美国斯坦福大学特曼（L.M Teman）教授于1916年完成，他引入了德国学者斯特恩（W Stern，1912）的智商（intelligence quotient，IQ）概念。该量表的智商获得是以假定智龄随着实际年龄一同增长为依据的。

为编制智力量表作出巨大贡献的还有美国心理学家韦克斯勒（D Wechsler，1896—1981）。韦克斯勒编制了著名的韦氏智力量表，并采用了离差智商的计算方法，使智力测验更为成熟。他编制的智力量表分为3种：韦氏学前儿童智力量表（简称WPPSI），评定4到6岁半儿童的智力；韦氏儿童智力量表（WISC），测定6至16岁少年儿童的智力发展水平；韦氏成人智力量表（WAIS），测量16岁以上成人的智力。

（三）智商概念的由来与发展

大家熟知的表示智力测验结果的概念—智商，最早由德国汉堡大学斯特恩提出，定义为智龄（mental age，MA）与实龄（chronological age，CA）之比。以后，特曼（1916）在修订斯坦福-比内测验时引入IQ，为了去除小数点，把商数乘以100。

计算公式为：

$$IQ=100\times MA/CA$$

这种计算方法被称作比率智商，如果儿童实龄是8岁，能通过10岁儿童的智力测验，智龄为10岁，则IQ为125。比率智商可以预测个体智力变化程度，其不足之处是没有考虑到当个体发展到一定年龄阶段后，其智力水平和年龄不再是线性关系。

为了克服比率智商的缺陷，韦克斯勒（1949）采用标准分来表示智力测验结果，假设每个年龄阶段的智力分布是正态分布，一个人的智力（测验结果）与他同年龄人的平均分数作

笔记

比较，计算其智商的公式为：

$$15(X-M)/S+100$$

其中X为某人测得原始分数，M为该人所在年龄组的平均分数，S为该年龄组得分的标准差。尽管计算已没有商数的含义，但由于IQ早已为人所尽知，韦克斯勒仍然称其为智商，只是叫做离差智商(deviation IQ，DIQ)，以区别于原先的比率智商。目前，韦氏量表和量表第五版都使用离差智商概念。

二、标准化的智力测验量表

(一)斯坦福-比内量表

斯坦福-比内量表(Stanford-Binet intelligence scale)是测试智力和认知能力的个体测验，源自比内-西蒙量表(1908)，是世界上最著名的智力测验之一。1916年，美国斯坦福大学特曼教授对比内-西蒙量表进行修订，新增39个项目，采取标准化施测程序，首次应用了智商分数。标准化标本包括1000名儿童和400名成人。为了适应时代和文化的变迁，于1937年、1960年和1986年分别进行过3次重大修订。专栏14-1介绍了斯坦福-比内量表第4版的部分例题。

专栏14-1

斯坦福-比内量表第四版举例

1. 等式测验　呈现“5，+，12，=，7”，要求被试建立等式。

2. 词语关系测验　呈现“报纸、杂志、书本、电视”，要求受试者说明前三个词的相似处，并比较与第四个词的区别。

3. 数列分测验　呈现“20，16，12，8，_，_”，要求被试根据数列的排列规则，补空缺数字。

4. 珠子测验　珠子由四种形状和三种颜色构成。对大龄儿童，呈现范例若干秒，要求被试凭记忆将珠子穿在一根插棒上。

S-B量表在中国的修订始于1924年，当时我国著名心理学家陆志伟先生在南京发表《中国比内-西蒙量表》。1936年，陆志伟与吴天敏对中国比内-西蒙量表进行了第2次修订，把适用范围扩大到了北方。第3次修订在1981年由北京大学儿童心理学家吴天敏教授完成，适用于2～18岁少儿，最佳适用年龄是6～14岁，使用简便，施测时间约1小时，评分易掌握。由于同一类型测验分开施测，很容易诱发儿童产生兴趣，激发测验动机。考虑到教育、医疗使用部门对智力测验的实际需要，吴天敏还编制了《中国比内测验简编》，由8个项目组成，省时简便，虽粗略但尚属可信。此外，天津医科大学王栋教授对《简编》中的部分试题作了修改，使之更适合农村社会文化背景。《简编》在我国农村地区碘缺乏所致精神发育迟滞的研究及防治监测中得到广泛应用。1996年，范存仁完成了S-B量表第4次修订，项目内容有较大变化，但尚未有实际应用的报告。目前该测验国内的使用率不高。

(二)韦克斯勒量表

韦克斯勒量表(简称韦氏量表)是目前世界上最通用、最重要的智力测验量表。编制者韦克斯勒(D Wechsler)曾经在伍德沃斯的团队中从事实验心理学研究。他在伦敦大学学习期间(1919)，受到斯皮尔曼和皮尔逊(K Pearson)影响，接受了斯皮尔曼的智力结构理论。韦克斯勒拥有丰富的实践经验，在第一次世界大战时，参加过对入伍新兵的心理测试工作，有陆军甲种、陆军乙种、斯坦福-比内量表等测验的使用经验。

笔记

在实际工作中，韦克斯勒发现斯坦福-比内量表在测验编制、常模取样和智龄概念等方面不适合成人，因此，从1934年开始，他着手发展标准化的智力测验。1939年在美国纽约的贝勒维（Belluve）精神病院首先发表了韦克斯勒-贝勒维量表（W-BI），并在1949年、1955年和1967年分别编制出儿童智力量表（Wechsler Intelligence Scale for Children，WISC）、成人智力量表（Wechsler Adult Intelligence Scale，WAIS）和学龄前期和学龄初期智力量表（Wechsler Preschool and Primary Scale of Intelligence，WPPSI）。韦氏量表经过多次修订，现在使用的版本分别是WPPSI-R（1988）、WISC-Ⅲ（1991）和WAIS-Ⅲ（1997），分别适用于年龄3～7岁3个月、6～16岁、16～74岁。专栏14-2介绍了WISC的部分样题。

专栏14-2

韦氏儿童量表（WISC）部分项目的说明

1. 常识　涉及历史、天文地理、文学、自然等题目，如："衣服用什么做成的？"。测试知识广度、一般的学习、认识和接受能力以及记忆力。

2. 填图　每张图片上的画均不完整，要求受试者指出缺失的部分。测量视觉记忆、视觉推理和观察理解能力。

3. 数字广度　分为顺背和倒背两部分。顺背时，主试口头说出3～9个随机数字，要求受试者按顺序复述。倒背则要求受试者逆着数字串的顺序倒背2～8位数字串出来。

4. 图片排列　测量知觉组织和理解总的情境的能力。每组图片以无序形式展示给受试者，要求受试者按适当顺序重新排列组合，并讲出一个连贯的故事。

5. 词汇　测量语言理解能力和知识广度与文化背景。按难度顺序由易到难排列，要求受试者解释呈现的每个词的意思，如"母鸡"。

6. 木块图案　积木为正方体，两面呈红色，两面为白色，另两面以对角线为界分别涂上红白各半的颜色。每次向受试者展示一个图案，让其在规定时间内将木块按图案摆好。

7. 算术　由类似小学四则运算题的测题组成。受试者通过心算报告答案，例如，"我原有15美元，又得到8美元，我现在有多少钱？"

8. 拼图　让受试者把切成数块的常见图像拼成一幅完整的图形。测量概括思维、辨别部分与整体关系和知觉组织能力。

9. 理解　让受试者解释一句谚语的含义，或为什么要遵守某种社会规则。例如，"为什么夫妻离婚必须去法庭解决？"

10. 数字符号　数字1～9的每一个数字都规定一个特别的符号，要求受试者在规定时间内，按样例用与数字相对应的符号填写在每一个数字下面的空白处。

11. 类同　测量抽象概括和逻辑思维能力。例如，"汽车和轮船在哪些方面相同？"或"高兴与悲伤有何共同之处？"

韦氏三个年龄段量表的理论框架和结构相似，主要特点是：①是目前世界上使用率最高的智力量表。②适用对象覆盖3～74岁。③结果包括分测验标准分（均值为10、标准差为3）、语言智商、操作智商和总智商（均值100、标准差15），从而能够评估智力的各个侧面，以及一般智力水平。④在临床诊断中不仅用作智力评估的依据，还可根据各个分测验的分数曲线和相互关系，作为诊断智力操作或其他病理状态的依据。例如，"休森（S. Hewson）比率"（H.R.）是利用各分测验分数构成的10个不同比率，用以鉴别脑外伤后遗症；"退化商数"（DC）则是由韦氏量表的某些分测验构成，用来诊断脑萎缩。⑤缺陷是3套量表难度衔接不太理想，难以用于追踪测量。此外，对于智力极高或极低者不太适用，测验用时也比较长。

笔记

为了适用于中国，韦氏量表在中国经过了一系列修订。如：① 1979—1981 年，由龚耀先主持修订中国韦克斯勒成人智力量表（WAIS-RC），分别制定了城市和农村两个版本。② 1985 年，由林传鼎和张厚粲主持完成中国韦克斯勒儿童智力量表（WISC-CR）的修订。1993 年，龚耀先和蔡太生主持再次修订，与林传鼎和张厚粲修订的 WISC-CR 相比，增加了农村版。③ 1985 年，由龚耀先和戴晓阳主持完成中国韦克斯勒幼儿智力量表（C-WYCSI），城市和农村各制定了一个版本。④李丹和朱月姝也分别曾制定过 WISC-R 和 WPPSI 修订本的上海地区常模。

（三）瑞文测验

瑞文测验，又称瑞文渐进方阵（Raven' s progressive matrixes，RPM），是由英国心理学家瑞文（J.C Raven）创制的一种非文字智力测验，共包括标准型、彩色型和高级型渐进方阵 3 套测验。瑞文曾同斯皮尔曼有工作交往，受到后者的很大影响。设计瑞文测验是测量智力的一般因素（G），主要"测量了观察力和清晰思维能力"，也是测量卡特尔"液态智力"的有效工具。瑞文测验的每组测量的图形结构依次由简单至复杂；每组测量也逐渐由一个层次变化为多层次。通过测试，能反映出受试者思维从直观形象向抽象推理的渐进发展过程。其特点为测验内容固定（主要测量斯皮尔曼的 G 因素）、非语言和跨文化、测试时间短、可集体操作。广泛用于教育、医学和人类学等领域，在许多国家都有修订版。

张厚粲在 1987 年完成了标准型 RPM 的中国修订工作。1989 年，李丹和王栋分别主持了联合型瑞文测验（Combined Raven' s Test，CRT）的修订，这是彩色型和标准型 RPM 的合并本。1996 年王栋等完成了联合型瑞文测验的第 2 次修订，形成农村儿童、城市儿童和成人 3 个常模，适用年龄为 5～70 岁，标准化样本参照了当时全国人口的构成比例，总样本量为 4212 人，采用智商常模。

联合型瑞文测验由 6 个单元构成，前 3 个单元都是彩色测图；后 3 个单元是黑白测图，每个单元含有 12 个测图，每一帧测图都由一块大图和 6 至 8 块无意义的小图片构成，在大图的右下角有一处空白，要求受试者从小图片中选出一个符合大图整体结构的图片填补上去，使整个图案形成一个合理、完整的整体（例图见专栏 14-3）。

专栏 14-3

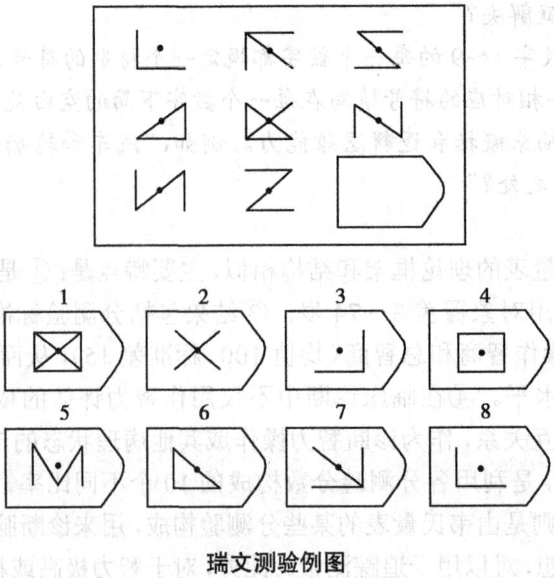

瑞文测验例图

笔记

三、客观认识智力测验

智力测验自产生之日起，就备受关注，并逐渐被广泛应用。智力理论研究者斯腾伯格指出，智力测验总能向我们提供一些可参考的信息。其优点是：

(1) 可数量化描述测验编制中的预构智力。

(2) 能描述个体智力发展的水平，预测教育成就。

(3) 智力测验是目前评估个体智力发展水平和诊断精神发育迟滞的最快速、有效的工具。

(4) 对智力理论的研究贡献大，能被专业和非专业人员所接受。

由于上述优点，目前还没有一种方法能取代智力测验。但要严格控制智力测验的使用，加强测试者的心理学理论和实际操作能力的培养，避免对测验结果的滥用。

智力测验是心理学的一大创造，但其作用不可夸大。迄今为止智力测验尚有明显的局限性，应客观地评价它的作用。

(1) 不能反映智力的各个方面。正如在能力理论中所介绍，目前对智力结构认识不一致，不同智力测验只反映编制者的理论构想，测试结果并不是对智力结构的全面描述。

(2) 只能反映个体当时的智力水平，不能描述发展的速度和趋势。

(3) 目前的测验属于速度测验，“快即聪明”的原则不适合对潜能的测试。

(4) 任何测量都有误差，智力测验也不例外。测试环境和受测者的焦虑、动机会影响测试结果；常模标准的取样代表性差造成的误差更大。

(5) 智力发展研究表明，IQ 分数存在变异性，明显表现在 3～12 岁的儿童身上。个体在生长过程中 IQ 会受到教育、生活环境、知识与经验的积累、躯体发育等因素的影响。

(6) 智力测验中的项目会受到文化背景的影响，没有绝对公平的智力测验。目前编制的智力测验内容没有考虑到少数民族。以美国为例，用来自白人的测验项目去测量非洲的黑人移民，是不公平的。

专栏 14-4

近两年，在围棋界，人类与计算机的博弈，刷屏各大新闻媒体。阿尔法围棋（Alpha Go），又称阿尔法狗，是一款围棋人工智能程序，由位于英国伦敦的谷歌（Google）旗下 DeepMind 公司的戴维·西尔弗、艾佳·黄和戴密斯·哈萨比斯与他们的团队开发。这个程序利用“价值网络”去计算局面，用“策略网络”去选择下子。

2016 年 3 月阿尔法狗挑战世界围棋冠军、李世石九段。最后以 4∶1 结束了这场“战争”。2017 年 5 月 23 日 -27 日世界围棋第一人柯洁九段再度与阿尔法狗在“中国乌镇·围棋峰会”展开对弈。阿尔法狗三胜柯洁。令人瞩目的大战，使人们了解了“人工智能”。2017 年 12 月，“人工智能”入选“2017 年度中国媒体十大流行语”之一。

人工智能

人工智能（artificial intelligence，AI）是研究、开发用于模拟、延伸和扩展人的智能的理论、方法、技术及应用系统的一门新的技术科学。

人工智能的一个比较流行的定义，也是该领域较早的定义，是由约翰·麦卡锡（J Mccarthy）在 1956 年的达特矛斯会议（Dartmouth Conference）上提出的：人工智能就是要让机器的行为看起来就像是人所表现出的智能行为一样。另一个定义指人工智能是人造机器所表现出来的智能性。总体来讲，对人工智能的定义大多可划分为四类，即机器①像人一样思考；②像人一样行动；③理性地思考；④理性地行动。这里“行动”应广义地理解为采取

笔记

行动，或制定行动的决策，而不是肢体动作。

人工智能是计算机科学的一个分支，它企图了解智能的实质，并生产出一种新的能与人类智能相似的方式作出反应的智能机器，该领域的研究包括机器人、语言识别、图像识别、自然语言处理和专家系统等。人工智能从诞生以来，理论和技术日益成熟，应用领域也不断扩大，可以设想，未来人工智能带来的科技产品，将会是人类智慧的“容器”。人工智能可以对人的意识、思维的信息过程模拟。人工智能不是人的智能，但能像人那样思考、也可能超过人的智能。

人工智能是一门极富挑战性的科学，从事这项工作的人必须懂得计算机知识，心理学和哲学。人工智能是包括十分广泛的科学，它由不同的领域组成，如机器学习，计算机视觉等等，总的说来，人工智能研究的一个主要目标是使机器能够胜任一些通常需要人类智能才能完成的复杂工作。但不同的时代、不同的人对这种“复杂工作”的理解是不同的。

人工智能的定义可以分为两部分，即“人工”和“智能”。“人工”比较好理解，争议性也不大。有时我们会要考虑什么是人力所能及制造的，或者人自身的智能程度有没有高到可以创造人工智能的地步，等等。但总的来说，“人工系统”就是通常意义下的人工系统。

关于什么是“智能”，就问题多多了。这涉及其他诸如意识(consciousness)、自我(self)、思维(mind)[包括无意识的思维(unconscious mind)]等等问题。人唯一了解的智能是人本身的智能，这是普遍认同的观点。但是我们对我们自身智能的理解都非常有限，对构成人的智能的必要元素也了解有限，所以就很难定义什么是“人工”制造的“智能”了。因此人工智能的研究往往涉及对人的智能本身的研究。其他关于动物或其他人造系统的智能也普遍被认为是人工智能相关的研究课题。

人工智能在计算机领域内，得到了愈加广泛的重视。并在机器人，经济政治决策，控制系统，仿真系统中得到应用。尼尔逊教授对人工智能下了这样一个定义：“人工智能是关于知识的学科——怎样表示知识以及怎样获得知识并使用知识的科学。”而另一个美国麻省理工学院的温斯顿教授认为：“人工智能就是研究如何使计算机去做过去只有人才能做的智能工作。”这些说法反映了人工智能学科的基本思想和基本内容。即人工智能是研究人类智能活动的规律，构造具有一定智能的人工系统，研究如何让计算机去完成以往需要人的智力才能胜任的工作，也就是研究如何应用计算机的软硬件来模拟人类某些智能行为的基本理论、方法和技术。

人工智能是计算机学科的一个分支，20世纪70年代以来被称为世界三大尖端技术之一(空间技术、能源技术、人工智能)。也被认为是21世纪三大尖端技术(基因工程、纳米科学、人工智能)之一。这是因为近三十年来它获得了迅速的发展，在很多学科领域都获得了广泛应用，并取得了丰硕的成果，人工智能已逐步成为一个独立的分支，无论在理论和实践上都已自成一个系统。

人工智能是研究使计算机来模拟人的某些思维过程和智能行为(如学习、推理、思考、规划等)的学科，主要包括计算机实现智能的原理、制造类似于人脑智能的计算机，使计算机能实现更高层次的应用。人工智能将涉及计算机科学、心理学、哲学和语言学等学科。可以说几乎是自然科学和社会科学的所有学科，其范围已远远超出了计算机科学的范畴，人工智能与思维科学的关系是实践和理论的关系，人工智能是处于思维科学的技术应用层次，是它的一个应用分支。从思维观点看，人工智能不仅限于逻辑思维，要考虑形象思维、灵感思维才能促进人工智能的突破性的发展，数学常被认为是多种学科的基础科学，数学也进入语言、思维领域，人工智能学科也必须借用数学工具，数学不仅在标准逻辑、模糊数学等范围发挥作用，数学进入人工智能学科，它们将互相促进而更快地发展。人工智能在

笔记

计算机领域内，得到了愈加广泛的重视。并在机器人，经济政治决策，控制系统，仿真系统中得到应用。

复习思考题

1. 名词解释：能力，智力，一般能力，特殊能力，现实能力，潜在能力，模仿能力，创造能力，认知能力，操作能力，社交能力，液态智力，晶态智力，智力测验。

2. 试述能力、知识、技能之间的关系。

3. 试述能力的二因素理论。

4. 试述能力的三维结构理论。

5. 简述三元智力理论。

6. 举例说明能力的个体差异。

7. 试述比率智商与离差智商的异同。

8. 如何客观认识智力测验？

案例分析

弗林效应

弗林(J Flynn)是在新西兰工作的政治学家。在20世纪80年代，他发现：在世界各国，不同人群的智商在过去几十年都是在增长的。

从那以后，这种被称为"弗林效应"(Flynn effect)的现象被许许多多研究所证实。人们发现实际上每种智力测验结果都存在增长现象，大约每十年增长三点，而且存在于各种类型人群中。研究数据是由包括美国、加拿大和欧洲国家在内的20多个国家提供的。当然，增长速率由于测验类型和国家不同而不同，有的增长幅度在30年内可达20点。例如在荷兰，1972—1982年最后一个测量时间段的成绩增长最快(超过8点)，这次测验是用瑞文渐进矩阵测量的。

弗林承认他自己也对这种结果感到困惑，而且难以置信。也许原因与身高的增长是一样的：是由于童年时期营养的提高。学校跟这个现象好像也没什么必然联系。因为中断学校教育只会给人的智商带来暂时影响，而且，分数迅速上升的那些测试项目，恰好测的是学校里不教的东西。分数上升最快的，是那些测试抽象推理能力的项目。或许是当今社会日常生活中充斥着高强度的、复杂的视觉图案：动画片、广告、电影、海报和其他光学显示。儿童的视觉环境比以前丰富得多，这有助于培养他们解决视觉方面的智力测试题，而这正是智商测试里最常见的题型。

就像弗林本人说的，50年来人们的智商平均增加了15点，要么是因为50年代的人好多智力低下，要么是因为现在的人好多是天才。因为我们并没有处在文化复兴的时期，所以他认为，智商测试并没有测到人的内在能力。

拓展学习

智力开发及创造力培养

智力的开发培养主要有两种模式，一种是将智力培养融入日常的教学活动中，称为智力开发的教学模式。是指在学校的各科教学中，结合知识的传授，达到发展学生智力的目的。例如，美国教育心理学家布鲁纳的"发现教学"和奥苏伯尔的"有意义接受学习"都是有影响的发展学生智力的教学模式。

另一种是在较短时间内，采用一定的程序，对智力进行集中训练，称为智力开发的训练模式。是对智力的某些方面或智力的整体进行系统的、有条理的训练，从而使个体的智力

笔记

水平在较短时间内得以提高。智力训练方案形式多样，同时以不同的智力理论为基础。

（一）斯腾伯格的应用智力培养方案

斯腾伯格以其智力三元论为基础，设计了适用于中学生和大学生的应用智力培养方案。该方案重点训练成分智力，同时也训练经验智力和情境智力。培养方案包括学生教材和教师手册两套材料，前者主要是一些叙述性的材料和练习，后者主要是教材使用的方法指导，帮助教师更好地发挥方案的效用。培养方案的前几个单元主要介绍一些智力理论和其他一些智力培养方案，使教师和学生全面掌握信息，更好地理解方案的内容、做法及效用。

在随后的单元中，该方案重点训练“成分智力”，包括元成分、操作成分和知识获得成分。其中，元成分是方案最核心的训练内容。在训练某种成分之初，先引入一个与该成分相关的问题，再围绕该问题进行讨论。例如，为了引入元成分的概念，教师先讲述一个故事：“我的一个朋友必须从康涅狄格到纽约去乘飞机。他想先去汽车站，因为那儿有发往机场的轿车，但由于堵车，他没能按时赶往汽车站，因而错过了一班轿车，结果误了飞机。”教师根据这个例子，启发学生讨论元成分的本质和它对解决问题的重要意义。通过这个例子帮助学生认识到，从有利于解决问题的角度给问题下定义是非常重要的。在故事中，主人公一直把他的问题定义为：按时到达轿车的始发站，以便去机场。但是，如果他把问题定义为：“利用合适的交通工具，以便准时到达机场”，他就可能不会误飞机了。因为他可能考虑其他交通方式。

应用智力培养方案的实例丰富，这些实例起到了引出理论、说明概念、提供练习等作用。教学形式主要是提出问题和集体讨论，每一单元的教学形式都是类似的。每一单元结束后，教师要布置和本单元内容相配套的练习，练习内容广泛，既有心理学中的经典问题，也有日常生活中的问题。

应用智力培养方案强调对学生元认知的培养，是元认知训练的重要模式之一，实践证明，效果理想。

（二）创造力的发展与培养

创造力(creativity)是根据一定的目的和任务，产生出某种新颖、独特、具有社会或个人价值的产品的能力。创造性思维是其核心和基础。在创造性思维中，发散性思维又是重要组成部分和核心内容。

1918年伍德沃斯第一次使用发散性思维这个概念，20世纪50年代后，吉尔福特提出智力三维结构模型，认为智力活动有3个维度，即内容、操作、产物。其中的操作维度包括认知、记忆、发散性思维、集中性思维、评价等5种。

集中性思维指思维者在解决问题过程中，聚集与问题有关的信息，进行重新组织和推理，得出问题解决的唯一正确答案或一个最佳答案的一种思维形式。例如，问题为：苹果和香蕉类同的地方是什么？回答：它们都是水果。

发散性思维指思维者在问题解决过程中，根据问题提供的信息，不依常规，寻求变化，充分发挥探索性和想象力，标新立异，得出多种可能答案的一种思维形式。例如，问题为：说出“铅笔”的各种用途，越多越好。回答：写字、绘画、作直尺、杠杆、玩具、道具、模型……等。

创造性思维应该包括发散性思维和集中性思维两种成分在内。因为在创造性思维过程中，两者缺一不可。

根据吉尔福特的研究结果，智力与创造力之间有正相关趋势；智力较高者不一定具有高的创造力，但创造力较高者，必然具有中等以上的智力。智力是创造力发展的必要条件，而非充分条件。因此，创造力的发展与培养与智力开发密不可分。

笔记

1. 创造力培养的主要内容　有培养好奇心、激发求知欲。

好奇心和求知欲是激励人们探究客观事物奥秘的一种内部动力，它们是创造的萌芽，是创造动机的核心成分。因此，好奇心和求知欲的激发对培养创造力是十分必要的。为了培养学生的好奇心和求知欲，可以不断给学生创造变化的、能激起新异感的学习环境，组织或引导学生多接触大自然或考察社会生活，引导他们在观察或考察中发现各种问题，经常强化他们的问题意识并启发他们自己去寻找答案，对他们的想法适时地加以鼓励。

在教学中，创设问题情境是激发学生求知欲和好奇心的有效方法，要经常结合教学向学生提出一些难度适宜、具有启发性、新颖有趣、与学生的真实生活情境联系紧密的问题。问题情境所产生的矛盾、疑惑、惊讶最能引起求知欲和好奇心，产生学习和创造的愿望。

2. 创造性思维的训练　创造性思维是指有创见的思维，是从事创造活动和取得创造成果的关键。它既有一般思维的共同特点，又有不同于一般思维的独到之处。吉尔福特在研究智力结构时，通过因素分析发现了发散思维和集中思维两种思维类型，并认为发散思维代表人的创造性思维。但现在人们越来越倾向于认为创造性思维是多种思维的有机结合，它是发散思维与集中思维的统一，是分析思维与直觉思维的统一，是词语思维与形象思维的统一。

（1）训练发散思维：发散思维训练是国内外创造性思维训练的一种最常用的方法。吉尔福特认为发散思维主要具有流畅性、变通性和独特性三个特征。发散思维的训练应当有意识地从培养思维的独创性、灵活性和流畅性入手，给学生提供开展发散思维的机会，安排一些刺激学生发散思维的环境，逐渐养成学生多面向、多角度认识事物，解决问题的习惯。如可以通过“一题多解”和“一题多变”的练习，培养学生思维的灵活性和变通性；可通过学生自编应用题，以发展思维的独特性和新颖性；可以通过班级集体讨论的方式寻找问题的多种答案。

（2）培养直觉思维：直觉思维是不经过分析和推理，而迅速对问题的答案作出合理的猜测和设想的思维方式，它对应于逻辑思维和分析思维。直觉思维在创造中具有重要作用，许多重大的科学发现和科技发明都来自于直觉。直觉的创造功能主要表现在对事物的直观判断、猜测和预感上，它是以丰富的知识经验为基础的。一个人的经验越丰富，他的直觉就会越准确。直觉思维训练是创造性思维训练的重要组成部分。

（3）发展形象思维：形象思维是利用头脑中的具体形象来解决问题的思维过程，它在创造思维中具有重要作用，许多创造过程是依靠形象思维来实现的。要引导学生学会观察，获得感性经验，不断发展学生的表象系统。表象是形象思维的基础。可以让学生到大自然中去，多接触大自然中的各种事物，也可以在教学中恰当使用直观教具。

3. 创造个性的培养　创造力的发展不仅与智力因素有关，而且与人的个性特征有密切关系。真正有作为的创造者，多半有许多良好的个性心理品质。一般来说，培养独立、勤奋、自信、有恒、谦虚、细致、进取等个性品质，有利于创造力的发展。而怯懦、自卑、骄傲、粗心、安于现状、墨守成规等消极的个性特征，会抑制创造力的发展。

参考文献

1. 彭聃龄 . 普通心理学[M].4 版 . 北京：北京师范大学出版社，2012.
2. 施建农，徐凡 . 发现天才儿童[M]. 北京：中国世界语出版社，1999.
3. 竺培梁 . 智力心理学探新[M]. 合肥：中国科学技术大学出版社，2006.

推荐读物

1. 吴天敏 . 中国比内测验手册[M]. 北京：北京大学出版社，1982.
2. 张春兴 . 现代心理学[M]. 上海：上海人民出版社，1999.

笔记

3. Richard.J. Gerrig, Philip. G. Zimbardo. 心理学与生活[M].19 版 . 王垒，王甦，等译 . 北京：人民邮电出版社，2016.

考研要点

能力的含义
能力的种类
能力的理论
能力的差异

（高　岩）

笔记

第十五章　气　质

本章要点

气质的概述
- 气质的概念
- 气质的学说
- 气质的生理基础

气质的类型
- 气质类型及其主要特征
- 气质类型的鉴定指标

气质研究的实践意义
- 气质与个体发展
- 气质与职业选择
- 气质与因材施教

关键词

气质概念；生理基础；气质类型

关于气质，日常生活中有不少欠科学的认识。其一，错把气质视为风度，其实气质是指心理活动的那些典型而稳定的动力特征；其二，过度夸大气质的形成与体液、体型、血型、激素等的联系，其实气质的形成主要与高级神经活动类型相关；其三，错把气质的类型看作有好有坏，其实个体气质类型无优劣之分，只是均有积极和消极的方面。

第一节　气质的概述

一、气质的概念

在心理学中，气质（temperament）是指表现在心理活动中的那些典型而稳定的动力特征。气质这个词来源于拉丁语 temperare，意为“混合”。

在日常生活中，我们经常能发现有的人活泼好动，反应敏捷，有的人则稳重安静，行动缓慢；有的人做什么事总是比较急躁，有的人则干什么都慢吞吞的；有的人思维灵活，善于适应，有的却反应迟钝，不善应变；有的人精力充沛，生气勃勃，有的人却容易疲劳，缺乏生气。这些都是不同气质的表现。具体来说，气质具有以下特点。

1. 气质是心理活动的动力特征的稳定表现　日常生活中，人们常常错把气质视为风

笔记

度，其实气质是指不依活动目的和内容为转移的典型的、稳定的心理活动的动力特征。所谓心理活动的动力特征，是指心理活动在强度、速度、稳定性、指向性等方面的特点。在心理活动进行的强度方面，主要表现为心理活动的强弱程度，如人的精力和情绪反应的强弱、意志努力的程度等；在心理活动进行的速度方面，主要表现为反应的快慢，如感知速度和思维快慢等；在心理活动进行的稳定性方面，主要表现为心理活动进行的时间长短，如注意的稳定性和兴趣的持久性等；在心理活动的指向性方面，主要表现为心理活动是指向于外还是指向于内，如有的人倾向于从外部世界获得印象，而有的人喜欢沉湎于自己的内心世界。构成气质的心理活动的动力特征是稳定的，是不随活动的动机、目的和内容而改变的。因此，具有某种气质的人，可以在内容完全不同的活动中表现出典型的动力特征，从而使人的全部心理活动都染上了个人的独特色彩。

2. **气质具有天赋性**　人的气质主要是由先天的高级神经活动类型所决定的，因而具有天赋性。对新生儿的研究表明，人一出生就表现出不同的气质特征。例如，有的婴儿易哭、爱笑，手脚动作多，有的则相反；同样是哭，有的哭声响亮，有的哭声轻微。另外，还有研究发现，一个人的气质在其出世前的几个月就有明显表现。据一些怀孕的妇女报告，有的胎儿在孕妇情绪波动时有明显的胎动，而有的却胎动不明显。跟踪研究证明，怀孕中胎动比较明显的孩子，出生后，稍有不称心就容易吵闹，不容易平静下来；而怀孕中胎动较少的孩子，出生后，除明显的不舒服或饥饿外，一般较少吵闹，比较宁静。显然这是属于两种不同气质类型的孩子。此外，对同卵双生子的气质类型测定表明，他们的气质类型非常接近甚至相同，这也证明气质类型特征与遗传因素密切相关。

3. **气质具有稳定性与可塑性**　在个性结构中，由于更多受先天神经系统特性的影响，气质比起能力、性格以及兴趣、需要更具有稳定性。在一般情况下，一个人一生当中很难改变自己的气质类型。俗话说“江山易改，秉性难移”即指气质具有不易改变的稳定性特点。但是，尽管气质比较稳定，并不是说丝毫不能改变。由于神经系统本身具有一定的可塑性，因而神经系统的先天特性所决定的气质表现也会因后天生活环境与教育的影响而发生改变或掩盖。掩盖是指个体的行为表现可能与其气质不一致。如果由于某种原因气质长期被后天获得的个性特征所掩盖，最终可能影响到神经类型的变化，气质特征也会发生改变。

二、气质的学说

自古以来，人的气质问题受到普遍关注，许多学者探讨了气质的相关问题，并形成了多种学说。

（一）气质与体液

古希腊学者恩培多克勒（Empedocles，约公元前 495—前 435 年）提出人体“四根说”。他认为人的身体由四根构成，固体部分是土根，液体部分是水根，呼吸是空气根，血液主要是火根。人的心理特性依赖身体的特殊构造，各人心理上的不同是由于身体上四根配合比例的不同。“四根”配合得好，身体就会健康，并且决定有机体结构的特征。“四根说”虽没有得到科学的证明，但已经具有气质的神经类型学说的萌芽。古希腊著名医生希波克拉底（约公元前 460—377 年）秉承了恩培多克勒的观点，把“四根”同体液联系起来，创立了“四体液”说。他把土与黑胆汁、气与黄胆汁、火和血液、水和黏液相联系；黑胆汁生于胃，黄胆汁生于肝，血液生于心脏，黏液生于脑。体液分布平衡，个体就健康；体液分布失衡将导致疾病。后来，古罗马医生盖伦（Calen）从希波克拉底的体液说出发，把四种体液与四种气质联系起来。他除了用生理和心理特性之外，还加进了人的道德品行，这些因素组成 13 种气质类型。后来，简化为 4 种气质类型，即流行于今的多血质、胆汁质、黏液质和抑郁质。每一种气质类型的特点都是某种体液占优势的结果，不同的体液对应特定的心理表现。如胆汁质

笔记

者，黄胆汁过多，急躁易怒，动作激烈；多血质者，血液过多，活泼热心，喜欢活动；黏液质者，黏液过多，稳重沉静，会算计；抑郁质者，黑胆汁过多，多愁善感，过于郁闷。盖伦还认为，人的行为方式不仅决定于气质，也决定于周围环境。盖伦用体液来解释气质的机制，显然是不科学的。但是他把人的气质的典型表现分成四种基本类型，这些类型的名称一直沿用至今。

（二）气质与体型

德国精神病学家克瑞奇米尔（E Kretschmer）把人的体格类型分为三种：肌肉发达的强壮型，高而瘦的瘦长型和矮而胖的矮胖型。他认为，不同体型的人具有不同的气质，正常人与精神病患者只有量的差别，没有质的不同。矮胖型的人，活泼好动、情绪不定，具有躁狂抑郁症的特征；瘦长型的人，内向孤僻、寡言多思，具有精神分裂症的特征；强壮型的正义节俭、遵守秩序，具有癫痫症的特征。因此，他将人的气质也分为：躁郁气质、分裂气质和粘着气质。美国心理学家谢尔顿（W.H Sheldon）受克瑞奇米尔的影响，对气质与体型的关系进行了更为深入的研究，把人的体型分为三种主要类型：内胚叶型（柔软、丰满、肥胖）、中胚叶型（肌肉骨骼发达、坚实、体态呈长方形）和外胚叶型（高大、瘦长、体质虚弱）。相应的人的气质也分三种：内胚叶型的人图舒服、闲适、乐群，属于内脏气质型；中胚叶型的人好动、自信、独立性强、爱冒险，属于肌肉气质型；外胚叶型的人爱思考、压抑、约束，属于脑髓气质型。他还发现体型与气质之间有高达 0.8 左右的正相关。不过，现代心理科学认为，尽管气质与体型之间存在某种相关，但并非像上述那样简单而直接。且两者虽有相关，但是不能认为两者之间存在因果关系。体型说过分夸大了生物因素中体型的作用，而忽略了社会因素的影响。克瑞奇米尔的学说将气质归为精神病的类型，显然是片面的。

（三）气质与激素

激素是由内分泌细胞分泌的高效能化学物质，在血液中的浓度极低，但对生理和心理活动有重大影响。伯曼（L Berman）认为，人的气质特点是由内分泌活动所决定的。他根据人的某种内分泌腺特别发达而把人划分为：甲状腺型、垂体型、肾上腺型、性腺型、副甲状腺型和胸腺型。他认为，不同类型的人，有不同的气质特点。例如，甲状腺型的人体态为身体匀称、头发茂密，两眼明亮，气质特点为知觉灵敏、意志坚强，不疲劳；垂体型的人体态未发育好、体格纤细，气质特点为情绪温柔、自制力强等。现代科学研究表明：激素对人的气质确有影响。但不能简单强调和孤立、片面去理解和强调某种激素对气质的作用，因为内分泌系统是各种内分泌腺之间相互联系和相互制约的有机整体，此外神经系统直接或间接控制内分泌腺的活动。

三、气质的生理基础

现代心理学认为，人的整个身体组织都影响着个体的气质，可以说气质的生理基础十分复杂。其中高级神经活动类型与气质的关系密切，被认为是气质的主要生理基础。

（一）神经过程的基本特性

巴甫洛夫（I.P Pavlov，1849—1936）发现，高级神经活动有两个基本过程，即兴奋过程和抑制过程。兴奋过程是与有机体的某些活动的发动和加强相联系的；抑制过程是与有机体的某些活动的停滞或减弱相联系的。兴奋与抑制是相互依存，相互转化的。巴甫洛夫认为，这两个神经过程有三个基本特性：神经过程的强度、平衡性和灵活性。

1. 神经过程的强度　神经过程的强度是指个体大脑皮质细胞经受强烈刺激或持久工作的能力。有关研究表明：在一定的限度内，神经细胞的兴奋能力符合于刺激的强度：强刺激会引起强兴奋或强抑制，弱刺激会引起弱兴奋或弱抑制。但是，当刺激强度超出一定限度时，并不是所有的个体都能以相应的兴奋或抑制对其发生反应。神经过程强的人，对于很强的兴奋性刺激仍能形成和保持条件反射，对于很强的抑制性刺激也能承受较长的时间；

笔记

但是，神经过程弱的人，对于很强的兴奋性刺激就难以形成和保持条件反射，对于很强的抑制性刺激也不能承受较长的时间，甚至会产生神经活动的病理性变化。

2. 神经过程的平衡性 神经过程的平衡性是指个体的兴奋过程和抑制过程之间的力量对比程度，即强度是否相当。如果兴奋和抑制的强度相当，说明两种神经过程的强度是平衡的；如果其中某一方占优势，则说明两种神经过程的强度是不平衡的。不平衡又可分为两种：兴奋强于抑制或抑制强于兴奋。

3. 神经过程的灵活性 神经过程的灵活性是指对刺激的反应速度，以及兴奋过程与抑制过程相互转换、相互替代的速度。人与人之间在兴奋和抑制相互转换速度上有所差异。有的灵活性大，有的灵活性小。实验研究表明：神经过程灵活性强的个体，能顺利而迅速地使兴奋性条件反射与抑制性条件反射相互转换、相互替代，或者把已有的动力定型（习惯、动作的生理机制）改造为新的动力定型；但神经过程灵活性弱的个体就会发生困难，引起反射活动混乱及大脑皮质机能的失调。

（二）高级神经活动类型

巴甫洛夫依据神经过程三个方面基本特性的独特组合，对不同的高级神经活动类型（简称神经类型）分类。并按其对环境的适应性等情况，将多种类型缩减为四种主要的类型。

1. 强而不平衡的类型（兴奋型） 这种类型的人的兴奋占优势，个体兴奋过程强于抑制过程，兴奋性条件反射比抑制性条件反射形成更快，是一种容易兴奋，易怒而难于自制的类型，所以也可叫做不可遏制型。

2. 强而平衡、灵活的类型（活泼型） 这种类型的人兴奋过程和抑制过程都较强，而且两种神经过程平衡，并且两者容易转化。活泼，反应较快，能很快适应变化的环境。

3. 强而平衡、不灵活的类型（安静型） 这种类型的人兴奋过程和抑制过程都较强，而且两种神经过程平衡，但两者不易转化；容易建立条件反射，但是一旦建立后就不易改造；以沉静而行动迟缓为特征。

4. 弱型（抑制型） 这种类型的人兴奋过程和抑制过程都很弱，条件反射的形成较慢，经受不了强烈刺激，但有较高的感受性，是一种敏感而神经质的类型。

神经过程的基本特性与高级神经活动类型的关系见表15-1：

表15-1　神经过程的基本特性与高级神经活动类型

神经过程的基本特性			高级神经活动类型
强度	平衡性	灵活性	
强	不平衡	不灵活	兴奋型
强	平衡	灵活	活泼型
强	平衡	不灵活	安静型
弱	不平衡	不灵活	抑制型

上述四种高级神经活动类型只是基本类型，还有许多过渡的或混合的类型。

（三）高级神经活动类型与气质

巴甫洛夫认为，四种基本的高级神经活动类型分别对应四种气质类型，即兴奋型对应胆汁质，活泼型对应多血质，安静型对应黏液质，抑制型对应抑郁质。不过，不能把神经类型和气质类型看成同一事物，因为气质是心理现象，而高级神经活动类型是生理现象。巴甫洛夫的高级神经活动类型学说只是揭示了气质的主要生理基础，即胆汁质的生理基础是兴奋型，多血质的生理基础是活泼型，黏液质的生理基础是安静型，抑郁质的生理基础是抑制型。同样，正如高级神经活动类型有许多过渡类型，气质类型也有许多混合类型。

笔记

第二节　气质的类型

一、气质类型及其主要特征

（一）胆汁质及其主要特征

胆汁质的人，具有很高的兴奋性，心理活动能快速爆发。特别是情绪方面，无论是高兴或忧愁都表现非常强烈，并具有突发、猛烈的特点但很快平息下去。因此，脾气暴躁冲动，好挑衅，态度直率，精力旺盛，行动表现生气勃勃，意志顽强行事果断。思维不太灵活，理解问题有粗心大意不求甚解的倾向做事常缺乏耐心。概括地说，胆汁质最主要的特点是：反应迅速但准确性不足，性情直率但易粗暴，为人热情但易冲动。

（二）多血质及其主要特征

多血质的人，表情富于生动，容易产生也容易变化，情感不深挚。思维反应敏捷灵活，但理解问题往往肤浅；善于交往，容易跟人接近；活泼好动，爱好广泛，但兴趣和注意容易转移，工作热情富于效能性，有一定的自制能力。概括地说，多血质最主要的特点是：灵活敏捷但持久性差，情感丰富但不深刻；接受能力强但常浅尝辄止。

（三）黏液质及其主要特征

黏液质的人，安静平和，很少有情绪波动，难得看到放声大笑和大发脾气；面部表情不生动，行为举止平和而缓慢；平时沉默寡言，不擅与人交谈，较少交往。有耐心和能自制；思维的灵活性较低，但考虑问题细致，不容易改变旧习惯而适应新环境；兴趣注意稳定不容易转移。概括地说，黏液质最主要的特点是：反应缓慢但具有稳定性，沉着冷静但缺乏生气；踏实稳重但行事刻板。

（四）抑郁质及其主要特征

抑郁质的人，具有高度的敏感性，情绪容易多愁善感，观察细心，感受性高，能觉察和体验一般人易忽视的细节；容易疲劳，不能经受强刺激；很少在集体活动中表现自己，尽量摆脱出头露面工作，但工作细致；外表沉稳，不喜欢交际显得孤僻；反应不够灵活，动作迟缓而显无力。概括地说，抑郁质最主要特点是：外表温柔谦和但懦弱缄默；行动踏实谨慎但孤僻迟缓；情感体验深刻但敏感多疑。

在文学作品中，经常可以见到上述四种气质类型的典型代表。例如，《水浒传》中的李逵是胆汁质的典型人物；《红楼梦》中的王熙凤是多血质的典型人物；《三国演义》中的刘备是黏液质的典型人物；而《西游记》中的唐僧则是抑郁质的典型人物。然而在现实生活中，属于上述四种气质类型的典型者人数较少，大多数人或是接近、倾向于某种气质类型的所谓“混合型”或“中间型”。

二、气质类型的鉴定指标

（一）气质类型的心理指标

现代心理学通常在高级神经活动类型的基础上，用下列六个反映心理活动动力特征的指标来鉴定人的气质类型。

1. **感受性**　感受性是指人对内外适宜刺激的感觉能力。感受性是神经过程强度特性的一种表现，可以根据人产生心理反应所需的最小刺激强度来加以鉴定。

2. **耐受性**　耐受性是指人对客观刺激在时间和强度上的耐受能力。它也是神经过程强度特性的表现。耐受性通常表现在长时间并保持高效率地从事某种活动时，心理活动的稳定性和坚持性等方面。

笔记

3. **反应的敏捷性**　反应的敏捷性是指心理反应和心理过程进行的速度，如思维的敏捷程度、识记的速度、注意转移的灵活程度等。它主要是神经过程灵活性的表现。

4. **可塑性**　可塑性是指人根据外界环境的变化而改变自己适应性行为的程度，如人适应外界环境变化的难易，采取适应性行为的快慢等。可塑性主要也是神经过程灵活性的表现。

5. **情绪兴奋性**　情绪兴奋性是指情绪活动的易感性和情绪表露的程度，如情绪活动是否易于激起，情绪表露是否强烈等。情绪兴奋性既是神经过程的强度特征的表现，也是神经过程的平衡特性的表现。

6. **倾向性**　倾向性是指人的心理活动和言行反应是表现于外还是表现于内的特性。表现于外叫外倾性，表现于内叫内倾性。外倾的人心理活动常随外界刺激而变化，内倾的人心理活动常随自己心理状态而转移。外向性是兴奋性占优势的表现，内向性是抑制过程占优势的表现。

根据上述各种心理特性的不同结合，可对不同的气质类型加以鉴定（表 15-2）。

表 15-2　心理特性和气质类型

	胆汁质	多血质	黏液质	抑郁质
感受性	-	-	-	+
耐受性	+	+	+	-
反应的敏捷性	+	+	-	-
可塑性	+	+	-	-
情绪兴奋性	+	+	-	+
外倾性	+	+	-	-

注："+"——程度高；"-"——程度低

（二）气质类型的个性倾向指标

在西方心理学中以传统的四种气质类型进行分类的是英国心理学家艾森克。他以内向和外向为"纬"，以情绪稳定性为"经"，确定了两个维度：内外倾和情绪稳定性；两个维度组合起来构成一个环状图形，得出四个组合类型：稳定外向型、稳定内向型、不稳定外向型和不稳定内向型，依次相当于四种气质类型中的多血质、黏液质、胆汁质和抑郁质（图 15-1）。同时，艾森克还研究了两个维度的神经基础。内倾者在皮质——网状结构回路有较高的活动水平，因而内倾者比外倾者有更高的皮质唤醒水平。所以内倾者不易分心，能更专注于完成当前的任务。外倾者由于皮质唤醒水平低，所以往往要通过参与某些活动（如冒险），靠外部刺激来提高唤醒水平；而内倾者则相反，他们的皮质唤醒水平高，所以要回避外部活动以使唤醒水平不至过高。情绪稳定性维度是一个人焦虑、消沉、烦恼、敌对等情绪方面的表现程度。它基于另外的生物学系统，与自动产生唤醒的脑结构（海马、杏仁核、下丘脑等）有关。

（三）气质类型的情绪特征指标

我国学者卢家楣着重探讨了气质类型的心理指标中的"情绪兴奋性"，从情绪兴奋的敏感性、强度、速度、变化速度、外显性、易控性六个方面对四种气质类型进行了分析。

胆汁质类型的人，情绪兴奋的敏感性并不很高，即兴奋阈一般，需有一定的刺激方会引起情绪，但一旦引起情绪，则不仅速度快，而且强度大，易爆发激情。他们情绪兴奋后不容易转变，不易自制，易控性小。他们的情绪发生时，外部表情明显，喜怒哀乐都在脸上。这类人给我们的典型印象是"情绪粗犷"。

笔记

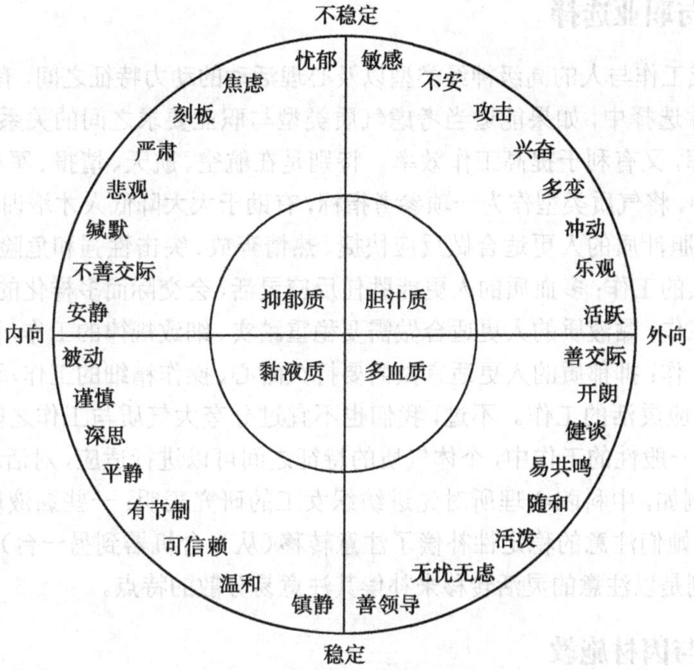

图 15-1　艾森克气质模型

多血质类型的人，情绪兴奋的敏感性较高，即兴奋阈较低，易动情，易激动，并且情绪发生的速度快，强度较大。但他们在情绪兴奋后，转变也较快，易于自制，易控性较大。他们在情绪发生时，不仅外部表情明显，而且生动，富有感染力。这类人给我们的典型印象是"情绪丰富"。

黏液质类型的人，情绪兴奋的敏感性较低，即兴奋阈高，不易动感情，情绪一般平静、稳定，较少起伏。若情绪发生其速度也较慢，强度一般不大，并且转变的速度也较慢，易于自制，易控性大。他们的情绪发生时，外部表情不明显，平时脸上的表情多趋于平淡。这类人给我们的典型印象是"情绪贫乏"。

抑郁质类型的人，情绪兴奋的敏感性很高，即兴奋阈低，极易为一些细小的刺激动感情，引起情绪上的兴奋。情绪唤起的速度不快，但强度较大，主要表现在内部情绪体验的深刻性上，即往往情绪卷入深而难以自拔，故情绪转变慢，不易自制，易控性小。他们在情绪发生时，外部表现不明显、不易被周围人所察觉，形成外表貌似平静，而内心体验强烈、深刻的巨大反差。这类人给我们的典型印象是"多情善感"。

第三节　气质研究的实践意义

一、气质与个体发展

气质类型无优劣之分，其本身并不决定人的社会价值和成就高低。同一类型气质的人既可成为杰出人物，也可成为平庸之辈；既可成为品德高尚，有益于人民的人，也可成为道德堕落，有害于人民的人。与之相应，不同类型气质的人都有可能取得较高的社会成就或成为历史的罪人。例如，列宁与希特勒都属于典型的胆汁质。从社会适应的角度来看，各种气质类型既有积极方面，又有消极方面。因此，就个体发展来说，气质研究的意义就在于使个体科学、辩证地认识自己的气质类型，注意扬长避短。

笔记

二、气质与职业选择

特定职业或工作与人的高级神经类型以及心理活动的动力特征之间，有一定的适切性。因而在职业人才选择中，如果能适当考虑气质类型与职业要求之间的关系，既有利于个人综合素质的发挥，又有利于提高工作效率。特别是在航空、航天、情报、军事等特殊行业的高级人才选拔中，将气质类型作为一项参考指标，有助于大大降低人才培训的淘汰率。

一般来说，胆汁质的人更适合做反应快捷、热情奔放、突击性强和危险性大的工作，不适合做细心耐久的工作；多血质的人更能胜任反应灵活、会交际而多样化的工作，而不太胜任踏实精细的工作；黏液质的人更适合做需要稳重踏实、细致规律的工作，而不太适宜做需要灵活多变的工作；抑郁质的人更适宜做需要持久耐心、操作精细的工作，而不太适宜做需要处事果敢、反应灵活的工作。不过，我们也不宜过分夸大气质与工作之间的关联性。许多研究表明，在一般性的工作中，个体气质的特征之间可以进行适应，对活动效率并不产生明显的影响。例如，中科院心理所对先进纺织女工的研究表明：一些黏液质的纺织女工看管多台纺织机，她们注意的稳定性补偿了注意转移（从一台机器到另一台）的不足；另一些多血质的女工则是以注意的灵活转移来补偿其注意易分散的特点。

三、气质与因材施教

在教育过程中，教师要充分考虑学生的气质类型，采用适合学生气质特点的教育方法，因势利导、扬长避短，以促进学生身心的和谐发展。其一，“长其善”，即尽量给不同气质类型的学生提供表现和展示其积极方面的机会。例如，胆汁质学生精力充沛，办事雷厉风行，常常以很大的热情投入活动，可以委托他们完成一些突击性任务；多血质学生性情外向，爱说爱动，善于表现自己，热心集体活动和班级工作，可以委托他们多为班级做些服务性工作。其二，“就其失”，即就学生学习和交往中存在问题与气质类型的关系，帮助其认识自身气质类型的消极方面，提高扬长避短意识。同时，平时多加关心，适当给予锻炼机会。例如，抑郁质学生胆小软弱，平常不声不响，在班级中多处于随从地位，教师对他们要更多地关心、照顾，并创设机会和条件，鼓励其“出头露面”。其三，“究其法”，即在具体教育中，针对不同类型学生采取不同的教育方法和能力培养方法。例如，同样是对所犯错误的批判，对胆汁质的学生宜采取“商讨式”的批评方式，切忌在语言上伤害他们的自尊心，以防“火上浇油”；对多血质的学生宜采取“震动式”的批评方式，以防“漫不经心”；对黏液质的学生宜采取“启发式”的批评方式，以防“思维定势”；对抑郁质的学生宜采取“渐进式”的批评方式，以防“心理伤害”。对不同气质的学生，能力培养的侧重点也应有所不同。对多血质学生应注重其意志力的培养，对胆汁质学生应注重其自制力的培养，对黏液质学生应注重其应变力的培养，对抑郁质学生应注重其自信力的培养。

复习思考题

1. 名词解释：气质，心理活动的动力特征，神经过程的强度，神经过程的平衡性，神经过程的灵活性。
2. 论述高级神经活动类型与气质的关系。
3. 简述四种气质类型的主要特征。
4. 鉴定气质类型的心理指标有哪些？
5. 气质与问题性网络使用的关系怎样？如何根据气质类型对问题性网络使用进行矫正？
6. 如何根据气质类型更好地指导学生的学业成绩？

笔记

参考文献

1. 彭聃龄 . 普通心理学[M]. 北京：北京师范大学出版社，2001.
2. 黄希庭 . 心理学导论[M]. 北京：人民教育出版社，1991.
3. 郭永玉，王伟 . 心理学导引[M]. 上海：华中师范大学出版社，2007.
4. 黄希庭 . 人格心理学[M]. 台北：台湾东华书局，1999.
5. 高月霞 . 对不同气质类型学生的能力培养研究[J]. 教育探索，2011(2)：146-147.

推荐读物

1. 张海钟 . 东西方哲学生理学心理学中气质概念的流变与解读[J]. 教育文化论坛，2011(2)：23-26.
2. 张丽华 . 宋明理学中“气质之性”的考察[J]. 武汉大学学报(人文科学版)，2005(4)：13-15，33-36.
3. 胡利人，王梦荷，胡良英，等 . 湛江市初中生气质特征及类型分布[J]. 中国学校卫生，2014，35(1)：115-117.
4. 张文海，卢家楣 . 国外现代气质研究的理论取向与展望[J]. 心理科学，2010，33(5)：1194-1197.

考研要点

气质的含义
气质的类型
气质的理论

（孙丽君）

笔记

第十六章　性　格

本章要点

性格的概述
　性格的概念
　性格的基本特征
　性格与气质、能力的关系
性格的结构
　性格的静态结构
　性格的动态结构
性格的理论
　机能类型说
　心理倾向说
　认知风格说
　生活倾向说
　性格取向说
　职业选择说
　行为模式说
影响性格形成和发展的因素
　机体因素
　社会文化因素
　家庭因素
　学校教育因素
　自我因素
性格测量
　问卷法
　投射测验法

关键词

性格；性格的态度特征；性格的理智特征；性格的情绪特征；性格的意志特征

性格是表现在人对现实的稳定态度和习惯化了的行为方式上的心理特征。性格在个性心理特征的3个组成部分中具有核心意义，对个体适应环境、生涯发展及身心健康状况等方面均有较大影响。

笔记

第一节　性格的概述

一、性格的概念

性格（character）一词源于希腊语，其原意为经雕刻而留下的痕迹或标记。后来这个概念也用来表示经过环境"雕琢"的人的心理特点。我国心理学界倾向于把性格定义为个体对现实的稳定态度和习惯化了的行为方式方面表现出的心理特征。

在社会实践活动中，人对不断作用于人脑的客观现实会形成一定的反应倾向。这些客观现实通过人的认知、情绪及意志活动等心理过程而在人脑中得到反映，并逐渐固定下来，从而形成了一种相对稳定的反应倾向（即态度），并以一种相对固定化、习惯化的方式表现在个体的行为方式中，由此表现出的个性心理特征就是性格。例如：诸葛亮对待刘备始终忠心耿耿，对待自己总是严于自律，对待工作总是勤勤恳恳、鞠躬尽瘁。在上述对待他人、自己及工作的稳定态度和与之相适应的习惯化了的行为方式中所表现出的独特的心理特征就构成了诸葛亮的性格特征。

二、性格的基本特征

（一）性格的独特性

如同世上没有两片完全相同的树叶一样，也没有两个性格完全相同的个体。性格的这种独特性，表现在它不是个体全部心理特征的机械组合，只有那些能反映个体独特性的心理特征才能构成一个人的性格特征。正是由于性格具有独特性，人们才能够把不同性格的人区分开来。

（二）性格的统一性

性格是稳定的态度和习惯化了的行为方式的有机统一。这种统一性体现在2个方面：一是人对现实的态度决定了与之相适应的习惯化了的行为方式；二是一种习惯化了的行为方式也反映着人对现实的稳定态度。例如，一个孝敬父母的人，通常会表现出一贯的主动关心父母、常回家陪伴父母等行为方式。

（三）性格的社会制约性

性格主要是后天社会环境的产物，因而具有社会制约性。主要表现为：首先，就性格内容而言，它是对客观现实的反映，特别是对现实社会关系的反映。其次，就性格形成和发展的动态过程而言，它是在社会环境影响下形成和发展的，并随着社会环境的改变而具有可塑性。再次，就性格的评价而言，与气质、能力等心理特征不同，性格具有明确的道德评价意义，它反映了个性的社会属性，因而对性格的评价具有明显的好坏之分。

（四）性格的稳定性与可塑性

性格具有稳定性。只有那些反映个体稳定倾向的心理特征，即稳定的态度以及习惯化了的行为方式才能反映人的性格特征；而那些个体偶然表现出的，或与特定情境相联系的心理特征则不能被视为一个人的性格特征。正是因为性格具有稳定性，因此，了解人的性格，就能预测他在一般情境下会"做什么"和"怎么做"。例如：诸葛亮正是充分了解关羽重情重义的性格特点以及曹操多疑的性格特点，才能准确预测到曹操必走华容道而关羽必定会放走他而不忍心杀之。

性格具有稳定性，并不意味着性格是一成不变的。相反，它是稳定性与可塑性的统一。由于性格是在后天社会环境影响下形成和发展的，因而后天环境的改变必然会导致性格发生相应的变化，即表现为性格具有可塑性。当然，上述改变过程是缓慢发生的。

笔记

三、性格与气质、能力的关系

性格是个体精神面貌的集中体现，是个性心理特征的核心。它与气质、能力等心理特征系统之间不是彼此孤立的，而是相互联系、彼此制约的，它们在个体身上表现为一个有机的个性心理特征整体。因此，探讨性格与气质、能力的关系，有助于揭示个性及其心理特征的实质。

（一）性格与气质的关系

性格与气质两者关系密切，它们既相互联系又有区别。

1. 性格与气质的联系　性格与气质之间的密切联系，可以从以下三个层面来理解。

（1）从气质对性格的影响来看：①气质影响性格的表现方式，使性格特征表现出个体独特的色彩。以助人为乐这一性格特征的表现方式为例，多血质者在帮助他人时往往表现为热情开朗、机智灵活；抑郁质者在帮助他人时则动作沉稳、含而不露。②气质影响性格形成和变化的难易或快慢。例如，就乐观开朗这一性格特征而言，多血质者因为其心理活动的动力特征，因而比较容易形成乐观开朗的性格特征；而抑郁质者因为其心理活动具有情绪兴奋较低、内向抑郁等特点，所以需要通过较大的意志努力才能形成乐观开朗的表现。

（2）从性格对气质的影响来看：性格可以在一定程度上掩盖甚至改造气质的某些特征，从而使气质特征更好地服从于社会实践的要求。例如，一个胆汁质的人，一旦形成了认真细致的性格特征，就有可能在实践活动中掩盖或抑制其粗心大意、反应准确性不高等气质特征的自然表现。

（3）性格与气质的密切关系还表现为，相同气质类型者可以形成不同的性格特征；而不同气质类型者也可以形成相同的性格特征。例如：神经活动类型为不可遏止型的胆汁质者和神经活动类型为抑制型的抑郁质者都可以形成具有自制力的性格特征。

2. 性格与气质的区别　性格与气质的区别主要体现在三个方面：①从起源上看，气质是先天的，主要受人的高级神经活动类型影响；性格是后天的，主要受人与社会环境的相互作用的影响。②从可塑性上看，气质的可塑性较小，变化既难且慢；性格的可塑性较大，变化相对较快。③从社会评价看，气质反映人的心理活动的动力特征，与心理活动的内容无关，因而无好坏、善恶之分，仅有积极或消极之分；性格涉及心理活动的内容，涉及人与他人和社会的相互关系，要受社会规范制约和评价，因而有好坏或善恶之分。

（二）性格与能力的关系

性格与能力的形成、发展有着相辅相成的关系。人在实践活动中，不仅形成、发展着相应的能力，而且形成、发展着各种性格特征。一方面，某些能力的形成与发展，有助于相应性格的形成与发展。例如，学生在学习过程中，其自主学习能力形成与发展的同时，也促使其严谨自律的学习态度及相应的习惯化行为方式的形成与发展。另一方面，性格对能力的形成和发展起着制约作用。优良的性格特征，如认真、勤奋、耐心、自制、坚毅等，能够促进能力的形成与发展；不良的性格特征，如懒惰、急躁、任性、自卑、草率等，则阻碍能力的形成与发展，甚至会导致业已形成的能力的衰退。另外，良好的性格特征还能弥补能力在某些方面的不足或缺陷，通常所说的“笨鸟先飞”“勤能补拙”就是其例证。

第二节　性格的结构

性格作为一种复杂的心理现象，其内在结构也十分复杂。从性格的不同侧面可以概括出不同的性格特征。对性格结构及其特征进行分析，有助于人们对性格这一心理现象的认

笔记

识，同时也为良好性格的塑造提供依据。一般可以从性格的静态结构与动态结构入手，来剖析性格的结构。

一、性格的静态结构

对性格结构的静态分析主要是指对性格的描述性分析。我国心理学界倾向于从性格的态度特征、理智特征、情绪特征及意志特征等四个维度来描述性格的静态结构。

（一）性格的态度特征

性格的态度特征是指人对待现实的态度体系的性格特征，是性格结构中最重要的组成部分。属于这方面的性格特征主要有：

1. 在对社会、集体和他人的态度中表现出来的性格特征　如廉洁奉公或徇私枉法、勇于担当或推诿扯皮、诚恳待人或言行虚假等。

2. 在对劳动、工作和学习的态度中表现出来的性格特征　如勤劳或懒惰、认真细致或粗心马虎、勇于创新或墨守成规等。

3. 在对自己的态度中表现出来的性格特征　如自尊或自卑、自律或放纵、自信或自卑等。

上述三类性格的态度特征是彼此联系、相互影响的。例如，对待他人表现出真诚坦率、乐于助人等性格特征的人在对待自己时常常会表现出自尊、自信等性格特征。在上述众多性格特征中，对待社会和集体的态度特征处于个体态度特征体系的核心，它通常决定了个体对待其他事物的态度，如决定了对待劳动、工作、学习、他人及自我的态度。

（二）性格的理智特征

性格的理智特征是指人们表现在认识活动方面的性格特征。属于这方面的性格特征主要包括：

1. 在感知方面的性格特征　如主动感知型与被动感知型。精细感知型与概括感知型、快速型与精细型、场独立型与场依存型等。

2. 在记忆方面表现出来的性格特征　如精细编码型与简单编码型、理解记忆型与机械记忆型、主动记忆型与被动记忆型等。

3. 在想象方面表现出来的性格特征　如想象广阔型与想象狭窄型、现实型与理想型、主动想象型与被动想象型等。

4. 在思维方面表现出来的性格特征　如发散型与辐合型、分析型与综合型、独立思考型与模仿型、注重细节型或注重整体型等。

（三）性格的情绪特征

性格的情绪特征是指人们在情绪活动中经常表现出的一些具有稳定倾向的个体差异。这些性格差异主要表现在以下方面。

1. 情绪强度方面的性格特征　情绪强度方面的性格特征是指人的行为活动受情绪的感染和支配程度，以及情绪受意志调控的程度。人在情绪强度方面的差异主要反映了个体在情绪兴奋性方面的差异。例如：对于情绪兴奋性高的人而言，微弱的环境刺激就足以引起他们强烈的情绪反应，且情绪一经产生就难以控制；而对情绪兴奋性低的人来说，他们的情绪体验微弱、冷静且易于控制。

2. 情绪稳定性、持久性方面的性格特征　这种性格特征是指人的情绪易于波动起伏的程度以及人的情绪活动持续时间的长短程度等。如有的人情绪易于波动起伏、喜怒无常；有的人则情绪比较平稳，即使遭到较重大的环境刺激也能保持情绪稳定。例如诸葛亮在面对司马懿的重兵已兵临城下时，他仍能临危不乱，保持情绪的高度稳定性，以空城计而吓退了司马懿率领的数万兵马。

3. 主导心境方面的性格特征　主导心境方面的性格特征是指人们在稳定的心境状态

笔记

方面表现出的个体差异。如有些人的主导心境表现为乐观而愉快；有些人的主导心境表现为抑郁而低沉；还有些人的主导心境表现为宁静而平和。

（四）性格的意志特征

性格的意志特征是指在意志活动中，人们对自身行为的自觉调控方式和水平方面表现出的性格特征。属于该方面的性格特征主要体现在以下方面：

1. **表明对行为目标明确程度的性格特征** 主要包括目的性、独立性、主见性、盲目性、易受暗示性、独断、散漫等特征。

2. **表明对行为自觉调控水平的性格特征** 主要包括主动、自制、克制、被动、冲动、感情用事、为所欲为、任性等。

3. **在紧急状况或困难情境中表现出的性格特征** 主要包括镇定、果断、勇敢、沉着冷静、急中生智、惊惶失措、优柔寡断、软弱等。

4. **在长期和经常的工作中表现出的性格特征** 主要包括毅力、坚持、认真、严谨、动摇、易妥协、草率、半途而废等特征。

二、性格的动态结构

各种性格特征既不是孤立地存在于个体身上，也不是各种特征的简单堆砌或机械组合，而是相互联系、彼此制约，共同构成了一个有机的性格整体；这些性格特征会根据环境和实践活动的需要而表现出不同的结合方式，并具有随环境改变而改变的特性。这都表明人的性格结构具有动态性。

（一）整体性

性格虽然是由各种性格特征组成的，但并非各种性格特征的简单堆积。在每个个体身上，各种性格特征之间存在着一定的内在联系，它们相互影响、相互制约并构成一个统一的整体。其中，性格的态度特征在性格结构中居于相对主导的地位，影响其他性格特征的表现。这是因为，性格的态度特征与人的生活目的、理想、信念、价值观紧密相连，突出地反映了一个人的本质。由于性格特征之间存在着一定的内在联系，所以人们有时可以根据个体的某种主导性格特征推断出他在其他方面的性格特征。

（二）情境性

由于性格的形成和表现更多受到后天环境的影响而具有社会制约性，所以各种性格特征会根据社会环境的需要，在不同场合表现出不同的结合方式，或表现出性格的不同侧面。如一个娇惯任性的儿童在老师和家长面前的表现通常是不同的。

（三）可塑性

性格虽然具有相对稳定性，但并非一成不变。性格的形成是主客观因素相互作用的结果，同样，性格的变化或发展也受主客观两方面因素的影响。其中，生活环境的改变是性格发生变化的主要客观原因。例如，一个原本性格柔弱的人，在经历生活的多次磨炼后，会变得坚定而顽强。当然，对于不同的个体而言，生活环境对其性格的影响是不同的。相比较而言，未成年人的性格变化，受生活环境的影响较大；而成年人的性格变化，受生活环境的影响较小。与之相对应，人的主观能动性是性格发展变化的重要主观原因。生活环境对性格的影响，总是通过人的主观调节而起作用的。有时即使外界生活环境没有发生太大变化，但是当个体认识到自己的某些性格特征与社会要求不相符合时，也可以通过主观努力去改造这些性格特征；有时即使外界生活环境发生了很大的变化，但是如果个体认识到这些变化及其要求与自身已有的信念、世界观不相符合时，也会有意识地控制自己，保持其原有的性格特征而不为环境所左右。

笔记

第三节　性格的理论

如前所述，性格有着十分复杂的心理结构。许多心理学家从不同角度来研究性格结构，从而形成了各具特色的性格理论。下面介绍几种较为常见的性格理论。

一、机能类型说

英国心理学家培因（A Bain）和法国心理学家瑞波（T.A Ribot），依据理智、情绪和意志三种心理机能何者在性格结构中占据优势，相应地把人的性格划分为理智型、情绪型和意志型三种类型。为确定性格的上述功能类型，有学者还编制了相应的测验，由此确定人的性格类型。

对上述性格类型的研究表明，理智型者一般是用理智的尺度衡量一切，其行为主要受理智控制，处事冷静而善于思考；情绪型者易于感情用事，表现为行动举止易受情绪激发和支配，不善于冷静思考，但情绪体验深刻；意志型者通常表现为行为目标明确，行事积极主动，勇于克服困难、意志坚定、自制力强。此外，该学说还认为，除了上述三种典型类型之外，还存在着中间类型，如理智 - 意志型等。

二、心理倾向说

瑞士心理学家荣格（C.G Jung，1875—1961）根据人的心理活动是倾向于外部还是内部，把人的性格分为外倾型和内倾型，以及介于两者之间的中间型 3 种类型。其中，外倾型者的心理活动倾向于外部世界，其典型表现为对外部事物更为关心和感兴趣，适应能力强，对人对事都能很快熟悉起来，感情丰富而外露，活泼开朗、善于交际，不拘小节，喜欢自由，缺乏谦虚态度、反应敏捷，动作迅速、好动但不愿做过多深入思考，做事不太精细等；内倾型者的心理活动则倾向于关注主体内部世界，其典型表现为处世谨慎、感情深藏不露、遇事冷静沉着、办事稳妥、不善交际、不易适应环境、爱独处、喜欢安静、易心胸狭窄、不宽容人、多思虑等。而中间类型者则兼具上述两种性格类型的特点。

三、认知风格说

威特金（H.A Witkin，1954）在对知觉进行研究的过程中，发现了人对外部环境（场）存在两种对立的依存方式：场独立与场依存。并按照上述对立的信息加工方式，相应地把人的性格分为场独立型和场依存型两类。

1. **场独立型**　倾向于以内在参照作为信息加工的依据，不易受外在环境干扰，善于独立地对事物作出分析和判断；在人际关系上比较自主；在应激情境中不张皇失措，能发挥自己的力量；自信心、自尊心强，但易于固执己见，甚至喜欢把自己的意见强加于人；社会敏感性较差，喜欢孤独的非人际情境。

2. **场依存型**　倾向于以外在参照作为信息加工的依据，易受外在附加物的干扰；在确定对现实的态度时，社会敏感性较高，较容易使用外在的社会参照框架，更关心他人提供的社会线索；对其他人感兴趣，善与人相处；但场依存型者也常常不加批判地接受别人的意见，缺乏主见，应激能力差。

四、生活倾向说

德国心理学家斯普兰格（E Spranger，1928）把人类的社会生活方式分为理论的、经济的、审美的、社会的、权力的和宗教的六种类型，并由此把人的性格也划分为相应的六种类

笔记

型：理论型、经济型、审美型、社会型、权力型和宗教型，并认为只有极少数人属于单一类型，大多数人都属于混合型。各种性格类型的主要特征如下。

1. **理论型** 这种类型的人一般有浓厚的认识兴趣，以知识体系作为衡量事物价值的尺度，把认识事物的本质、追求理想及真理作为生活的目标，总能冷静而客观地观察事物，关心理论，力图把握事物的本质而缺乏解决现实问题的能力。

2. **经济型** 这种类型的人往往以经济价值看待一切事物，以实际功利来评价事物的价值，以获取经济利益为生活目标。

3. **审美型** 这种类型的人倾向于把审美价值作为衡量客观事物的尺度，对实际生活漠不关心，常常把感受和获得美作为生活的目标。

4. **社会型** 这种类型的人重视爱，以关爱和帮助他人为人生的最高价值。有献身精神，有志于增进他人或社会福利。

5. **权力型** 这种类型的人往往把获得更多权力及享受权力作为判断事物价值的标准，具有强烈的权力意识及支配他人的欲望，并把获得更多权力作为生活目标。

6. **宗教型** 这种类型的人有宗教信仰，总能感受到宗教的力量与护佑，富有同情心，以慈悲为怀。

五、性格取向说

性格是由一系列性格特征组合而成，而某些性格特征具有共同的倾向，美籍德裔心理学家弗洛姆（E Fromm）称之为性格取向。个体的性格结构中可能存在几种性格取向，通常根据占主导地位的性格取向来划分其性格类型。他把人的性格划分为两大类型：

1. **生产取向** 这是一种健康的性格，是人类发展的一种理想境界或目标。生产取向的性格特征体现在人的思维、工作和情感过程中。生产性的思维能透过现象发现本质，能客观地看待世界和自身；生产性的工作不是为生存或强权所迫，也不是为了克服无聊和空虚，而是为了实现人的潜能；生产性的爱是在保持自我完整性和独立性的同时与他人结合为一体，这种爱的基本要素是关心、责任、尊重和理解。

2. **非生产取向** 这是一种不健康的、病态的性格，它包含接受取向（被动地接受所需要的东西，依附于人，没有生产或爱的能力）、剥削取向（依靠强力和诡计从他人那里索取东西）、储藏取向（通过储藏和节俭来维持安全感）、市场取向（把自我作为商品，随着雇主的需求而改变自我）等。个体身上积极的和消极的性格特征的比例，将决定着其心理是否健康。

六、职业选择说

美国心理学家霍兰德（J Holland，1959）根据性格特征与职业选择的关系，把人的性格划分为6种类型：

1. **现实型** 注重物质和实际利益而不重视社交；遵守规则，喜安定，但缺乏洞察力；适合从事那些具有明确要求、能按既定程序进行操作的职业。

2. **研究型** 好奇心强，重分析，处事慎重；适合从事需要进行观察以及科学分析的创造性的工作。

3. **艺术型** 想象力丰富，富有独创性；适合从事无固定程序、较少拘束的工作。

4. **社会型** 乐于助人，善于社交，重友谊，责任感强，适合从事教育、医疗等与他人关联较多的工作。

5. **企业型** 有冒险精神，自信而精力旺盛，喜欢支配他人，遇事有主见，适合从事组织、领导类的工作。

6. **常规型** 易顺从，能自我抑制、想象力差，喜欢有秩序的环境，对重复性或习惯性的

笔记

工作感兴趣，如财务出纳、仓库管理员等。

七、行为模式说

美国华盛顿大学弗里德曼（M Friydman）和罗森曼（R Rosenman）（1974）研究了某一类群体的性格特征与冠心病之间的关系，并据此确定了A型、B型两种行为模式；确认A型行为（type A behaviour）为冠心病易患性格。

1. **A型性格**　争强好胜、富有攻击性、缺乏耐心、有时间紧迫感和怀有敌意，通常对生活中的某些核心方面感到不满，极富竞争性且野心勃勃，多为孤独者。研究表明，A型性格比B型性格者更容易罹患冠心病。其中，A型性格和冠心病发生相关的主要因素有：惯常的时间紧迫感、长期处于紧张和多重负荷状态以及人际交往中的敌意。

2. **B型性格**　与A型性格相反，B型性格者总是以放松的姿态去面对他们所处的环境，较少竞争性，易于相处，心态平和，对工作和生活比较满足，喜欢慢步调的生活节奏。

美国加州大学提摩萧（L Temoshok，1987）等提出C型性格，即癌症（cancer）易患性格。C型性格的行为特点是：善良，隐忍或自我牺牲的，易于合作，优柔寡断，有耐心，服从外部权威，而且不将消极情绪外露，特别是愤怒情绪。此类性格与癌症发生有关的主要是：回避冲突、压抑愤怒，追求完美等，这类性格可以预测哪些个体更易于患上癌症或加速其病程。

第四节　影响性格形成和发展的因素

如前所述，性格并非与生俱来的，它是个体在社会实践活动中，在主体与环境相互作用过程中逐渐形成和发展起来的，并受到主体自我意识的调控。

一、机体因素

个体在出生时首先是作为一个生物有机体而存在，其心理发展首先是建立在与生俱来的机体特征之上。因此，个体在性格形成的过程中，社会影响首先通过其外在的机体特征对其产生作用。例如一个人的身高、体重、体型和外貌等机体特征就会对其性格产生影响。这主要是因为对个体外貌特点的评价通常会受到一定社会文化价值取向的影响，而性格作为对社会现实的反映，必然会反映出社会的某种审美观念，因而一个人的外貌特点必然会对其性格有所影响。例如，在崇尚“丰腴之美”的唐代社会，一个体态匀称而丰满的女性就更容易形成乐观、自信的性格特点。另外，有研究表明，那些符合社会审美标准的个体，与不太符合社会审美标准的人相比，能更好地适应社会，性格和情绪上的问题也较少。

当然，并非不具备非凡外貌特征的个体就必然会形成自卑或自愧不如人等消极性格特征。人具有主观能动性，通常是有选择性地接受外在影响，完全可以不为外界社会评价所左右，或采用“以内在补外在”的方式弥补自身的不足，进而形成积极乐观的性格。

二、社会文化因素

每个人都生活在特定的社会文化环境之中。社会的政治经济发展、文化传统、价值观念、生产方式以及风俗习惯等方面的特点，都会对个体性格的形成和发展产生深刻影响。社会文化因素对个体性格的影响主要是通过社会习俗、社会规范、社会舆论、大众传媒以及社会职业等因素来实现的。此外，社会文化因素还通过家庭、学校、社会团体及各种社会关系等因素来影响个体性格的形成和发展。

（一）社会文化

社会的文化是社会整体性的产物，它一经产生，就陶冶着每位社会成员的思想、观念、

笔记

态度与情操，并以价值观念的形态积淀于民族心理意识之中，在现实生活中发挥程度不同、功能不一的社会心理效应。而且，社会文化对个体心理的影响具有广泛性和稳定性，即它会在大多数社会成员身上发生作用，形成共同的或相似的性格烙印。

美国人类学家F·许曾通过中国画与西洋画来比较中西文化的差异，研究社会文化对人们的价值观念、生活态度和行为方式的影响。他认为，艺术是社会的一面镜子，是文化模式的表现形式之一，从艺术上的差别可以看出文化上的差异，进而可以看出价值观念、生活态度和行为方式上的不同。他指出，中国画多侧重于表现林木山水、花鸟鱼虫，但描绘人物的作品相对较少，而且对人物表情的刻画也较少。中国画中的人物一般以环境为背景，尤其在山水画中，人物只是一种点缀。西洋画则不同，它们虽然也有表现环境的作品，但表现人物的作品更多，不少著名的西洋画都是以刻画人物为中心的。他认为，由此可以看出中国人比较注重人与环境的关系，把人置于环境之中；而西方人则更多注重个人。

F·许还对中国和美国的住房设计和布局加以比较，以考察两国国民性格的差异。他发现，中国式的传统住宅，多数有很高的围墙，以致外面的人只能看到屋顶。而美国住宅多数无院墙，即使有，也极少筑到使外面人看不到房间窗户的高度。另外，在家庭内部，美国人与中国人的居住方式也截然不同。美国人强调在家庭内部个人的私生活不受干涉，家庭成员拥有专属自己的个人空间，父母对子女的房间几乎没有支配权，子女进入父母房间也须经敲门同意后方可进入。对中国人来说，四面围墙之内的一切都被看作一个整体，父母可以随意动用属于孩子的东西，孩子也可以随意动用父母的东西。他由此认为，这表明美国人注重个人，甚至在家庭内部也不例外；而中国人注重家庭关系，长辈对晚辈有较大的支配权。

（二）社会规范

人类社会生活的基本常识表明，每个社会为了自身的延续和发展，都会以一定的原则或法则为指导，向社会成员提出一定的行为规范方面的要求。这些行为规范规定了每位社会成员在扮演某一特定社会角色时所应表现出的行为方式。与之相对应，每位社会成员只有通过掌握这些行为规范，才能取得社会生活的资格。同样，自诞生之日起，人们所处的社会环境就不断地通过各种社会心理气氛和社会角色期待令个体意识到，为了更有效地生活和更成功地扮演特定的社会角色，就必须使自身对特定情境的心理反应与相应的社会规范相适应。同时，个体在社会交往过程中积累的经验与教训也在不断地强化着这种意识。由此导致，当人对特定情境产生心理反应时，个体更多考虑的通常不是如何真实地表现自己的内心感受，而是如何更好地为他人所接受和理解，如何更好地赢得他人的赏识和尊重，如何更好地获取或巩固既定的社会地位。换言之，人们考虑更多的是他人对其心理、行为的反应。

社会正是通过人们力图追求良性反馈的意识来调节和控制其心理反应的。在上述有形或无形的社会压力下，为满足社会对人的角色期待，个体不得不去理解各种社会情境的特定心理气氛，以便入乡随俗。同时，为了避免社会对个体的惩罚，人们不得不去控制或抑制自身的某些可能不为社会所期待的心理反应。在上述过程中，个体逐渐形成了看待社会现实的稳定态度和与之相适应的习惯化了的行为方式。

（三）社会舆论

社会舆论是指社会上大多数人对于某一普遍关心的有争议性人物或事物，用富有情绪色彩的态度和语言公开发表的意见，亦称公众意见。社会舆论作为多数社会成员的意见，其所反映的思想观念和行为方式较之其他意见具有压倒性的效力，常常有形无形地构成社会成员看待特定社会问题的“正常的”价值规范和行为规范，并进而形成相应的社会风气。因此，社会舆论对人的心理活动取向具有强烈的制约、指导和强化作用。社会舆论能使持

笔记

相同意见的个体得到心理上的激励，为自己的言行得到社会认同所鼓舞，增强其自信心和对社会的归属感。同时，社会舆论也能使与之意见相反的个体感受到心理压力，为其言行受到社会谴责而不安，产生社会孤独感，从而被迫约束或改变自身的言行。因此，无论对于个体还是群体而言，在心理上与社会舆论保持一致，“以民心为己心”，是适应社会环境的有效方式，也是实现自身利益的有效途径。反之，则会被视为“反常”，导致与他人的格格不入或社会冲突，甚至遭受社会舆论的抨击。因此，社会舆论常常能导致人的心理的趋同倾向。

（四）大众传媒

随着信息传播技术的迅速发展，网络、电视、广播、报刊、图书等大众传播媒介对个体心理的影响也日益显著，以致心理学家和社会学家称我们现在的社会为“拷贝世界”，即由大众传播媒介构成的精神世界。拷贝世界不同于现实的客观世界，因为它所传播给人们的信息并非现实世界的简单复制，而是传媒从业人员依据一定的信念、态度、价值观念对现实世界发生的事件进行筛选或加工改造的结果。因此，大众传播媒介向人们提供的信息，直接影响人们对特定角色模式、角色评价、价值标准和行为规范等的认识，并对个体性格的形成和发展产生潜移默化的影响。大众传播媒介，特别是网络对青少年的影响，早已成为心理学、社会学工作者日益关注的研究领域。因为有相当数量的青少年几乎每天都要在网络上花费数小时的时间，网络已成为青少年名副其实的“第二学校”。电视对青少年的影响同样不可小觑。在美国，青少年看电视的平均时间甚至已经超过了上学的时间，以至于不少西方学者把现代的年轻人称为是在电视机前成长起来的一代。

（五）社会职业

性格的形成与发展贯穿着个体毕生的历程。青少年从学校走向工作岗位后，为了适应所从事的社会职业，以及适应新的人际关系、环境气氛和工作条件，需要反复学习扮演新的职业角色所应具备的行为方式以及对待事物的态度，从而形成和改变着个体某些性格特征。长期从事某种特定的职业后，由于职业要求和职业行为的习惯化，也会使人形成某些特定的职业性格。例如，医护人员更易形成耐心细致、严谨认真等性格特点。销售人员则更易形成随机应变、活泼开朗的性格特点。此外，由于工作所带来的固定收入，使人们在家庭和社会中的地位也发生了变化，因而在性格的某些方面也会产生相应的变化，如独立性、责任心、安全感和自尊心等的提高。

三、家庭因素

家庭是构成社会的细胞，也是儿童出生后最早接触到的社会环境，各种社会文化传统及道德观念最初就是通过家庭来影响儿童的性格的。在家庭生活中，儿童通过衣食住行和父母的言传身教，接受各种社会经验的教育，领会着自己在物质生产、消费关系以及在政治关系中的地位，并逐渐形成着不同的生活态度和行为方式。因此，心理学家普遍把家庭视为“制造性格的工厂”。

（一）家庭因素的重要性

家庭环境因素对儿童性格形成的重要性主要体现在以下三个方面。

其一，对性格影响的广泛性与长期性。儿童出生后有十多年甚至更长的时间是在家庭中度过的，因此家庭对儿童性格形成的影响是广泛而持久的。父母的言行，家庭的气氛，育儿的方式，生活的条件，以及家庭中所发生的一切，都对儿童的身心发展产生影响。儿童在家庭中不仅学习知识，掌握技能，发展智力，同时也塑造着性格。他们在家庭中既可能接受良好的教育，也可能受到不良的影响。这就需要家长充分重视家庭因素对儿童性格形成的影响。

其二，对性格形成的关键性。儿童早期是个体心理发展的“敏感期”，诸多心理和行为

笔记

的发展都肇始于该阶段。性格的形成和发展也是如此。例如，心理学研究发现，那些童年缺乏母爱的孩子，即使成年后，在人际交往中也常常会缺乏爱心，甚至对自己的婴儿也缺少应有的母爱。

其三，对后继性格发展的制约性。个体性格的形成具有连续性，后期的发展离不开早期的影响。儿童早期在家庭教育中形成的某些优良性格特征，会为其日后的性格发展和个性发展奠定良好的基础；而早年形成的某些不良性格特征，有可能影响其一生的发展，甚至导致其后来走上邪路。

（二）家庭因素对性格的影响

家庭因素对性格的影响主要体现在以下几个方面：

1. **教养方式** 教养方式是指父母在教养子女时所表现出的育儿风格，包括教养的行为、态度以及流露出的情感等。二十世纪六七十年代美国心理学家鲍姆林特（D Baumrind）从控制、成熟的要求，父母与儿童交往的清晰度以及父母的教养4个方面来评定父母的教养行为，将父母的教养方式分为权威型、宽容型和专制型3种类型。权威型父母认为父母在孩子心目中应该具有权威性，而这种权威来自父母对孩子的理解与尊重，是通过亲子之间的交流而建立的；宽容型父母给孩子自由的行动空间，很少对孩子提出要求，尊重孩子的个人意愿，甚至听之任之；专制型父母则要求子女绝对地服从自己，他们与子女之间的地位是不平等的。与专制型和宽容型家庭相比，权威型家庭的孩子是成熟的、独立的，具有更多的社会责任感和成就倾向。

儿童在家庭中的地位并不是完全被动的，父母的教养方式同时也受到儿童应答方式的影响，即父母与子女之间是双向互动的关系。父母在塑造子女性格的同时，儿童自身的性格、气质等心理特点和行为也在影响着父母对其教养方式的选择。研究表明，父母和儿童的性别会影响父母对待孩子的教养方式，与孩子不同性别的父母对待孩子比同性别父母对待孩子更仁慈，少严厉且允许给孩子更多自由。此外，孩子的行为特征也会影响父母的教养行为，活动过度儿童的母亲比正常儿童的母亲有更多的指令和否定性。儿童的气质也影响父母的教养行为，难养型气质类型的儿童容易与母亲发生冲突，其主要表现为睡眠、进食、大小便难养成规律；看见生人就害怕；对新事物采取拒绝态度，适应慢；情绪多为消极性，好哭，遇到困难后会大声哭叫等。上述行为特点均会增加了母亲的控制，继而增加了孩子问题行为的可能性。美国心理学家在“谁影响谁”的亲子互动研究中发现，在和正常儿童在一起时，母亲都显得平静而肯定；而与行为问题儿童在一起时，母亲则变得具有强制性。研究还表明，攻击性高、不服管教的儿童比其他较顺从的儿童更易引起父母严厉的反应。

2. **母子关系** 在诸多家庭因素中，以母亲为中心的各种刺激对孩子性格的形成与发展起着至关重要的作用。儿童不仅体验着由家庭环境给他们带来的一切影响，开始形成着最初的性格特征，更为今后性格的发展奠定了基础。母子关系对儿童性格塑造的作用主要体现在以下3个方面：首先，母亲与孩子之间的语言交往影响着儿童性格的形成与发展。亲子之间的语言交往是儿童智力和性格发展中不可或缺的因素。那些在婴儿时期就持续得到母亲丰富的语言刺激的儿童，其智力和性格的发展也较为迅速。此外，母亲所使用的语言的内容和质量，也直接影响着儿童性格特征的形成和发展。在文化水平较为低下的家庭中，由于母亲使用语言的内容贫乏，质量低劣甚至粗鲁，不仅易于造成儿童智力发育迟缓，而且还易于导致其许多不良性格特征的形成。其次，亲子的交往是互动反馈的动态过程。母亲通常会依据孩子的反应状态决定对其下一步该采取的行动。上述反馈活动越多，越有助于促进儿童的个性发展。最后，母亲给予的丰富刺激，在满足儿童生理需要的同时，更有助于促进其心理发展。反之，那些缺乏母爱的儿童则不利于其心理的正常发展。许多调查表明，长期住院或在保育院养护的儿童，由于缺乏足够的爱抚和与社会交往的机会，他们在性格

笔记

发展上易于受到不良影响，通常表现为情绪淡薄、表情呆板、执拗、消极、冲动、乖僻等。此外，其智力和语言的发展，与正常的同龄儿童相比也更为迟缓。心理学家把这种现象的原因归结为“母亲养育的剥夺”，即母爱被剥夺的同时，感觉刺激和探索行为也被剥夺了，因而影响到其心理发展。

3. **父子关系**　如前所述，母亲对儿童的性格养成起着重要作用。其实，父亲在儿童良好性格塑造方面同样发挥着不可或缺的重要作用。父亲为子女提供关怀和照料的质量如何，将对其成年后的生活产生重要影响。父亲参与抚育要比单纯由母亲抚育更能有效预测子女行为的变化，因为父亲教养子女时所表现出的个体差异要大于母亲间的个体差异。父子关系对儿童性格塑造的作用主要体现在四个方面：①父亲的智力水平既可以预测其育儿程度，也能预测其对孩子智力、学业发展的关心程度；②父亲的就业状况和工作条件对其育儿行为会产生重要影响。失业、经济拮据、工作地位低下等，可预示着父亲易于面临婚姻关系紧张，失去对自己孩子的影响力，从而对亲子关系产生不利影响；③在婚姻关系方面未表现出疑虑和担忧的丈夫，会倾向于用较为积极的情感与子女进行交流，并以一种鼓励的方式与子女交谈。对于那些尚处于童年期或青少年期的孩子而言，父母婚姻关系的性质更能预测父亲对其社会、情感发展方面的关心程度；④父亲积极参与育儿过程将会使子女终生获益。例如，在游戏中父亲诱导婴儿体验到积极的情绪，给婴儿带来快乐与满足，这种快乐和满足对于儿童的生活有着重大的意义：它使儿童从中获得对世界、对社会和他人的信心以及自信心，习得对他人的宽容和忍耐，较少紧张并得到应对环境的能力，帮助儿童成为心理功能完备的人。父亲参与育儿过程，有助于孩子完成在心理上与母亲的分离，教导他们控制自己的冲动，学习各种法律和规范，并对情境作出适当反应。父亲的支持给儿童带来信心、胜任感，从而有效地克服不良情绪障碍。因此，父亲与母亲都是能为子女成长提供指导的人。此外，来自父亲的关爱也是一个避难所，他们通常能帮助母亲避免过度情绪化地处理母子关系。

4. **家庭结构**　家庭结构也会影响着儿童性格的形成。我国的家庭结构已然发生了变化，几代同堂的大家庭越来越少；而由一对夫妇和孩子组成的“核心家庭”已成为我国家庭结构的主导形式。大家庭中的孩子易受到家风、家规等影响，有助于他们形成良好的性格特征。但也可能会因为隔代溺爱以及长辈间在孩子教养方式不一致等问题而导致孩子无所适从，易于形成不信任、投机取巧、欺骗、见风使舵、恐惧、焦虑等不良性格特征；核心家庭中虽然没有传统的隔代溺爱，但由于年轻父母普遍缺乏教育孩子的经验和方法，对孩子可能时而放纵，时而严苛。另外由于核心家庭中很多父母都是双职工，可能也缺少教养及爱抚孩子的时间。此外，由于离婚率的持续上升，单亲家庭、再婚家庭比例也在逐年攀升。这类家庭结构对儿童性格形成的影响同样不容忽视。首先，单亲家庭由于经济来源减少会相应减少孩子参与各种活动的机会，从而对其智力和社交能力的发展产生不利影响，也降低了孩子的主观幸福感，影响了其性格。其次，单亲父母容易缺乏良好的心情和充足的时间与孩子交谈，使孩子的喜怒哀乐无法向父母表达。而儿童阶段正是性格形成的关键时期，缺乏沟通理解、易于导致离异家庭儿童形成诸多不良性格特点。例如，性格懦弱、孤僻、自卑、冷漠、不愿交流、感情波动起伏不定、心理早熟等；还有儿童会表现为口吃，有时甚至撒谎或具有暴力倾向。

四、学校教育因素

学校教育对儿童性格的形成也起着重要作用。学校是儿童有目的、有计划、系统地接受社会文化教育的重要场所。学生在学校里不仅学习、掌握系统的文化科学知识，而且发展智力，接受着一定的社会价值观念、道德标准等方面的教育，并在上述过程中形成自己的性格特征。

首先，学校的校风、班风、舆论气氛对学生的性格产生影响。一个有着良好校风、民主

笔记

而上进的班集体，有助于学生形成勤奋好学、积极进取、遵章守纪等良好性格特点。

其次，教师的言行对学生性格的形成也有重要影响。教师不仅传授给学生知识、技能，也在教育他们如何做人。教师是学生的一面镜子，是他们学习和模仿的榜样，教师的一言一行都会对儿童性格的形成产生潜移默化的影响。因此，教师应做到为人师表，时时处处以身作则，对学生形成良好的性格特征起到榜样示范的作用。

此外，学生在班集体中的地位、教师对待学生的态度以及学校的各种教育实践活动都会对学生性格的形成产生影响。每个学生在班级中都处于一定的地位，扮演着不同的角色，这种角色地位差异，必然会影响教师和同学对他的态度和要求，影响他在班级中的行为方式和与人际关系，进而影响其性格的形成与发展；此外，教师对待学生的态度也会影响其性格的形成。例如，教师对学生采取民主的态度，学生易形成情绪稳定、主动积极、态度友好的性格特征；教师对学生采取放任的态度，学生易形成无组织、无纪律、放任等性格特征；教师对学生采取专制的态度，学生易形成情绪紧张、缺乏自制、冷漠、自卑、虚伪等性格特征。此外，教师不宜轻易给年幼的学生贴上差生等标签，或对偶尔表现不佳的学生进行公开批评或示众，以免损伤孩子的自尊心。

五、自我因素

性格的形成与发展离不开家庭、学校、社会等环境的影响，但是环境影响并不能机械地决定人的性格。任何外部环境只有通过主体的自我调控系统才能产生影响。特别是当个体形成了自己的理想、信念、价值观念体系之后，性格的形成和发展更主要是主体有意识的自我培养和自我塑造的过程。这主要表现为，人们会根据自己业已形成的需要、动机及价值观念来调节自己对待现实的态度及行为方式。那些与主体自身价值观念相一致的外在社会要求更容易被人们所接纳，并逐步转化为主体内在需要，促进其性格的形成和发展，而那些与人们自身价值观念不相一致、甚至相冲突的外在社会要求就不能转化为主体的内在需要，人们也就不会形成相应的性格特征。

对性格成因的探讨有助于人们理解性格现象的本质，同时也为良好性格的塑造提供了一定依据。

第五节 性格测量

心理学中用于测量性格的方法有很多，常用的有问卷法、投射法测验法、行为观察法、谈话法、调查法、实验法等方法。这里只简要介绍问卷法和投射测验两种较为典型的常用测量方法。

一、问卷法

问卷法是最常用的测量性格的方法。由于这种方法是通过性格的自我评定问卷来鉴别一个人的性格，所以又被称为性格的自陈问卷。这类问卷一般由若干描述性格特征的项目组成，采用客观测验的形式，要求被试根据自身的性格特点作出符合与否的回答。常用的自陈问卷通常是按以下3种方法编制而成的。

1. 经验建构法 指使用若干题目对不同类型组（如正常组与精神障碍组）被试加以测试，并把其中能将不同类型被试区分开来的题目保留下来编入问卷的方法。如由美国明尼苏达大学心理学家哈撒韦（S.H Halthway）及精神病学家麦金利（J.C Mckinley）合作于1943年编制而成的明尼苏达多相个性测验（MMPI）就属于这类测验的典型代表。该问卷不仅可用于临床诊断，还可用于测定正常被试的性格特征。该量表包括26个分量表，566个问题。题目的内容范围较广，既包括身体方面的情况、精神状态，也涉及对家庭、婚姻、宗教、

笔记

政治、法律、社会等的态度等。宋维真与张瑶截取其中 10 个与临床相关的量表，4 个效度量表，修订为中文版（399 题）在国内使用。MMPI 具体内容和分量表对应题数参见表 16-1。

表 16-1　MMPI 项目涉及内容及题数

序号	内容分类	题数	序号	内容分类	题数
1	一般健康	9	14	有关性的态度	16
2	一般神经状态	19	15	有关宗教的态度	19
3	脑神经	11	16	有关政治的态度 - 法律和秩序	46
4	运动和协调动作	6	17	关于社会的态度	72
5	敏感性	5	18	抑郁情绪	32
6	血管运动、营养、语言、分泌腺	10	19	躁狂情绪	24
7	呼吸循环系统	5	20	强迫状态	15
8	消化系统	11	21	妄想、幻想、错觉、关系疑虑	31
9	生殖泌尿系统	5	22	恐怖症	29
10	习惯	19	23	施虐狂、受虐狂	7
11	家庭婚姻	26	24	志气	33
12	职业关系	18	25	男性化、女性化	55
13	教育关系	12	26	想把自己表现得好些的态度	15

2. **逻辑建构法**　指依据某种性格理论或推理来编制问卷的题目，即先确定要测量的性格包含哪些特征，并据此编制出能测量到上述特征的题目。如美国心理学家爱德华（A.L Edwards）编制的个人爱好量表（Edwards Personal Preference Schedule，EPPS，1953）就是采用这种方法编制成的。该量表是由美国心理学家爱德华以默瑞（H.A Murray）的需要 - 压力理论（1938）为基础编制的性格自陈问卷，主要用于测量个体在成就、顺从、秩序、表现、自主、亲和、支配、助人、攻击等 15 种心理需要上的倾向性，并由此构成了 15 个分量表。该量表共 225 题，其中有 15 题是用来检验被试反应一致性的重复项目，每个题目都包括两个以“我”为开头的陈述句，并采用强迫选择的方式，让被试按照自己的性格偏好从两者中选择一个。例如：

A. 当我感到失败时，我很沮丧。

B. 当我在一群人面前讲演时，我感到紧张。

此外，该量表通过比较被试对项目的反应与一般人反应的差异，从而确定被试的一般性格特点及需要的特点。

3. **因素分析建构法**　指对大量题目进行大样本测试，并借助因素分析的方法，将其中相关性高的题目编为同质组，且该组题目应与其他组题目间的相关较低或无相关。前面章节介绍过的 16PF、EPQ 等问卷就是用这种方法编制的。

专栏 16-1

采用自然实验法测量性格的实验研究

哈尔霍恩（H Hartshorne）和梅（R May）的品德测验可以用来测量诚实、自我控制等行为特点。如在考试时，试题多而简单。考试后将试卷复印，要求学生批改自己的试卷，并附有标准答案。收回试卷后再将两种试卷对照，即可发现学生是否为了提高分数而修改答案。又如，另一种测量诚实的方法，被称为“不可能的成绩”。在测验时，要求学生闭目用笔把点

笔记

画在图16-1中的10个圆圈内，连做3次，每次点10个点，点中1个得1分。如果被试确实遵从指示紧闭双目3次画点的部分不会超过13分，这是因为经过多次测定，每次最多点中4～5个，如果超过13分，说明被试可能不诚实（测试时没有闭目，而在偷看）。

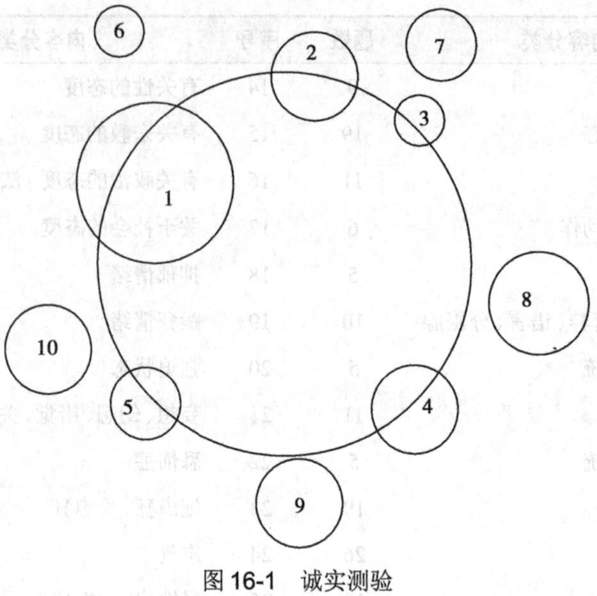

图16-1　诚实测验

二、投射测验法

投射测验（projective test）是以弗洛伊德心理分析的个性理论为依据的。该理论认为人的行为是由潜意识中受压抑的本能驱力所推动的。因此，人们难以通过自陈式问答直接了解一个人的情感和欲望，但如果给被试呈现一些模棱两可的刺激情境，其潜意识中的欲望和情感则有可能会通过这些情境而投射出来，进而有助于了解其性格。

投射测验通常由若干未经组织、模棱两可的图片组成，让被试在设定时间内对呈现的图片作出任意解释，从而使其动机、态度、情绪及性格等特征在不知不觉中得以显露，并通过主试的分析来推断其性格特征。

投射测验的种类很多，目前应用较为广泛的主要有罗夏墨迹测验（RIT）和主题统觉测验（TAT）及画人测验及语句完成测验等。罗夏墨迹测验是由瑞士精神医学家罗夏（H Rorschach）于1921年设计的，共10张墨迹图片，其中5张为彩色图形（两张双色，三张彩色），5张为黑白图形。施测时每次按顺序给被试呈现其中一张，同时询问被试："你看到了什么？"等，并依据被试的反应是由墨迹的形状还是由其颜色决定的、其反应是否与众不同等标准来进行判断。这种测验适合于个别施测，施测时主试在记录被试语言反应的同时，还要留意被试的情绪表现和伴随的动作（图16-2）。

图16-2　罗夏墨迹测验图片

笔记

主题统觉测验（TAT）由美国心理学家莫瑞（H.A Munay）与摩尔根（C Moegan）于1938年编制。共有30张黑白图片，测验操作类似RIT（图16-3）。

图 16-3　主题统觉测验图片

最后，有必要指出的是，由于性格现象具有复杂性，因此，如果想较为准确地鉴别一个人的性格，还需要综合运用多种测量方法。

复习思考题

1. 名词解释：性格，性格的态度特征，性格的理智特征，性格的情绪特征，性格的意志特征。
2. 如何看待性格与气质、能力之间的关系。
3. 如何看待性格与认识过程的关系。
4. 结合自己的实际，谈谈性格的自我完善。

拓展学习

为什么一些人会害羞？

最近的调查发现：超过50%的大学生认为他们自己是“经常害羞”的人。他们中的许多人认为害羞是一种令人不快的状态，与它所带来的积极效果相比，它对人格和社会后果具有更多的负面影响。另外一群学生说他们有“情境性害羞”，而不是大部分学生所具有的“气质性的害羞”。他们认为，如果他们在一定情境，比如：新奇、窘迫、社会压力下（如看不到前途、单独被拒绝或在没有准备的情况下被推上舞台给大家表演），“好像”会感到害羞。研究者对成年人的害羞进行调查，却惊奇地发现，那些“不害羞”的人在美国和其他受调查的国家中非常少。

害羞（shyness）可以界定为一种在人际环境中使人感到不舒服和压抑的状态，它影响了一个人的人际交往和是否能顺利达到人生的目标。害羞可能是缓慢的和气质性的，作为一种人格特征起作用，是自我概念的核心。它可能是我们中的许多人到新环境后常感觉到稍微有点沉默寡言和窘迫，但是它也可能会发展成为由于对人害怕而引起的莫名恐惧。许多害羞的人同时也是内向的人；他们采用独居的方式生活，没有社会活动。其他一些是“外向

笔记

性害羞”的人，在公共场合表现活跃但内心是害羞的，他们喜欢参加社会活动，也有社交技巧来有效地完成这些活动。但是他们仍然担心别人是否会真正地喜欢和尊重他们。

为什么有些人害羞，有些人不害羞？其中一个解释是天性。研究证据表明，大概有10% 的幼儿“生来害羞”。从一生下来，这些儿童在与不熟悉的人或环境接触时，显得不同寻常的谨慎和缄默。关于天性的问题，有一个更为复杂的解释。在儿童期，一些人被嘲讽，并且由于一时失误，成为大家取笑的对象。另外一些人生长在这样的家庭，这些家庭认为“被爱戴”是在竞争中由于外表美丽或在活动中取得了成功带来的结果。第三个解释集中在文化上。害羞在亚洲国家和地区中比例最高，这是对 9 个国家和地区研究的结果。第四个原因或许来自美国最近出现的关于害羞普遍性的报告：年轻人都被电子产品包围着，他们长时间独自一人看电视、打电子游戏、网上冲浪和发电子邮件，由此产生了社会隔离，减少了与人面对面接触的机会。过量使用网络会使人们感到孤独、隔离和更加害羞。

当害羞变得更极端化时，就会迫使人们的生活发生进一步的变化，使得一个人将其社会快乐最小化，使其社会不适和隔离感最大化。这里有几个给害羞学生的简单原则和策略，希望你们深入地思考，并尝试去做：

◆ 要意识到，并不只有你一个人感到害羞。每一个你见到的人可能都会比你更害羞。

◆ 即使存在着遗传因素，害羞也是可以改变的。但是这需要勇气和毅力，就像你要改变一个存在了很久的习惯一样。

◆ 尝试对你所接触到的人微笑，并与他们进行目光的接触。

◆ 与别人交谈，大声说话，用最清晰的声音，特别是当你说出你的名字或是询问信息时。

◆ 在一个新的社会环境中努力使自己第一个提出问题或是发表观点。准备一些有趣的东西去说，第一个去说。每一个人都会欣赏“破冰者”，以后也就不会再有人认为你害羞了。

◆ 永远不要小瞧你自己。相反，想一下为了达到你想要得到的成就，下一步你要采取怎样的行动。

◆ 注意要使别人感到舒服，特别是当你寻找其他害羞者时。这样做会降低你的自我意识。

◆ 在你去通常会使你感到害羞的地方之前，练习沉思，放松，使思想集中到理想的状态。

如果你是个害羞的人，我们建议你采用上述办法，一些学生采用了这些方法，已经从害羞的桎梏中摆脱出来，生活中充满了新的自由。这是把一些简单的心理学知识应用到生活中，并确定有所收益的例子。如果你不害羞，可以鼓励那些害羞的朋友和家庭，鼓励他们改变他们的生活方式。

参考文献

1. 叶奕乾，何存道，梁宁建．普通心理学[M].5 版．上海：华东师范大学出版社，2016.

2. 彭聃龄．普通心理学[M].4 版．北京：北京师范大学出版社，2012.

推荐读物

理查德·格里格，菲利普·津巴多．心理学与生活[M].王垒，王甦，等译．北京：人民邮电出版社，2011.

考研要点

性格的含义

笔记

- 性格的特征
- 性格的理论
- 性格的类型
- 性格与气质的关系
- 性格的测量

（吕　航）

笔记

中英文名词对照索引